Andreas Novy | Richard Bärnthaler | Magdalena Prieler
Zukunftsfähiges Wirtschaften

D1673194

Arbeitsgesellschaft im Wandel

Herausgegeben von
Brigitte Aulenbacher I Birgit Riegraf I Karin Scherschel

Moderne Gesellschaften sind nach wie vor Arbeitsgesellschaften. Ihr tiefgreifender Wandel lässt sich daran ablesen, wie Arbeit organisiert und verteilt ist, welche Bedeutung sie hat, in welcher Weise sie mit Ungleichheiten einhergeht.
Die Buchreihe leistet eine kritische sozial- und zeitdiagnostische Betrachtung der „Arbeitsgesellschaft im Wandel" und befasst sich mit • Theorien der Arbeit und der Arbeitsgesellschaft • Arbeit in und zwischen Markt, Staat, Drittem Sektor, Privathaushalt • Arbeit in Organisationen, Berufen, Professionen • Erwerbs-, Haus-, Eigen-, Subsistenz-, Freiwilligenarbeit in Alltag und Biografie • Arbeit in den Verhältnissen von Geschlecht, Ethnizität, Klasse.

Andreas Novy | Richard Bärnthaler |
Magdalena Prieler

Zukunftsfähiges Wirtschaften

Herausforderungen der
sozialökologischen Transformation

Die Autor:innen

Andreas Novy ist Professor für Sozioökonomie am Institute for Multi-Level Governance and Development an der Wirtschaftsuniversität Wien.

Richard Bärnthaler ist Universitätsassistent am Institute for Multi-Level Governance and Development an der Wirtschaftsuniversität Wien.

Magdalena Prieler ist als politische Referentin für den Verein ARCHE NOAH in Wien und Brüssel tätig.

Dieses Buch ist erhältlich als:
ISBN 978-3-7799-7556-4 Print
ISBN 978-3-7799-7557-1 E-Book (PDF)

1. Auflage 2020
2., überarbeitete Auflage 2023

© 2023 Beltz Juventa
in der Verlagsgruppe Beltz · Weinheim Basel
Werderstraße 10, 69469 Weinheim
Alle Rechte vorbehalten

Herstellung: Myriam Frericks
Satz: Helmut Rohde, Euskirchen
Druck und Bindung: Beltz Grafische Betriebe, Bad Langensalza
Beltz Grafische Betriebe ist ein klimaneutrales Unternehmen (ID 15985-2104-100)
Printed in Germany

Weitere Informationen zu unseren Autor:innen und Titeln finden Sie unter: www.beltz.de

Inhalt

Vorwort

Die erste Auflage von „Zukunftsfähiges Wirtschaften" erschien 2020 als kleine Einführung für interessierte Fachfremde, auch eingesetzt in der universitären Lehre und der Erwachsenenbildung. Als „Reiseführer durch die sozioökonomische Vergangenheit, Gegenwart und Zukunft", wie Franz Baumann seine Rezension unseres Buches betitelte, ist es ein Plädoyer für Neugier und Weltoffenheit, das Impulse liefert, wie in einer komplexen Welt verantwortungsbewusst gehandelt werden kann. Gleichzeitig vertiefte sich in wissenschaftlichen Debatten das Unbehagen, dass die Wissenschaft nicht ausreichend imstande ist, einen Betrag zur Bearbeitung der gegenwärtigen Herausforderungen zu leisten – v. a. der Klimakrise, des erodierenden sozialen Zusammenhalts und der zunehmenden geopolitischen Konflikte. Insbesondere Fragen der Macht bleiben oftmals unterbeleuchtet. Aus den resultierenden Debatten haben wir viel gelernt – in Forschung und Lehre, im analytischen Verständnis und in der didaktischen Aufbereitung. Problemstellungen, Argumente und Erklärungen wurden geschärft, vertieft, weiterentwickelt und klarer kommuniziert.

Weil sich also in den letzten drei Jahren nicht nur die Welt, sondern auch unsere Weltsicht verändert hat, wurde es notwendig, an einer Neuauflage zu arbeiten. Veronika Heimerl, Koautorin der ersten Auflage, hat mittlerweile die Universität verlassen und ist deshalb aus dem Team ausgestiegen. Wir bedanken uns bei ihr für die jahrelange gute Zusammenarbeit. Gleichzeitig hat Magdalena Prieler, bis 2022 Forschungsassistentin an der Wirtschaftsuniversität Wien, das Team verstärkt. Zu dritt haben wir rasch begonnen, das Thema radikal neu zu denken und dabei „keinen Stein auf dem anderen zu belassen." Die zweite Auflage ist nun eine grundlegend überarbeitete und weitgehend neu verfasste Version. Zukunftsfähiges Wirtschaften stellt sich in dieser zweiten Auflage ausdrücklich den Herausforderungen der sozialökologischen Transformation, d. h. den Gefahren und Chancen der gegenwärtigen grundlegenden Veränderungen.

Wir bedanken uns bei den Rezensenten der ersten Auflage, insbesondere Franz Baumann und Michael Soder. Weiters bedanken wir uns für hilfreiches Feedback zu dieser zweiten Auflage bei Ernest Aigner, Ulrich Brand, Jonas Bunte, Anna Lena Buchleitner, Hauke Dannemann, Michael Deflorian, Corinna Dengler, Nora Dornis, Jürgen Essletzbichler, Christian Fridrich, Michael Getzner, Barbara Haas, Laura Haberfellner, Karin Heitzmann, Birgit Hollaus, Wolfgang Looss, Michael Miess, Leonhard Plank, Werner Raza und Michael Soder. Und schließlich gilt unser Dank den zahlreichen Studierenden, die uns mit ihren Fragen zwangen, genauer zu argumentieren.

Abkürzungsverzeichnis

APCC	Austrian Panel for Climate Change, „Österreichischer Klimarat"
BIP	Bruttoinlandsprodukt
BNE	Bruttonationaleinkommen
CETA	EU-Canada Comprehensive Economic and Trade Agreement, Umfassendes Wirtschafts- und Handelsabkommen EU-Kanada
COP	United Nations Climate Change Conference, UN-Klimakonferenz
EGD	European Green Deal, Europäischer Grüner Deal
ETS	Emissions Trading System, Emissionshandelssystem
EU	Europäische Union
EUGH	Europäischer Gerichtshof
EZB	Europäische Zentralbank
FDI	Foreign Direct Investment, ausländische Direktinvestitionen
GATT	General Agreement on Tariffs and Trade, Allgemeines Zoll- und Handelsabkommen
HDI	Human Development Index, Index menschlicher Entwicklung
IBRD	Internationale Bank für Wiederaufbau und Entwicklung
ILO	International Labour Organisation, Internationale Arbeitsorganisation
IPBES	Intergovernmental Science-Policy Platform on Biodiversity and Ecosystem Services, Weltbiodiversitätsrat
IPCC	Intergovernmental Panel on Climate Change; Weltklimarat
ISDS	Investor-State Dispute Settlement, Investor-Staat Streitbeilegungsinstitutionen
IWF	International Monetary Fund, Internationaler Währungsfonds
NAFTA	North American Free Trade Agreement, Nordamerikanisches Freihandelsabkommen
NATO	North Atlantic Treaty Organisation, Nordatlantische Vertragsorganisation
NDCs	Nationally Determined Contributions, Nationale Klimabeiträge
NGO	Non-Governmental Organisation, Nichtregierungsorganisation
NPO	Non-Profit Organisation, nicht gewinnorientierte Organisation
SDGs	Sustainable Development Goals, Ziele für nachhaltige Entwicklung
THG	Treibhausgase
TTIP	Transatlantic Trade and Investment Partnership, Transatlantische Handels- und Investitionspartnerschaft

UNHCR	UN Refugee Agency, Flüchtlingskommissar der Vereinten Nationen
UNO	United Nations Organisation, Organisation der Vereinten Nationen; kurz: UN
WBGU	Wissenschaftlicher Beirat der deutschen Bundesregierung für Globale Umweltveränderungen
WHO	World Health Organisation, Weltgesundheitsorganisation
WTO	World Trade Organisation, Welthandelsorganisation

Einleitung: Zukunftsfähiges Wirtschaften – Denken, Verstehen und Handeln in Zeiten grundlegender Veränderung

Wir stellen dieses Buch als zweite, grundlegend überarbeitete und deutlich erweiterte Auflage 2023 fertig, inmitten eines Krieges auf dem europäischen Kontinent, gegen Ende einer Pandemie und angesichts einer sich zuspitzenden Klimakrise. Wir erleben gerade grundlegende Veränderungen. Dieses Nebeneinander mehrerer Problemlagen und Krisen erhöht die Komplexität der aktuellen Umbruchzeit, in der sich auch das Wirtschaften ändert. Deshalb liegen dieser zweiten Auflage zwei Annahmen zugrunde. Erstens: *die Welt ist im Umbruch*. Und zweitens: *zukunftsfähiges Wirtschaften ist notwendig und möglich*.

Die Welt ist im Umbruch. Wetterextreme nehmen zu. Die Covid-19-Pandemie veränderte Alltag und Wirtschaften – Home-Office und Lieferkettenprobleme sind nur zwei Beispiele. Und der Angriffskrieg Russlands gegen die Ukraine kann für Europas Politik und Wirtschaft sowie für die gegenwärtige Weltordnung zu einer Zeitenwende werden. Unsere These ist, dass sich im 21. Jahrhundert dauerhaft eine neue Art zu leben und zu arbeiten durchsetzen wird. So bleibt nur eine Gewissheit: *Das einzig Sichere ist, dass vieles nicht so bleibt wie es ist.* Das, was heute als normal erscheint, ist es in Zukunft vermutlich nicht mehr. Um diese Veränderungen zu verstehen, wählen wir einen historisch argumentierenden Zugang, der aus der Vergangenheit lernt und die Gegenwart nicht als naturgegeben hinnimmt. Und ebenso, wie die Gegenwart nicht einzig eine Fortschreibung der Vergangenheit ist, wird die Zukunft keine bloße Fortschreibung der Gegenwart sein. Die gegenwärtige Art zu denken und zu wirtschaften ist nicht alternativlos. Aus dem Studium der Vergangenheit lernen wir: Es kann auch wieder anders werden, weil es schon anders war.

Sich mit der Vergangenheit zu beschäftigten ist wichtig. Erstens hinterfragt der Blick zurück das, was als normal gilt. Die Analysen längerfristiger Entwicklungen zeigen, wie erd- und menschheitsgeschichtlich kurz die Zeitspanne ist, in der die aktuelle Wirtschaftsweise vorherrschend ist. Lange galt die heute dominante kapitalistische Wirtschaftsweise als Erfolgsmodell, obwohl sie auch destruktive Auswirkungen auf Mensch und Natur hat. Ihre Vorzüge zu kennen und gleichzeitig zu verstehen, in welcher Hinsicht sie nicht nachhaltig ist, erlaubt, die Potenziale zukunftsfähigen Wirtschaftens realistisch einzuschätzen. Zweitens zeigt uns die Geschichte, dass *Entwicklung kein linearer Prozess* hin zu immer besseren Gesellschaften und Wirtschaftsweisen ist. Und schon gar nicht werden alle Weltregionen das westlich-liberale Wirtschafts- und Gesellschaftsmodell kopieren. Das Buch setzt sich daher kritisch mit westlichen Modernisierungstheorien auseinander, die die liberalen Institutionen des Westens, d. h. im Wesentlichen Nordamerikas und West- sowie Nordeuropas, als Endpunkte historischer Entwicklung sehen. Die westliche Moderne, die großen sozialen Fortschritt, aber auch viel Leid gebracht hat, ist nicht das Ende der Geschichte. Wir sind überzeugt, es täte dem Westen gut, bescheidener zu werden und sich als Teil der Welt und nicht als deren überlegenes Zentrum zu verstehen. Drittens ist es falsch, in die Vergangenheit nostalgisch-idyllische Zustände hinein zu fantasieren: seien dies vermeintlich harmonische Großfamilien oder naturnahe Selbstversorgung. Und auch wenn das Leben im europäischen Wohlfahrtskapitalismus der Nachkriegszeit weniger unsicher war als heute, so wies es doch zahlreiche Schattenseiten auf.

Zukunftsfähiges Wirtschaften ist nicht nur notwendig, sondern auch **möglich.** Dies setzt aber voraus, dass Menschen anders denken und handeln. Das Department für Sozioökonomie der Wirtschaftsuniversität Wien arbeitet interdisziplinär und produziert angesehene Beiträge zur internationalen Forschung. Gleichzeitig fühlt sich das Department verpflichtet, Wissen der Öffentlichkeit verfügbar zu machen, da die Universität aus öffentlichen Mitteln finanziert wird. So beteiligt es sich seit Jahren auch an Debatten der Klimaforschung. Dazu braucht es den Dialog mit anderen Sozial- und Naturwissenschaften. Im Versuch, relevant zu Problemlösungen beizutragen, ändern wir auch die eigene Art zu forschen und zu lehren.

Ein Beispiel, wie grundlegend solche Überlegungen sein können: Sozioökonomik, das Fach, das unserem Department den Namen gibt, wird aktuell durch die Umweltwissenschaften herausgefordert. Zwar analysiert Sozioökonomik als interdisziplinäre Wissenschaft Wirtschaft und Gesellschaft als verwoben. Hier schließt sie an Max Weber und große Denker:innen des 19. Jahrhunderts an. Doch ist Wirtschaft und Gesellschaft systemisch auch mit biophysischen Prozessen verbunden. Daher ist **sozialökologische Ökonomik** vermutlich der zeitgemäße Begriff für eine *integrierte, systemische und interdisziplinäre Wirtschaftswissenschaft.* Das führt zur Erkenntnis, dass gegenwärtige Transformationen nicht nur Energiesysteme und die Weltwirtschaftsordnung verändern, sondern auch die Konzepte, mit denen wir über Veränderungen nachdenken und sprechen. Der aktuelle Umbruch ist umfassend und zwingt fortgesetzt zum Weiterlernen. Die Konzepte, mit denen zukünftige Entwicklungen analysiert werden, werden nicht bloß diejenigen sein, die aktuell in Lehrbüchern stehen. Konzepte wie Belastungsgrenzen, Suffizienz, Grundversorgung, sozialökologische Infrastrukturen und Alltagsökonomie werden wichtiger, um Wirtschaft im Umbruch zu verstehen.

Dies führt zu Herausforderungen für die Wirtschaftswissenschaften, die sich in Volks- und Betriebswirtschaftslehre mit einem besonders produktiven, aber unter ökologischen Gesichtspunkten auch besonders destruktiven Teil des

Wirtschaftens beschäftigen: der immer effizienteren Produktion neuer Waren und Dienstleistungen. Dieser Wirtschaftsbereich prägt nicht nur das Wirtschaftsgeschehen, sondern auch unser Leben: die weltweit verfügbare Menge an Gütern und Dienstleistungen steigt weiter von Jahr zu Jahr. Dieser Einfluss geht so weit, dass manche behaupten, gehe es der Wirtschaft gut, gehe es uns allen gut. Das stimmt manchmal, aber nicht immer. Denn, dass es der „Wirtschaft", verstanden als globalisierte Marktwirtschaft, gut geht, z. B. gemessen an Wirtschaftswachstumsraten, sagt noch nicht, ob Menschen ein gutes Leben führen können – geschweige denn, ob Gesellschaften zukunftsfähig sind und das Klima auf unserem Planeten weiter menschliches Leben ermöglicht. Auch beim Nachdenken über Wirtschaft und Wirtschaften gehen wir daher historisch vor. Wir erzählen kurz die Geschichte der ökonomischen Theorieentwicklung, um aktuell bestimmende Theorieschulen zu relativieren. Ein zeitgemäßes Verständnis zukunftsfähigen Wirtschaftens greift auf eine Vielfalt an Theorien und Konzepten zurück.

Es war eine Leistung der europäischen Aufklärung, das mündige Individuum zu „entdecken": Menschen sind demnach autonome, selbstbestimmte und in der Regel rational handelnde Wesen. Die Emanzipationsbewegungen des 19. und 20. Jahrhunderts erkämpften individuelle Rechte, die heute vielfach in Verfassungen als Grund- und Menschenrechte garantiert sind. Dies war ein zivilisatorischer Fortschritt. Doch geriet dabei mit der Zeit aus dem Blick, dass Menschen immer auch **abhängige Wesen** sind, abhängig von anderen Menschen und funktionierenden Ökosystemen. Gibt es kein menschenfreundliches Klima, ist kein menschliches Leben auf diesem Planeten möglich. *Umwelt ist Mitwelt.* Menschen hängen von sozialen und ökologischen Rahmenbedingungen ab und sind eingebettet in bestimmte Verhältnisse, z. B. Produktions- und Geschlechterverhältnisse. Klimakrise, Pandemie und Krieg zeigen, wie **verletzlich (vulnerabel)** und damit schutzbedürftig Menschen sind – nicht nur Kinder und Minderheiten, sondern alle. Menschen sind miteinander eng verbunden. Sie teilen Arbeit und gestalten ihren Haushalt und das Gemeinwesen. Dies geriet in letzter Zeit in Vergessenheit. So lautet das Motto des *Hyperindividualismus*: „je selbstbestimmter, desto besser". In den Covid-19-Debatten zeigte sich, wie gefährlich es sein kann, individuelle Selbstbestimmung absolut zu setzen. Autonomie und Verbundenheit stehen in einem konfliktgeladenen und emotionalisierten Spannungsverhältnis. Hier das rechte Maß zwischen individueller Freiheit und Solidarität zu finden, ist herausfordernd.

Auf diese Weise, d. h. *abwägend und fragend*, über Wirtschaft nachzudenken, hat Konsequenzen für die Wirtschaftstheorie. Das individuelle Konsumverhalten wird weniger interessant, die **Rahmenbedingungen**, unter denen Haushalte und Unternehmen ihre Entscheidungen treffen, rücken ins Zentrum. Rahmenbedingungen, z. B. Gesetze und Infrastrukturen, beeinflussen wesentlich, ob Menschen klimafreundlich leben können: Gibt es noch einen Nahversorger im Dorf? Wie weit ist es zur nächsten Bahnstation? Wie hoch sind die Förderungen für die neue Photovoltaikanlage? Für Haushalte, Beschäftigte, Unternehmen, Investoren[i] und politisch Aktive ist es gleichermaßen wichtig, die Rahmenbedingungen zu kennen, die ihr jeweiliges Handlungsfeld strukturieren.

Zukunftsfähiges Wirtschaften, so wie es in diesem Buch verstanden wird, beschäftigt sich daher weniger mit Anpassungen innerhalb bestehender Rahmenbedingungen, sondern vorrangig mit deren Gestaltung. In anderen Worten: Es geht weniger um das Optimieren innerhalb eines Systems, z. B. der globalisierten Marktwirtschaft, sondern primär um das Gestalten des Systems mit dem Ziel, es zukunftsfähig zu machen. Dazu braucht es Innovationen, Neues – angefangen von Umwelttechnologien bis hin zur Kreislaufwirtschaft. Aber angesichts des Schadens, den profitgetriebenes Wirtschaften verursacht, müssen auch bestimmte Praktiken beendet werden, weil sie Menschen und Natur heute und v. a. in Zukunft nicht guttun. Damit beschäftigen sich u. a. Theorien des Postwachstums, also wissenschaftliche Überlegungen zum selektiven Schrumpfen bestimmter wirtschaftlicher Aktivitäten. Unbestritten ist, dass der fossile Energiesektor schrumpfen muss, doch vermutlich erfordert das Einhalten ökologischer Belastungsgrenzen auch weitergehende Prozesse des Rück- und Umbaus, z. B. in der Auto-, Flug- und Bekleidungsindustrie.

Damit ändert sich auch, was unter Wirtschaft und Wirtschaften verstanden wird. In unserem Zugang ist Wirtschaften mehr als Marktwirtschaften – auch in Haushalten und Pflegeheimen wird gearbeitet und gewirtschaftet. Im antiken Griechenland war Ökonomik das Wirtschaften im privaten Haushalt, dem *Oikos*. Dies war die zentrale wirtschaftliche Tätigkeit zur Befriedigung der Grundbedürfnisse. Ökonomik unterschied sich von der Chrematistik, dem Handeln auf Märkten. Wiewohl moderne Ökonomien grundverschieden von der antiken sind, geht es beim Wirtschaften weiterhin im Kern um die **Organisation und Bereitstellung der Lebensgrundlagen** und zwar – dies ist die wichtige Einsicht der Klimaforschung – vor dem Hintergrund begrenzter Ressourcen und ökologischer Belastungsgrenzen. Angesichts aktueller Transformationen ist zu vermuten, dass sich in diesem Jahrhundert auch die Wirtschaftsweise grundlegend ändern wird.

---

i   Wir verwenden beim Wort „Investoren" keine gegenderte Diktion, weil wir damit auf eine Institution, nicht auf Einzelpersonen, verweisen. Ähnliches gilt im Laufe des Buches auch, wenn wir auf Produzenten verweisen und wenn wir über soziale Formationen sprechen, die bestimmte gesellschaftliche Funktionen ausüben, unabhängig davon, welche individuellen Personen dahinterstehen, z. B. beim Verweis auf Klassen, z. B. Kapitalisten und Arbeiter/ Arbeiterschaft.

Dieses Buch ist in vier Teile mit jeweils mehreren Kapiteln gegliedert: Im **ersten Teil – Multiperspektivität in Wissenschaft, Wirtschaft und Gesellschaft –** geht es um Theorien und Konzepte, die Ansatzpunkte für zukunftsfähiges Wirtschaften liefern. Kapitel 1 beginnt mit Überlegungen zu gegenwärtig stattfindenden *Transformationen*, der sozialökologischen Transformation als anzustrebendes Ziel und den Möglichkeiten, den Weg dorthin zu gestalten. Kapitel 2 führt *Multiperspektivität* als Leitprinzip ein. Im Denk- und Forschungsprozess werden verschiedene Sichtweisen verwendet, um Phänomene zu verstehen. Ein Überblick über verschiedene ökonomische Theorieschulen illustriert den Reichtum an Ansätzen, wie Wirtschaft verstanden und erforscht werden kann: von den Vorteilen der Arbeitsteilung, dem Kalkül des Optimierens bis hin zu einem Blick auf die verborgene Ökonomie unbezahlter Arbeit. Genauer beschäftigen wir uns mit der Sozioökonomik und ihrer Weiterentwicklung als *sozialökologische Ökonomik*. Und schließlich braucht es für eine gelungene Transformation auch Klarheit über geteilte Ziele, weshalb wir anschließend *Indikatoren* für Wohlstand und Wohlbefinden, ökologische Nachhaltigkeit sowie integrierte Zielsetzungen vorstellen. In Kapitel 3 entwickeln wir, basierend auf dem Prinzip der Multiperspektivität, eine Typologie von drei *wirtschaftspolitischen Leitbildern*, die wirtschaftspolitische Entscheidungen beeinflussen: den Marktliberalismus, den Wohlfahrtskapitalismus und das Postwachstum. Kapitel 4 behandelt *Macht und Gesellschaft*. Gesellschaften bestehen aus Klassen und Gruppen mit jeweils ähnlichen sozioökonomischen Merkmalen, Interessen und Werthaltungen. Zur Vertretung dieser Interessen schließen sich Menschen zusammen, z. B. in sozialen Bewegungen wie *Fridays for Future* oder in *Machtkomplexen*, d. h. in einflussreichen Netzwerken von Organisationen, die ihre Eigeninteressen vertreten. Aktuell gibt es drei besonders einflussreiche Machtkomplexe: den fossilen, den finanzwirtschaftlichen und den digitalen. Da alle drei zukunftsfähige Transformationen gegenwärtig behindern, widmen wir ihnen besondere Aufmerksamkeit. Kapitel 5 schließt den ersten Teil mit einem Plädoyer für *Multiperspektivität*, d. h. für die Wertschätzung verschiedener Zugänge zum Verständnis ökonomischer Entwicklungen. Jedoch lehnen wir ein „*anything goes*", d. h. wissenschaftliche Beliebigkeit, ab. Wir sind überzeugt, dass es Wirklichkeit und Wahrheit gibt, wiewohl Menschen diese nur beschränkt erfassen können. Der **zweite Teil** bietet einen Überblick über **sozioökonomische Grundkonzepte** (Kapitel 6) auf die wir im Laufe des Buches immer wieder zurückkommen – von Geld und Markt bis zur Arbeit.

Der **dritte Teil – Die Welt im Umbruch: eine Vielfachkrise –** untersucht die mehrfache Krisenhaftigkeit des aktuellen Umbruchs und greift drei Felder heraus, in denen sich die Vielfachkrise manifestiert: Globalisierung (Kapitel 7), Gesellschaft (Kapitel 8) und Natur (Kapitel 9). Ändert sich die aktuelle Richtung der Transformation nicht, werden problematische Entwicklungen mit unvorhersehbaren Konsequenzen wahrscheinlicher. Dann können auch Katastrophen eintreten, die *ungewollt* zu weitreichenden Veränderungen führen. Erneut wählen wir einen historischen Zugang, um das Geworden-Sein dessen zu dokumentieren, was heute als „normal" und selbstverständlich gilt. So können Gestaltungsspielräume ausgelotet werden, um es in Zukunft nicht nur anders, sondern auch besser zu machen. Aber auch hier gilt: der Raum möglicher Zukünfte wird durch aktuelle Rahmenbedingungen und Verhältnisse strukturiert. *Nicht alles Mögliche ist wünschenswert und nicht alles Wünschenswerte ist möglich.*

Im **vierten Teil** geht es schließlich um **Wege zum zukunftsfähigen Wirtschaften.** Hier konkretisieren wir, warum koordiniertes und zielgerichtetes Gestalten von Rahmenbedingungen so wichtig ist und unterscheiden, in Anlehnung an die Theorie der Wirtschaftspolitik, zwischen *Zielen, Maßnahmen und Akteuren* (Kapitel 10). Zuerst loten wir die Potenziale und Grenzen der *Ziele* aus, die den drei wirtschaftspolitischen Leitbildern zugrunde liegen. Danach stellen wir verschiedene *Maßnahmen* für zukunftsfähiges Wirtschaften vor; auch diese unterscheiden sich je nach Leitbild. Sie sind aber auch unterschiedlich wirksam und mit unterschiedlichen Systemwiderständen konfrontiert. Anschließend analysieren wir die Rolle verschiedener *Akteure* im Gestalten von Rahmenbedingungen. Abschließend geht es in Kapitel 11 um Stärken und Schwächen von den zwei heute dominanten Strategien, um mit gegenwärtigen Herausforderungen umzugehen: dem liberalen Globalismus und dem nationalen Kapitalismus. Aus diesen aktuell vorherrschenden Strategien entwickeln wir eine Synthese, d. h. wir stellen eine neue Strategie vor, die Vorzüge der alten Strategien beibehält und versucht, deren Schwächen zu überwinden. Die vorgeschlagene *Strategie der Mehrebenen-Transformation* anerkennt den Wert globaler Kooperation, v. a. wenn es um globale Gemeingüter wie Klima und Frieden geht, sichert aber gleichzeitig territoriale Handlungsspielräume und souveräne Entscheidungen auf verschiedenen räumlichen Ebenen, um eigenständige Entwicklungswege zu ermöglichen. Sie akzeptiert eine Welt, in der regional und kontinental unterschiedlich organisierte sozioökonomische Systeme existieren. Diese Strategie ist bescheidener, eröffnet Alternativen zur erneuten Militarisierung der Weltpolitik und erweitert die Gestaltungsmöglichkeiten für ein gutes Leben für alle innerhalb ökologischer Belastungsgrenzen.

Teil 1:
Multiperspektivität in Wissenschaft, Wirtschaft und Gesellschaft

1.   Gegenwärtige Transformationen

Transformationen sind grundlegende Veränderungen. In Zeiten des Umbruchs finden solche Transformationen auf vielfältige Weise statt: gleichzeitig, nicht immer gleichmäßig und in unterschiedlichen Bereichen des Lebens und Wirtschaftens.[1] Es sind evolutionäre, langfristige Prozesse, die hier und jetzt gestaltet werden können.[2] Um die Potenziale der aktuellen Transformationen zu nutzen, braucht es zweierlei: eine Analyse der gegenwärtig stattfindenden Prozesse, d. h. des Ist-Zustands, und Klarheit über das Ziel der Transformation, d. h. den anzustrebenden Soll-Zustand. Deshalb unterscheiden wir eine **deskriptive** (beschreibende) Bedeutung von Transformation (Ist-Zustand) von einer **normativen** (wertenden) Bedeutung, die auch den Zielhorizont (Soll-Zustand) vorgibt.

1.1.   Eine Welt in Transformation

Folgt man dem *Wissenschaftlichen Beirat der deutschen Bundesregierung für Globale Umweltveränderungen*[3] hat unsere aktuelle Umbruchssituation nur zwei vergleichbare Vorläufer. Eine erste grundlegende Transformation war die **Neolithische Revolution**, in der vor 7.000 bis 12.000 Jahren ein Übergang von einer nomadischen zu einer sesshaften Gesellschaft stattfand. Aus Jägern wurden Bauern, aus Nomaden wurden Sesshafte. Mit Vorratshaltung und Urbanisierung (Verstädterung) ging eine neue Form der Arbeitsteilung einher. Die zweite grundlegende Transformation war die **Industrielle Revolution** ab dem Ende des 18. Jahrhunderts, d. h. der Übergang von einer landwirtschaftlich dominierten Feudalgesellschaft zu einer industriell-städtischen Gesellschaft und einer kapitalistischen Wirtschaftsweise. Diese basiert auf neuen Energieträgern (insbesondere Kohle), neuen Technologien (insbesondere der Dampfmaschine), neuen Eigentumsrechten (Beschränkung des Gemeindelandes) und neuen Sozialgesetzen (rigide „Armengesetze", die die Armenfürsorge eingeschränkten und zur Erwerbsarbeit zwangen). Es bildete sich eine ungleiche internationale Arbeitsteilung heraus, die zu unterschiedlichen Entwicklungswegen im globalen Norden und im weiterhin landwirtschaftlich dominierten globalen Süden führte (vgl. S. 103).

Beide Umbrüche waren keine abrupten politischen Revolutionen, die Machtverhältnisse schlagartig änderten, sondern **evolutionäre Prozesse**, die sich über längere Zeiträume erstreckten, an deren Ende jedoch eine grundlegend andere Gesellschafts- und Wirtschaftsordnung stand. Der in Wien geborene ungarisch-österreichische Sozioökonom Karl Polanyi[4] († 1964) vergleicht dies mit einer Metamorphose, einem Formwandel, wie die Verwandlung einer Raupe in einen Schmetterling: Wiewohl es dasselbe Tier bleibt, unterscheiden sich Raupe und Schmetterling nach der Metamorphose in Erscheinung und Handlungsfähigkeit grundlegend. Polanyi spricht von Transformation, um derartig grundlegende Veränderungen zu beschreiben.[5]

Dieses Buch untersucht drei Bereiche gegenwärtig stattfindender Transformationen, die in Teil 3 genauer analysiert werden. **Geopolitische Transformationen** umfassen Prozesse der De-/Globalisierung, die Krise der vom Westen dominierten Weltordnung und den Aufstieg des globalen Südens, v. a. Chinas. **Gesellschaftspolitische Transformationen** umfassen Veränderungen des Arbeitsmarkts, des Sozialstaats und der Sozialstruktur sowie die Krise der Demokratie. Schließlich erweisen sich die **ökologischen Transformationen** und die damit verbundenen Veränderungen der Mensch-Natur-Beziehungen als für die Zukunft menschlicher Zivilisationen entscheidend. Die Vorhersagen zur Umwelt- und Klimakrise werden von Fachleuten ständig revidiert – und zwar zumeist in eine Richtung: hin zur größeren Wahrscheinlichkeit bedrohlicher Szenarien. Sprachen sie anfangs von „Klimawandel", so wird der Begriff immer öfter durch „Klimakrise", manchmal auch durch „Klimakatastrophe" ersetzt.

Es ist illusionär, darauf zu hoffen, dass es so bleiben kann, wie es ist. *Business-as-Usual*, ein „weiter so wie bisher", ist angesichts sich verschärfender Krisen langfristig weder möglich noch wünschenswert. Gleichzeitig schwindet der Konsens über gemeinsame Zukunftsvorstellungen – innerhalb von Gesellschaften und weltweit: In den Vereinigten Staaten (USA) leben Unterstützende der Demokraten und Republikaner zunehmend in unterschiedlichen Welten und die EU-Kommission und Ungarns Premier Orbán verbindet wenig. Und auch der Konflikt zwischen China und den USA wird sich in den kommenden Jahren eher zuspitzen. Diese Entwicklungen geben Anlass zur Sorge und nähren die Befürchtung, die Zukunft sei auch nicht mehr das, was sie einmal war. Optimismus und Zukunftsgewissheit, die Denken und Handeln vergangener Generationen bestimmten, scheinen abhandengekommen.

Umbrüche gehen oftmals einher mit **Krisen**, in denen das Alte endet, etwas Neues aber noch nicht entstanden ist. Sie erscheinen vielen als Bedrohung, die

Gewohntes gefährdet. Krisen haben immer eine objektive und eine interpretative Dimension.[6] Sie existieren objektiv in-der-Welt: die Covid-19-Pandemie, Kriege, Pflegenotstand und Dürren sind reale Phänomene. Doch wiewohl sie objektiv existieren, interpretieren sie Menschen unterschiedlich. Ihre Komplexität sowie unterschiedliche Vorerfahrungen führen zu konkurrierenden Kriseninterpretationen und unterschiedlichen Bewältigungsversuchen. Dies beeinflusst sowohl die Sicht auf die Welt als auch die jeweiligen Handlungsmöglichkeiten.

1.2. Transformationen gestalten

Um gegenwärtig stattfindende Transformationen, den Ist-Zustand, zu gestalten, bedarf es eines Ziels, eines Soll-Zustands. Dieser fußt auf bestimmten Vorstellungen, was wie sein soll. Das normative Konzept, das diesem Buch zugrunde liegt, beruht auf im Laufe des Buches genauer vorgestellten völkerrechtlichen Verpflichtungen sowie Erkenntnissen der Klimaforschung. Die sozialökologische Transformation ist diesem Verständnis nach geglückt, wenn stattfindende Veränderungen zukunftsfähige Rahmenbedingungen stärken. **Zukunftsfähigkeit** definieren wir allgemein als die *Fähigkeit, gegenwärtige Transformationen zu verstehen und zu gestalten, um ein gutes Leben für alle innerhalb ökologischer Belastungsgrenzen zu ermöglichen sowie Frieden und Demokratie zu verteidigen.* Damit geht es bei Zukunftsfähigkeit um mehr als Nachhaltigkeit, ein Begriff, der unterschiedlich und teilweise auch diffus verwendet wird (vgl. Box *Nachhaltigkeit*).[7]

Nachhaltigkeit

Der Begriff der Nachhaltigkeit kommt ursprünglich aus der Forstwirtschaft und bedeutet dort, nur so viele Bäume zu fällen, wie durch neue Pflanzungen wieder nachwachsen, sodass der Ertrag laufend gegeben ist und der Baumbestand nicht schrumpft. Nachhaltigkeit ist auf langfristige Entwicklungen ausgerichtet.

Schwache Nachhaltigkeit basiert auf dem Drei-Säulen-Modell. Ökologie steht neben Sozialem und Wirtschaftlichem. Kosten und Nutzen in den drei Bereichen können gegeneinander aufgerechnet werden. Natürliche Ressourcen können demnach durch Human- und Sachkapital ersetzt werden. Sie sind austauschbar. Nachhaltig zu wirtschaften bedeutet demnach, die Summe aller Kapitalsorten (Natur-, Human- und Sachkapital) konstant zu halten und wenn möglich zu erhöhen.

Starke Nachhaltigkeit basiert auf der Annahme, dass Wirtschaft und Gesellschaft in ökologische, exakter: biophysische, Prozesse eingebettet sind. Bestimmte ökologische Gegebenheiten (z. B. ein menschenfreundliches Klima) sind nicht in Geld bewertbar und können daher nicht gegen ökonomisches und/oder humanes Kapital aufgerechnet werden. Natürliche Ressourcen können demnach auch nicht durch Human- und Sachkapital ersetzt werden. Sie sind inkommensurabel, d. h. nicht vergleichbar, und nicht austauschbar. Nachhaltig wirtschaften bedeutet demnach, Ökosysteme möglichst weitgehend zu erhalten.

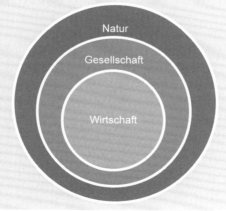

1.2.1. Gestaltung von Rahmenbedingungen

Wir gehen in diesem Buch von einem bestimmten Menschen- und Gesellschaftsbild aus: Menschen sind soziale Wesen, abhängig von anderen und der sie umgebenden Um- bzw. Mitwelt. Sie sind auch autonome Individuen, wiewohl ihrer individuellen Existenz gemeinsame Bedingungen zugrundeliegen. Menschen werden in eine bereits existierende Welt und in bestehende Rahmenbedingungen geboren bzw. sozialisiert. Wir unterscheiden daher **Verhalten** als individuelles Handeln innerhalb gegebener Rahmenbedingungen von **Gestalten** als einer Form der Zusammenarbeit, um gemeinsam Rahmenbedingungen zu verändern.[8] Dies ermöglicht jeweils unterschiedliche Freiheiten (vgl. Box *Negative und positive Freiheit*).[9]

Negative und positive Freiheit

Negative Freiheit wird nicht deshalb so genannt, weil etwas daran „negativ" im Sinne von „schlecht" wäre, sondern weil sie sich durch ein Ausschlusskriterium definiert: Solange es keinen (staatlichen) Zwang gibt, herrscht Freiheit. Negative Freiheit bezeichnet die Abwesenheit von Zwang. Sie garantiert, dass Verhalten nicht eingeschränkt wird. Ein Beispiel: Jemand ist dann frei, Fahrrad zu fahren, wenn Fahrrad fahren nicht verboten ist und er oder sie nicht durch Zwang davon abgehalten wird.

Positive Freiheit bezeichnet die Freiheit, tatsächlich die Möglichkeit zu haben und ermächtigt zu sein, etwas zu tun. Positive Freiheit definiert sich durch das Vorhandensein bestimmter Grundvoraussetzungen. Dazu zählen u. a. Kenntnisse, Fähigkeiten, Ressourcen und Infrastrukturen. Gestalten, d. h. das gemeinsame Verändern von Rahmenbedingungen, ermöglicht positive Freiheiten, da es Handlungsspielräume für Verhalten festlegt. Ein Beispiel: Die Freiheit, Fahrrad zu fahren, ergibt sich dann nicht lediglich daraus, dass kein Zwang ausgeübt wird. Es bedarf auch der Fähigkeit, Fahrrad fahren zu können, des Zugangs zu einem Fahrrad, sicherer Fahrradwege und entsprechender Verkehrsregeln.

Insbesondere drei Formen von **Rahmenbedingungen** strukturieren die Möglichkeiten und Grenzen zukunftsfähigen Wirtschaftens: Institutionen, Infrastrukturen und Diskurse.[10]

(1) **Institutionen** sind Ordnungs- und Regelsysteme, die das Zusammenleben von Menschen stabilisieren und lenken.[11] Sie umfassen (i) **staatlich-rechtliche Ordnungen** (z. B. Gesetze und Förderungen), (ii) **soziale Normen** (z. B. Was ist ein gesundes, was ein gutes Essen? Was macht gute Eltern aus? Wie viel Mitsprache hat die Belegschaft?) und (iii) **kulturelle Werte** (z. B. Wie wichtig sind Familie, Erfolg und Gerechtigkeit?)

(2) **Infrastrukturen** sind sozialräumliche Strukturen. *Raumbildende Infrastrukturen* schaffen einen Raum mit festen Zentren für Kommunikations- und Austauschprozesse. Beispiele sind Parks sowie Infrastrukturen der schulischen Bildung, der Krankenversorgung und Pflege sowie des Wohnens. *Raumüberwindende Infrastrukturen* ermöglichen Kommunikations- und Austauschprozesse über Entfernungen. Beispiele sind Straßen sowie Infrastrukturen der Bahn und des Flugverkehrs. Manche Infrastrukturen wie das Internet sind „*über-*

räumlich", d. h. Raum wird scheinbar aufgelöst, da Kommunikations- und Austauschprozesse prinzipiell überall stattfinden können.[12] Infrastrukturen beeinflussen, wie Menschen alleine und gemeinsam ihr Leben (nicht) gestalten können und welche wirtschaftlichen Aktivitäten (nicht) möglich sind. Besonders in Krisenzeiten zeigt sich, dass zwei Arten von Infrastrukturen essenziell für Wirtschaften und Alltag sind. Diese werden oft auch als *kritische Infrastrukturen* bezeichnet, denn ihr Ausfall gefährdet Versorgung und Sicherheit: (i) **Materielle Infrastrukturen** umfassen u. a. Netzinfrastrukturen für die Energie-, Strom- und Wasserver- und -entsorgung, Telekommunikationsdienste, Transport- und Mobilitätssysteme. (ii) **Wohlfahrtsstaatliche Infrastrukturen** umfassen u. a. Bildungseinrichtungen, Pflege- und Gesundheitsversorgung.[13] Schließlich interagieren Infrastrukturen immer mit Institutionen: So kann Pflege privatwirtschaftlich mit dem Ziel der Profitmaximierung bereitgestellt werden oder Gesetzen unterliegen, die Pflegebetreiber zur Gemeinnützigkeit verpflichten.[14]

(3) **Diskurse** sind sprachliche Praktiken der Sinnstiftung. Als *soziale Konstruktionen* der Wirklichkeit sind sie Anordnungen von Ideen und Argumenten, die Wirklichkeit aus bestimmten Perspektiven, mit bestimmten Interessen und Werthaltungen strukturieren. Diskurse beeinflussen, wie Wirklichkeit wahrgenommen wird und welche Handlungsoptionen sich dadurch ergeben. Sie lenken die Aufmerksamkeit auf bestimmte Themen (z. B. Biodiversität, Migration, Globalisierung) und setzen sie auf konkrete Art und Weise in den Kontext.

1.2.2. Gestaltende Akteure

Die wesentlichen Akteure, die durch gemeinsames, koordiniertes und zielgerichtetes Handeln Rahmenbedingungen gestalten können, sind öffentliche Entscheidungstragende, private Unternehmen, Haushalte und Zivilgesellschaft.[15]

(1) **Öffentliche Entscheidungstragende** haben Kompetenzen, die ihnen von der Verfassung zugesprochen werden. Sie sind befugt, politische Rahmenbedingungen, insbesondere Gesetze, Verordnungen und Budgets, festzulegen. In europäischen Demokratien umfassen sie auf nationaler Ebene die Bundes- und Landesregierung (Exekutive) und Gesetzgebung (Parlament) sowie auf EU-Ebene den Rat, das Europäische Parlament und die Europäische Kommission. Weiters haben auch Gemeinden politische Handlungsspielräume. Große Bedeutung kommt auch der Gerichtsbarkeit zu, bis hin zum Europäischen Gerichtshof (EuGH) und nationalen Höchstgerichten. *Öffentliche Einrichtungen* verfügen über Ressourcen und Personal, um Entscheidungen zu treffen und umzusetzen. Bedeutsam sind Bundes-, Landes- und Gemeindeverwaltungen, Selbstverwaltungskörper (z. B. Sozialversicherungsträger und Kammern), auto-

nome Einrichtungen (z. B. Universitäten) und Behörden (z. B. Regulierungsbehörden). Sie alle legen Rahmenbedingungen für private Akteure fest, z. B. nationale Parlamente für Menschen und Unternehmen innerhalb des Nationalstaats, die EU-Institutionen für die EU-Mitgliedsstaaten oder Universitäten für Studierende.

(2) **Private Unternehmen** sind Organisationen, die Güter und Dienstleistungen bereitstellen. Sie sind entweder natürliche Personen (Einzelunternehmen) oder juristische Personen privaten Rechts (Kapitalgesellschaften), die innerhalb eines rechtlichen Rahmens agieren und mit Investitionen, Innovationen, Standortwahl, Geschäftsmodellen, Preis- und Produktgestaltung und im Umgang mit der Belegschaft und anderen Stakeholdern (Anspruchsgruppen) selbst wirtschaftliche Rahmenbedingungen für andere (z. B. Konsument:innen, Belegschaft, Zulieferunternehmen) schaffen. Die heute bestimmenden Unternehmen sind sogenannte *transnationale Unternehmen*, die weite Teile globaler Produktionsnetzwerke kontrollieren. Wichtige Privatunternehmen sind auch kommerzielle Medien, die die öffentlichen Diskurse beeinflussen.

(3) **Haushalte** sind der Raum der als privat definierten Lebensgestaltung, in dem die Haushaltsmitglieder ihr alltägliches Handeln organisieren (z. B. Haushaltsführung, Kinderbetreuung) und Konsumentscheidungen treffen. Sie sind Basiseinheiten des Wirtschaftens.[16] Ihr Möglichkeitsraum hängt stark von politischen und wirtschaftlichen Rahmenbedingungen ab – z. B.: Gibt es leistbare Kinderbetreuung? Wo werden welche Arbeitsplätze angeboten?

(4) **Zivilgesellschaft** definiert die Gesamtheit von Zusammenschlüssen von Menschen, die weder dem Staat (öffentliche Entscheidungstragende), dem Markt (private Unternehmen) noch dem Privatbereich (Haushalte) zuzuordnen sind. Zivilgesellschaftliche Vereinigungen wollen gemeinsam bestimmte, manchmal miteinander konkurrierende Zwecke erreichen: von der sportlichen und künstlerischen Betätigung bis zur Mitarbeit in der Flüchtlingshilfe und in Burschenschaften. Dazu zählen Vereine, NPOs (Non-Profit-Organisationen) und soziale Bewegungen. Die Zivilgesellschaft ist eine Säule liberaler Demokratien und tritt sowohl in der Rolle des sozialinnovativen Dienstleisters (z. B. Energiegenossenschaften, Repair-Cafés) als auch als politischer und öffentlicher Akteur (z. B. bei Demonstrationen) auf. Ihre Stärke ist, innovative Lösungen zu finden, wenn Staat und Markt versagen, sowie öffentliche Diskurse zu beeinflussen. Manchmal problematisiert sie aktuelle Entwicklungen und leistet Widerstand gegen (vermeintliche) Fehlentwicklungen, v. a. gegen staatliche Maßnahmen. Darüber hinaus schafft sie im Zwischenraum zwischen öffentlicher und privater Sphäre Rahmenbedingungen für das Agieren ihrer Mitglieder (z. B. Verhaltensregeln für Vereinsmitglieder).

Nicht alle Akteure können den eben genannten Akteursgruppen trennscharf zugeordnet werden. Dies trifft insbesondere auf Interessenvertretungen wie Gewerkschaften und Lobbying-Institutionen zu, deren Stellung und Einflussmöglichkeiten u. a. auf der Verankerung in Politik (z. B. Parteien), Wirtschaft (z. B. Arbeitnehmer, Arbeitgeber, Wirtschaftszweige) und Zivilgesellschaft (z. B. bestimmte Initiativen) beruhen.

Innerhalb eines gegebenen Rahmens entscheiden alle Akteure weitgehend selbst, was sie wie tun wollen. Die Möglichkeit, andere zu einem bestimmten Handeln zu bewegen, manchmal auch zu zwingen, definieren wir als **Macht**.[17] Damit ist Macht nicht schlecht, sondern Voraussetzung für Handlungsfähigkeit. Doch sie ist ungleich verteilt. Es bleiben aber für alle Akteure Spielräume, Macht einzusetzen. Diese gilt es zu nutzen: öffentliche Entscheidungstragende können Gesetze erlassen und öffentliche Mittel verteilen; eine Universität gestaltet Lehrpläne; private Unternehmen standardisieren den Umgang mit Lieferfirmen und Belegschaft; ein Verein setzt Verhaltensregeln für Mitglieder.

Zusammengefasst: Wiewohl es wünschenswert ist, sich innerhalb bestehender Rahmenbedingungen verantwortungsvoll zu verhalten, ist es bedeutsamer, dass mehr und mehr Akteure beginnen, über Rahmenbedingungen nachzudenken und diese zu verändern. Zukunftsfähiges Handeln besteht vorrangig darin, Rahmenbedingungen koordiniert und zielgerichtet zu gestalten. Das mag ambitioniert erscheinen und die eigenen Möglichkeiten übersteigen. Doch noch vor 200 Jahren wurde die Forderung, den Handel mit versklavten Personen abzuschaffen, vielfach als unrealistisch abgewiesen. Noch vor kaum mehr als 100 Jahren verhaftete die Polizei Frauen für deren Forderung nach ihrem Wahlrecht. Und heute wird eine Wirtschafts- und Gesellschaftsordnung, die alle Menschen mit den notwendigen Gütern und Dienstleistungen versorgt und gleichzeitig die ökologischen Grundlagen nicht zerstört, oft als Wunschdenken oder wirtschaftsfeindliche Utopie abgelehnt. Wie in der Bewegung zur Abschaffung der Sklaverei und der Stärkung der Frauenbewegung braucht es auch heute den Mut, mit neuen Rahmenbedingungen zu experimentieren. Zum Nachdenken und gemeinsamen Gestalten zu ermutigen, ist ein Ziel dieses Buches.

2.   Perspektiven als „Brillen"

Immer wieder wird es in diesem Buch darum gehen, einseitige Sichtweisen zu
überwinden. Eine große Gefahr für Zukunftsfähigkeit ist Dogmatismus, d. h.
ein unumstößlicher Wahrheitsanspruch, der oftmals daher rührt, eine Perspektive absolut zu setzen und als die einzig wahre zu präsentieren. Doch dogmati-
sches und eindimensionales Denken und Handeln ist einem Denken und Handeln unterlegen, das verschiedene Perspektiven berücksichtigt. Multiperspekti-
visches Denken ist daher eine zentrale Kompetenz zukunftsfähigen Wirtschaftens. Zwei Beispiele: Ein Unternehmen, das nur den Gewinn maximiert, kann
an Problemen bei Lieferketten, Cash-Flow und Mitarbeiterzufriedenheit schei-
tern. Einer Volkswirtschaft, die ihre ökologischen Grundlagen zerstört, nützt
Wirtschaftswachstum wenig.

    Es gibt keinen „Blick von nirgendwo", keinen Blick ohne Perspektive. Die-
ser liegt außerhalb unserer menschlichen Fähigkeiten. Die menschliche Wahrnehmung hat nicht die Möglichkeit, objektive (unvoreingenommene), neutrale
(unabhängige) und universale (allgemeine, immer und für alle gültige) Dar-
stellungen unserer Welt zu liefern.[18] Unsere Ausbildung, das soziale und kulturelle Umfeld, die Sprachen, die wir sprechen, der Freundeskreis, dem wir angehören, unsere materiellen Lebensumstände und Erfahrungen – all dies beeinflusst, was und wie wir die Welt wahrnehmen. Aus unterschiedlichen Erfahrungen, Werthaltungen und Interessen leiten sich unterschiedliche Strategien
und Handlungen ab, um sich in der Welt zurechtzufinden, ihr einen Sinn zu
geben. Perspektiven haben Ähnlichkeit mit „Brillen": Manche Brillen erleichtern die Sicht in die Ferne, auf das große Ganze. Andere erlauben, das Kleinge-
druckte, die Details zu identifizieren. Es gibt Brillen, durch die manches rosa-
rot, farbenfroh und schön, anderes grau oder gar schwarz-weiß gesehen wird.
So zeigt psychologische Forschung, dass sich der Blick von Menschen, die gegenüber Einwanderung tendenziell skeptisch eingestellt sind, vorrangig auf
Schlagzeilen misslingender Integration richtet, während Menschen, die Diversität als bereichernd erleben, eher Beispiele erfolgreichen Zusammenlebens
wahrnehmen.[19] Durch dieses als „selektive Wahrnehmung" bezeichnete Phänomen verstärkt sich der Eindruck, die eigene Perspektive sei richtig und wahr –
durch die Entstehung von Filterblasen in *Social Media* hat sich dieses Phänomen zugespitzt. Dass unsere subjektiven Erfahrungen immer aus einer bestimmten Perspektive erfolgen, bedeutet jedoch nicht, die Welt ließe sich beliebig interpretieren. Es gibt Grenzen der Multiperspektivität (vgl. S. 78).

    In der Wissenschaftstheorie werden Perspektiven auch als Paradigmen oder
Denkkollektive bezeichnet. Im Folgenden stellen wir das Konzept des Denk-
kollektivs vor, welches vom polnischen Physiker und Wissenschaftsphilosoph
Ludwik Fleck[20] Jahrzehnte früher entwickelt wurde als das von Thomas Kuhn[21]

entwickelte, bekanntere und verwandte Konzept des Paradigmas. Fleck wurde 1896 in Polen geboren und starb 1961 in Israel. 1944 wurde er in das Konzentrationslager Buchenwald deportiert und sollte dort einen Impfstoff gegen Typhus entwickeln. Als ihm dies gelungen war, lieferte er allerdings der SS, die den Massenmord in den Konzentrationslagern organisierte, nur ein Placebo. Das echte Medikament verteilte er an Mithäftlinge.[22] Er besaß Wissen und v. a. Mut, und verband dies mit Verantwortung für die Menschen. Damit praktizierte er, was er gleichzeitig als Theorie entwickelte, nämlich die Werte- und Kontextabhängigkeit von Denken.

In seinen wissenschaftlichen Arbeiten stellte sich Fleck gegen ein Bild von Wissenschaft, wonach Wissen objektiv, neutral und universal sei. Seine These: Produktion und Verwertung von Wissen finden in bestimmten Umgebungen statt, was ihre jeweilige Bedeutung, Bewertung und Wirksamkeit beeinflusst. In Konzentrationslagern wird Wissen anders eingesetzt als in NGOs, in Forschungs- und Marketingabteilungen von Firmen anders als in Verwaltungsbehörden und Universitäten. Wissen und seine Anwendung sind immer eingebettet in Institutionen und Machtstrukturen. Auch Wissenschaftler:innen sind von ihrem Umfeld und Vorwissen beeinflusst und erkennen Dinge auf Grundlage erlernter Konzepte und bestimmter Vorgangsweisen (Methoden).

Mit Hilfe eines gemeinsamen **Denkstils** „teilt" eine Gruppe von Menschen eine Art zu denken, eine bestimmte Perspektive, bestimmte Konzepte und Methoden. Ob in einer *Scientific Community* oder in *Social Media* Foren, ein Denkstil wird durch Interaktion mit anderen erlernt und angepasst. Menschen gehören bewusst oder unbewusst bestimmten Denkkollektiven an, welche ein und denselben Denkstil teilen, also bestimmte Konzepte, Theorien und Methoden, aber auch Interessen, Werte und Vor-Urteile. Sie verwenden eine „Brille", die ihnen hilft, bestimmte Dinge zu sehen, während anderes ausgeblendet bleibt. Denkkollektive sind konservativ im eigentlichen Wortsinn, d. h. sie leisten Widerstand gegen Änderungen und Weiterentwicklungen ihrer Art zu denken. Fleck betont, dass Menschen oftmals grundlegend unterschiedlich denken, argumentieren und verstehen. Daher fällt es Menschen, die unterschiedlichen Denkkollektiven angehören, schwer, Gedankengänge anderer nachzuvollziehen. Angehörigen eines Denkstils fehlt oftmals die Fähigkeit, Phänomene, die den Erklärungen ihres Denkstils widersprechen, wahrzunehmen. Werden sie doch wahrgenommen, dann werden sie oft als unbedeutend abgetan oder geleugnet: So leugneten kirchliche Autoritäten die Erkenntnisse Galileis, und einflussreiche Schwedische-Reichsbank-Preisträger, bekannt als sogenannter „Wirtschaftsnobelpreis", behaupteten noch kurz vor der großen Finanzkrise 2008, dass in Marktwirtschaften bei passender Regulierung keine systemgefährdenden Instabilitäten auftreten.

Da keine Perspektive, kein Denkkollektiv und keine Theorie alleine die gesamte Wirklichkeit erklärt, gibt es auch kein Vorzeigemodell, kein Patentrezept für zukunftsfähiges Wirtschaften. Erneuerbare Energieträger alleine lösen die Klimakrise ebenso wenig wie bessere Kleinkinderbetreuung verfestigte Geschlechterungleichheiten überwindet – auch wenn diese Einzelmaßnahmen wichtige Stellschrauben zur Lösung der jeweiligen Probleme sind. Es ist daher sinnvoll, verschiedene Theorien, Modelle und Ansätze zu kennen. Sie liefern unterschiedliche Sichtweisen und bereichern damit das Problembewusstsein und in der Folge die Handlungsfähigkeit. Sie führen zu unterschiedlichen wirtschaftspolitischen Empfehlungen und eröffnen verschiedene Wege der Problemlösung.

2.1. Theorieschulen in der Ökonomik

Wirtschaftswissenschaft (Ökonomik) liefert Theorien, um Wirtschaft (Ökonomie) zu verstehen und zu erklären. Theorien prägen unsere Art zu denken, unser Menschen-, Gesellschafts- und Weltbild und dadurch unser Handeln. Im Folgenden werden einige ökonomische Theorieschulen kurz vorgestellt. Als Grundlage dazu dienen uns die Arbeiten von Ha-Joon Chang,[23] Ernesto Screpanti und Stefano Zamagni,[24] Ulrike Knobloch,[25] Erik Reinert, Jayati Gosh und Rainer Kattel,[26] Johannes Jäger und Elisabeth Springler[27] sowie das Web-Projekt *Exploring Economics* des Netzwerks Plurale Ökonomik.[28] Jede der folgenden Theorieschulen sowie deren zentralen Argumente sind aus der Sicht ihrer jeweiligen Vertreter:innen formuliert.

Wirtschaftliche Entwicklungstheorien

Wirtschaftliche Entwicklungstheorien sind **kontextbezogen**, d. h. für eine konkrete Problemlösung entstanden und nicht einfach verallgemeinerbar. Sie untersuchen zumeist in Fallstudien, unter welchen Bedingungen Wirtschaften florieren. Im deutschen Sprachraum verfolgte die *Historische Schule der Nationalökonomie* diesen Ansatz, zu deren Hauptvertretern u. a. Gustav von Schmoller († 1917) zählt.[29] Sie untersuchte im 19. Jahrhundert, wie Kultur, Institutionen, Klima und Geschichte zu unterschiedlichen ökonomischen Entwicklungen und wirtschaftspolitischen Strategien führen. Wirtschaftliche Entwicklungstheorien widmen sich den Unterschieden zwischen Ländern, aber auch zwischen Stadt und Land. Eine Kernthese dieser Ansätze ist, dass industrielle Produktion steigende Skalenerträge ermöglicht, während es bei landwirtschaftlicher Produktion tendenziell zu fallenden Skalenerträgen kommt. Anders ausgedrückt: In der Industrie können wegen sinkender Fixkosten (aufgrund höherer Auslastung der Maschinen) größere Mengen pro Stück billiger produziert werden. Auf landwirtschaftlichen Flächen sinkt hingegen der Ertrag bei Übernutzung. Daraus folgt, dass Städte, Regionen und Länder, die sich auf Produktionsmöglichkeiten mit steigenden Skalenerträgen konzentrieren, denen überlegen sind, die sich auf jene mit sinkenden Skalenerträgen spezialisieren.

Dies liefert gleichermaßen Erklärungen für die ungleiche internationale Arbeitsteilung zwischen globalem Norden und globalem Süden als auch für das Stadt-Land-Gefälle. Wichtiger als wohlhabend zu sein, ist es demnach, Wohlstand „produzieren" zu können.

Im Kolonialismus wurde es Kolonien untersagt, sich zu industrialisieren. So etablierte sich die klassische internationale Arbeitsteilung: Der globale Norden produzierte Industriegüter und fortgeschrittene Dienstleistungen, Afrika und Lateinamerika exportierten Rohstoffe, Bodenschätze und landwirtschaftliche Produkte. Trotz politischer Unabhängigkeit bestehen in Afrika und Lateinamerika neokoloniale Strukturen bis heute fort. Diese erschweren es den ehemaligen Kolonien, nicht länger einzig Lieferant von Rohstoffen und Bodenschätzen zu bleiben. Um dem Teufelskreis von Unterentwicklung zu entkommen, braucht es eine **eigenständige Wirtschaftspolitik**, die nationale Produktion, insbesondere auch industrielle Fertigung, fördert, um mit steigenden Skalenerträgen zu produzieren. Dafür können auch protektionistische Maßnahmen, die die inländischen Produzenten vor ausländischer Konkurrenz schützen, gesetzt werden. Dem Staat kommt die wichtige Aufgabe zu, Wohlstand, Sicherheit und Wettbewerbsfähigkeit zu schaffen.

Klassische Nationalökonomik als politische Ökonomik

Die klassische Nationalökonomik versteht sich als politische Ökonomik, die das Zusammenspiel von Wirtschaft und Politik untersucht. Zentrale Vertreter sind Adam Smith († 1790), David Ricardo († 1823) und Jean-Baptiste Say († 1832).[30] Diese Theorieschule sieht den Menschen als soziales Wesen, dessen gemeinsame Arbeit den Wohlstand der Nationen schafft. Durch Arbeitsteilung erhöht sich die Produktivität, was zu Wirtschaftswachstum führt. So verdrängt die Marktwirtschaft die Produktion für den Eigenbedarf (Subsistenz) und die Produktion in Fabriken das Handwerk. Auch international schafft Arbeitsteilung Wohlstand für alle beteiligten Länder. Gemäß Ricardos *Theorie der komparativen Kostenvorteile* lohnt sich der Warenaustausch zwischen zwei Ländern selbst dann, wenn ein Land alle Güter mit geringerem Aufwand herstellen könnte als das andere. Dass Industrieländer Maschinen und Entwicklungsländer Rohstoffe verkaufen, steigert demnach den Wohlstand in beiden Ländern.

Die klassische Nationalökonomik analysiert den Produktionsprozess. Die **drei großen Klassen** der Grundeigentümer, Kapitalisten und Arbeiter erzielen ihr Einkommen aus unterschiedlichen Quellen: Bodenrente, Profit und Lohn. Daraus leiten sich für die Mitglieder einer Klasse gemeinsame und zwischen den Klassen unterschiedliche Interessen ab. Im Mittelpunkt stand anfangs der Konflikt von Grundbesitzern, die, wie Smith bemerkte, „ernten, wo sie nicht gesät haben", und denjenigen, deren Arbeit den Wohlstand der Nationen schafft.[31] Im Laufe des 19. Jahrhunderts rückte der Konflikt zwischen Arbeit und Kapital ins Zentrum.

Die klassische Nationalökonomik unterscheidet in Anlehnung an Aristoteles († 322 v. Chr.) zwischen dem **Gebrauchs-** und dem **Tauschwert** von Waren. Der Gebrauchswert bezeichnet die Nützlichkeit von Dingen, um bestimmte Bedürfnisse zu befriedigen. So ist der Gebrauchswert einer Wohnung, dass sie ein Dach über dem Kopf bietet. Demgegenüber bezeichnet der Tauschwert einer Wohnung den Geldwert, der am Markt für sie erzielt wird.

Die klassische Nationalökonomik begründete den Wirtschaftsliberalismus mit seiner zentralen Forderung nach mehr wirtschaftlichen Freiheiten für die produzierenden Klassen. Das *Say'sche Gesetz* besagt, dass Marktwirtschaften selbstregulierende Systeme sind, weshalb jedes Angebot Nachfrage findet. Wirtschaftskrisen entstehen einzig durch vermeintlich außerwirtschaftliche Faktoren wie Kriege und Pandemien. Auch staatliche Eingriffe sind demnach künstliche Eingriffe in die liberale Wirtschaftsordnung. *Laissez-faire,* staatliche Nicht-Einmischung (das ungehinderte „Laufen-Lassen" des Marktes gleichsam als Naturereignis), ist folglich die beste Wirtschaftspolitik.

Marxistische politische Ökonomik

Basierend auf den Schriften von Karl Marx († 1883)[32] untersucht die marxistische politische Ökonomik **Produktionsweisen**, die sich einerseits aus *Produktivkräften*, z. B. Technologien und Infrastrukturen, und andererseits aus *Produktionsverhältnissen*, z. B. Gesetzen und anderen institutionalisierten Regelungen, zusammensetzen. Historisch gab es u. a. die Produktionsweise der Sklaverei, des Feudalismus und aktuell die kapitalistische Produktionsweise, in der die Klasse der Kapitalisten Produktionsmittel besitzt und jene der Arbeiter keine, weshalb letztere gezwungen ist, ihre Arbeitskraft zu verkaufen. Die Arbeiterklasse wird ausgebeutet, weil mit dem ausgezahlten Lohn nicht der gesamte Wert der geleisteten Arbeit entschädigt wird. Mehrwert wird von der Klasse der Kapitalisten angeeignet. Die Folge ist Widerstand, d. h. Klassenkämpfe, z. B. in Form von Streiks, Sozialreformen und Revolutionen.

Das Ziel kapitalistischen Wirtschaftens ist nicht, Grundbedürfnisse zu befriedigen, sondern zu verkaufen, was sich verkaufen lässt (*Anarchie der Produktion*) – Apple entwickelt nicht laufend neue iPhones, weil es zu wenig Telefone gibt, sondern weil das Unternehmen Profit erzielen muss. Die Notwendigkeit, Profite zu erwirtschaften, ist dem Kapitalismus systemimmanent. Dies kann nicht nur in Konflikt mit Gebrauchswerten treten (z. B., wenn Wohnen nicht mehr leistbar ist), es kann auch zu Krisen führen, weil Unternehmen zu viel produzieren (Überproduktionskrise) und Produziertes keinen Absatz findet, wodurch Kapital zumindest kurzfristig keine rentablen Anlagemöglichkeiten findet (Überakkumulationskrise). **Krisen können im Kapitalismus nicht vermieden werden**, oft werden sie aber in die Zukunft verschoben. Kapitalumschichtung (*capital switching*) bezeichnet z. B. die Veranlagung von Gewinnen von Industrieunternehmen am Finanz- und Immobilienmarkt.[33] Das ist bei niedrigen Renditeerwartungen in der Realwirtschaft attraktiv. Das Resultat der Kapitalumschichtung sind z. B. steigende Boden- und Immobilienpreise (eine Steigerung des Tauschwerts) und ein Rückgang an leistbarem Wohnraum (Gebrauchswert). Diese Inflation (Preissteigerung) von Finanz- und Immobilienanlagen kann zu Finanz- und Immobilienblasen und in Folge zu Finanz- und Immobilienkrisen führen – wie zuletzt 2008.

Neoklassik

Die Neoklassik – aufbauend u. a. auf den Arbeiten von William Jevons († 1882), Leon Walras († 1910) und Alfred Marshall († 1924) – ist seit Ende des 19. Jahrhunderts bis heute die dominante ökonomische Theorieschule.[34] Sie beschäftigt sich mit der *Allokation (Zuteilung) knapper Ressourcen* und grenzt sich damit von der bis dahin bestimmenden politischen Ökonomik ab. Die zentralen Methoden sind mathematische, Ziel ist die **Optimierung**. Grundkurse der Neoklassik gehen vom nutzenmaximierenden Individuum (*homo oeconomicus*) aus, das rationale Entscheidungen zum eigenen Vorteil trifft. In fortgeschrittenen Kursen wird mit realitätsnäheren Modellen gearbeitet. So zeigt die Verhaltensökonomik, die psychologische Erkenntnisse in die neoklassische Ökonomik integriert, dass Menschen oftmals nicht egoistisch agieren. Aber auch in diesen Modellen erklärt sich das Wirtschaftsgeschehen aus dem Verhalten einzelner Individuen (methodologischer Individualismus), die als Konsument:innen auf Märkten tauschen.

Die Neoklassik untersucht Tauschwirtschaften. **Wirtschaften reduziert sich auf Marktwirtschaften**, denn auf Märkten kann alles mit allem getauscht werden. Zwischen verschiedenen Wirtschaftsbereichen wird nicht unterschieden. Sorgearbeit und Hedgefonds-Management sind vergleichbar, der Bildungsbereich folgt der gleichen Logik wie die IT-Branche, auf Güter- und Geldmärkten wird gleichermaßen rational gehandelt.

Komplexere neoklassische Modelle beschäftigen sich mit Marktversagen, sei dies durch Monopolmärkte oder durch **Externalitäten**. Letztere werden von Akteuren verursacht, ohne dass diese die entstehenden Kosten tragen (*negative Externalitäten* wie Umweltverschmutzung). Oder Akteure genießen einen entstehenden Nutzen, zu dem sie nichts beigetragen haben (*positive Externalitäten* wie eine private Grundstücksaufwertung durch einen neuen U-Bahn Anschluss). Werden Externalitäten nicht berücksichtigt, kommt es zu falschen Preis- und Knappheitssignalen. Das Marktoptimum entspricht dann nicht dem sozialen Optimum. Dies kann mit Hilfe des **Verursacherprinzips** behoben werden, indem die externen Kosten von denen getragen werden, die sie verursachen (z. B. dem Schadstoff ausstoßendem Unternehmen), bzw. der externe Nutzen jenen zugutekommt, die diesen geschaffen haben (z. B. der Gemeinde, die den U-Bahn Ausbau finanziert), etwa durch Steuern oder andere Bepreisungen. Dies erlaubt einen effizienten Einsatz von Ressourcen, erfordert aber gleichzeitig die **Kommodifizierung**, d. h. das Zur-Ware-machen, von vormals nicht wirtschaftlichen Lebensbereichen, von Grund und Boden bis hin zu Luft und Wasser. Ihnen wird ein Preis zugewiesen, um sie am Markt optimal austauschbar zu machen.

Österreichische Schule

Für die österreichische Schule der Nationalökonomik, deren zentrale Vertreter Ludwig Mises († 1973) und Friedrich Hayek († 1992) sind, sind Märkte, Eigentum und Wettbewerb die effizientesten wirtschaftlichen Institutionen.[35] Sie setzten sich in einem langen kulturellen Evolutionsprozess als beste durch und bilden eine spontane Ordnung (*kosmos*), die im Westen am weitesten entwickelt ist. Diese Ordnung minimiert staatliche Verbote und maximiert individuelle Freiheit, verstanden als negative Freiheit (vgl. S. 21).

Der **Markt ist die effizienteste Informationsverarbeitungsmaschine.** Demnach ist es eine Anmaßung von Fachleuten und Menschen aus der Wissenschaft, mit rationalen Methoden Märkte zu begrenzen oder externe Effekte zu internalisieren. Rohstoffbörsen „wissen" beispielsweise mehr über die Entwicklung von Rohstoffmärkten als der am besten informierte Rohstoffexperte. Die österreichische Schule erarbeitete eine neue Form von Marktliberalismus – den **Neoliberalismus**[36] –, in dem ein starker Staat die Aufgabe hat, Märkte nicht nur zu schützen, sondern auch zu schaffen und auszuweiten. Ein Beispiel sind neue Eigentumsrechte, z. B. an Saatgut oder an Emissionszertifikaten. Fehlende Regulierung zum Schutz von Märkten durch *laissez-faire* kann die Marktordnung gefährden. Die kritische Haltung zu *laissez-faire* unterscheidet die österreichische Schule vom Wirtschaftsliberalismus der klassischen Nationalökonomik.

Auch Demokratie und Mehrheitsentscheidungen sind demnach gefährlich, wenn sie eine Gesellschaftsordnung planen, in der Märkte eingeschränkt werden. Diese anzustreben, droht rasch zu Mehrheitsdiktaturen zu verkommen, wie dies für die Wohlfahrtsstaaten der Nachkriegszeit befürchtet wurde. Die wirtschaftliche Freiheit, über sein Eigentum zu verfügen und am Markt zu handeln, ist wichtiger als politische Freiheiten in einem demokratischen Gemeinwesen, wie z. B. die Freiheit zu wählen oder zu demonstrieren. Demokratie ist demnach entweder *marktgerecht*, d. h. sie stärkt die spontane Marktordnung, oder sie muss eingeschränkt werden, um der Marktwirtschaft keinen Schaden zuzufügen. Am besten gewährleistet dies eine globale liberale Weltordnung, die den Handlungsspielraum nationaler Regierungen einschränkt und von einer supranationalen Organisation, z. B. der 1995 gegründeten Welthandelsorganisation (WTO), überwacht wird.

Keynesianismus

John Maynard Keynes († 1946) war einer der bedeutendsten Ökonomen des 20. Jahrhunderts.[37] Er suchte Antworten auf aktuelle Probleme, v. a. die Weltwirtschaftskrise nach 1929. Die vorherrschende Sichtweise ist, dass Keynes bestrebt war, den Kapitalismus durch Reformen zu retten. In dieser Sichtweise, die wir im folgenden **Mainstream-Keynesianismus** nennen, dominierten Teile seiner Theorie die europäische und US-amerikanische Wirtschaftspolitik während des Wohlfahrtskapitalismus von 1945 bis ca. 1980.[38] Andere Sichtweisen, insbesondere der **Post-Keynesianismus**, sehen Keynes als einen Ökonomen, der eine neue Wirtschaftsweise anstrebte, in der öffentliche Einrichtungen die zentralen Akteure sind, um das Allgemeinwohl sicherzustellen.[39] Während der Mainstream-Keynesianismus in der Nachkriegszeit hohes Wirtschaftswachstum v. a. durch die Ausweitung des Massenkonsums anstrebte, betont der Post-Keynesianismus, dass Keynes primär das Ziel verfolgte, mit öffentlichen Investitionen die Grundversorgung zu sichern und Vollbeschäftigung (d. h. eine Situation, in der es mehr offene Stellen gibt als Menschen, die Arbeit suchen) zu schaffen.

Mit dem Mainstream-Keynesianismus etablierte sich eine Makroökonomik, in der keynesianische Elemente in die neoklassische Gleichgewichtstheorie integriert wurden. Dies wird auch **neoklassische Synthese** genannt. Makroökonomik untersucht den Forschungsgegenstand Wirtschaft mit Hilfe von Aggregaten wie Inflation, Arbeitslosigkeit und Wachstum. Zentrales Konzept des Mainstream-Keynesianismus ist die **effektive Nachfrage**, d. h. die Kaufkraft. Entgegen dem Say'schen Gesetz findet in Krisenzeiten Angebot keine Nachfrage: ganze Wohnbauprojekte an Spaniens Küste wurden beispielsweise nach der Immobilienkrise 2008 abgebrochen. Weiter sind für Keynes Menschen komplexe Wesen, vielschichtig, keinesfalls bloß rational und nutzenmaximierend. Sie entscheiden oft auf Grundlage von Faustregeln, z. B. „Verkaufe, bevor andere verkaufen". Dies kann dazu führen, dass Aktien rasant und von allen gleichzeitig verkauft werden, was zu Panikreaktionen, Kurseinbrüchen und Finanzkrisen führen kann. Einzelwirtschaftliches Handeln führt dann nicht zum gewünschten gesamtwirtschaftlichen Ergebnis. Um dies zu verhindern oder abzumildern, braucht es eine strenge Regulierung der Finanzmärkte sowie eine nachfrageorientierte Wirtschaftspolitik, die die effektive Nachfrage stabilisiert. Bei einer **antizyklischen Fiskalpolitik** spart der Staat im Wirtschaftsaufschwung und investiert im Wirtschaftsabschwung, sei dies durch Einkommenspolitik, die private Haushalte unterstützt, oder durch öffentliche Investitionspolitik, die private Investitionszurückhaltung kompensiert.

Keynes folgend sind marktwirtschaftliche Gleichgewichte Ausnahmesituationen, Abweichungen vom Gleichgewicht der Normalzustand. Moderne Ökonomien sind keine Tauschökonomien, sondern **Geldwirtschaften**, in denen

Kredite Investitionen und Vollbeschäftigung ermöglichen. Sparen, im neoklassischen Denken eine Tugend und die Voraussetzung für Investitionen, ist für Keynes ein Problem, weil es eine unproduktive Klasse, die Rentiers, am Leben erhält. Diese vermehren ihr Kapital nicht durch produktive Investitionen, sondern z. B. durch Finanz- und Immobilienanlagen. Keynes war, wie auch die Vertreter der klassischen Nationalökonomik, ein scharfer **Kritiker der Rentiers**, die ihr Einkommen aus dem Besitz von Vermögen beziehen und keiner unternehmerischen Tätigkeit nachgehen. Kapitalverkehrskontrollen, d. h. die Beschränkung globaler Finanzmärkte, erlauben langfristig niedrige, möglichst nahe bei null liegende Zinsen. Dies kann zum „sanften Tod der Rentiers", d. h. dem Verschwinden gesamtwirtschaftlich nicht notwendiger Spekulation, führen. Niedrige Zinsen würden geplante öffentliche Investitionen, v. a. zur Gewährleistung von Vollbeschäftigung, erleichtern. Als Architekt der britischen Kriegswirtschaft im Zweiten Weltkrieg setzte Keynes einige dieser Ideen um.[40]

Feministische Ökonomik

Die feministische Ökonomik, die u. a. von Julie Nelson, Marilyn Waring und Diane Elson vertreten wird,[41] fokussiert auf den zentralen, in allen anderen ökonomischen Schulen aber weitgehend ignorierten Wirtschaftsbereich der unbezahlten Tätigkeiten, der erfolgreiches Marktwirtschaften überhaupt erst ermöglicht. Zentrale Tätigkeiten in diesem Bereich fallen u. a. unter den Begriff der **Care-Arbeit (Sorgearbeit)**, d. h. Tätigkeiten der Fürsorge, des Pflegens und Sich-Kümmerns (Kinderbetreuung, Altenpflege, familiäre Unterstützung, häusliche Pflege, Hilfe unter Freund:innen). Dieser Bereich bildet die unsichtbare Grundlage funktionierender Gesellschaften, auch in der kapitalistischen Wirtschaftsweise. Daher verwendet die feministische Ökonomik einen weiten Arbeitsbegriff, der unbezahlte, aber für die Grundversorgung wesentliche Tätigkeiten mit einschließt. Jene Arbeiten, die derzeit im Verborgenen stattfinden, müssen nicht nur anerkannt, sondern auch aufgewertet werden. Der „produktive" Teil der Wirtschaft setzt nämlich „reproduktive" Bereiche voraus und ist von diesen abhängig. Deshalb hinterfragt, analysiert und kritisiert die feministische Ökonomik Dualismen wie produktiv und reproduktiv sowie öffentlich und privat, denn diese verschleiern **Geschlechterverhältnisse**, insbesondere die ungleiche geschlechtliche Arbeitsteilung. Intersektionalität bezeichnet das Ineinandergreifen unterschiedlicher Ungleichheitsverhältnisse, v. a. von Geschlecht, Klasse und Herkunft.

Da sich *Geschlechterverhältnisse* so wie Produktionsverhältnisse verändern, nehmen sie historisch unterschiedliche Formen an. Ein historisch bedeutsames, bis heute teilweise andauerndes Geschlechterverhältnis ist das Patriarchat, das auf der Unterordnung von Frauen unter Männer basiert. Liberale feministische Ökonom:innen fokussieren auf Chancengleichheit, z. B. in Bezug auf gleiches Gehalt (*equal pay*), und manchmal auch auf repräsentative Quoten. Andere

Stränge der feministischen Ökonomik fordern weitreichendere Maßnahmen wie z. B. verkürzte Erwerbsarbeitszeiten und eine gerechtere Verteilung auch der unbezahlten Arbeiten.

Umweltökonomik

Die Umweltökonomik verwendet die Methoden und Konzepte der Neoklassik, v. a. Externalitäten und Optimierung, um Umweltprobleme zu lösen. Bekannte Vertreter sind William Nordhaus und Nicholas Stern.[42] Sie beschäftigt sich mit der optimalen Allokation knapper Umweltressourcen für verschiedene Verwendungsmöglichkeiten. Ziel ist **Kostenwahrheit durch die Internalisierung externer Kosten**, was mit der Umsetzung des Verursacherprinzips erreicht wird. Wirtschaftspolitische Maßnahmen (Instrumente) sind Abgaben, Steuern oder die Schaffung neuer Märkte, was die Kommodifizierung, das Zur-Ware-Machen, ehemals freier Güter wie Luft und Wasser bedeutet. Das bekannteste Beispiel ist der Handel mit Emissionszertifikaten im Rahmen des *Emission Trading Systems* (ETS). Die Umweltökonomik basiert auf dem Konzept der **schwachen Nachhaltigkeit** (vgl. S. 20). Verschiedene Kapitalsorten wie Sachkapital (z. B. Maschinen, Warenlager), Humankapital (z. B. Wissen) und Naturkapital (z. B. Biotope) sind zwar verschieden. Mittels einer Maßgröße, nämlich Geldeinheiten, werden sie jedoch vergleich- und gegenseitig substituierbar, d. h. gegeneinander austauschbar. Der in Geld bewertete Gesamtwert des Kapitalbestands (die Summe aller Kapitalsorten) soll zumindest konstant gehalten und wenn möglich erhöht werden. Dem Prinzip der Austauschbarkeit folgend stellt ein schrumpfendes Naturkapital kein Problem dar, solange gleichzeitig das Sachkapital steigt. Diese Annahme ist Grundlage für Nutzen-Kosten-Analysen (vgl. Box *Nutzen-Kosten-Analyse*).

Nutzen-Kosten-Analyse
Die *Nutzen-Kosten-Analyse* ist eine Form der Bewertung der Effizienz von Projekten oder Politiken.
Ein Beispiel ist die mögliche Schließung eines Kohlekraftwerks. Eine Nutzen-Kosten-Analyse berechnet die gesamten Kosten (v. a. CO_2-Emissionen und Luftverschmutzung) und den gesamten Nutzen (z. B. Verbesserung der Luftqualität, Reduktion von Treibhausgasemissionen), der durch die Schließung des Kraftwerks im Vergleich zu einer alternativen Stromproduktion (z. B. Photovoltaik) entsteht. Diese Kosten und Nutzen werden zuerst quantifiziert und danach monetarisiert, indem ökologische, soziale und wirtschaftliche Vor- und Nachteile in Geldeinheiten bewertet werden. Unsicherheiten werden zu **quantifizierbaren Risiken**, Ungewissheiten (z. B. Wirkungen, die nicht berücksichtigt werden können) werden ausgewiesen. Die Schließung des Kraftwerks „rechnet" sich, wenn die Gesamtkosten der Weiterführung den Gesamtnutzen der Schließung übersteigen. Es liegt in der Natur der Sache, dass die Zuschreibung monetärer Werte nicht einfach ist. Welche Kosten entstehen der Allgemeinheit durch frühzeitige Todesfälle, die durch die Luftverschmutzung des Kraftwerks verursacht und durch eine Kraftwerksschließung reduziert werden können? Sind die Kosten bei jungen und gebildeten Menschen höher als bei Pensionierten, und welcher Wert wird unterschiedlichen Personengruppen zugeordnet? Derartige ethische, rechtliche und organisatorische Bedenken finden in der Nutzen-Kosten-Analyse nur

dann eine Berücksichtigung, wenn die privaten Haushalte diese Dimensionen wahrnehmen und mit entsprechenden quantifizierbaren Wertschätzungen versehen.

Mittels **Diskontierung** wird der heutige Wert zukünftiger Zahlungen errechnet. Bei diesem finanzmathematischen Berechnungsverfahren wird angenommen, dass heutige Nutzeffekte und Kosten mehr wert sind als jene in der Zukunft. Diese Abzinsung zukünftiger Kosten und Nutzen auf einen gegenwärtigen „Barwert" hängt vom angenommenen Diskontsatz ab. Ein hoher Diskontsatz vermindert die relative Bedeutung der Zukunft, während bei einem „Null-Zins"-Diskontsatz das geschätzte Leid und Wohlbefinden zukünftiger Generationen genau so viel wiegt wie Kosten und Nutzen heute. So verwendeten z. B. zwei bekannte Umweltökonomen unterschiedliche Diskontsätze, um die Kosten des Klimawandels zu errechnen. William Nordhaus diskontierte die Kosten der Klimaveränderungen mit 4,5 % pro Jahr, was den Zinssätzen zur Zeit seiner Berechnung entsprach. Nicholas Stern hingegen kalkulierte die Kosten mit 1,5 %, wodurch sich deutlich höhere Kosten zukünftiger Schäden ergaben als bei Nordhaus. Beharrende Kräfte berufen sich auf Nordhaus, Umweltschützer:innen auf einen Nullzinssatz.

Diese Berechnungen verlieren weiter an Eindeutigkeit, wenn verschiedene Gruppen und Generationen von externen Effekten unterschiedlich betroffen sind: Anrainer:innen von Flughäfen erleiden die Nachteile eines Ausbaus, die Tourismusbranche erwartet sich Umsatzsteigerungen. Auch die Berücksichtigung von Langzeiteffekten und die Quantifizierung komplexer Phänomene sind schwierig: Wie ist der Verlust von Arten, Grundwasser oder Ökosystemen sowie die Erwärmung des Planeten zu kalkulieren? Was ist der Preis für die Rettung bedrohter Arten? Wer trägt schlussendlich die Kosten?

Ökologische Ökonomik

In der ökologischen Ökonomik, die u. a. von Nicholas Georgescu-Roegen († 1994), Herman Daily († 2022), Clive Spash, Sigrid Stagl und Julia Steinberger vertreten wird,[43] bilden ein funktionierendes Ökosystem und eine funktionierende Gesellschaft die Grundlage menschenfreundlichen Wirtschaftens. Wirtschaft ist demnach ein in Gesellschaft und diese wiederum in Natur eingebettetes System. Die ökologische Ökonomik orientiert sich an der sozialen Ökologie und der politischen Ökologie und grenzt sich von der Neoklassik sowie der Umweltökonomik ab. Sie untersucht die Möglichkeiten von **stabilen Ökonomien** (*steady-state economies*), die nicht auf Wachstum angewiesen sind.

Dabei geht sie vom Konzept der **starken Nachhaltigkeit** (vgl. S. 20) aus. Demnach ist wirtschaftliches und soziales Leben von unersetzbaren, miteinander verwobenen Ökosystemen abhängig. Natur besteht aus komplexen Ökosystemen, die menschliche Gesellschaften mit lebensnotwendigen Funktionen und Diensten versorgen. Ökologische, soziale und ökonomische Prozesse sind in vielerlei Hinsicht **inkommensurabel**. Das impliziert eine bestimmte Art von Unvergleichbarkeit. Inkommensurables ist verschieden: Straßen sind keine Wälder, Korallenriffe sind keine Auen. Diese Objekte haben darüber hinaus auch keine gemeinsame Messgröße, mit der Verschiedenes vergleichbar gemacht wird, auch nicht Geld. Diese Unmöglichkeit einer gemeinsamen Messgröße resultiert u. a. aus der Unersetzbarkeit bestimmter ökologischer Prozesse. Ein wirksames Süßwassermanagement kompensiert die Folgen von Artensterben und Erderhitzung nicht. Ein lebensfreundliches Klima, d. h. die Beschränkung der Erderhitzung, ist Voraussetzung zukunftsfähigen Wirtschaftens und nicht austauschbar gegen soziale und ökonomische Verbesserungen. Es gibt qualitative Unterschiede zwischen hergestelltem Kapital und Natur: Ersteres ist reproduzierbar (es kann wiederhergestellt werden), die Zerstörung der Natur ist aber oft irreversibel (sie kann nicht rückgängig gemacht werden). Neue T-Shirts können produziert, neue Brücken können gebaut werden. Wenn hingegen eine Spezies ausgestorben ist, kann sie nicht wiederhergestellt werden. Aus den Fischen eines Aquariums kann eine Fischsuppe gemacht werden, aus einer Fischsuppe aber keine Fische für ein Aquarium.

Wirtschaftliche Aktivitäten sind mit absoluten biophysischen Grenzen konfrontiert, deren Überschreiten gefährlich ist. Daher berücksichtigt die ökologische Ökonomik Unsicherheit und Unwissen und beruht auf dem **Vorsorgeprinzip**: Mögliche Schäden bzw. Belastungen für Umwelt und menschliche Gesundheit sind zu vermeiden oder zu verringern, selbst wenn ihr Eintreten nicht ganz sicher ist. In der ökologischen Ökonomik wird zwischen verschiedenen Alternativen, die keine gemeinsame Maßgröße haben, abgewogen (Deliberation), z. B. mit einer Multi-Kriterien-Analyse (vgl. Box *Multi-Kriterien-Analyse*).

Multi-Kriterien-Analyse

Die Multi-Kriterien-Analyse arbeitet **multiperspektivisch**. Sie nutzt und bewertet eine Vielzahl unterschiedlicher Kriterien für die Entscheidungsfindung und berücksichtigt unterschiedliche Werthaltungen, Annahmen und Interessen sowie wissenschaftliche Daten verschiedener Disziplinen.

Zum Beispiel des Kohlekraftwerks: In einem ersten Schritt werden unterschiedliche Kriterien für Beschäftigung, Energiepreise, Schutz von Arten, Luftqualität, Wohlbefinden, Lärmbelästigung, Steuereinnahmen, CO_2-Bilanz und anderes festgelegt. Einige dieser Kriterien sind inkommensurabel. In einem zweiten Schritt werden diese Kriterien operationalisiert. Da nicht alles einen Geldwert hat, erfolgt dies sowohl quantitativ (z. B. Errechnen von zusätzlichen Steuereinnahmen oder CO_2-Emissionen) als auch qualitativ (z. B. mittels Fokusgruppendiskussionen zu den potentiellen Auswirkungen eines Kraftwerks auf das Wohlbefinden der Anrainer:innen). Die einzelnen **Kriterien werden am Ende gewichtet.** Sind höhere Steuereinnahmen ebenso wichtig wie saubere Luft? Warum oder warum nicht? Damit fördert die Multi-Kriterien-Analyse Lernprozesse und schafft Transparenz, indem sie offenlegt, welche Kriterien wie gewichtet werden und warum.

Inkommensurabilitäten werden nicht aufgelöst, wohl aber Prioritäten gesetzt. Z. B. könnte der Schutz von Arten höher gewichtet werden als die Schaffung von Arbeitsplätzen (oder umgekehrt). Lösungswege werden aufgezeigt und Szenarien entwickelt, die für verschiedene Akteure unterschiedlich vorteilhaft sind. Möglichkeiten, die Verlierenden zu entschädigen, werden diskutiert.

Die Stärke der Multi-Kriterien-Analysen ist gleichzeitig ihre Schwäche. Da Kriterien festgelegt werden müssen und Partizipation ermöglicht wird, gibt es Raum für Interpretation bis hin zur Manipulation. Wer wird beteiligt? **Was sind Kriterien des Auswählens, Abwägens und Entscheidens?** Wie ist mit dem Spannungsfeld Wissenschaft–Politik umzugehen, in welchem Machtverhältnisse eine zentrale Rolle spielen: Höher gebildete Personen haben oft mehr Selbstbewusstsein in Gruppendiskussionen, können besser argumentieren und finden somit leichter Gehör. Organisationen, die über Ressourcen verfügen und mit einflussreichen Akteuren in Wirtschaft und Politik vernetzt sind, können besser lobbyieren.

Tabelle 1: Zusammenfassung der ökonomischen Theorieschulen

	Wirtschaftliche Entwicklungstheorien	Klassische Nationalökonomik	Marxistische Politische Ökonomik	Neoklassik	Österreichische Schule	Keynesianismus	Feministische Ökonomik	Umweltökonomik	Ökologische Ökonomik
Verständnis von Ökonomik	Kontextspezifische und interdisziplinäre Erfahrungswissenschaft	Politische Ökonomik	Politische Ökonomik	Formales Verständnis von Ökonomik (mathematische Modellbildung)	Politische Ökonomik	Politische Ökonomik	Politische Ökonomik	Formales Verständnis von Ökonomik (mathematische Modellbildung)	Politische Ökonomik
Zentrale Problemstellung	Erhöhung des gesellschaftlichen Wohlstands	Erhöhung des gesellschaftlichen Wohlstands	Produktivkraftentfaltung basierend auf Ausbeutung von Arbeitskraft durch Kapital	Optimierung und Allokation knapper Ressourcen	Selbstorganisierte Koordination zwischen Individuen über Märkte	Umgang mit gesamtwirtschaftlichen Instabilitäten	Unsichtbarkeit eines Teils der Wirtschaft, ungleiche Geschlechterverhältnisse	Allokation knapper (Umwelt-)Ressourcen unter der Annahme schwacher Nachhaltigkeit	Absolute biophysische Grenzen unter der Annahme starker Nachhaltigkeit
Ziele	Eigenständige nationale Wirtschafts- und Industriepolitik	Laissez faire, Besteuerung von Grundbesitzern (Rentiers)	Überwindung des Kapitalismus, der notwendigerweise auf Ausbeutung beruht und Krisen produziert	Laissez faire, aber Behebung von Marktversagen	Staat schafft Märkte und schützt sie vor Mehrheitsentscheidungen und Expertise	Regulierung der Finanzmärkte, „sanfter Tod der Rentiers", antizyklische Wirtschaftspolitik	Geschlechtergerechtigkeit, Geschlechterverhältnisse verändern, Erwerbsarbeitszeitverkürzung, Arbeit umverteilen	Staatliche Interventionen zur Internalisierung externer Kosten	Steady-state economies

2.2. Sozioökonomik

Wir definieren Sozioökonomik als **interdisziplinäre Wirtschaftswissenschaft**. Sie verwendet verschiedene ökonomische Theorieschulen und verbindet diese mit anderen Disziplinen wie der Soziologie, Politikwissenschaft, Geografie, Geschichtswissenschaft und den Agrar- und Erdwissenschaften sowie mit Inter-Disziplinen, z. B. der internationalen politischen Ökonomik und der sozialen und politischen Ökologie. Ein Beispiel, wie die Sozioökonomik Interdisziplinarität anwendet, ist die Börse als wirtschaftliche Institution. Eine Börse ist ein Markt, an dem Aktien und Wertpapiere gehandelt werden. Ökonom:innen beschäftigen sich in diesem Zusammenhang mit Kursen, d. h. Preisänderungen von Finanzprodukten, die sich aus Schwankungen von Angebot und Nachfrage ergeben. In der Wirtschaftssoziologie ist die (klassische Form der) Börse hingegen ein soziales Gefüge, verortet in einem konkreten Gebäude. Es wird von Menschen untertags aufgesucht. Sie sprechen miteinander, manchmal wird es laut. Soziolog:innen sind geschult, Beziehungen zu analysieren: Wer macht was mit wem und zu welchem Zweck? Gibt es Regeln, an die sich alle halten, auch wenn sie niemand festgeschrieben hat? Wer verfügt über welche Ressourcen? Wer ist mächtig? Beide Perspektiven, die der Ökonomin und die des Wirtschaftssoziologen, untersuchen die Börse als Marktplatz – doch beide sehen Unterschiedliches, beide formulieren Theorien aus unterschiedlichen Blickwinkeln und verwenden unterschiedliche Methoden. Fehlt die ökonomische Perspektive, könnten makroökonomische Dynamiken nicht erfasst werden. Internationale Finanzmärkte und ihre Auswirkungen auf lokale Ökonomien blieben dann ausgeblendet. Fehlt die soziologische Perspektive, könnte der Eindruck entstehen, Märkte wären Akteure und nicht Institutionen, in denen Menschen mit eigenen Interessen, Ressourcen und Einfluss handeln. Die ungleiche Verteilung von Macht bliebe dann ausgeblendet. Sozioökonomik greift beide Perspektiven auf, die der Ökonomik und der Soziologie, um die Börse als sozioökonomisches Phänomen zu verstehen. Jedes Phänomen, sei es die Wiener Börse, der Umsatzeinbruch in einer Pandemie oder das Artensterben, hat verschiedene Aspekte, die mit Hilfe verschiedener Perspektiven in ihrer Komplexität besser erfasst werden können als mit einem einzigen Modell und einer einzigen Methode.

An vielen Universitäten wird gegenwärtig jedoch v. a. die neoklassische Denkschule vermittelt und eine Methode, mathematische Problemlösung, praktiziert. Die Stärke neoklassischer Lehrbücher ist es, Konzepte und Modelle zu vermitteln, die ausgehend von bestimmten Annahmen, wirtschaftliche Prozesse logisch und widerspruchsfrei erklären. Die Wertschätzung unterschiedlicher Modelle, insbesondere auch mit historischen und institutionellen Erklärungen, ist die Ausnahme.[44] Hinsichtlich zukunftsfähigen Lehrens und Lernens ist aber gerade heute ein Fokus auf Markt-Gleichgewichte problematisch, da er unter Studierenden den Eindruck erweckt, es gäbe immer optimale und berechenbare Lösungen. Diese gibt es aber meist nur unter der Annahme eines *ceteris paribus*, d. h. „Sonst-Gleicher-Bedingungen" – eine Annahme, die in offenen Systemen nicht zutrifft. In Umbruchszeiten ist noch einmal mehr eben „alles andere" nicht (mehr) „gleich". Wirtschaft, Gesellschaft und Natur verändern sich und stehen miteinander in komplexer Wechselwirkung. Wie schon in der großen Umbruchszeit der 1930er Jahre sind auch heute neoklassische Gleichgewichtsmodelle unter Rechtfertigungszwang, denn nicht Harmonie und Gleichgewicht, sondern **Konflikt und Transformation sind Merkmale aktueller Dynamiken**. Viele der aktuellen Herausforderungen werden in den neoklassisch dominierten volkswirtschaftlichen Curricula nur am Rande behandelt und oftmals grob vereinfacht dargestellt. Der mathematische Formalismus läuft Gefahr, komplexe soziale Phänomene als berechenbare Risiken zu verkennen.

Demgegenüber verfügt Sozioökonomik über keinen unbestrittenen *Common Body of Knowledge*, keine von allen Sozioökonom:innen geteilten Konzepte, Theorien und Methoden. Die Stärke der Sozioökonomik ist jedoch, v. a. in Umbruchszeiten durch eine multiperspektivische Herangehensweise **offen für neue Lösungen** zu sein. Erkenntnisse der ökologischen Ökonomik verweisen darauf, dass der zerstörerische Umgang mit Biodiversität die Wahrscheinlichkeit von Pandemien erhöht. Erkenntnisse der wirtschaftlichen Entwicklungstheorien erinnern an den Wert erhöhter nationaler Eigenständigkeit. Und Erkenntnisse der Politikwissenschaft und der Soziologie schärfen das Bewusstsein, wie sehr Umbruchszeiten Demokratie und sozialen Zusammenhalt gefährden können. Da Sozioökonomik all diese Perspektiven nutzt, um konkrete Problemstellungen zu bearbeiten, kann sie auf ein breiteres Wissen zurückgreifen als bloß das der Ökonomik oder einzelner ökonomischer Theorieschulen.

An der Wende zum 20. Jahrhundert gab es Bemühungen, die Sozioökonomik zu einer eigenen Disziplin zu machen. Damit verbunden fand eine intensive Auseinandersetzung statt. Im sogenannten Methodenstreit standen sich formale, mathematisch orientierte Theorieansätze, v. a. jene der Neoklassik, und die stärker kontextbezogenen Theorien der Deutschen Historischen Schule gegenüber. Max Weber († 1920), einer der Begründer der Sozioökonomik, vertrat eine vermittelnde Position, indem er Methoden kombinierte, um verschiedene wirtschaftliche Probleme bestmöglich zu verstehen.[45] Auch heute arbeitet die Sozioökonomik **interdisziplinär**, d. h. sie verbindet unterschiedliche ökonomische Theorieschulen, bringt sie miteinander in Dialog und verknüpft sie mit anderen Disziplinen.

Sozioökonomik ist nicht nur theoretische Wissenschaft, sondern interessiert sich für die Lösung **praktischer Probleme**, wobei diese nur selten im Vorhinein definierbar sind. Sie richtet ihr jeweiliges Forschungsdesign und ihre Methodenwahl (wie geforscht wird) am Forschungsobjekt (das jeweilige Phänomen, das erforscht wird) aus. Problematisierung, d. h. das Identifizieren tieferliegender Ursachen, führt zu einem umfassenderen Problemverständnis und ist Teil des Forschungsprozesses. So kann über herkömmliche Erklärungen hinausgegangen und Potenziale (Möglichkeiten) für Veränderung identifiziert werden. Damit ist sie offen für Neues. Krisen können zu Chaos führen, aber auch als Chancen genutzt werden, um Neues zu wagen. Werden in Forschung und Problembearbeitung auch Menschen aus der Praxis wie Fachleute aus Verwaltung, Unternehmen und Politik sowie Betroffene und zivilgesellschaftlich Organisierte eingebunden, nennt man dies **Transdisziplinarität**. Derartige Forschung beruht auf starken Theorie-Praxis-Kooperationen und versucht, Veränderungen nicht nur zu verstehen, sondern auch zu gestalten. Die Fähigkeit, gesellschaftliche Probleme zu lösen, ist dabei eine entscheidende Kompetenz. Die **gesellschaftliche Relevanz** der Forschung wird ein wichtiges Kriterium für deren Exzellenz.[46]

So konstituiert sich die Sozioökonomik als ein eigenes, durchaus widersprüchliches Forschungsfeld. **Widerspruch ist Teil der Wirklichkeit**, weshalb auch Wirtschaft als Forschungsgegenstand widersprüchlich bleibt: Wirtschaften schafft Wohlstand *und* Hunger, verwüstet Regionen *und* lässt andere aufblühen, verlängert Leben *und* produziert Artensterben. Diese widersprüchlichen Dynamiken in der Wirklichkeit zu analysieren ist notwendig, um Denken weiterzuentwickeln. Dabei gilt es, logische Widersprüche, d. h. Fehler im Denken, zu vermeiden. Die aktuell wohl bedeutsamste Weiterentwicklung der Sozioökonomik ergibt sich aus dem wachsenden Bewusstsein über die Gefährdung menschlicher Zivilisationen durch ökologische Veränderungen. Menschen sind nicht nur soziale Wesen, sondern auch biophysische. Sie existieren nicht unabhängig und neben der Natur: Wirtschaft basiert nicht bloß auf sozioökonomischen Beziehungen, sondern auch auf gesellschaftlichen Naturverhältnissen, d. h. auf Mensch-Natur-Beziehungen. Dies zu analysieren erfordert einen erweiterten Blick. Sozioökonomik muss sich deshalb im 21. Jahrhundert als **sozialökologische Ökonomik** neu erfinden.[47] Mit dieser neuen Akzentsetzung wird an Überlegungen angeschlossen, die schon Max Weber beschäftigten. Dieser äußerte Anfang des 20. Jahrhunderts die Befürchtung, die kapitalistische Wirtschaftsweise könne destruktive Sachzwänge hervorrufen, „bis der letzte Zentner fossilen Brennstoffs verglüht ist".[48] Und er hoffte, dass es mit neuen Methoden gelänge, eine neue Wissenschaft zu entwerfen.

2.2.1. Bereitstellungsformen

Karl Polanyi unterscheidet zwei Definitionen von Wirtschaft: eine formale und eine inhaltliche.[49] Im **formalen Verständnis** wird Wirtschaften im Sinne der Neoklassik als zweckrationale und nutzenmaximierende Tätigkeit auf Märkten unter Knappheitsbedingungen analysiert. Da Wirtschaften dabei auf Marktwirtschaften reduziert wird, werden wesentliche Wirtschaftsbereiche wie die Haus- und Sorgewirtschaft oder die öffentliche Bereitstellung nur beschränkt erfasst. Grundlegende, nicht-marktliche Institutionen des Wirtschaftens werden zwar untersucht, aber nur unter dem Gesichtspunkt, wie auch diese Bereiche menschlichen Lebens optimiert werden können. Doch dies ist problematisch: Zweckrationalität optimiert, beschäftigt sich aber nicht damit, was warum und für wen optimiert wird – d. h. mit den Zielen rationellen Handelns.

Im **inhaltlichen Verständnis** wird Wirtschaften als in Gemeinwesen und biophysischen Grundlagen eingebettet verstanden. Wirtschaften bedeutet demnach, Lebensgrundlagen bereitzustellen. Es bedeutet nicht, nutzenmaximierend zu optimieren.[50] Nicht immer und für alle Wirtschaftsbereiche sind Märkte geeignet, menschliche Lebensgrundlagen zu sichern. Wirtschaften ist daher mehr als Marktwirtschaften. Wirtschaft besteht aus verschiedenen Institutionen und Bereichen mit unterschiedlichen Logiken: Wohnbaugenossenschaften arbeiten mit anderen Geschäftsmodellen als Installateure und Stahlunternehmen, das öffentliche Krankenhaus unterscheidet sich vom Industrieunternehmen, unbezahlte Sorgearbeit ist anders organisiert als Fließbandarbeit. Karl Polanyi unterscheidet deshalb vier **sozioökonomische Organisationsprinzipien bzw. Bereitstellungsformen**, die in real existierenden Ökonomien zu finden sind und unterschiedlich zusammenwirken: Haushaltung, Gegenseitigkeit, Umverteilung und Markthandel.[51]

(1) **Haushaltung** bezeichnet Formen der Selbstversorgung und gründet in Familien und Haushalten. In der griechischen Antike war der *Oikos*, das ganze Haus, eine autarke, d. h. selbstversorgende, Wirtschaftseinheit. Doch auch heute findet weiterhin ein großer Teil der Wirtschaft im Haushalt statt, insbesondere als unbezahlte Sorge-, Pflege- und Betreuungsarbeit sowie Hausarbeit (z. B. Kochen, Putzen, Gärtnern).

(2) **Gegenseitigkeit** (auch Reziprozität genannt) basiert auf dem Prinzip des Gebens-und-Nehmens und definiert einen Austausch von Waren und Diensten zwischen Personen jenseits von Markt und Staat. Dieser findet in Gemeinschaften statt, z. B. im Freundeskreis, in der Nachbarschaft oder in Vereinen, und umfasst u. a. Nachbarschaftshilfe und Gemeinwesenarbeit. Wie das Prinzip der Haushaltung ist auch die Bereitstellungsform der Gegenseitigkeit oft lokal verankert und findet meist zwischen einander bekannten Personen statt.

(3) **Umverteilung** (auch Redistribution genannt) definiert einen systematischen Fluss von Ressourcen hin zu einem administrativen Zentrum und deren anschließende Umverteilung. Beispiele sind durch Steuern oder Abgaben finanzierte öffentliche Bildungs-, Gesundheits- und Pensionssysteme. Umverteilung teilt (einander oftmals unbekannten) Mitgliedern einer Gesellschaft Ressourcen zu. Sie findet innerhalb politischer Territorien, insbesondere dem Nationalstaat, statt und geht daher über lokale Gemeinschaften hinaus.

(4) Schließlich definiert der **Markthandel** den Tausch von Waren und Dienstleitungen zu Marktpreisen. Dies ist der kommodifizierte Bereich des Wirtschaftens. Je nach Art der gehandelten Waren und Dienstleistungen, der Reichweite und Struktur können sich diese Märkte unterscheiden. Die Logik des individuellen Gewinns und der Zahlungsfähigkeit ist in Marktbeziehungen vorherrschend.

Zusammengefasst: Bis heute ist Wirtschaften durch vielfältige Institutionen und Prinzipien geprägt. Real existierende Ökonomien sind immer **gemischte Wirtschaften**, d. h. sie sind mehr als Marktwirtschaften. Nicht alle Aspekte des Lebens und Wirtschaftens sind dazu geeignet, in eine am Markt handelbare Ware verwandelt (kommodifiziert) zu werden.

2.2.2. Wirtschaftsbereiche

Kapitalismus basiert u. a. auf individuellen Eigentumsrechten, dezentralen wirtschaftlichen Entscheidungen, der Koordinierung wirtschaftlicher Akteure über Märkte und Preise, dem Kauf und Verkauf von Waren, der Dominanz des Profitmotivs sowie der Existenz von Arbeitsteilung, Geldwirtschaft und Krediten.[52] Es entstanden Unternehmen, in denen die Klasse der Kapitalisten Produktionsmittel besitzt und die Beschäftigten ihre Arbeitskraft verkaufen müssen, um ihren Lebensunterhalt zu bestreiten. Da Kapitalismus heute das Wirtschaften strukturiert, sprechen wir von einer **kapitalistischen Wirtschaftsweise**.

Trotzdem verschwinden andere Wirtschaftsbereiche, die nicht nach kapitalistischen Prinzipien organisiert sind nicht, z. B. die öffentliche Gesundheitsversorgung und die unbezahlte Hausarbeit. Politökonomische Staatstheorien betonen deshalb, dass öffentliche/staatliche Bereitstellung in vieler Hinsicht die Voraussetzung marktwirtschaftlicher Aktivitäten ist.[53] Öffentliche Gesundheitsversorgung und Bildung schafft die Grundlage für gesunde und gebildete Arbeitskräfte. Aus feministischer Perspektive erscheint der marktliche Wirtschaftsbereich nur als sichtbarer Gipfel des „Eisberg", der die unsichtbare Arbeit verdeckt. Und dies, obwohl die unbezahlte Sorge- und Hausarbeit sowie intakte ökologische Grundlagen die Voraussetzung für menschliches Leben in jeder Wirtschaftsweise sind, auch der kapitalistischen.[54] Daher müssen Wirtschaftsanalysen auch andere Wirtschaftsbereiche untersuchen, nicht nur die kapitalistisch organisierten Markt- und Geldwirtschaften. Die folgende Unterscheidung von vier Wirtschaftsbereichen – den unbezahlten Sektor, die Grundversorgungsökonomie, die erweiterte Nahversorgung und die weltmarktorientierte Ökonomie – orientiert sich an den Arbeiten des *Foundational Economy Collectives* (FEC).[55]

(1) Der **unbezahlte Sektor** umfasst die Bereitstellung unbezahlter Sorgearbeit, Hausarbeit und ehrenamtliche Tätigkeiten. Diese nicht in Geld bewerteten Formen der Bereitstellung umfassen z. B. Tätigkeiten im Haushalt, in der Nachbarschaft, in Vereinen und der Zivilgesellschaft. Heute ist der unbezahlte Sektor der in Arbeitszeit gemessen größte Wirtschaftsbereich. Wie die letzte österreichische Zeiterfassungsstudie 2008/09 der Statistik Austria zeigt, werden in ihm etwa gleich viele Arbeitsstunden erbracht wie im gesamten Bereich der bezahlten Arbeit.[56] Frauen sind die zentralen Leistungsträgerinnen, da sie etwa 75 % dieser unbezahlten Arbeitszeit leisten, was insbesondere bei berufstätigen Frauen zu einer Doppelbelastung führt, die oft zur Überbelastung wird.[57]

(2) Die **Grundversorgungsökonomie** sichert, gemeinsam mit dem unbezahlten Sektor, das alltägliche Überleben in modernen Gesellschaften. Dieser für das Funktionieren des Alltagslebens essenzielle Bereich wird zumeist als selbstverständlich vorausgesetzt – zumindest bis die Bahn nicht mehr fährt, Medikamente nicht mehr lieferbar sind, Intensivbetten knapp werden oder das Gas nicht mehr fließt. Die Grundversorgungsökonomie ist in Österreich mit 43 % der Brutto-Wertschöpfung in etwa gleich groß wie alle anderen bezahlten Wirtschaftsbereiche und weist mit rund 44 % einen höheren Beschäftigungsanteil auf. Auch gemessen an den Brutto-Anlageinvestitionen ist sie mit rund 31 % der gesamten Investitionen bedeutsam (Daten aus dem Jahr 2018).[58] Sie umfasst (i) **die Daseinsvorsorge** und (ii) **die grundlegende Nahversorgung**: Daseinsvorsorge ist ein juristischer Schlüsselbegriff für die Bereitstellung lebensnotwendiger Güter und Dienstleistungen, z. B. die Strom-, und Wasserversorgung, die Müllabfuhr, Gesundheit, Pflege, Wohnen und Bildung. Sie befriedigt Bedürfnisse größtenteils über Infrastrukturen und kollektiven Konsum, d. h. über den Konsum gemeinsamer öffentlicher Güter, die oft (aber nicht immer) von öffentlichen Einrichtungen bereitgestellt werden. Die grundlegende Nahversorgung umfasst u. a. die Lebensmittelproduktion und den Lebensmittelhandel, Drogerien und Apotheken. Für einen kurzen Moment schien während der Pandemie bestätigt, worauf zuerst Karl Polanyi und später die feministische Ökonomik hingewiesen haben: Wirtschaften dient zuerst und v. a. der Organisation und Sicherung der Lebensgrundlagen.[59] Weder die unbezahlte Sorgearbeit noch die Daseinsvorsorge und die grundlegende Nahversorgung wurden während der *Lockdowns* eingestellt oder geschlossen, da sie das tagtägliche Überleben sichern.

Die Grundversorgungsökonomie ist territorial und binnenwirtschaftlich organisiert und zu großen Teilen öffentlich reguliert. Sie basiert auf (i) **materiellen Infrastrukturen**, die Menschen über Netzwerke und Filialsysteme versorgen, und (ii) **auf wohlfahrtsstaatlichen Infrastrukturen** (vgl. S. 22). Da lebensnotwendige Güter und Leistungen auch in Krisen verlässlich bereitgestellt werden müssen, folgt die Grundversorgungsökonomie tendenziell einer Logik, in der Versorgungssicherheit zentral ist. Dies erfordert langfristige Planung und Kooperation. Um mit Unerwartetem umzugehen, sind Reservekapazitäten, Puffer und Redundanzen unerlässlich. Damit sind andere Kriterien relevanter als in anderen Wirtschaftsbereichen, v. a. Versorgungssicherheit, Resilienz (Widerstandsfähigkeit) und ein Zugang für alle. Demnach ist der herkömmliche Effizienzbegriff, der Effizienz für einen Moment, einen Punkt definiert, problematisch. *Punkt-Effizienz* ist ein Konzept der Mikroökonomik, das den einmaligen optimalen Mitteleinsatz definiert. Ein Beispiel ist die kostenminimale Führung eines Spitals: Es geht um die Kostenminimierung bei der unmittelbaren Leistungserstellung, z. B. der Betreuung einer Patientin. Demgegenüber strebt *systemische Effizienz* den langfristig bestmöglichen Mitteleinsatz auch unter Einbeziehung des Gesamtsystems an, z. B. durch die Vermeidung einer Erkrankung durch gesündere Ernährung und mehr aktive Mobilität. Diese Makroeffizienzlogik gewichtet langfristige Wechselwirkungen stärker.[60]

(3) Die **erweiterte Nahversorgung** ist ein binnenwirtschaftlich orientierter marktwirtschaftlicher Bereich und umfasst v. a. den Handel und die Bereitstellung von individuellen Komfortgütern und -leistungen. Dazu zählen Handwerk und Gewerbe, die lokale Reparaturökonomie, der Einzelhandel von nicht täglich nachgefragten Gütern (z. B. Möbel und Kleidung), Kultureinrichtungen und Gastronomie. Das reine Überleben ist noch kein gutes Leben. Da zu einem guten Leben nicht nur gehört, dass der Strom aus der Steckdose und das Wasser aus der Leitung kommt, stellt dieser Wirtschaftsbereich jene Alltagsgüter bereit, die zwar nicht unbedingt überlebensnotwendig, aber gesellschaftlich und kulturell bedeutsam sind und schwer kollektiv bereitgestellt werden können. Allerdings ändert sich, was zu diesem Wirtschaftsbereich gezählt wird. Es ist schwieriger zu entscheiden, was es für ein gutes Leben braucht, als festzuhalten, was zum reinen Überleben notwendig ist.[61] Konkrete Zuordnungen sind daher immer ambivalent, historisch veränderlich und beruhen auf gesellschaftlichen Bewertungen. Zusammen mit dem unbezahlten Sektor und der Grundversorgungsökonomie bildet die erweiterte Nahversorgung die **Alltagsökonomie**.

(4) Schließlich ist die **weltmarktorientierte Ökonomie** der nicht binnenwirtschaftlich orientierte Bereich der Wirtschaft. Er umfasst die Produktion und Erbringung von international handelbaren Gütern und Dienstleitungen, v. a. von Komfort- und Luxusgütern, aber auch von wichtigen Vorprodukten und Vorleistungen der Alltagsökonomie (z. B. Eisenbahnen, Halbleiter, medizinische Geräte). Heute ist dies der Kernbereich der kapitalistischen Wirt-

schaftsweise, in dem sowohl die größten Effizienzsteigerungen zu beobachten sind als auch hohe Emissionen und ein hoher Ressourcenverbrauch. Dieser Bereich braucht globale Logistiksysteme und raumüberwindende Infrastrukturen. Umsatzwachstum und Profitmaximierung sind in aller Regel notwendig, um die eigene Marktposition abzusichern. Die weltmarktorientierte Ökonomie steht im Scheinwerferlicht und profitiert besonders von öffentlichen Subventionen, z. B. Steuererleichterungen und Förderungen für Export, Forschung und Entwicklung. Der Wirtschaftshistoriker Fernand Braudel († 1985) zeigte, wie dieser Wirtschaftsbereich aus internationalem Fernhandel entstand.[62] Er war immer militärisch abgesichert und politisch unterstützt. Am Weltmarkt gelten eigene Regeln. Globale Produktionsnetzwerke und transnationale Unternehmen sind oftmals marktbeherrschend, Klein- und Mittelbetriebe übernehmen aber wichtige Zuliefer- und Nischenfunktionen.

In allen in Geld bewerteten Wirtschaftsbereichen können immer auch **Renten** abgeschöpft werden. Darunter versteht die Ökonomik Markteinkommen, für die es keine adäquate Gegenleistung gibt. Renten sind leistungslose Einkommen. Aktuelles Beispiel für einen dynamischen Sektor, in dem viele Renten abgeschöpft werden, ist der FIRE-Sektor (*Finance, Insurance, Real Estate*), d. h. das Finanz- und Versicherungswesen, die Immobilienwirtschaft sowie Erträge aus Patenten und Lizenzen. Aktuell bedeutsam ist die private Aneignung bzw. Abschöpfung von Gewinnen durch Bodenwertsteigerungen. Zumeist leisten die Grundbesitzer keinen privaten Investitionsbeitrag, denn Wertsteigerung folgt oft auf öffentliche Investitionen wie Begrünung oder einen neuen U-Bahn Anschluss. Die daraus resultierenden Wertsteigerungen werden teilweise auf Mietpreise aufgeschlagen und steigern den Wert des Grundstücks. So wird leistungsloses Einkommen erzielt. Bereits die klassische politische Ökonomik des 18. Jahrhunderts kritisierte die Bodenrenten als Monopolpreis für die Nutzung von Grund und Boden. Das Einkommen geht an den Grundherren als Pacht – ohne Gegenleistung. Auch Keynes unterschied *Entrepreneurs* von *Rentiers*, wobei nur erstere die Realwirtschaft stärken. Heute beschäftigt sich die Ökonomin Mariana Mazzucato damit, wer Werte produziert (*value makers*, Schöpfende) und wer sich diese bloß aneignet (*value takers*, Abschöpfende).[63] Während in allen vier oben vorgestellten Wirtschaftsbereichen werteschaffende *Schöpfende* dominieren, sind Rentiers Abschöpfende, die sich von anderen produzierte Werte aneignen. Tabelle 2 systematisiert die Wirtschaftsbereiche.

Tabelle 2: Schematische Darstellung einer gemischten Wirtschaft[64]

Wirtschaftsbereiche				
Unbezahlt	In Geld bewertete und bezahlte Aktivitäten, in denen **Renten** abgeschöpft werden können			
Alltagsökonomie				**Weltmarktorientierte Ökonomie**
Unbezahlter Sektor, privater Haushalt	**Grundversorgungsökonomie**		**Erweiterte Nahversorgung**	
	Daseinsvorsorge	Grundlegende Nahversorgung		
Beispiele				
Unbezahlte Pflege von Familienangehörigen, Hausarbeit, Kindererziehung, ehrenamtliches Engagement, gemeinnützige Arbeit	Gesundheit, Energie, Bildung, Wasser, Abfallentsorgung, Universaldienste	Lebensmittelproduktion, Supermärkte, Apotheken, Drogerien, Geschäftsbanken	Gastronomie, Friseur, Einzelhandel jenseits der grundlegenden Nahversorgung, z. B. für Kleidung, Elektronik und Möbel	Produktion von Autos, Computern und Pharmazeutika; Unternehmensberatung, Marketing
(dominante) Bereitstellungsformen				
Haushaltung und Gegenseitigkeit	Umverteilung	Markthandel		Markthandel und *Intra-Firm-Trade* (vgl. S. 93)

2.3. Theorien und Messungen eines guten Lebens

Transformationen verändern nicht nur das Wirtschaften, sondern auch Vorstellungen über das gute Leben. In stabilen Zeiten, wie im Wohlfahrtskapitalismus nach dem Zweiten Weltkrieg, war es klar, was unter einem guten Leben verstanden wurde: Materieller Wohlstand, soziale Sicherheit und Aufstiegsmöglichkeiten. Dies war so selbstverständlich, dass auch in der Wissenschaft die Beschäftigung mit dem guten Leben erst im Gefolge der Krisen des Wohlfahrtskapitalismus einsetzte. Dies verwundert, denn das gute Leben ist ein Schlüsselbegriff der westlichen Philosophie. *Eudaimonia* beschreibt eine *gelungene individuelle Lebensführung in einem Gemeinwesen*, der Polis. Aristoteles betrachtete das Streben nach dem guten Leben, das sowohl vernünftig als auch moralisch richtig ist, als das Ziel, das Menschen für sich und das Gemeinwesen anstreben sollten.

Die Transformationsforschung greift diese Theorien über das gute Leben auf und versucht zu klären, was im 21. Jahrhundert ein gutes Leben ausmacht. Dies erfordert auch wissenschaftliches Nachdenken über den Zweck des Wirtschaftens: Ist mehr, schneller und höher immer vernünftig?[65] Eröffnet der aktuelle Stand der Technik keine ressourcenschonenden Möglichkeiten für ein gutes Leben aller Menschen? So fanden an der Wirtschaftsuniversität Wien 2015 und 2017 zwei Kongresse zum „Guten Leben für alle" statt, auf denen jeweils über 1000 Menschen über das Ziel der anstehenden Transformationen diskutierten. Im Zentrum stand der Versuch, über Arbeits- und Lebensweisen zu diskutieren, die ein gutes Leben ermöglichen, das nicht ein Privileg einiger weniger bleibt: schöne öffentliche Grünanlagen und Bademöglichkeiten sind für alle Menschen möglich, ein privater Garten mit Swimmingpool nicht. Es ging somit um die Verbindung von Fragen sozialer Gerechtigkeit und ökologischer Nachhaltigkeit. Damit rückte jene Definition von Wirtschaften ins Zentrum, die bereits zu Beginn dieses Buches eingeführt wurde: *Wirtschaften ist die Organisation und Bereitstellung der Lebensgrundlagen vor dem Hintergrund begrenzter Ressourcen und ökologischer Belastungsgrenzen.*

Gleichzeitig verpflichtete sich 2015 die internationale Staatengemeinschaft im Rahmen der *Sustainable Development Goals* (SDGs) und des Pariser Klimaabkommens, die Transformation so zu gestalten, dass sie allen Menschen ein gutes Leben innerhalb ökologischer Belastungsgrenzen ermöglicht. Dieses Ziel rückte – zumindest rhetorisch – ins Zentrum politischer Debatten, wiewohl das tatsächliche politische Handeln bisher nicht ausreicht, dieses Ziel Wirklichkeit werden zu lassen. Dies liegt einerseits an beharrenden Machtkomplexen, die vom Status Quo profitieren (vgl. S. 75 ff.). Andererseits fehlt Klarheit darüber, was ein gutes Leben ausmacht und wie dies gemessen werden kann.

2.3.1. Indikatoren für Wohlstand und Wohlbefinden

Die Forschung hat sich in den letzten Jahrzehnten intensiv mit der Messung von Wohlstand und Wohlbefinden beschäftigt. In einer Debatte, die als *Beyond GDP* (Jenseits des BIP) bekannt ist, wird nach Alternativen zu jenem Wohlstandsindikator gesucht, der bis heute der gebräuchlichste ist: das BIP.[66]

Das **Bruttoinlandsprodukt (BIP)** erfasst den Geldwert aller in einem Land hergestellten Waren und Dienstleistungen. Es unterscheidet sich vom **Bruttonationaleinkommen (BNE)**, das den Geldwert der von Bewohnenden eines Landes im In- und Ausland hergestellten Waren und Dienstleistungen erfasst. Zu Aussagen über den Wohlstand in einem Land wurde lange das BIP pro Kopf herangezogen. In letzter Zeit wird vermehrt das BNE pro Kopf verwendet, um den Lebensstandard der Bevölkerung zu messen, denn das BIP erfasst u. a. auch Gewinne und Einkommen, die ans Ausland fließen. Beide Konzepte messen Zahlungsströme und erfassen Aktivitäten, welche am Markt gehandelt oder vom Staat bereitgestellt werden. Damit hängen auch Schwächen dieser Konzepte zusammen: (i) wohlfahrtsschaffende Aktivitäten ohne Zahlungsströme finden keine Berücksichtigung, z. B. unbezahlte Haus- und Sorgearbeit.[67] (ii) Wohlstandsmindernde wirtschaftliche Aktivitäten werden inkludiert, z. B. steigern Kosten für Reparaturarbeiten nach Umweltkatastrophen das BIP. (iii) Als Summe aller Zahlungsströme unterscheiden sie nicht zwischen dem unterschiedlichen Beitrag verschiedener Wirtschaftsbereiche zum Wohlbefinden, z. B. der Waffenindustrie und dem Gesundheitswesen. (iv) Während jedes Unternehmen in seiner Bilanz sowohl Flussgrößen als auch Bestand erfasst, erfassen BIP und BNE keinen Bestand, z. B. im öffentlichen Besitz befindliche Vermögen wie Stadtwerke, Bundesforste oder intakte Gletscherregionen. (v) Als Durchschnittswerte geben die pro-Kopf-Werte keine Auskunft über die Verteilung innerhalb eines Landes.

Wiewohl ursprünglich in der Kriegswirtschaft im Zweiten Weltkrieg verwendet, um Produktionskapazitäten zu messen, basiert das Verständnis eines guten Lebens im BIP und BNE auf individuellen Präferenzen von Konsument:innen. Dies soll *Werteneutralität* ermöglichen: Was ein gutes Leben ausmacht, wird subjektiv bewertet und drückt sich im individuellen Konsumverhalten aus. Ein gutes Leben eröffnet möglichst unbeschränkte Wahlmöglichkeiten (negative Freiheit), die Individuen für sich selber bestmöglich nutzen können. Wie wertvoll etwas ist, ergibt sich dann aus dem Preis, den Menschen zu zahlen gewillt sind. Übersehen wird dabei, dass individuelle Präferenzen gesellschaftlich produziert werden, sei dies durch sozialen Druck („das tut man so"), durch Statuswettbewerb oder Werbung. Weiters bleibt unberücksichtigt, dass unbeschränkte Wahlmöglichkeiten die Befriedigung der Grundbedürfnisse zukünftiger Generationen sowie von Menschen in anderen Weltregionen untergraben können.[68] Dies auszublenden, erschwert demokratische Debatten darüber, worin ein gutes Leben für alle besteht.

Wohlstandsmessungen jenseits des BIPs gehen über die Messung von Präferenzen hinaus. Sie legen auch objektive und für alle Menschen gleiche Kriterien fest und beruhen nicht (nur) auf subjektiven Bewertungen. Beispiele sind *grundlegende Verwirklichungschancen*[ii] (z. B. körperliche Gesundheit, Zugehörigkeit, Spielen und Lachen, die Kontrolle über das eigene Leben) oder *universelle Bedürfnisbefriediger*[iii] (z. B. angemessene Ernährung, eine angemessene Gesundheitsversorgung, wirtschaftliche Sicherheit). Diese objektiven Grundlagen eines guten Lebens unterscheiden sich von subjektiven Präferenzen, z. B. dem Wunsch eines Kindes nach einer neuen Barbie-Puppe oder eines Erwachsenen nach dem neuen iPhone. Während Wünsche und Präferenzen unbeschränkt sind und „gewollt" werden, sind grundlegende Verwirklichungschancen und menschliche Bedürfnisse beschränkt und werden „gebraucht", um objektiven Schaden für die persönliche Entwicklung zu vermeiden. Damit ergeben sich andere Zielsetzungen hinsichtlich der Schaffung von Wohlstand und Wohlbefinden: Politische Aufgabe ist es dann, jene Institutionen und Infra-

---

ii   Dieses Konzept bezieht sich auf den von Amartya Sen begründeten und von Martha Nussbaum weiterentwickelten **Befähigungsansatz** (*capability approach*), vgl. Sen, A. (2000). *Development as Freedom*. Anchor. Nussbaum, M. (2015). *Fähigkeiten schaffen: Neue Wege zur Verbesserung menschlicher Lebensqualität*. Karl Alber.

iii   Dieses Konzept beruht auf der von Ian Gough und Len Doyal entwickelten **Theorie menschlicher Bedürfnisse** (*theory of human needs*), vgl. Doyal, L. & Gough, I. (1991). *A Theory of Human Need*. Palgrave Macmillan.

strukturen zu stärken, die Verwirklichungschancen und die Befriedigung von Grundbedürfnissen für alle realisieren können (positive Freiheit). Die im folgenden vorgestellten *Beyond-GDP* Indikatoren – das Residualeinkommen, Zeitverwendungsstudien und der *Human Development Index* (HDI) – integrieren dieses erweitere Verständnis.

(1) Das **Residualeinkommen** misst das verfügbare Haushaltseinkommen nach Steuern (d. h. das Netto-Markteinkommen zuzüglich sonstiger Transferleistungen wie Wohnungszuschüsse, Kinder- und Arbeitslosengeld) abzüglich der unvermeidbaren Kosten für essenzielle Güter des alltäglichen Lebens: z. B. Wohn- und Betriebskosten sowie die Kosten für Lebens- und Verkehrsmittel. Dem Residualeinkommen liegt damit ein umfassenderes Verständnis eines guten Lebens zugrunde als dem BIP und BNE, deren Berechnung nicht zwischen Wirtschaftsbereichen unterscheidet. Das Residualeinkommen schafft eine Balance zwischen privatem Konsum, d. h. dem marktwirtschaftlichen Kauf von Produkten und Diensten, und kollektivem Konsum, d. h. der Bedürfnisbefriedigung durch materielle und wohlfahrtsstaatliche Infrastrukturen. Worüber Menschen letztendlich für marktwirtschaftliche Ausgaben verfügen, liegt dann auch an den vom Gemeinwesen zur Verfügung gestellten Leistungen und Infrastrukturen. Die für ein gutes Leben wichtigen Lebenshaltungskosten und damit auch die Kaufkraft werden so besser gemessen.[69]

(2) Der **HDI** misst menschliche Entwicklung, indem er Indikatoren für Einkommen (gemessen mittels BNE) mit Indikatoren für Gesundheit (gemessen als Lebenserwartung bei Geburt) und Ausbildung (gemessen an der durchschnittlichen und der voraussichtlichen Schulbesuchsdauer) verbindet. Der HDI wird seit 1990 jährlich im Bericht über menschliche Entwicklung (*Human Development Report*) veröffentlicht. Zu seinen Schwächen zählt, Ungleichheiten innerhalb einer Population nicht zu berücksichtigen. Weiters sind die Komponenten von Gesundheit, Bildung und Einkommen austauschbar (substituierbar), d. h. dieselbe HDI-Bewertung kann mit verschiedenen Kombinationen erzielt werden. Doch eine geringere Lebenserwartung kann wohl kaum mit zusätzlichem Einkommen ausgeglichen werden.

(3) **Zeitverwendungsstudien** erfassen, wie Menschen ihre Zeit verbringen, d. h. wie viel Zeit sie für Erwerbsarbeit, unbezahlte Tätigkeiten, Freizeit, etc. aufwenden. Sie relativieren den Fokus auf Geld als Voraussetzung zur Bedürfnisbefriedigung. Arbeitsleistung wird nicht mittels Geldströmen gemessen, sondern mittels zeitlicher Belastung. Zeitmessungen machen die Ungleichverteilung von Zeitressourcen sichtbar. So zeigt z. B. der sogenannte *Gender Care Gap*, dass Frauen den Großteil unbezahlter Sorgearbeit leisten, was wiederum zusammen mit dem *Gender Pay Gap* im Alter zu einem hohen *Gender Pension Gap* führt. Damit zeigt sich, wie die ungleiche Verteilung von Zeitwohlstand mit ungleichem Einkommen und ungleichen Verwirklichungschancen verbunden ist.

2.3.2.   Ökologische Indikatoren

Im Folgenden unterscheiden wir zuerst zwischen produktions- und konsumba-sierten Emissionsindikatoren. Anschließend problematisieren wir den aktuellen Fokus auf Treibhausgas-Emissionen, da er von anderen ökologischen Heraus-forderungen ablenkt und widmen uns zwei Indikatoren: dem ökologischen Fußabdruck und dem Konzept der planetaren Grenzen.

(1) Treibhausgase (THG) wie Kohlenstoffdioxid (CO_2), Methan (CH_4) und Stickstoffoxide (NOx) verhindern, dass Sonnenwärme aus der Erdatmosphäre entweicht. Sie sind zentrale Treiber der Erderhitzung. THG dominieren aktuell die Umweltpolitik. Als Indikator erfasst werden meist, z. B. im Pariser Klima-abkommen, **produktionsbasierte THG-Emissionen**, d. h. Emissionen, die sich aus der Produktion von Gütern und Dienstleistungen innerhalb eines Territo-riums ergeben. Diese unterscheiden sich von **konsumbasierten THG-Emissio-nen**, d. h. von jenen Emissionen, die aus dem Konsum von Gütern und Dienst-leistungen innerhalb eines Territoriums entstehen und auch importierte Pro-dukte inkludieren. So ergibt sich die Reduktion produktionsbasierter Emis-sionen im globalen Norden wesentlich durch die Auslagerung emissionsinten-siver Industriesektoren in den globalen Süden (Stichwort: Deindustrialisie-rung), wiewohl die Produkte weiterhin im globalen Norden konsumiert wer-den. Es verlagern sich auch die damit einhergehenden lokalen Umweltschäden und Gesundheitskosten in ärmere Länder. Deshalb fordert die Klimaforschung vermehrt, konsumbasierte Emissionen zur Grundlage der Klimapolitik zu ma-chen.

(2) Der **ökologische Fußabdruck** erfasst den konsumbasierten Ressourcen-verbrauch. Er misst, wie viele natürliche Ressourcen Einzelpersonen, Nationen oder die Weltbevölkerung benötigen, um sich mit den Dingen des alltäglichen Lebens zu versorgen (z. B. Energie, Bauland, Ernährung, Abfallentsorgung). Dies wird in der dafür nötigen biologisch produktiven Erdoberfläche ausge-drückt. Den „Druck" auf den Planeten misst er, indem die Nutzung in Bezie-hung zur Biokapazität, d. h. der zur Nutzung zur Verfügung stehenden Flächen (z. B. Wälder, Felder, Seen, Meere, bebaute Böden), gesetzt wird. Ein ökologi-sches Defizit liegt vor, wenn der ökologische Fußabdruck der Bevölkerung die jeweils zur Verfügung stehende Biokapazität überschreitet. Vergleicht man den Fußabdruck der meisten reichen Länder mit der weltweiten Biokapazität von 1,6 globalen Hektar pro Person (gha), erkennt man, dass diese deutlich mehr Ressourcen nutzen als die Erde langfristig bereitstellen kann. Als *Welterschöp-fungstag* wird jener Tag bezeichnet, an dem die Menschheit rein rechnerisch die Ressourcen für das gesamte Jahr verbraucht hat. Danach werden nicht-erneu-erbare Ressourcen verbraucht – es wird „auf Pump", zu Lasten zukünftiger Generationen, gelebt. 2021 war der Welterschöpfungstag am 29. Juli (1970 war es noch der 29. Dezember). Für Österreich war er 2021 bereits am 7. April. Ein

erheblicher Anteil des Fußabdrucks ergibt sich aus dem Bau, Erhalt und Betrieb von allgemein genutzten Infrastrukturen wie Verkehrswegen, Geschäften, Schulen und Spitälern. Dieser sogenannte **graue Fußabdruck** verteilt sich in der Berechnung gleichmäßig auf alle Bewohnende und beschränkt so die Möglichkeit, den eigenen Fußabdruck durch individuelles Verhalten zu verkleinern.

(3) Das naturwissenschaftliche Konzept der **planetaren Grenzen** beschreibt verschiedene Belastungsgrenzen des Erdsystems.[70] Diese dürfen nicht überschritten werden, soll der Planet Erde weiterhin gute Bedingungen für menschliches Leben bieten. Erfasst werden neun biophysische Prozesse, die miteinander in Wechselwirkung stehen. Für jeden Prozess, z. B. Klimawandel und Süßwassernutzung, wird ein „sicherer Handlungsraum für die Menschheit" festgelegt, der durch *Kipppunkte* (*tipping points*) begrenzt ist. Dies sind kritische Grenzwerte, an denen eine kleine zusätzliche Störung zu einer qualitativen Veränderung des gesamten Systems führen kann. Werden Kipppunkte überschritten, können sich Entwicklungen plötzlich und rasch beschleunigen. Zumeist sind derartige Veränderungen irreversibel. Die folgende Grafik veranschaulicht das Modell planetarer Grenzen.

Grafik 1: Planetare Grenzen[71]

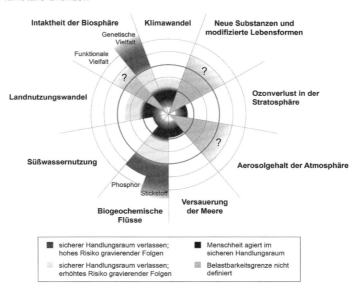

51

Das Modell der planetaren Grenzen zeigt bloß globale Grenzen, ohne zwischen unterschiedlich betroffenen Weltregionen zu unterscheiden. In manchen regionalen Kontexten haben jedoch Hitzeperioden, Starkniederschläge, Stürme oder Sturmfluten dramatische lokale Konsequenzen. Niedrig gelegene Küstenregionen wie die Niederlande und Bangladesch sind anders betroffen als trockene Regionen südlich der Sahara. Und gleichzeitig haben ärmere Länder (wie Bangladesch) weniger Ressourcen als reiche (wie die Niederlande), um sich vor Gefahren zu schützen. Wir sprechen daher von **ökologischen Belastungsgrenzen**, um konkrete Grenzen bezogen auf spezifische sozialökologische Kontexte besser zu erfassen.[72]

2.3.3. Modelle mit integrierten sozialökologischen Zielen

Wiewohl das BIP als Wohlstandsindikator weiterhin große Beliebtheit hat, steht außer Frage, dass es zum Messen des guten Lebens eine umfassendere Sichtweise braucht. Im globalen Süden gibt es schon lange Konzepte des guten Lebens und damit alternative Konzeptionen von Entwicklung. Bekannt geworden ist insbesondere das Konzept von *buen vivir* (gut leben, in Quechua *sumak kawsay)*, das Eingang in die Verfassungen von Ecuador und Bolivien gefunden hat. Es orientiert sich an einer indigenen Kosmovision, d. h. Weltsicht, die von der Einheit von Mensch und Natur ausgeht. Es ist eine gemeinschaftliche Lebensform, die auch von Rechten der *pachamama*, der Mutter Erde, ausgeht.

Auch der Brundtland-Bericht *Our Common Future – unsere gemeinsame Zukunft* aus dem Jahr 1987 betrachtete Entwicklungs- und Umweltfragen integriert. Er prägte damit das Konzept der **nachhaltigen Entwicklung**, dass u. a. definiert wird als „eine Entwicklung, die die Bedürfnisse der Gegenwart befriedigt, ohne zu riskieren, dass künftige Generationen ihre eigenen Bedürfnisse nicht befriedigen können."[73] Die folgenden sozialökologischen Indikatoren messen, ob und wie ökologisch nachhaltig Wohlstand und Wohlbefinden bereitgestellt werden.

(1) Die **SDGs** definieren das gute Leben, Wohlstand und Wohlbefinden, umfassend. Die Staatschefs der Mitgliedsstaaten der 1945 gegründeten Vereinten Nationen (kurz: UNO) verpflichteten sich 2015, bis 2030 nachhaltige Entwicklungsziele zu erreichen. Diese SDGs sind die wichtigste Strategie der Weltgemeinschaft, das Zusammenleben auf unserem Planeten möglichst global gerecht zu regeln. Sie halten einen Wertekonsens der Staatengemeinschaft fest: Ziel ist ein gutes Leben für alle Menschen. Sie umfassen 17 Ziele wie die Beendigung von Armut und Hunger, die Förderung von Gesundheit, Bildung, Geschlechtergerechtigkeit sowie die Bekämpfung des Klimawandels und den Schutz von Ozeanen, aber auch ein dauerhaftes und nachhaltiges Wirtschaftswachstum. Die 169 Zielvorgaben werden durch konkrete Indikatoren gemessen. So soll es 2030 keine extreme Armut mehr geben (Ziel 1). Bis 2030 sollen Ungleichheiten innerhalb und zwischen Ländern sinken (Ziel 10), gemessen u. a. am Einkommenswachstum der unteren 40 % der Einkommen Beziehenden. Des Weiteren sollen bis 2030 nachhaltige Konsum- und Produktionsmuster gewährleistet sein, die Verschwendung und die Gefahr ökologischer Krisen minimieren (Ziel 12). Gemessen wird dieses Ziel u. a. am Auslaufen von Subventionen für fossile Energien. Ihre Nichterreichung ist jedoch folgenlos, Sanktionen sind nicht vorgesehen. Die schleppende Zielerreichung liegt auch an Zielkonflikten, denn es können nicht alle Ziele gleichzeitig und im gleichen Ausmaß erreicht werden. Die Erreichung eines Ziels kann der Erreichung eines anderen im Wege stehen, z. B.: Können Ozeane, Meere und Meeresressourcen geschützt (Ziel 14) und Klimawandel bekämpft (Ziel 13) werden, wenn Wirtschaftswachstum weiterhin als zentrales Ziel (Ziel 8) verfolgt wird?[74]

(2) Das von der Ökonomin Kate Raworth entwickelte **Donut-Modell** verwendet das Bild eines Donut-förmigen Raumes als **sicheren und gerechten Raum** (*safe and just space*), in dem sich die Menschheit bewegen sollte.[75] Innerhalb dieses Raumes ist der Ressourcenverbrauch ausreichend hoch, um soziale Zielsetzungen zu erreichen (innerer Kreis), aber niedrig genug, um keine planetaren Grenzen zu überschreiten (äußerer Kreis). Die verwendeten Indikatoren messen einerseits die Befriedigung menschlicher Bedürfnisse, andererseits die Einhaltung planetarer Grenzen. Das Modell illustriert, wie ein gutes Leben für alle innerhalb ökologischer Belastungsgrenzen aussieht, und macht gleichzeitig bewusst, wie weit die Menschheit aktuell davon entfernt ist. Derzeit gibt es kein Land, das alle Grundbedürfnisse befriedigt, ohne die Grenzen der Tragfähigkeit unseres Planeten zu überschreiten. Die folgende Grafik stellt beispielhaft die USA und Sri Lanka gegenüber.

Grafik 2: Donut-Modell: Vergleich USA und Sri Lanka[76]

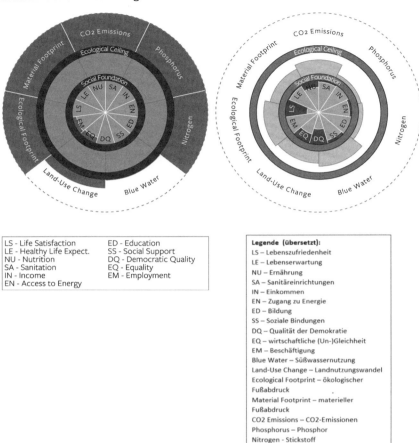

LS - Life Satisfaction	ED - Education
LE - Healthy Life Expect.	SS - Social Support
NU - Nutrition	DQ - Democratic Quality
SA - Sanitation	EQ - Equality
IN - Income	EM - Employment
EN - Access to Energy	

Legende (übersetzt):
LS – Lebenszufriedenheit
LE – Lebenserwartung
NU – Ernährung
SA – Sanitäreinrichtungen
IN – Einkommen
EN – Zugang zu Energie
ED – Bildung
SS – Soziale Bindungen
DQ – Qualität der Demokratie
EQ – wirtschaftliche (Un-)Gleichheit
EM – Beschäftigung
Blue Water – Süßwassernutzung
Land-Use Change – Landnutzungswandel
Ecological Footprint – ökologischer Fußabdruck
Material Footprint – materieller Fußabdruck
CO2 Emissions – CO2-Emissionen
Phosphorus – Phosphor
Nitrogen - Stickstoff

(3) Integrieren wir abschließend oben beschriebene **Indikatoren für „menschliche Entwicklung"** (gemessen als HDI) **und „ökologische Nachhaltigkeit"** (gemessen als ökologischer Fußabdruck), so ergibt sich ein ernüchterndes Bild. Grafik 3 zeigt: Es gibt kein Land, das eine „sehr hohe Entwicklung" (HDI von mindestens 0,8) *und* einen nachhaltigen ökologischen Fußabdruck (unter der weltweiten Biokapazität von 1,6 gha pro Person) aufweist.

Grafik 3: Integrierte Darstellung des HDI und ökologischen Fußabdrucks[77]

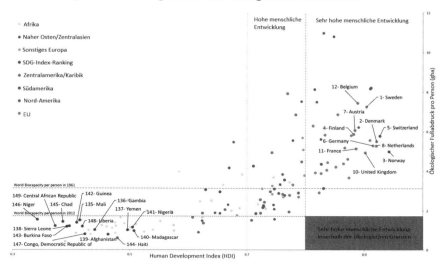

In der derzeitigen Lebens- und Produktionsweise ist es bis heute nicht gelungen, den Zielkonflikt zwischen sozioökonomischem Fortschritt und ökologischen Grenzen zu lösen. Wie der hohe westliche Lebensstandard aktuell gesichert wird, ist nicht verallgemeinerbar, weil er dazu beiträgt, ökologische Belastungsgrenzen zu überschreiten. Die Suche nach zukunftsfähigen Wirtschaftsweisen, die eine „sehr hohe menschliche Entwicklung" innerhalb ökologischer Belastungsgrenzen verwirklichen können, ist daher noch nicht abgeschlossen.

3. Wirtschaftspolitische Leitbilder

Unterschiedliche Denkstile eröffnen jeweils einen anderen Blick auf Wirtschaft, Gesellschaft und Natur, was wirtschaftspolitische Entscheidungen beeinflusst. Im Folgenden fassen wir diese Denkstile in drei wirtschaftspolitischen Leitbildern zusammen: **Marktliberalismus**, **Wohlfahrtskapitalismus** und **Postwachstum**. Bei allen drei handelt es sich um *Idealtypen*, die von real vertretenen Positionen abweichen können. Diese Reduktion von Komplexität mit Hilfe von Idealtypen ist notwendig, um wesentliche Aspekte der Wirklichkeit hervorzuheben und zu ordnen. Wirtschaftspolitische Leitbilder schaffen für ihre jeweiligen Befürwortenden einen gemeinsamen normativen Horizont und bieten Orientierung mit gemeinsamen Zielen, Konzepten, Methoden und Lösungsvorschlägen.

Leitbilder basieren jeweils auf unterschiedlichen *prä-analytischen Visionen*, d. h. Vor-Verständnissen, die Menschen prägen, bevor sie zu forschen beginnen. Der Begriff der prä-analytischen Vision stammt vom Ökonomen Joseph Schumpeter († 1950). Er bezeichnet eine bestimmte „Weltsicht", die Menschen immer schon in sich tragen, und mit deren Hilfe die Welt interpretiert wird.[78] Zumeist bleiben prä-analytische Visionen implizit, d. h. sie werden nicht offengelegt und reflektiert, weil man sich der eigenen Vision gar nicht bewusst ist. Sie prägen jedoch den Untersuchungsgegenstand, die Forschungsfrage und das Forschungsdesign. Deshalb ist es problematisch, sie zu ignorieren. Im Folgenden stellen wird daher jedes Leitbild in vier Aspekten vor. Wir beginnen jeweils mit (1) der zugrundeliegenden prä-analytischen Vision und den dominanten ökonomischen Theorieschulen. Darauf aufbauend ergeben sich unterschiedliche Verständnisse von (2) Gerechtigkeit (vgl. Box *Gerechtigkeitskonzepte*), (3) unternehmerischer Verantwortung und (4) Nachhaltigkeit.

Normative Gerechtigkeitskonzepte
Marktgerechtigkeit ist bestrebt, Leistungen nach dem Marktpreis zu bewerten, der dafür gezahlt wird. Gerecht ist, was als Preis realisiert wird. In der Neoklassik wird Marktgerechtigkeit mit dem Konzept der Grenzproduktivität der Arbeit gemessen, welches voraussetzt, dass Unternehmen den Produktionsfaktor Arbeit derart einsetzen, dass der Unternehmensgewinn maximiert wird.
Leistungsgerechtigkeit ist bestrebt, die Entlohnung nach dem Beitrag zu richten, den Einzelne leisten. Da Menschen Unterschiedliches leisten, ist demnach eine unterschiedliche Entlohnung gerechtfertigt. Aus Sicht der Leistungsgerechtigkeit stellt sich u. a. die Frage, ob es gerecht ist, dass ein Investmentbanker am Markt das Vielfache einer Pflegekraft verdient, d. h. ob er tatsächlich ein Vielfaches leistet. Viele wichtige Leistungen, wie die unbezahlte Pflege von Angehörigen oder Kindern, werden nicht über den Markt erbracht. Trotzdem ist es unbestritten, dass pflegende Angehörige Leistungen erbringen. Weil Leistungsgerechtigkeit also schwer zu messen ist, wird sie daher trotzdem oft als Marktgerechtigkeit operationalisiert.
Chancengerechtigkeit ist bestrebt, gleiche Startchancen zu schaffen, um am Markt für die eigene Leistung gerecht entlohnt zu werden. Alle rechtlichen und kulturellen Diskrimine-

rungen sowie Diskriminierungen beim Marktzugang sind verboten. Sie sichert formale, d. h. rechtliche, Gleichheit. Zum Beispiel verbieten Antidiskriminierungsgesetze Ungleichbehandlung aufgrund von Geschlecht, Ethnie und Religion.

Bedürfnisgerechtigkeit garantiert die Deckung von Grundbedürfnissen, wobei diese in der Regel eng definiert werden (z. B. kein Hunger, keine absolute Armut). Sie wird weiters eher passiv definiert als die Bereitstellung von Grundgütern und Dienstleistungen für Bedürftige, d. h. diejenigen, die ihre Bedürfnisse nicht selbst am Markt befriedigen können. Wenn alle Kinder im Wald Himbeeren sammeln und jedes Kind die eigenen Beeren essen kann, entspricht dies dem Prinzip der Leistungsgerechtigkeit. Würden die Beeren gesammelt, damit es für alle Beeren mit Joghurt zum Nachtisch gibt, entspräche es hingegen dem Prinzip der Bedürfnisgerechtigkeit.

Teilhabegerechtigkeit ist ein erweitertes Konzept von Bedürfnis- und Chancengerechtigkeit. Sie ist bestrebt, ungleiche Ausgangsbedingungen auszugleichen, sowie gleiche Teilhabemöglichkeiten zu schaffen, d. h. gleichen Zugang zum Gemeinwesen und gleiche Möglichkeiten, dieses mitzugestalten und in diesem mitzuentscheiden: z. B. soll auch mit geringem Einkommen der Besuch von Konzerten leistbar sein; Menschen sollen ihre Nachbarschaft mitgestalten können. Demnach ist Teilhabe die positive Freiheit, ein gutes Leben führen zu können. Teilhabegerechtigkeit schafft die dafür notwendigen Verwirklichungschancen in Bezug auf Arbeiten, Einkommen, Gesundheit und Bildung. Teilhabe am gesellschaftlichen Leben ist ein Grundbedürfnis und auch Voraussetzung, um andere Grundbedürfnisse wie Gesundheit und Autonomie zu realisieren. Damit werden Grundbedürfnisse weiter definiert als in der engen Definition von Bedürfnisgerechtigkeit. Teilhabegerechtigkeit gewährleistet universelle, für alle in guter Qualität bereitgestellte Möglichkeiten, Bedürfnisse zu befriedigen, insbesondere Güter, Dienstleistungen und Infrastrukturen der Grundversorgung und der Alltagsökonomie.

Geschlechtergerechtigkeit ist eine Form von Chancen- und Teilhabegerechtigkeit, die bestrebt ist, ungleiche Ausgangsbedingungen und Teilhabemöglichkeiten der Geschlechter auszugleichen. Als Chancengerechtigkeit umfasst sie z. B. Quoten für Frauen am Arbeitsmarkt und in der Politik, um mittels positiver Diskriminierung ungleiche Möglichkeiten (z. B. rechtliche Diskriminierungen und historisch entstandene soziale Normen) zu kompensieren. Als Teilhabegerechtigkeit umfasst sie z. B. kostenlose oder leistbare dezentrale Pflege- und Betreuungsangebote, die ungleichen Belastungen für Sorgearbeit (insbesondere Kindererziehung) entgegenwirken.

Umweltgerechtigkeit ist ein sozialökologisches Gerechtigkeitsverständnis, das sich in den letzten Jahrzehnten herausgebildet hat. Entstanden ist der Begriff als Kritik an gehäuften Umweltbelastung in Wohngegenden ärmerer Afroamerikaner:innen in den USA, z. B. bedingt durch Mülldeponien oder Autobahnen. Umweltgerechtigkeit behandelt Fragen zur gerechten Verteilung von Umweltbelastungen und gesundheitsfördernden Umweltressourcen (z. B. Grünflächen, Parks). Damit zusammenhängend konzipierte der Brundtland-Bericht 1987 **intergenerationelle Gerechtigkeit** als Gerechtigkeit zwischen jetzt lebenden und zukünftig geborenen Generationen, und **globale Gerechtigkeit** als intragenerationelle Gerechtigkeit zwischen globalem Norden und globalem Süden. Damit sollen ungleiche Teilhabemöglichkeiten zu unterschiedlichen Zeiten und in unterschiedlichen geographischen Räumen ausgeglichen werden. Aktuell am häufigsten verwendet wird das Konzept der **Klimagerechtigkeit.** So ist im Pariser Klimaabkommen geregelt, dass der globale Norden und der globale Süden zwar gemeinsam Verantwortung für die Senkung der CO_2-Emissionen tragen, dass die Verantwortung des globalen Nordens jedoch größer ist aufgrund des größeren CO_2-Emissionsausstoßes in der Vergangenheit. Reiche Länder sollen daher im Sinne der Klimagerechtigkeit ihre Emissionen rascher senken als Länder in Afrika, Lateinamerika und Asien.

3.1.   Das marktliberale Leitbild

3.1.1.   Prä-analytische Vision und dominante ökonomische Theorieschulen

Das marktliberale Leitbild entstand im 18. Jahrhundert aus dem Widerstand gegen ständische Strukturen und gegen die durch die Geburt begründeten Vorrechte der Adeligen und Grundbesitzer. Der prä-analytischen Vision des marktliberalen Leitbilds geht es um die maximale **Entfaltung individueller Freiheit** verstanden als negative Freiheit, als Abwesenheit von Zwang, v. a. staatlichem.[79] Diesem Leitbild liegt der Glaube zugrunde, Märkte seien die beste wirtschaftliche Institution, um dieses Ziel zu erreichen. Andere Institutionen sind nur geduldet, wenn Marktversagen nicht anders behoben werden kann.

Das marktliberale Leitbild lässt sich in eine radikale und eine moderate Variante unterteilen. (i) **Radikale Varianten** dieses Leitbilds orientieren sich an der *Österreichischen Schule der Nationalökonomik*: jede Form gesellschaftlicher Planung und Expertise, d. h. Fachwissen, wird als menschliche Selbstüberschätzung abgelehnt, wenn versucht wird, individuelle Freiheiten einzuschränken. Der Markt als Informationsverarbeitungsmaschine ist dem Wissen von Planenden und Fachleuten überlegen, weil er knappe Ressourcen bestmöglich zuteilt. Dem Staat kommt die Aufgabe zu, Marktordnung und wirtschaftliche Freiheit vor politischen Eingriffen, auch demokratisch legitimierten, zu schützen. (ii) **Moderate Varianten** des marktliberalen Leitbilds sind von der *neoklassischen (Umwelt-)Ökonomik* geprägt. Sie sehen die Notwendigkeit von Staatsintervention bei Marktversagen und setzen auf Technologiepolitik zur Innovationsförderung. Innovationspolitik sollte *technologieneutral* sein, d. h. sie sollte sich nicht mit Verboten und Förderungen für oder gegen bestimmte Technologien entscheiden. Welche Technologie sich letztendlich durchsetzt, „entscheidet" der Markt. Marktversagen wird vermieden, wenn Gemeingüter wie Luft und Wasser einen Preis erhalten.

Beide Varianten fördern Kommodifizierung, damit auch solche Güter und Dienste, die bisher ökonomisch als wertlos galten, einen Preis erhalten. Sie werden zu handelbaren Waren, für die neue Märkte geschaffen werden, wie der CO_2-Emissionshandel und Privatzimmer, die vermietet werden. Im Zentrum marktliberaler Wirtschaftspolitik steht das Angebot: Produktionskosten, inklusive Unternehmenssteuern, sollen gesenkt werden, damit steigende Gewinnerwartungen zu mehr Investitionen und Arbeitsplätzen führen. Löhne, der Preis der Arbeit, gelten in erster Linie als Kostenfaktor, der geringgehalten werden soll, um wettbewerbsfähig zu bleiben.

Zukunftsfähiges Wirtschaften aus Perspektive des Marktliberalismus versucht, gesellschaftliche Herausforderungen wie den Klimawandel so zu bewältigen, dass **möglichst wenig in individuelle wirtschaftliche Freiheiten eingegriffen** wird. Fragen Konsument:innen bestimmte Güter und Dienstleistungen nicht nach (z. B. biologische Lebensmittel, Kurzstreckenflüge) bzw. fragen sie andere Produkte nach (z. B. Palmöl, Elektrofahrräder), dann bestimmt die Summe dieser individuellen Wahlentscheidungen, d. h. Präferenzen, zukünftige Entwicklungswege.

Der Staat gilt als Zwangsapparat, dessen Einfluss auf das Privatleben minimiert werden muss. Da öffentliche Institutionen als ineffizient angesehen werden, müssen sie dem marktwirtschaftlichen Wettbewerb ausgesetzt werden. Wirtschaften heißt in diesem Verständnis *Markt*wirtschaften, die weltmarktorientierte Ökonomie ist der bestimmende Wirtschaftsbereich (vgl. S. 42 ff.). Auch andere Wirtschaftsbereiche wie die Daseinsvorsorge sollen mittels Liberalisierung und Privatisierung der marktwirtschaftlichen Logik unterworfen werden. Gibt es eine funktionierende Eigentums- und Marktordnung, können mit Hilfe dezentralisierter individueller Marktentscheidungen knappe Mittel bestmöglich eingesetzt und soziale und ökologische Herausforderungen bewältigt werden. Daher besteht die Aufgabe marktliberaler Politik v. a. darin, **geeignete Rahmenbedingungen für Markthandeln** zu sichern oder zu schaffen. Erlaubt, ja notwendig ist für Hayek, eines Vertreters der radikalen Version des Leitbilds, „Planung zum Zweck des Wettbewerbs".[80] In der moderaten Variante braucht es darüber hinaus Kostenwahrheit, die geschaffen wird, indem externe Effekte internalisiert werden.

3.1.2. Verständnis von Gerechtigkeit

Leistungsgerechtigkeit, definiert als **Marktgerechtigkeit** steht im Zentrum des marktliberalen Leitbilds, d. h. dieses Leitbild überlässt Bewertungen dem Markt. Die Entlohnung einer Sängerin richtet sich nicht nach der Qualität ihrer Lieder, sondern danach, ob ihre Konzerte besucht und ihre Lieder gekauft werden. Gerecht ist somit, was am Markt als Preis realisiert wird, nicht die Anstrengung, die dahintersteht. Gesellschaftliche Bewertungen hinsichtlich der unterschiedlichen Wichtigkeit verschiedener Wirtschaftsbereiche, wie sie die Covid-19-Pandemie angestoßen hat, sind damit nicht möglich. Was am Markt gewählt wird, spiegelt die subjektiven Präferenzen der am Markt Teilnehmenden wider. Objektive Unterscheidungen sind nicht möglich (vgl. S. 48).

Das Leitbild fördert auch *Chancen- sowie Geschlechtergerechtigkeit*, sofern darunter verstanden wird, Diskriminierungen beim Zugang zu Märkten (z. B. Arbeitsmärkten) zu vermeiden. Es akzeptiert eine *eng definierte Bedürfnisgerechtigkeit*, die nur für jene gilt, die ihre Bedürfnisse nicht selbst am Markt befriedigen können (z. B. Erwerbsarbeitsunfähige).

3.1.3. Verständnis von unternehmerischer Verantwortung

Für den Ökonomen Milton Friedman († 2006) besteht unternehmerische Verantwortung darin, **sich als Unternehmen vorrangig um den eigenen Gewinn zu kümmern.**[81] Wettbewerbsfähig zu bleiben sei das Wichtigste, was Unternehmen für ihre Angestellten, Eigentümer:innen und Kundschaft leisten können. Um soziale und ökologische Probleme sollen sich Fachleute, Sozialeinrichtungen, Umweltinitiativen und NGOs kümmern. Dies schließt nicht aus, dass Unternehmer:innen freiwillig und privat aus sozialem Verantwortungsgefühl spenden. Doch die unternehmerische Verantwortung muss sich am **Shareholder Value** orientieren, also dem Streben, kurzfristig Unternehmenserträge zu maximieren, um Anteilshabende zufrieden zu stellen.

3.1.4. Verständnis von Nachhaltigkeit

Radikale Varianten des marktliberalen Leitbilds versuchen, wo immer möglich, Eigentumsrechte zu schaffen und lehnen Interventionen in den Markt auch für Umweltschutzmaßnahmen ab. Das Konzept der Nachhaltigkeit sei nicht operationalisierbar, weil nicht messbar. *Moderate Varianten* befürworten, der Umweltökonomik folgend, aktive staatliche Rahmensetzung, um Kostenwahrheit zu schaffen. Dabei orientieren sie sich an der **schwachen Nachhaltigkeit** (vgl. S. 20): durch einen gemeinsamen Maßstab, Geld, können natürliche Ressourcen (Naturkapital) mit Human- und Sachkapital verglichen und gegeneinander ausgetauscht werden. Das marktliberale Leitbild begrüßt **grünes Wachstum,** das Wirtschaftswachstum durch Effizienzsteigerungen von Materialverbrauch und Emissionen entkoppelt (vgl. Box *Entkopplung von Wirtschaftswachstum und Materialverbrauch*).

> **Entkopplung von Wirtschaftswachstum und Materialverbrauch**
> Die Entkopplung von Wirtschaftswachstum und Materialverbrauch ist ein essenzieller Bestandteil von Theorien grünen Wachstums. Sie kann relativ und absolut erfolgen. Unter **relativer Entkopplung** versteht man die Abnahme von Material- bzw. Emissionsintensität pro Einheit (z. B. weniger Emissionen pro produziertem Fahrzeug). Hingegen bedeutet **absolute Entkopplung**, dass Emissionen und Materialverbrauch trotz fortgesetztem Wirtschaftswachstum in absoluten Zahlen nicht weiter ansteigen bzw. sinken.
> Eine **absolute Entkopplung** des Wirtschaftswachstums von Ressourcenverbrauch und Emissionen ist bisher über längere Zeiträume **nicht empirisch nachweisbar**. Außerdem kann nach neuesten Erkenntnissen absolute Entkopplung voraussichtlich nicht schnell genug umgesetzt werden, um die Klimaziele zu erreichen. (vgl. u. a. Endnote 85).

## 3.2.	Das Leitbild des Wohlfahrtskapitalismus

### 3.2.1.	Prä-analytische Vision und dominante ökonomische Theorieschulen

Die prä-analytische Vision des Leitbilds des Wohlfahrtskapitalismus priorisiert die **soziale und materielle Absicherung** sowie individuelle Aufstiegsmöglichkeiten für möglichst alle Bewohnende eines Gemeinwesens. Dieses Leitbild orientiert sich an den wirtschaftspolitischen Errungenschaften des *Wohlfahrtskapitalismus*, d. h. der relativ stabilen Phase wirtschaftlicher Entwicklung nach dem Zweiten Weltkrieg. In dieser Phase gelang es v. a. in Nordwesteuropa und Nordamerika, gesteigerte Produktionseffizienz mit sozialer Absicherung zu verbinden. Vertreter:innen dieses Leitbilds sind überzeugt, dass die ökologischen Herausforderungen des 21. Jahrhunderts mit denselben Maßnahmen lösbar sind, mit denen im 20. Jahrhundert die Zivilisierung des Kapitalismus durch den Sozialstaat gelang.[82] Gesucht wird nach rationalen Lösungen mit Hilfe von Fachleuten, Technik und Wissenschaft.

Dieses Leitbild ist vom *Mainstream-Keynesianismus* und den Erfolgen des Wohlfahrtskapitalismus von 1945 bis ca. 1973 geprägt. Da Märkte keineswegs von sich aus zu gesellschaftlich wünschenswerten Ergebnissen führen, braucht es den **Staat als zentralen wirtschaftspolitischen Akteur**, um die Regeln einer gemischten Wirtschaftsordnung (vgl. S. 42) festzulegen.[83] Grundlegend ist eine funktionierende öffentlich bereitgestellte Grundversorgungsökonomie – von der Wasser- und Gesundheitsversorgung hin zu öffentlichen Verkehrsmitteln, sozialem Wohnbau und öffentlichen Bildungseinrichtungen.

Es gibt zwei Varianten des wohlfahrtskapitalistischen Leitbilds. (i) **Traditionelle wohlfahrtskapitalistische Varianten** akzeptieren zwar, dass aufgrund internationaler Vereinbarungen wie der SDGs und des Pariser Klimaabkommens Wirtschaftspolitik soziale und ökologische Zielsetzungen verfolgen muss. De facto bleiben *ökologische Zielsetzungen zweitrangig* gegenüber kurzfristig brennenden Problemen wie Arbeitslosigkeit oder Teuerung. Ein Beispiel: In der Teuerungskrise 2022 forderten Vertreter:innen dieser Variante, die CO_2-Steuer auszusetzen. (ii) **Grüne wohlfahrtskapitalistische Varianten** akzeptieren demgegenüber ökologische Zielsetzungen als gleich wichtig wie soziale. Um Vollbeschäftigung zu erreichen, braucht es Wirtschaftswachstum; um ökologische Zielsetzungen zu erreichen *grünes Wachstum*. Sie setzen auf *ökologische Modernisierung* durch Effizienzsteigerungen mit Hilfe neuer Technologien.

Wiewohl der Mainstream-Keynesianismus im Zentrum des wohlfahrtskapitalistischen Leitbilds steht, integriert es teilweise auch die *Neoklassik*, inklusive der neoklassischen *Umweltökonomik*, um Marktversagen mit Hilfe des Verursacherprinzips zu korrigieren. Auch *wirtschaftliche Entwicklungstheorien* und die *Sozioökonomik* beeinflussen das Leitbild, da dem demokratisch legitimierten Staat die Aufgabe zukommt, allgemeinwohlorientierte Politik umzusetzen. Diese orientiert sich stark an keynesianischer Wirtschaftspolitik: Wirtschaftskrisen sollen mittels nachfrageorientierter Wirtschaftspolitik vermieden, Finanzmärkte reguliert und Maßnahmen gegen die Ungleichverteilung von Einkommen und Vermögen gesetzt werden. Allgemeinwohlorientierte Marktregulierungen sollen die Schwächen marktwirtschaftlichen Wirtschaftens kompensieren, damit weder Arbeitskräfte noch Umwelt ausgebeutet werden. Vollbeschäftigung ist oberste wirtschaftspolitische Zielsetzung, da nur so sozialer Zusammenhalt gewährleistet und eine demokratische Ordnung gesichert werden kann. Wirtschaftswachstum soll Verteilungskonflikte vermeiden, indem es einen immer größeren „Kuchen" zu verteilen gibt. In der Nachkriegszeit sicherte dies sozialen Frieden. Die Sozialpartnerschaft zwischen Arbeitgeber- und Arbeitnehmerverbänden, wie sie in Österreich bis heute existiert, institutionalisierte den Kompromiss von Kapital und Arbeit, von Unternehmen und Beschäftigten, von Wirtschaftskammer und Gewerkschaft.

3.2.2. Verständnis von Gerechtigkeit

Teilhabegerechtigkeit steht im Zentrum des wohlfahrtskapitalistischen Leitbilds. Dem Staat obliegt es, den Zugang zum Arbeitsmarkt zu ermöglichen (Vollbeschäftigung) sowie die Daseinsvorsorge öffentlich zu organisieren, so dass der Zugang zu Gesundheit, Bildung und Wohnen soziale Rechte sind, die unabhängig der individuellen Zahlungsfähigkeit allen zustehen. Die Deckung der Grundbedürfnisse ist Voraussetzung, damit Menschen individuelle Fähigkeiten entwickeln können. Im Gegensatz zum Marktliberalismus überwindet das Leitbild daher die Reduktion von Wohlstand auf individuelle Präferenzen und orientiert sich an Verwirklichungschancen und menschlichen Bedürfnissen (vgl. S. 48). Gefordert wird eine bedarfsorientierte Grundversorgung, die allen Bewohnenden eines Gemeinwesens kostenfrei oder zumindest leistbar zur Verfügung steht.

Dies impliziert auch *Chancengerechtigkeit* und Geschlechtergerechtigkeit, z. B. durch öffentliche Kinderbetreuungseinrichtungen, die Kinder bei ihren schulischen Leistungen unterstützen und ihnen so zumindest ähnliche Startchancen gewähren sowie ungleichen Belastungen für Sorgearbeit entgegenwirken.

3.2.3. Verständnis von unternehmerischer Verantwortung

Unternehmerische Verantwortung wird weiter definiert als im marktliberalen Leitbild, da unternehmerische, gesamtwirtschaftliche und gesellschaftliche Verantwortung zusammenhängen. Unternehmen haben **Verantwortung für ihre Stakeholder**, d. h. für all diejenigen, mit denen sie interagieren – Konsument:innen, denen ein gutes Produkt zu einem fairen Preis geliefert wird, die Belegschaft, die fair entlohnt wird und gute Arbeitsbedingungen hat, Lieferfirmen, die faire Lieferbedingungen und Preise erhalten, sowie die Personen im Umkreis, die unter Umweltverschmutzung und Lärm leiden. All diese Menschen braucht ein Unternehmen für seinen langfristigen Erfolg. Vernachlässigt, belügt oder ignoriert es sein Umfeld, kann dies betriebswirtschaftliche Folgen haben. Skandale bei an sich erfolgreichen Firmen zeigen, dass es auch ökonomisch kurzsichtig sein kann, ökologische und gesellschaftliche Bedenken zu ignorieren: Die Deutsche Bank hatte nach zahlreichen Korruptionsfällen ein Glaubwürdigkeitsproblem, Volkswagen litt darunter, dass Ingenieure und Manager gelogen haben, was den Schadstoffausstoß ihrer Autos betrifft. Bayer bezahlte hohe Entschädigungen dafür, dass es bei der Übernahme von Monsanto die Bedenken bezüglich der Krebsgefährdung durch Glyphosat ignorierte.

Unternehmerische Eigenverantwortung ist diesem Leitbild folgend begrüßenswert, aber nicht ausreichend. Für ein funktionierendes Wirtschaftssystem braucht es daher Gesetze, damit alle Unternehmen gesellschaftliche Verantwortung in ihr Wirtschaftshandeln integrieren und Regelverstöße bestraft werden. Regulierung ist notwendig, damit zukunftsfähiges Wirtschaften zur Norm wird und nicht die Ausnahme bleibt.

3.2.4. Verständnis von Nachhaltigkeit

Wie das marktliberale Leitbild folgt auch das Leitbild des Wohlfahrtskapitalismus dem Konzept der **schwachen Nachhaltigkeit** (vgl. S. 20). Um Vollbeschäftigung und sozialen Zusammenhalt zu gewährleisten, braucht es *grünes Wachstum*. Im Gegensatz zum marktliberalen Leitbild soll dieses allerdings mittels aktiver Industrie-, Technologie- und Innovationspolitik und handlungsfähiger öffentlicher Einrichtungen (z. B. einem gemeinwirtschaftlichen Sektor) ermöglicht werden, wie die entwicklungsökonomische Theorieschule anregt. Besonders die grüne Variante des Leitbilds strebt eine *ökologische Modernisierung* an, wobei es für einen „gerechten Übergang" (*just transition*) notwendig ist, Verteilungswirkungen zu berücksichtigen und Verlierende zu entschädigen.

3.3. Das Leitbild des Postwachstums

3.3.1. *Prä-analytische Vision und dominante ökonomische Theorieschulen*

Die prä-analytische Vision des Leitbilds des Postwachstums strebt nach einem **guten Leben unter neuen Mensch-Natur-Verhältnissen**. Dieses Leitbild entstand als Kritik an der bis in die 1970er Jahre dominanten Form des Kapitalismus, dem Wohlfahrtskapitalismus, der nicht nur materiellen Wohlstand brachte, sondern auch zur *Großen Beschleunigung* der Nachkriegszeit führte, d. h. dem außerordentlichen Wachstum des globalen sozioökonomischen Systems und dessen Ressourcenverbrauchs.[84] Auch das auf Fachleute setzende Handlungsmuster, das im Leitbild des Wohlfahrtskapitalismus vorherrscht, wird von Postwachstumsvertreter:innen oftmals als zu technokratisch kritisiert. Es braucht diesem Leitbild folgend weitreichende Veränderungen in der Art zu leben und zu arbeiten, welche nur mit einer neuen Wirtschaftsweise und einer Ausweitung gesellschaftlicher Teilhabe möglich sind. Es müssen bestimmte Wirtschaftsbereiche schrumpfen, da eine langfristige und absolute Entkopplung des Wirtschaftswachstums von Ressourcenverbrauch und Emissionen bisher über längere Zeiträume nicht empirisch nachweisbar ist und mit hoher Wahrscheinlichkeit zu spät kommt, um Klimaziele zu erreichen.[85] Dies bedeutet nicht, dass alle Wirtschaftsbereiche überall auf der Welt gleichermaßen schrumpfen müssen. Manche Wirtschaftsbereiche können weiter wachsen, z. B. jene für erneuerbare Energien und Sorgearbeit. Jedoch müssen Schrumpfungsprozesse v. a. im globalen Norden, d. h. den reichen Staaten der Welt, umgehend beginnen.

Das Leitbild des Postwachstums kombiniert unterschiedliche Formen der Wachstums- und Gesellschaftskritik.[86] (i) Die **ökologische Wachstumskritik** kritisiert den Technikoptimismus, v. a. die Vorstellung, Wirtschaftswachstum könne vom Umweltverbrauch rasch genug absolut entkoppelt werden. (ii) Die **sozialökonomische Kritik** argumentiert, dass weiteres Wirtschaftswachstum im globalen Norden zu keiner höheren Lebensqualität beiträgt.[87] (iii) Die **kulturelle Kritik** beschäftigt sich mit Prozessen der Entfremdung, d. h. der aus dem gesellschaftlichen Wachstumszwang resultierenden (Zer-)Störung von Beziehungen zu sich selbst und der Mitwelt. (iv) Die **Kapitalismuskritik** betont, dass Wachstum von kapitalistischen Ausbeutungsprozessen abhängt, die es zu überwinden gilt. (v) Die **feministische Wachstumskritik** weist daraufhin, dass Wachstumsökonomien auf der Ausbeutung und Abwertung von oftmals von Frauen geleisteter Haus-, Pflege- und Sorgearbeit beruhen. (vi) Gemäß der **Industrialismuskritik** führt die industrielle Produktionsweise zur systematischen Übernutzung von Natur. (vii) Die **Süd-Nord-Kritik** betont die Ausbeutung ärmerer Länder und billiger Arbeitskräfte. Ulrich Brand und Markus Wissen kritisieren die dieser Ausbeutung zugrundeliegende *imperiale Lebensweise*, d. h. eine strukturell nicht-nachhaltige Lebensweise auf Kosten anderer, v. a. der Menschen im globalen Süden.[88]

Inspiriert sind diese Kritikformen von der *ökologischen Ökonomik*, der *feministischen Ökonomik*, dem multiperspektivischen Zugang der *sozialökologischen Ökonomik*, der *marxistischen politischen Ökonomik* und teilweise dem *Post-Keynesianismus*. Dieses Leitbild thematisiert die strukturellen Widersprüche westlicher Gesellschaften. Demnach liegt eine zentrale Ursache der aktuellen Nicht-Nachhaltigkeit im ausbeuterischen gesellschaftlichen Naturverhältnis und in der wachstumsbasierten kapitalistischen Wirtschaftsweise.

Das Leitbild des Postwachstums ist stark aktivistisch geprägt. Es können aber zwei Varianten unterschieden werden. (i) **Zivilgesellschaftlich-anarchistische Varianten** setzen vorrangig auf soziale Bewegungen, plädieren für gemeinschaftsbasierte Ansätze und experimentieren mit solidarischen Formen des Wirtschaftens und Zusammenlebens. Diese Variante problematisiert die nicht-nachhaltige Wirtschafts- und Lebensweise, leistet Widerstand gegen Fehlentwicklungen (z. B. Braunkohlebergbau, Straßenbau) und fokussiert auf kleinteilige und selbstorganisierte Projekte „von unten", oftmals in Nischen, außerhalb bestehender Institutionen. Teilweise wird auch auf Initiativen gesetzt, die individuelle Verhaltensänderungen propagieren und freiwillig Alternativen vorleben. Bezweifelt wird, ob öffentliche Entscheidungstragende in Regierung, Parlament und Verwaltung einen konstruktiven Beitrag für Veränderungen hin zur Postwachstumsgesellschaft leisten können. Da der Staat gegenwärtige Herrschaftsverhältnisse aufrechterhält, stabilisiert er oftmals Wachstum und verfestigt nicht-nachhaltige Regeln, Normen und Institutionen. Staatliche Institutionen sollen daher tendenziell entmachtet werden.

(ii) **Pragmatisch-institutionelle Varianten** verbinden eine kurzfristige mit einer langfristigen Perspektive und damit eine pragmatische Herangehensweise mit einem radikalen Zielhorizont. Ziel ist, an bestehende Strukturen, Regelungen und Instrumente anzuknüpfen, um jene Wirtschaftsbereiche auszuweiten, die grundlegend zum menschlichen Wohlergehen beitragen, insbesondere die Grundversorgungsökonomie. Gleichzeitig müssen andere Wirtschaftsbereiche und Aktivitäten rückgebaut werden. Sie müssen schrumpfen. Der Staat spielt hierbei eine wichtige Rolle, denn die Umsetzung vieler konkreter Vorschläge bedarf der Unterstützung öffentlicher Entscheidungstragender, z. B. für ein Klimaschutzgesetz, eine sozialökologische Steuerreform oder ein Klimaticket. Ein Postwachstumsstaat bedarf einer neuen Form der Staatlichkeit, um Bedürfnisse innerhalb ökologischer Belastungsgrenzen zu befriedigen.[89]

Das Leitbild des Postwachstums ist das einzige, das den grundlegenden Widerspruch zwischen unbegrenztem Wachstum und ökologischen Grenzen problematisiert. In beiden Varianten geht es um neue Formen zukunftsfähigen Wirtschaftens, orientiert am Leitprinzip der **Suffizienz**, d. h. des Genug-Habens im doppelten Wortsinn: nicht zu wenig, nicht zu viel.[90] Ein gutes und nachhaltiges Leben basiert wesentlich auf einer gesicherten und kollektiv bereitgestellten Grundversorgungsökonomie, einem Fokus auf Wohlbefinden sowie *Zeitwohlstand*, d. h. der Verringerung geleisteter Erwerbsarbeit und der Schaffung freier Zeit für andere Tätigkeiten.

Kritisiert wird an diesem Leitbild, dass es die negativen Seiten der imperialen Lebensweise betont, die Vorzüge der westlichen Lebensweise aber oftmals nur unzureichend würdigt, v. a. den sozialen, technologischen und wissenschaftlichen Fortschritt, der die kapitalistische Produktionsweise begleitet hat. Dies schwächt die politische Legitimität dieses Leitbilds. Zwar wird eine umfassende Demokratisierung gefordert. Gleichzeitig gibt es bis heute nur geringen politischen Rückhalt in Gesellschaft, Parteien und Interessenvertretungen. Die vorgeschlagene Transformation wird – zurzeit – nicht mehrheitlich gewollt.

3.3.2. Verständnis von Gerechtigkeit

Im Zentrum steht die **Umweltgerechtigkeit** in ihren verschiedenen Varianten von *intergenerationeller und globaler Gerechtigkeit* sowie *Klimagerechtigkeit*: Alle diese Gerechtigkeitskonzepte zeigen die ungleiche Möglichkeit und ungleiche Verantwortung, zur Lösung sozialer und ökologischer Probleme beizutragen. Immer geht es in diesen Gerechtigkeitskonzepten um Umverteilung zwischen Generationen, Klassen und Ländern. Es gibt innerhalb reicher Länder große Unterschiede im Ressourcenverbrauch, weshalb Umweltgerechtigkeit eine gleichmäßigere Verteilung des Zugriffs auf Ressourcen und des Emissionsverbrauchs fordert. Auch zwischen der älteren Generation, die ökologische Probleme verursacht hat, aber die Folgen nur eingeschränkt tragen wird, und den jungen bzw. zukünftigen Generationen braucht es Umverteilung. Schließlich sind in globaler Perspektive die ärmeren Länder stärker negativ betroffen, obwohl sie historisch kaum zur Klimakrise beigetragen haben.

Das zweite wichtige Gerechtigkeitskonzept in diesem Leitbild ist die **Teilhabegerechtigkeit**, insbesondere Mitbestimmungsmöglichkeiten. Um am Arbeitsplatz oder der Nachbarschaft mitbestimmen zu können, braucht es Möglichkeiten, sich individuelle Fähigkeiten anzueignen. Notwendig ist daher neben dem universellen Zugang zur Grundversorgung auch ausreichend Zeit, z. B. durch Erwerbsarbeitszeitverkürzung und eine geschlechtergerechte Umverteilung unbezahlter Arbeit.

3.3.3. Verständnis von unternehmerischer Verantwortung

Im Leitbild des Postwachstums wird Verantwortung übernommen für zukünftige Generationen und gegenüber Menschen in anderen Weltregionen. Unternehmen beeinflussen nicht nur ihr unmittelbares Umfeld, sondern auch die biophysischen und gesellschaftlichen Lebensgrundlagen heutiger und zukünftiger Generationen weltweit. Weil sie auf verschiedenen Ebenen in gesellschaftliche und biophysische Sphären eingebettet sind, haben sie auch planetare Verantwortung. Sie verfolgen keinen Selbstzweck, wie Gewinnmaximierung, Umsatzsteigerung oder Unternehmenswachstum, sondern streben die nachhaltige Bereitstellung der Lebensgrundlagen an – heute und in der Zukunft. Dies betrifft auch die Unternehmensform, die Mitbestimmung im Betrieb ermöglichen soll. Die beliebteste Unternehmensform ist die **Sozialwirtschaft** mit demokratischen, nachhaltigen und solidarischen Prinzipien. Beispiele sind Genossenschaften, gemeinwohlorientierte Unternehmen, Stiftungen, die solidarische Ökonomie und die gemeinschaftliche Verwaltung von *Gemeingütern* (*commons*) wie Wasser, Wissen und Energiequellen.[91]

3.3.4. Verständnis von Nachhaltigkeit

Das Leitbild des Postwachstums folgt dem Verständnis der **starken Nachhaltigkeit** (vgl. S. 20), das von einem gesellschaftlichen Naturverhältnis ausgeht, in dem Menschen Teil der Natur sind und nicht herrschaftliche Subjekte, welche Natur als das Andere unterwerfen. Wirtschaftliche Aktivitäten sind mit absoluten ökologischen Grenzen konfrontiert. Natur, Gesellschaft und Wirtschaft sind in vielerlei Hinsicht unvergleichbar und daher nicht gegenseitig austauschbar. Es gibt qualitative Unterschiede zwischen menschengemachtem Kapital und Natur: Ersteres kann zumeist wiederhergestellt werden, die Zerstörung der Natur ist oft irreversibel.

3.4.   Zusammenfassung

Leitbilder sind Idealtypen, die sich darin unterscheiden, in welchem Ausmaß und mit welchen Mitteln Wirtschaft gestaltet werden kann und soll. Sie inspirieren unterschiedliche Strategien, um mit gegenwärtigen Herausforderungen umzugehen, die im letzten Teil dieses Buches genauer vorgestellt werden (vgl. S. 198 ff.).

Der **Marktliberalismus** folgt dem Primat individueller Freiheit, setzt auf Optimierung und Effizienzsteigerung und glaubt an die Stärken des Marktes. Dieses Leitbild orientiert sich an der auf kurzfristige Gewinne ausgerichteten Shareholder-Value-Philosophie. Wird der Vorrang von Marktlösungen gegenüber anderen wirtschaftspolitischen Institutionen dogmatisch vertreten, wie oft in radikalen Versionen dieses Leitbilds, kann dies zur Gefahr für die Demokratie werden. Beispielhafte Vertreter des marktliberalen Leitbilds sind in Österreich das Hayek Institut und der Think-Tank Agenda Austria.

Das **wohlfahrtskapitalistische Leitbild** priorisiert die Absicherung materiellen Wohlstands. Da Kapitalismus und sozialer Zusammenhalt unter bestimmten Bedingungen vereinbar waren, glaubt dieses Leitbild, dass auch die ökologischen Fragen des 21. Jahrhunderts mit den Institutionen des 20. Jahrhunderts lösbar sind. Allerdings bleibt dabei Wohlstand wesentlich von Wirtschaftswachstum und hohem Ressourcenverbrauch abhängig. Beispielhafte Vertreter dieses Leitbilds sind in Österreich die Sozialpartner, v. a. die Arbeiterkammer.

Das **Leitbild des Postwachstums** strebt ein gelungenes Leben unter neuen Mensch-Natur-Verhältnissen an und betont, dass weitreichende wirtschaftliche Veränderungen notwendig sind. Nur so kann der Ressourcenverbrauch reduziert und gleichzeitig möglichst vielen Menschen ein gutes Leben ermöglicht werden, denn die Hoffnung auf rechtzeitige absolute Entkopplung von Wirtschaftswachstum und Ressourcenverbrach in notwendigem Ausmaß erweist sich zunehmend als illusionär. Dieses Leitbild fordert neue Produktions- und Lebensweisen, ohne die Errungenschaften der bestehenden Produktions- und Lebensweise ausreichend zu würdigen. Daher fehlt tendenziell eine Strategie, wie langfristig notwendige Veränderungen hier und jetzt eingeleitet werden können. Beispielhafte Vertreter dieses Leitbilds sind soziale Bewegungen wie *Letzte Generation*, *Extinction Rebellion* oder das Kollektiv *Degrowth Vienna*.[92]

Kein Leitbild allein bietet „die" Lösung. Multiperspektivität hilft Brücken zu bauen und ihre jeweiligen Vertreter:innen offener zu machen gegenüber den Schwächen des eigenen Leitbilds. Zukunftsfähigkeit wird untergraben, wenn wichtige Aspekte der Wirklichkeit, die ein Leitbild betont, nicht ausreichend berücksichtigt werden. Dies kann sich langfristig rächen – wie dies im Wohlfahrtskapitalismus mit ökologischen Problemen passierte. Und aktuell sind Marktliberale, die Jahrzehnte lang Wissenschaft, Politik und öffentliche Debatten dominierten, unter Rechtfertigungszwang. So erscheint die von ihnen geforderte Zurückhaltung des Staates angesichts der Pandemie und unberechenbarer Energiemärkte zunehmend weltfremd. Tabelle 3 systematisiert die wirtschaftspolitischen Leitbilder.

Tabelle 3: Zusammenfassung der wirtschaftspolitischen Leitbilder

	Marktliberalismus		Wohlfahrtskapitalismus		Postwachstum	
	Radikale Variante	Moderate Variante	Traditionelle Variante	Grüne Variante	Zivilgesellschaftlich-anarchistische Variante	Pragmatisch-institutionelle Variante
Prä-analytische Vision	Entfaltung individueller Freiheiten (negative Freiheit)		Absicherung und Steigerung materiellen Wohlstands (positive Freiheit)		Freiheit als Voraussetzung für ein gutes Leben unter neuen Mensch-Natur-Verhältnissen (positive Freiheit)	
Prägende ökonomische Theorieschulen	Österreichische Schule	Neoklassik, neoklassische Umweltökonomik	Mainstream-Keynesianismus, Entwicklungsökonomik, Sozioökonomik	Mainstream-Keynesianismus, neoklassische Umweltökonomik, Entwicklungsökonomik, Sozioökonomik	Ökologische Ökonomik, Marxistische Politische Ökonomik, feministische Ökonomik, Sozioökonomik, teilweise (Post-)Keynesianismus	
Wirtschaftspolitische Ansätze	Märkte und Privateigentum sichern und ausweiten, Technologieneutralität, Wachstum fördern	Wie radikale Variante + Marktversagen beheben und *grünes* Wachstum fördern	Wachstum fördern, Märkte regulieren und beschränken, Gestaltung gemischtwirtschaftlicher Ordnungen, Umverteilung von Einkommen/Vermögen	Wie traditionelle Variante, jedoch mit Fokus auf *grünes* Wachstum und ökologische Modernisierung	Selektives Schrumpfen bestimmter Wirtschaftsbereiche, kollektive Bereitstellung der Grundversorgungsökonomie, Zeitwohlstand und Suffizienz	
					Aktivistischer Widerstand, Experimente in Nischen, Vorleben von Alternativen	Transformation zu einem Postwachstumsstaat mit radikalem Zielhorizont
dominantes Gerechtigkeitsverständnis	Marktgerechtigkeit		Teilhabegerechtigkeit (mit Schwerpunktsetzung auf Zugang zur Daseinsvorsorge)		Teilhabegerechtigkeit (mit Schwerpunktsetzung auf Mitbestimmung), Umweltgerechtigkeit	
Dominantes Verständnis unternehmerischer Verantwortung	Gewinnmaximierung, Shareholder Value		Verantwortung gegenüber allen Stakeholdern		Verantwortung gegenüber Umwelt, Gesellschaft und zukünftigen Generationen; Fokus auf nachhaltige Bereitstellung der Lebensgrundlagen	
Verständnis von Nachhaltigkeit	Ablehnung des Konzepts als nicht operationalisierbar in der radikalen Version Schwache Nachhaltigkeit in der moderaten Version		Schwache Nachhaltigkeit		Starke Nachhaltigkeit	

4. Gesellschaft und Macht

Gesellschaften sind Zusammenschlüsse von Individuen und trotzdem mehr als die Summe ihrer Mitglieder. Sie sind politische und sozioökonomische Systeme, basierend auf einer funktionalen Arbeitsteilung und gemeinsamen Infrastrukturen, Institutionen und Diskursen. Daraus ergeben sich Ungleichheiten und Hierarchien zwischen sozialen Gruppen, seien dies Klassen, Geschlechter oder Ethnien. Es konstituieren sich Produktionsverhältnisse, die Arbeitsprozesse strukturieren, Geschlechterverhältnisse, die Beziehungen zwischen den Geschlechtern strukturieren, und politische Machtverhältnisse, die Rahmenbedingungen und damit individuelle Handlungsmöglichkeiten festlegen. Diese Verhältnisse eröffnen für Einzelne unterschiedliche Freiheiten: Erbberechtigte eines Einfamilienhauses, Alleinerziehende, Kinder von Kleinbauern oder Migrierte ohne Pass hatten und haben jeweils unterschiedliche Möglichkeiten, ein selbstbestimmtes Leben zu führen: Wohnort, Vermögen, Einkommen und Bildungsstand bestimmen wesentlich über Lebenschancen. Im Folgenden stellen wir zuerst zwei politökonomische und soziologische Konzepte vor: Klassen und Milieus. Danach analysieren wir Macht und beschreiben drei Machtkomplexe, die besonders wirksam Rahmenbedingungen gestalten können – und dabei oftmals eigene Interessen gegen allgemeinwohlorientierte Lösungen durchsetzen.

4.1. Klassen und Milieus

Diverse Theorien der politischen Ökonomik analysieren Klassen als Gruppen von Menschen mit gemeinsamen Interessen. In der klassischen und der marxistischen politischen Ökonomik ist die jeweilige Stellung im Produktionsprozess entscheidend: Grundbesitzer, Kapitalbesitzer und Arbeiterschaft sind die zentralen Klassen der kapitalistischen Wirtschaftsweise. Max Weber[93] und Pierre Bourdieu[94] († 2002) erweitern den Klassenbegriff, indem sie den Zusammenhang zwischen ökonomischen, sozialen und kulturellen Prozessen untersuchen. Grob ergeben sich drei Hauptklassen: die Oberschicht (Besitzende und Gebildete), die Mittelschicht (Kleinbürgertum und Facharbeiterschaft) und die Unterschicht (der schlecht abgesicherte Teil der Arbeiterschaft).[95] Klassengesellschaften sind demnach hierarchische Gesellschaften, die ihren Mitgliedern unterschiedliche sozioökonomische Handlungsmöglichkeiten eröffnen.

Daran angelehnt sieht der Soziologe Andreas Reckwitz Klassen als soziale Gruppen, deren Mitglieder Gemeinsamkeiten in Bezug auf Herkunft, Bildungsstand, Einkommen, Lebensführung und Erwerbsarbeit aufweisen.[96] So definiert werden Klassen empirisch als Milieus erfasst, z. B. in Milieustudien, die vom SINUS-Institut regelmäßig durchgeführt werden. Sie fassen Gesellschaftsmitglieder in idealtypischen Gruppen „Gleichgesinnter" zusammen, die sich nach sozialer Lage und Grundorientierung (hinsichtlich gemeinsamer Werte) unterscheiden. *Soziale Lage* wird erfasst durch Bildung, Einkommen und beruflichen Status. Bezüglich *Grundorientierung* wird unterschieden zwischen Tradition, Modernisierung und Neuorientierung. Daraus ergeben sich zehn Milieus, die drei Schichten zugeordnet werden. Tabelle 4 fasst diese zusammen.

Tabelle 4: Zusammenfassung der Sinus-Milieus (© INTEGRAL)[97]

Sinus-Milieus	Kurzbeschreibung
Milieus der Oberschicht bzw. oberen Mittelschicht	
Konservativ-Etablierte	Die alte strukturkonservative Elite
Postmaterielle	Die weltoffenen Kritiker:innen von Gesellschaft und Zeitgeist
Performer	Die global orientierte und fortschrittsoptimistische moderne Elite
Milieus der Mitte	
Zukunftsmilieus	
Kosmopolitische Individualisten	Die individualistische Lifestyle-Avantgarde
Progressive Realisten	Die Treiber gesellschaftlicher Veränderungen
Die aktuelle und ehemalige Mitte	
Adaptiv-Pragmatische Mitte	Der flexible und nutzenorientierte Mainstream
Nostalgisch-Bürgerliche	Die systemkritische ehemalige Mitte
Milieus der unteren Mitte bzw. der Unterschicht	
Traditionelle	Die Sicherheit und Ordnung liebende ältere Generation
Konsumorientierte Basis	Die um Orientierung und Teilhabe bemühte Unterschicht
Hedonisten	Die momentbezogene, erlebnishungrige (untere) Mitte

Für Österreich wurde die Studie zuletzt 2022 aktualisiert und ist in der Grafik 4 dargestellt. Die sich teilweise überlappenden Milieus zeigen die Vielfalt an Lebensformen und damit verbundenen Wertesystemen, die – für ihre jeweiligen Träger:innen – manche wirtschaftspolitischen Leitbilder attraktiver machen als andere. Damit einher geht ein unterschiedliches Umweltbewusstsein sowie verschiedene Einschätzungen zur Klimapolitik wie Grafik 5 verdeutlicht.

Grafik 4: Sinus-Milieus in Österreich (© INTEGRAL)[98]

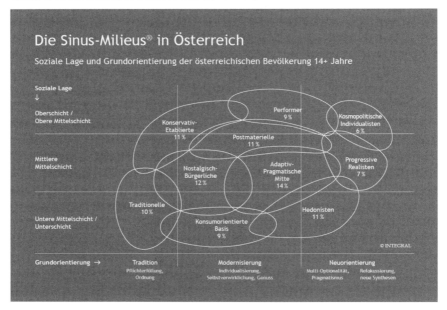

Grafik 5: Sorgen im Zusammenhang mit Klimawandel in Österreich nach Sinus-Milieus (© INTEGRAL)[99]

Sorgen im Zusammenhang mit Klimawandel (Sehr/eher schon)

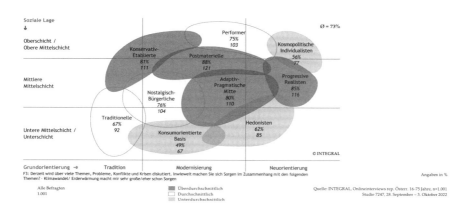

Das *Leitbild des Marktliberalismus* ist v. a. für **Performer** und **kosmopolitische Individualisten** attraktiv. Möglichst freie und grenzenlose Märkte für Güter und Dienstleistungen, zusammen mit globalen Arbeits- und Finanzmärkten, entsprechen deren Hypermobilität sowie Anspruch auf Flexibilität. Für sie sind Eigenverantwortung, individuelle Wahlmöglichkeiten mit möglichst wenig

Verboten, Zwängen und Konventionen wichtig. So gilt es als eigenverantwortlich, sich von kollektiven staatlichen Sicherungssystemen zu „emanzipieren", z. B. durch private Vorsorgekassen und Krankenversicherungen, Wohnungseigentum oder Investitionen in das eigene „Humankapital". Da diese Milieus finanziell gut abgesichert sind, sind solche Lösungen attraktiv. Auch die **Konservativ-Etablierten** teilen, ob ihres deutlichen Exklusivitäts- und Führungsanspruchs, viele dieser Vorstellungen. Sie befürworten oftmals wirtschaftliche Globalisierung und Marktwirtschaft. Sie nehmen ökologische Ziele ernst, betrachten sie aber gegenüber wirtschaftlichen – v. a. wirtschaftlichem Wachstum, Effizienz und Wettbewerbsfähigkeit – oft als zweitrangig. Schließlich ist der Marktliberalismus auch für **Hedonisten** attraktiv, denn möglichst uneingeschränkte Wahlmöglichkeiten – *everything, all the time, everywhere*[100] – erleichtern, nach momentbezogenen Erlebnissen, Spaß und Unterhaltung zu streben.

Das *Leitbild des Wohlfahrtskapitalismus* ist besonders attraktiv für die **Nostalgisch-Bürgerlichen** und die **Traditionellen**. Beide Milieus streben nach stabilen und geordneten Verhältnissen, wie sie im Wohlfahrtskapitalismus zeitweise gesichert waren. Leitwerte sind soziale Absicherung und soziale Aufstiegsmöglichkeiten. Den Nostalgisch-Bürgerlichen ist es wichtig, ihren sozialen Status und Lebensstandard zu erhalten. Die Traditionellen hoffen, dass alles so bleibt, wie es ist. Für beide Milieus stehen Umwelt- und Klimapolitik nicht an erster Stelle. Ähnliches gilt auch für Teile der **Konservativ-Etablierten**, die ebenfalls eine hohe Wertschätzung für Traditionsbewusstsein und einen zunehmenden Wunsch nach Ordnung haben. Auch die **Adaptiv-Pragmatische Mitte**, bei denen junge Männer überrepräsentiert sind, teilt die Werte des Wohlfahrtskapitalismus. Sie sind sich der Problematik des Klimawandels bewusst, vertrauen aber darauf, dass technischer Fortschritt und staatliche Maßnahmen Lösungen finden werden. Für Maßnahmen, die den eigenen Lebensstandard einschränken, haben sie wenig Verständnis, denn ein eigenes Auto zu besitzen und zu fliegen ist ihnen wichtig. Schließlich ist auch die **Konsumorientierte Basis** wohlfahrtskapitalistisch orientiert. Dieses Milieu hat überwiegend niedrige formale Bildungsabschlüsse und geringe Einkommen. Fragen der Pensionssicherung, des Arbeitsmarktes, der Kriminalitätsbekämpfung und der Migration haben für dieses Milieu einen herausragenden Stellenwert. Dem eigenen Auto, sofern leistbar, wird eine besondere Bedeutung beigemessen. Gleichzeitig ist die konsumorientierte Basis weniger mobil als andere Milieus.

Das *Leitbild des Postwachstums* ist v. a. für **Progressive Realisten** und **Postmaterielle** attraktiv. Sie weisen hohe Bildungsabschlüsse und mittlere bis gehobene Einkommen auf. Sie gelten als Gesellschaftskritiker:innen, die kosmopolitisch orientiert, diversitätssensitiv und sozial engagiert sind. Sie interessieren sich für gesellschaftliche und kulturelle Themen und streben nach Selbstverwirklichung sowie der Unabhängigkeit von Konventionen und Normen, versuchen dies aber mit gesellschaftlicher Verantwortung zu vereinen. Soziale

Gerechtigkeit ist ihnen wichtig, Umwelt- und Klimaschutz sind vorrangig. Sie experimentieren mit sozialen Innovationen, von Leih- sowie Tauschangeboten über *Urban Gardening* bis hin zu neuen gemeinschaftlichen Wohn- und Beziehungsformen. Insbesondere die progressiven Realisten haben einen starken Veränderungswillen und ein ausgeprägtes Problembewusstsein für globale Herausforderungen.

Unterschiedliche Milieus existieren selten konfliktfrei nebeneinander. Antonio Gramsci († 1937) definiert Zivilgesellschaft als das Terrain, auf dem Klassen und Milieus, um **Hegemonie**, d. h. kulturelle und soziale Vorherrschaft, wetteifern.[101] Diese Vorherrschaft wird in letzter Instanz durch öffentliche Institutionen garantiert, z. B. durch Gesetze und Förderungen. Zivilgesellschaftliche Mobilisierung – v. a. durch milieuübergreifende soziale Bewegungen – ist bedeutsam, weil sie versucht, die konkrete Ausgestaltung dieser Institutionen zu beeinflussen.[102] Die Vielfalt an Milieus zu kennen, erleichtert es, gesellschaftliche Veränderungen zu verstehen (in Kapitel 8 *Gesellschaft im Umbruch*) und ermöglicht es, Gemeinsamkeiten zu identifizieren und auf dieser Grundlage Allianzen für zukunftsfähiges Wirtschaften auszuloten (in Kapitel 11 *Strategien im Umgang mit aktuellen Herausforderungen*).

4.2. Macht

Es gibt zwei Fragen zu Macht: **Wer hat Macht** und **wie wirkt Macht?** Macht haben Akteure, die anderen ihren Willen aufzwingen können, sei dies, weil sie über Geld, Netzwerke oder ganz allgemein Ressourcen verfügen oder weil sie Regeln festlegen können, an die sich andere halten müssen. Macht wirkt in Strukturen, z. B. in Verhältnissen oder Rahmenbedingungen. Die Existenz dieser Strukturen sind den jeweiligen Akteuren vorgelagert, da sie schon da sind, bevor Menschen handeln.[103] Mädchen werden in Afghanistan in bestimmte Geschlechterverhältnisse hineingeboren, die sie sich nicht ausgesucht haben. Arbeitslos gewordene Stahlarbeiter in Nordengland müssen in Produktionsverhältnissen, die sie nicht geschaffen haben, neue Beschäftigungsmöglichkeiten finden.

Machthabende sind besonders wirksame Gestaltende. Neben öffentlichen Entscheidungstragenden sind es v. a. transnationale Unternehmen, die über große Macht verfügen. So warnte US-Präsident Dwight Eisenhower in seiner Abschiedsrede 1961 vor den wirtschaftlich-politischen Verflechtungen von Rüstungsindustrie, öffentlicher Verwaltung, privaten Think Tanks und Lobbyvereinigungen. Er nannte dies den *militärisch-industriellen Komplex*.[104] Auch der Tabakindustrie gelang es durch ihre Machtposition lange, die Gefahren des Rauchens zu leugnen um Unternehmensgewinne zu maximieren.[105]

Allgemein gesprochen schließen wirtschaftlich und politisch Mächtige in **Machtkomplexen** mehr oder weniger enge Bündnisse zum gegenseitigen Nutzen.[106] Mit Spenden, Werbung und Lobbying versuchen sie, die öffentliche Meinung und politische Entscheidungen zu beeinflussen und zu verhindern, dass profitable Geschäfte eingeschränkt werden. Hilfreich sind hierbei persönliche Netzwerke aus Politik, Unternehmen, Medien und Wissenschaft. Der **Drehtüreffekt** beschreibt die Praxis, wonach öffentliche Entscheidungstragende vor oder nach ihrer politischen Tätigkeit in privaten Unternehmen arbeiten. Dies erleichtert, gemeinsame Interessen zu identifizieren und zu vertreten. Zwei Beispiele: Der ehemalige deutsche Bundeskanzler Gerhard Schröder war lange für Gazprom (Gasindustrie) und Rosneft (Ölindustrie) tätig. Mario Draghi war bei der Investmentbank Goldman Sachs tätig, bevor er die italienische Zentralbank und danach die Europäische Zentralbank (EZB) leitete. 2021 wurde er italienischer Ministerpräsident. Neben dem militärisch-industriellen Komplex sind heute drei Machtkomplexe besonders einflussreich:

(1) Der **fossile Machtkomplex** besteht aus Öl-, Gas- und Kohleproduzenten, Automobil- und Luftfahrtindustrie, energieintensiven Industrien sowie ihnen nahestehenden politischen Parteien, Lobbyorganisationen, Forschungseinrichtungen, Gewerkschaften, Banken und Medien.[107] Heute dominieren weiterhin fossile Industrien: Fünf der weltweit zehn größten Unternehmen nach Umsatz waren 2022 aus der Öl-, Automobil- und Energiebranche.[108] Und am Klimagipfel COP26 in Glasgow im Jahr 2021 stellte die fossile Industrie mit 503 Delegierten die größte Delegation.[109] Wiewohl diese Industriebranchen öffentlichkeitswirksam beteuern, Teil der ökologischen Transformation zu sein, investieren sie weiterhin in fossile Energien und unterstützen Anti-Klimaschutz-Positionen. Anstatt klarer Dekarbonisierungsziele verfolgen sie im besten Fall Hedging-Strategien, d. h. Formen der Risikominderung durch Diversifizierung.[110] Der fossile Machtkomplex ist auch eng verwoben mit dem militärisch-industriellen Komplex. So verursachte das Militär während des Kalten Krieges zwischen 10 % und 15 % der US-amerikanischen CO_2-Emissionen. Und heute verbrennt ein B-52-Bomber 12.000 Liter Düsentreibstoff pro Stunde, ein F-15-Kampfflugzeug 7.000 Liter. Letzteres entspricht ungefähr dem Verbrauch eines durchschnittlichen Familienautos in einem ganzen Jahrzehnt.[111] Der fossile Machtkomplex *behindert v. a. wirksame Maßnahmen von Umwelt- und Klimaschutz* (vgl. Kap. 5 und 9).

(2) Der **Machtkomplex der Finanzwirtschaft** besteht aus Geschäfts- und Investmentbanken, Finanzinstitutionen, privaten Vorsorgekassen, Vertreter:innen von Finanzministerien und internationalen Organisationen, Zentralbanken, politischen Parteien, Forschungseinrichtungen und Medien sowie damit verbundenen Vermögensbesitzenden. Dieser Machtkomplex versucht, langfristig die Gewinnmöglichkeiten der Finanzwirtschaft zu maximieren und Kosten auf die Allgemeinheit abzuwälzen wie bei der Finanzkrise 2008. Den

Machtkomplex eint das Interesse an einer Regulierung, die die Abschöpfung von Renten ermöglicht, z. B. in Form von Dividendenausschüttungen, Rohstoffspekulationen oder Bodenwertsteigerungen (vgl. S. 45). Des Weiteren ist dieser Machtkomplex eng mit dem fossilen Machtkomplex verflochten: Wiewohl immer mehr Banken öffentlichkeitswirksam berichten, ihre Kreditportfolios zu dekarbonisieren, vergaben führende Banken Europas wie HSBC und Barclays 2021 weiterhin 55 Milliarden Dollar an Krediten für die Ausweitung der Gas- und Ölproduktion.[112] Dieser Machtkomplex *behindert v. a. wirksame Maßnahmen der Umverteilung, allen voran von Vermögen* (vgl. Kap. 8).

(3) Der **digitale Machtkomplex** besteht aus großen digitalen Unternehmen, Vertreter:innen von Regulierungsbehörden, politischen Parteien, Forschungseinrichtungen und Medien. So besitzt Amazon-Gründer Jeff Bezos die angesehene Washington Post und Elon Musk erwarb 2022 Twitter. Dieser Machtkomplex versucht, eine neue, digitale Phase kapitalistischer Entwicklung zu begründen und gewinnt an Macht. Im Jahr 2021 waren fünf der zehn weltweit größten Unternehmen nach Gewinn digitale Plattform-Unternehmen: Apple, Alphabet (inklusive dem Tochterunternehmen Google), Microsoft, Meta Platforms (ehemals: Facebook) und Amazon.[113] Der digitale Machtkomplex bewirbt die Digitalwirtschaft als Branche, deren Innovationskraft durch öffentliche Regulierungen, die die Privatsphäre schützen, leidet. Er sieht digitale Plattformen als Informationsverarbeitungsmaschinen, die Wohlstand schaffen, und vertritt das Recht, private menschliche Erfahrungen durch soziale Medien anzueignen, zu digitalisieren und zu verkaufen. Zudem versuchen digitale Plattformen, ihre jeweiligen Systeme in immer neue Lebens- und Erfahrungsbereiche auszuweiten und ihre Mitglieder an diese zu binden, indem sie den Umstieg auf oder die Kompatibilität mit anderen Systemen erschweren. Z. B. ist Google heute Vorreiter beim Ausbau eigener Betriebssysteme, Browser, Rechenzentren, Tiefseekabel und neuer Geschäftsfelder wie *Smart Homes* – und setzt damit auf die Gestaltung eines eigenen privatisierten Internets.[114] Kritische Stimmen wie die Harvard Professorin Shoshana Zuboff sehen die Entstehung eines *Überwachungskapitalismus*, der nicht nur in die Privatsphäre eindringt, sondern auch Verhalten vorhersagt und manipuliert.[115] In den letzten Jahren wurde offensichtlich, dass dieser Machtkomplex – entgegen den Versprechungen der digitalen Revolution – *Demokratie und Öffentlichkeit nicht stärkt, sondern untergräbt* (vgl. Kap. 8).

Machtkomplexe sind keine einheitlich agierenden Machtblöcke, sondern verändern sich. So versuchen Teile des fossilen Machtkomplexes den Umstieg auf andere Energieträger, Teile des finanzwirtschaftlichen Machtkomplexes versuchen, verantwortungsbewusst zu investieren. Aber auch Zivilgesellschaft verfügt über Macht, um Zukunft zu gestalten, v. a. durch Protest und Problematisierung. Machtkomplexe und Zivilgesellschaft nutzen auch die Wissenschaft. Zum einen, um ihre Position zu stärken.[116] Zum anderen versuchen

Machtkomplexe, Wissenschaft durch Drittmittelforschung für ihre Zwecke zu instrumentalisieren. Z. B. wurde eines der ersten großen Studienprogramme zum Klimawandel an der Universität Princeton vom Energieunternehmen BP und dem Autohersteller Ford finanziert.[117] Auch Wissenschaft agiert nicht im machtfreien Raum.

5. Zwischenfazit

Dieser erste Teil des Buches zeigt: In einer Welt im Umbruch hat ein multiperspektivischer Zugang Vorteile, um diese zu verstehen und zu gestalten. Voraussetzung ist Wissen über unterschiedliche ökonomische Theorieschulen, Wirtschaftsbereiche und Indikatoren (Kapitel 2), über wirtschaftspolitische Leitbilder (Kapitel 3) sowie über Klassen, Milieus und Machtkomplexe (Kapitel 4). Agieren Akteure nur in gewohnten Bahnen, ist dies langfristig problematisch. So rächt sich heute, dass im Wohlfahrtskapitalismus ökologische Anliegen ausgeblendet blieben. Und die Gaskrise 2022 offenbart, wie wichtig öffentliche Debatten über zukunftsfähiges Wirtschaften sind. Hätte die Gas- und Ölabhängigkeit Europas nicht bis 2022 als zweitrangig gegenüber kurzfristigen Preisvorteilen gegolten, wäre heute nicht nur die Dekarbonisierung leichter, sondern die EU wäre auch geopolitisch unabhängiger. Multiperspektivität erlaubt, vielfältigere Aspekte zu berücksichtigen.

5.1. Die Grenzen der Multiperspektivität

Der in diesem Buch vertretene multiperspektivische Zugang darf nicht missverstanden werden. **Nicht alles ist erlaubt in Wissenschaft und öffentlichen Debatten.** Nicht alle Perspektiven sind gleichwertig.[118] Multiperspektivisch arbeiten heißt zwar, Unterschiedliches zu untersuchen und möglicherweise zu verschiedenen Ergebnissen zu kommen. Dessen ungeachtet gibt es jedoch eine Wirklichkeit, die unabhängig von unserer Interpretation eben dieser besteht. Auch wenn unser Wissen immer fehlbar bleibt und niemals endgültig ist, gibt es für bestimmte Fragen bessere Antworten und für bestimmte Probleme bessere Lösungen. Daher ist Kritik eine zentrale Methode wissenschaftlichen Arbeitens. Die Wissenschaft organisiert Wissensproduktion nach bestimmten Regeln und beansprucht für ihre Ergebnisse **wissenschaftliche Autorität**. In modernen Gesellschaften wird Wissenschaft die Autorität zugesprochen, dass Aussagen, die in der wissenschaftlichen Gemeinschaft weitgehend geteilt werden, als wahr gelten. Doch es obliegt letztlich der Gesellschaft, welchen Stellenwert wissenschaftliche Autorität hat.

Anhand des Beispiels **Klimawandelskepsis bzw. -leugnung** kann dies illustriert werden. In den Berichten des Weltklimarats IPCC (*Intergovernmental Panel on Climate Change*) beschreiben Klimaforschende Klimaveränderungen und entwickeln plausible Szenarien. Gleichzeitig versucht insbesondere der fossile Machtkomplex, diese Erkenntnisse in Frage zu stellen, obwohl, wie kürzlich bekannt wurde, fossilen Konzerne durch konzerninterne Forschung schon lange ähnliche Erkenntnisse vorliegen.[119] Öffentlich wurden diese Ergebnisse aber in Frage gestellt, indem die erfolgreiche Taktik der Tabakindustrie übernommen wurde. Diese hatte jahrzehntelang die Gefährlichkeit des Rauchens erfolgreich verharmlost. Sie förderte „alternative" Studien, bewarb diese mit PR-Kampagnen und diskreditierte tabak-kritische Positionen. Sie nutzte die Macht der Ablenkung und Desinformation, inszenierte Debatten über Nebensächliches wie den Einfluss genetischer Veranlagung auf die Entstehung von Lungenkrebs.[120]

Donald Trump trieb die klimawandelskeptische Argumentationsweise, die sein Berater Steve Bannon als *„Flood the zone with shit"* bezeichnete, auf die Spitze. Es gehe darum, die Menschen mit Desinformationen zu überfluten und zu verunsichern, bis sie zu glauben beginnen, dass es prinzipiell keine gesicherten Fakten, keine Wahrheit, gibt. Klimawandelskeptiker:innen beharren auf das Recht der Rede- und Meinungsfreiheit und fordern, auch ihre Perspektive als legitim anzusehen. Dabei inszenieren auch sie Scheingefechte über Nebensächliches: Ist der Klimawandel ausschließlich menschengemacht oder gibt es auch andere Ursachen? Ist die Datengrundlage ausreichend, um mit Sicherheit Vorhersagen machen zu können? Öffentliche Einrichtungen, kommerzielle und soziale Medien beeinflussen nationale Diskurse unterschiedlich: So ist das Wissen über Klimawandel in der EU und China viel höher als in den USA: In der EU sehen 84 % den Klimawandel als menschengemacht, in China 90 % und in den USA 69 %.[121]

Die Taktiken der Klimawandelskeptiker:innen sind also bis heute erfolgreich. Dies liegt auch daran, dass Menschen aus der Wissenschaft bei ihren Aussagen oft übervorsichtig sind. Gute Wissenschaft muss tatsächlich kritisch und selbstkritisch sein. Doch selbst wenn Zukunft, zumal in komplexen Fragen wie Klimaveränderungen, nicht eindeutig vorhersagbar ist, zeigt eine zusammenfassende Analyse von 11944 Forschungsarbeiten, dass 97 % aller aktiv publizierenden Personen aus der Klimawissenschaft darin übereinstimmen, dass der Klimawandel im letzten Jahrhundert mit extrem hoher Wahrscheinlichkeit von menschlichen Aktivitäten verursacht wurde.[122] 2021 stellte der Weltklimarat schließlich – nach jahrzehntelanger Zurückhaltung – fest, dass es eindeutig ist, dass der gegenwärtige Klimawandel menschengemacht ist.[123]

Je stärker fundiert die wissenschaftlichen Fakten wurden, d. h. desto weniger offene Klimawandelleugnung weiterhin glaubwürdig möglich war, desto mehr verschob sich die Strategie des fossilen Machtkomplexes: Zunehmend hohe Summen fließen an PR-Unternehmen, die ausgeklügelte Kampagnen entwickeln, die weit über reines Marketing hinausgehen. Dazu gehören die falsche Darstellung der fossilen Industrie als zentrale Partnerin im Kampf gegen den Klimawandel, die Schaffung künstlicher „Bürger:innen"-Gruppen, die sich für die Interessen der Industrie einsetzen sowie die Anwendung skrupelloser Taktiken, um politische Lösungen zu sabotieren und Fürsprechende systematisch zu delegitimieren und einzuschüchtern.[124]

Zeitgleich verschob sich der Fokus weg von der Leugnung des Klimawandels zu Taktiken der **Klimawandelverzögerung**.[125] Diese Verzögerungsdiskurse arbeiten mit vier Argumentationsmustern: (1) *Verantwortung wird umgelenkt*: Jemand anderer soll zuerst Maßnahmen ergreifen. Zum Beispiel: „Im Vergleich mit China sind unsere CO_2-Emissionen vernachlässigbar." Oder auch: „Im Vergleich mit Containerschiffen trägt der motorisierte Individualverkehr kaum zum Klimawandel bei." (2) *Transformative Maßnahmen vermeiden*: Es wird der illusionäre Glauben vermittelt, eine Klimakatastrophe sei ohne tiefgreifende Veränderungen abwendbar. Z. B.: „Das private Auto wird es immer geben. Wir müssen nur den Antrieb ökologisieren." Oder: „Mit zukünftigen Technologien werden wir die Klimakrise in den Griff bekommen." (3) Indem *negative Nebenfolgen* von Klimapolitik betont werden, erscheint Klimaschutz als Bedrohung von Wohlstand und sozial ungerecht. So meinte ein ehemaliger österreichischer Bundeskanzler: „Wir wollen nicht zurück in die Steinzeit." Oder: „Mit einer CO_2-Steuer wird der Urlaubsflug zu einem Luxusgut für wenige." (4) *Kapitulation* behauptet, dass Klimaschutz entweder gar nicht möglich ist oder es dafür bereits zu spät sei. Z. B.: „Klimapolitik hätte vor Jahren ernsthaft betrieben werden müssen. Heute ist es zu spät."

Diese Diskurse sind nicht immer falsch und werden teilweise auch guten Gewissens vorgetragen. Manchmal bauen sie auf berechtigten Bedenken und Ängsten auf. Sie werden jedoch zu Diskursen der Verzögerung, die Wahrheiten leugnen, wenn sie Handeln im Hier und Jetzt behindern und ausblenden, welch schwere Folgen Nicht-Handeln hat. Unsicherheit wird so als Rechtfertigung für Nicht-Handeln missbraucht, wiewohl in einer komplexen und sich ständig verändernden Welt in kaum einem Lebensbereich vollkommen sichere Vorhersagen getroffen werden können. Dies darf aber kein Vorwand sein, nicht zu handeln.

5.2. Die Kunst des Abwägens

Während sich die Politik an demokratischen Mehrheiten orientiert, orientiert sich die Wissenschaft am besseren Argument und an Wahrheit. Diese Logiken unterscheiden sich, einfache Lösungen sind oft nicht möglich. Daher führt kein Weg am Abwägen diverser Argumente und Sichtweisen vorbei. Wir beenden diesen ersten Teil des Buches mit der **Kunst des Abwägens**. Sie zu beherrschen ist eine zentrale Fähigkeit, um komplexe Probleme zu lösen und Zielkonflikte zu bearbeiten. Dabei kann in drei Schritten vorgegangen werden:

(1) **Nicht alle Perspektiven sind legitim** – das zeigt die Diskussion um Klimawandelskepsis oder den Holocaust. Es ist Aufgabe demokratischer Gemeinwesen, in demokratischer Willensbildung und mit Hilfe der Wissenschaft die Grenze zwischen legitimen und nicht-legitimen Sichtweisen zu ziehen. Es

gibt eine wissenschaftliche und eine demokratische Autorität. *Demokratische Autorität* hat in Österreich durch den Gesetzgeber festgehalten, dass es eine Straftat ist, den Holocaust zu leugnen. Demgegenüber kann *wissenschaftliche Autorität*, z. B. im Rahmen des Weltklimarats, festlegen, was Stand wissenschaftlicher Forschung ist. Politische Entscheidungstragende als demokratische Autorität könnten darauf aufbauend bestimmen, dass keine Fördermittel vergeben werden, wenn der menschgemachte Klimawandel relativiert wird.

(2) Mehrere *legitime* Perspektiven zu berücksichtigen, erweitert den Horizont, hilft, blinde Flecken zu identifizieren und schafft Raum für Neues. Doch die **diversen legitimen Perspektiven müssen bewertet werden**. Ein wichtiges Bewertungskriterium ist die *praktische Angemessenheit* (*practical adequacy*) einer Perspektive bzw. einer Theorie. Wissen ist dann praktisch angemessen, wenn es „Erwartungen über die Welt und über die Ergebnisse unseres Handelns weckt, die verwirklicht werden".[126] Da sich die in den Sozialwissenschaften untersuchten Phänomene nach Zeit und Ort unterschiedlich entfalten und wirken, variiert die praktische Angemessenheit von Wissen je nach Kontext, d. h. die Bewertung besserer und schlechterer Perspektiven orientiert sich am konkreten Phänomen, das untersucht wird. Anzuerkennen, dass eine Perspektive oder Theorie praktisch angemessen ist, heißt nicht, dass alle ihre Aspekte für die Praxis nützlich oder gar wahr seien. Bestimmte Aspekte rücken je nach Kontext in den Vordergrund, andere werden vernachlässigt oder gar verworfen. Dieser Prozess kann metaphorisch mit der Erstellung einer Karte verglichen werden: eine Karte wird zu einem bestimmten Zweck erstellt (z. B. U-Bahn Plan, Wanderkarte), muss daher bestimmte Merkmale der Welt interpretieren, hervorheben und andere vernachlässigen und orientiert letztendlich die konkrete Praxis der Kartenbenutzer:innen. Dasselbe Gebiet kann für unterschiedliche Zwecke verschieden kartiert werden. Aber nicht alle Karten sind für alle Zwecke gleich hilfreich. Ein Beispiel: Die neoklassische *Markteffizienzhypothese*[127] interpretiert Finanzmärkte als stabil, weil besonders effizient und transparent. Diese „Karte" verleitete ihre Benutzer:innen dazu, Kapitalverkehrskontrollen und Bankenregulierungen weitgehend abzuschaffen. Das Resultat waren Finanz- und Immobilienblasen, die 1986, 2000 und 2008 zu Finanzkrisen führten. Demgegenüber sind (post-)keynesianische Theorien[128] besser dazu geeignet, um Instabilitäten auf Finanzmärkten zu erklären und praktisches Handeln unterstützen, dass Finanzkrisen vermeidet (vgl. S. 32).

(3) Auf Grundlage dieser Bewertungen können politische Entscheidungen getroffen und Lösungen umgesetzt werden. *Win-win*-Lösungen sind manchmal, aber nicht immer möglich. Unterschiedliche Theorien legen verschiedene Handlungsoptionen nahe, die für unterschiedliche Klassen und Milieus unterschiedliche Konsequenzen implizieren: z. B. können Finanzmärkte streng reguliert oder möglichst weitgehend liberalisiert werden – letzteres stärkt Vermögende, destabilisiert jedoch das Finanzsystem und kann in Folge zu

sozialen Verwerfungen führen. Bildung kann kommodifiziert oder als öffentliches Gut verstanden werden – letzteres ermöglicht soziale Mobilität, ersteres fördert Elitenbildung. Die **Konsequenzen konkreten Handelns müssen problematisiert und diskutiert werden**, um zu verhindern, dass sich Interessen einzig aufgrund von politischer und wirtschaftlicher Macht durchsetzen. Eine öffentlich finanzierte Wissenschaft, eine lebendige Zivilgesellschaft, eine handlungsfähige Opposition sowie eine Medienlandschaft, die öffentliche Debatten ermöglicht, sind nicht nur Voraussetzungen liberaler Demokratien (vgl. S. 86), sondern auch wesentlich für die Kunst des Abwägens in einer komplexen und widersprüchlichen Welt.

Teil 2:
Sozioökonomische Grundkonzepte

6. Sozioökonomische Grundkonzepte

Der zweite Teil dieses Buches befasst sich mit der Darstellung von acht sozioökonomischen Grundkonzepten, auf die wir im Laufe des Buches immer wieder zurückkommen: Staat, Demokratie, Geld, Markt, Unternehmen, Innovation, Arbeit und gesellschaftliches Naturverhältnis. *Konzepte* sind in Theorieschulen eingebettete Begriffe. Deshalb haben dieselben Begriffe in verschiedenen Theorien und Disziplinen unterschiedliche Bedeutungen. Dies erschwert die Kommunikation zwischen Mitgliedern unterschiedlicher Denkkollektive. Sich dessen nicht bewusst zu sein, führt zu Missverständnissen.

Die im Folgenden dargestellten Grundkonzepte benennen wichtige **Institutionen**, die sich in den gegenwärtigen Umbrüchen verändern. Das bedeutet: Nicht nur die beschriebene Wirklichkeit, sondern auch, wie diese beschrieben wird, ist in Veränderung. Konzepte transformieren sich, da auch sie **historisch spezifisch** sind. Die Sozioökonomik trägt dieser Veränderbarkeit von Konzepten ausdrücklich Rechnung, was sie z. B. von der Neoklassik unterscheidet, in der Konzepte als allgemeingültig – und damit als ahistorisch und unveränderbar – gelten.

6.1. Staat

Staaten sind formell **souveräne, d. h. rechtlich selbstbestimmte, territorial abgegrenzte politische Einheiten**. Sie sind zumeist als Nationalstaaten organisiert, die über eine eigene Rechtsordnung, eine eigene Hoheitsverwaltung, eigene Gewaltapparate (Militär, Polizei), eigene Steuerbehörden sowie zumeist eine eigene Währung verfügen. In modernen Staaten ist *politische Macht*, die vom Staat ausgeübt wird, von *wirtschaftlicher Macht*, die auf privaten Eigentumsrechten gründet, rechtlich klar getrennt. Tatsächlich entwickelten sie sich jedoch zusammen: Fürst und Banker, z. B. in Florenz am Ende des Mittelalters, staatliche koloniale Ambitionen und private Investoren, z. B. die Ostindischen Gesellschaften der frühen Neuzeit, gingen ein enges, wiewohl prekäres Bündnis ein, in dem wirtschaftliche Macht staatliches Handeln stark beeinflusste.[129]

Moderne Staaten basieren auf der Trennung von **Regierenden** (die in demokratischen Staaten gewählt werden), **Regierten** (die, sofern sie wahlberechtigt sind, in demokratischen Staaten die Regierenden wählen) und **staatlicher Verwaltung** (deren Zusammensetzung sich auch durch einen Machtwechsel der Regierenden zumindest kurzfristig nicht grundlegend verändert). Wiewohl analytisch getrennt, stehen Regierte und Regierende in einem engen Verhältnis – erstere wetteifern in der Zivilgesellschaft um Hegemonie, letztere garantieren diese Hegemonie (vgl. S. 74).[130] Nicos Poulantzas († 1979) definiert den Staat daher als eine *materielle Verdichtung gesellschaftlicher Kräfteverhältnisse*.[131]

Die staatliche Verwaltung entstand in Europa in der Neuzeit, um die Steuereinhebung zu systematisieren und die Steuereinnahmen zu erhöhen. Dies finanzierte Militär und Luxuskonsum am Hof. Die wichtigsten *staatlichen Verwaltungsorgane* sind heute die Hoheitsverwaltung (v. a. die Ministerien), das Militär, die Polizei, der diplomatische Dienst sowie Einrichtungen der öffentlichen Daseinsvorsorge wie Schulen und Spitäler. Staatliche Verwaltungen garantieren eine (möglichst) flächendeckende Versorgung mit öffentlichen Gütern und Diensten. Sie gestalten die konkreten Rahmenbedingungen für die Bewohnenden eines Gemeinwesens. „Bürokratieabbau" – z. B. im Rahmen von *New Public Management* – führt daher oftmals auch zu Leistungskürzungen.[132]

Staaten begründen ein *Polity (Staatswesen)* mit auf Dauer angelegten politisch-institutionellen Strukturen des Gemeinwesens, z. B. die konkrete Form der Staatsorganisation, etwa als Monarchie oder parlamentarische Demokratie. *Politics (Politik)* bezeichnet das Machtspiel, das sich aus dem Zusammenwirken staatlicher und nicht-staatlicher Akteure ergibt. Dieses legt fest, welche staatlichen Ziele verfolgt werden und beeinflusst *Policies (Regelwerke)*, d. h. konkretes staatliches Handeln mittels verschiedener Maßnahmen, v. a. Rechtssetzung und Ressourcenverteilung. Damit betrifft *Polity* die Form, *Politics* den Prozess und *Policies* den Inhalt von Politik. Den Staat auf seine *Policies* zu reduzieren, greift daher zu kurz. Er ist kein einheitlicher Akteur, der rational Entscheidungen im Interesse des Allgemeinwohls trifft. Moderne Staaten sind nicht nur von konkreten gesellschaftlichen Kräfteverhältnissen geprägt, sie konstituieren sich auch durch vielfältige, teilweise voneinander unabhängige öffentliche Einrichtungen. Nicht nur Koalitionspartner, sondern alle staatlichen Organe verfolgen jeweils eigene Strategien und Projekte. Sätze wie „der Staat tut dies oder jenes" sind daher Vereinfachungen, die es in Forschung sowie unternehmerischem Handeln zu problematisieren gilt. Es muss genau benannt werden, welcher politische Akteur und welche öffentliche Einrichtung was mit welchen Mitteln will und tut. Macht, Ressourcen, Fähigkeiten und Kompetenzen machen öffentliche Akteure unterschiedlich durchsetzungsfähig.

Max Weber definiert den Staat als jene Organisation, die ein **Monopol legitimer Gewalt** über ein bestimmtes Territorium innehat.[133] Dies gibt Staaten Handlungsfähigkeit, d. h. *territoriale Souveränität*, um sich vor Externem – seien dies fremde Armeen, Waren, fremde Währungen oder illegal Migrierte – zu schützen und im eigenen Territorium allgemein verbindliche Entscheidungen zu treffen und durchzusetzen. Über territoriale Souveränität verfügen in der Regel v. a. Nationalstaaten, z. B. in Bezug auf Gesetzgebung oder das Geldmonopol. Jedoch darf Staat nicht auf den *National*staat reduziert werden. Als territoriale Einheiten sind Staaten immer auf mehreren Ebenen organisiert. Dies gilt im föderal-organisierten Österreich und in der *Mehr-Ebenen-Governance* der EU: z. B. haben Lokalstaat (Gemeinden) und Regionalstaat (Bundesländer, Provinzen, Regionen) eigene Kompetenzen, wie etwa das öffentliche Gesundheits- und Bildungswesen zu verwalten oder die Möglichkeit, Steuern einzuheben. **Territoriale Selbstbestimmung (Souveränität)** bedeutet, dass Territorien politische Entscheidungen treffen können, in die sich andere Territorien oder transnationale Akteure nicht einmischen. Auch wenn die reale Souveränität der Nationalstaaten durch wirtschaftliche und politische Verflechtungen eingeschränkt ist, verbleiben auch heute noch wichtige nationale Handlungsspielräume.

Das Gewaltmonopol des Staates entstand im Absolutismus („Der Staat bin ich"), erwies sich aber in allen modernen Staaten als der Weg, um gemeinsame, für alle gültige Regeln festzulegen, durchzusetzen und somit gesellschaftliches Zusammenleben zu ermöglichen. Das staatliche Gewaltmonopol begründet **öffentliche Vorrechte**, d. h. das Recht öffentlicher Akteure anhand gesetzlich vorgegebener Regeln und im öffentlichen Interesse für alle geltende Rahmenbedingungen zu setzen. Liberale Verfassungen setzen der legitimen Gewaltausübung durch staatliche Akteure Grenzen. Schon 1867 wurden in Österreich bis heute gültige **Grundrechte (= private Vorrechte)** in der Verfassung festgeschrieben: z. B. das Recht auf Meinungsäußerungsfreiheit, Glaubensfreiheit, Versammlungsfreiheit sowie das Recht auf Unverletzlichkeit des Eigentums. Diese schützen Individuen vor willkürlichen Eingriffen des Staates, d. h. der Tyrannei der Mehrheit[134], und erlaubt ihnen, ihre privaten Interessen zu verfolgen. Somit verbinden liberal-demokratische Staaten die Herrschaft der Mehrheit mit einem Misstrauen gegenüber dieser Mehrheit. Zwischen Rechten der Mehrheit und Grundrechten muss im Einzelfall immer wieder abgewogen werden.

6.2. Demokratie

Das griechische Wort Demokratie wird mit **Volksherrschaft** übersetzt. Nach Aristoteles unterscheidet sie sich als Staatsform (*Polity*) von der Monarchie (Alleinherrschaft), der Aristokratie (Herrschaft der Besten), der Oligarchie (Herrschaft Weniger), der Tyrannei (Gewaltherrschaft) und der Politie (Herrschaft der Vernünftigen). Aristoteles präferierte letzteres.[135] Auch Demokratie ist eine *Herrschaftsform*, in der jedoch das Volk selbst die Legitimationsgrundlage für Herrschaft bildet. Es übt Herrschaft aus und lässt sich gleichzeitig beherrschen, denn mehrheitlich beschlossene Gesetze verpflichten alle zu deren Befolgung. Als Ideal strebt Demokratie möglichst gleiche Freiheiten für alle an.

Hans Kelsen († 1973), Architekt der österreichischen Bundesverfassung von 1920, definiert Demokratie als ein **Spannungsverhältnis zwischen Freiheit und Gleichheit, Rechten und Pflichten**.[136] Das souveräne Recht demokratischer Staaten, *Regeln für das gemeinsame Zusammenleben* festzulegen, kann in Konflikt geraten mit dem Anspruch, souverän und autonom das eigene Leben zu bestimmen. Kelsens Demokratieverständnis beruht auf der antiken Idee der positiven Freiheit als Möglichkeit, in einer Gesellschaft zusammenzuleben und diese gemeinsam zu gestalten. Freiheit ist demnach mehr als negative Freiheit, d. h. die Abwesenheit von Zwang (vgl. S. 21), denn nur für alle verbindliche Regeln verhindern, dass Freiheit das Privileg einiger Weniger bleibt. Daher besteht eine unauflösbare Spannung zwischen dem Versuch von Individuen und Gruppen, ihre jeweiligen Teilinteressen durchzusetzen, und der notwendigen Beschränkung eben dieser Teilinteressen durch verbindliche Regelungen, z. B. Verkehrsregeln oder das Handelsrecht.

Liberale Demokratien beruhen auf Mehrheitsbeschlüssen, Rechtsstaatlichkeit, Gewaltenteilung, Rechtsbindung sowie Menschenrechts- und Minderheitenschutz. Im Verständnis Kelsens vereinen sie Elemente des politischen Liberalismus und des bürgerlichen Republikanismus. Im *politischen Liberalismus* sind die Werte individueller (negativer) Freiheit grundlegend. Grundrechte sind Abwehrrechte, die das Individuum vor der Willkür und Tyrannei der Mehrheit schützen. Demgegenüber ist es im *Republikanismus* für das – immer territorial abgegrenzte – politische Gemeinwesen notwendig, das Gemeinwohl zu stärken. Deshalb müssen individuelle Freiheiten teilweise eingeschränkt werden.[137]

Liberale Demokratien sind zumeist **repräsentative Demokratien**, d. h. sie funktionieren mittels Vertretung (z. B. parlamentarisch, präsidentiell oder semi-präsidentiell). Repräsentative Demokratien weisen eine Reihe von Vorzügen auf.[138] Sie legitimieren Regierungen, für alle verbindliche Entscheidungen zu treffen und damit das gemeinsame Zusammenleben zu regeln. Dies fördert sozialen Zusammenhalt und Stabilität. Ausnahmesituationen, in denen politische Repräsentant:innen Wahlergebnisse nicht akzeptieren – z. B. bei den Wahlniederlagen von Donald Trump 2020 und Jair Bolsonaro 2022 –, untergraben die Legitimität von Demokratie und können in gewalttätige Auseinandersetzungen münden. Darüber hinaus bieten repräsentative Demokratien friedliche Möglichkeiten, Regierende ihrer Macht zu entheben, was wiederum für diese Anreize schafft, sich mit den Anliegen der Bevölkerung auseinanderzusetzen und allgemein anerkannte ethische Regeln einzuhalten. Schließlich lehrt der Wettbewerb zwischen Parteien sowohl Politiker:innen als auch Bürger:innen, *Opposition zu tolerieren* – was tendenziell eine demokratische politische Kultur fördert.

Liberale Demokratien sind ihrem Anspruch nach mehr als *elektorale Demokratien*, in denen zwar die Regierenden gewählt werden, der Handlungsspielraum von Opposition, Zivilgesellschaft und Medien aber stark beschränkt ist.[139] Ungarn bewegt sich unter Viktor Orbán von einer liberalen zu einer elektoralen Demokratie.[140] Angesichts der neuen rechts-religiösen Regierung unter der Führung von Benjamin Netanjahu ist ähnliches in Israel zu befürchten.[141] Russland ist mittlerweile eine *elektorale Autokratie*, d. h. ein autoritäres Regime, das sich über Wahlen legitimiert. Ähnliches gilt zunehmend für die Türkei unter Recep Tayyip Erdoğan.[142] Erfolgreiche wirtschaftliche Modernisierung führt nicht automatisch zu liberalen Demokratien. Dass China von einer kommunistischen Partei autoritär geführt wird, scheint kein Hindernis zu sein, einen wettbewerbsfähigen Kapitalismus aufzubauen. Manchen erscheint deshalb rasches autoritäres Handeln als attraktive Alternative zu langsamen demokratischen Entscheidungsfindungsprozessen – auch angesichts der Dringlichkeit, bestimmte Transformationen einzuleiten. Damit sich liberale Demokratien mit ihren Vorzügen wie Rechtsstaatlichkeit und Gewaltenteilung gegenüber autoritären Herrschaftsformen verteidigen können, müssen sie sich weiterzuentwickeln. Dabei unterscheiden sich die Vorschläge für solche Weiterentwicklungen je nach wirtschaftspolitischem Leitbild.

Radikale Marktliberale streben eine politische Ordnung an, in der die Regierenden einzig die Rahmenbedingungen der Marktordnung festlegen. Wirtschaftliche Freiheiten und die Freiheit, vom Staat nicht behelligt zu werden, sind wichtiger als erweiterte politische Mitsprachemöglichkeiten. Zukunftsfähig ist demnach eine **marktgerechte, d. h. beschränkte Demokratie**. Dieses Modell ist auch mit einem autoritären Kapitalismus vereinbar, z. B. für den deutschamerikanischen Hightech-Investor Peter Thiel.[143] Er sieht Institutionen der Demokratie wie Parlamente und Mainstreammedien als veraltet. Daher sollte sich die Macht zu Start-ups, Milliardären und vermeintlich genialen Unternehmerpersönlichkeiten verlagern. Wie Hayek[144] meint auch Thiel, dass Freiheit nicht mit einer umfassenden Demokratie vereinbar ist.

Das *Leitbild des Wohlfahrtskapitalismus* verteidigt hingegen traditionelle Formen der **repräsentativen Demokratie**. Deren Stärkung ermöglicht, auch in Zukunft handlungs- und entscheidungsfähig zu sein. Und tatsächlich zeigten die im Zuge der Covid-19-Krise drastischen und rasch umgesetzten Maßnahmen, dass repräsentative Demokratien handlungs- und entscheidungsfähig sein könnten. Auch zur Bewältigung der Klimakrise könnten gestärkte repräsentative Demokratien Rahmenbedingungen für zukunftsfähiges Wirtschaften demokratisch festlegen. Demokratien, die auf einer gemischtwirtschaftlichen Ordnung beruhen, betonen den Primat der Politik. Ist es z. B. gesellschaftlich anerkannt, dass ein Vorstandmitglied nicht das Zigfache leistet wie eine Pflegekraft, dann können Mindest- und Maximaleinkommen beschlossen werden. Wenn leistbares Wohnen das Ziel ist, können Mietzinsobergrenzen eingeführt werden. Unterstützt werden in diesem Demokratieverständnis öffentliche Entscheidungstragende durch Fachleute sowie Interessenvertretungen wie z. B. der Arbeiterkammer und der Wirtschaftskammer, die sicherstellen, dass wichtige Interessen nicht vernachlässigt werden.

Das *Leitbild des Postwachstums* betont hingegen, dass zukunftsfähige Demokratie nicht vorrangig von professionellen Politiker:innen gemacht werden soll. Es braucht die Stärkung deliberativer und partizipativer Formen der Demokratie und die Ermächtigung der Bevölkerung. **Deliberative Demokratie** setzt auf öffentliche Diskurse und Beratungen. Die Zivilgesellschaft soll an Entscheidungsprozessen teilhaben. Gut geplante Formen deliberativer Demokratie ergänzen die repräsentative Demokratie. Ein Beispiel ist der Klimarat in Österreich, in dem zufällig ausgewählte Teilnehmende 100 Vorschläge für Klimaschutzmaßnahmen erarbeiteten.[145] **Partizipative Demokratie** weitet das Demokratieprinzip aus, z. B. auf die Nachbarschaft und den Arbeitsplatz. Dies ermöglicht erweiterte politische Mitwirkung im Alltags- und Berufsleben, da hier Menschen Anreize haben, sich zu informieren und mitzugestalten. Beispiele partizipativer Demokratie sind die Sozialwirtschaft, die Demokratie in Unternehmen umsetzt, die Mitgestaltung des öffentlichen Raums sowie neue Formen zivilgesellschaftlicher Kontrolle von Unternehmen, die die Grundversorgung sicherstellen, z. B. im Bereich der Wasser- und Energieversorgung.

6.3.   Geld

Moderne Ökonomien sind keine Tausch- sondern **Kredit- und Geldwirtschaften**: Waren werden nicht gegen andere Waren getauscht, sondern der Tauschakt teilt sich in zwei unabhängige Kaufakte – Geld/Kredit gegen Ware und Ware gegen Geld/Kredit. Lehrbücher der Wirtschaftswissenschaft behaupten zumeist, Geld und Kredit entwickelte sich, weil Naturaltausch – z. B.: „Ich gebe dir sieben Schweine für eine Kuh" – zu mühsam wurde.[146] Demnach kam zuerst der Markt mit Tauschwirtschaft und erst dann das Geld als allgemeines und bequemes Wertäquivalent. Demgegenüber zeigen wirtschaftsgeschichtliche und anthropologische Forschungen, dass es nirgends und zu keiner Zeit „primitive" Gesellschaften gab, die als Tauschwirtschaften funktionierten, in denen Waren direkt gegeneinander getauscht wurden. **Wirtschaften waren schon Kredit- und Geldwirtschaften, bevor sie Marktwirtschaften wurden**. Erste Geld- bzw. Kreditformen waren Verrechnungseinheiten in Mesopotamien (wo Schulden und Zinsen in Keilschrift notiert wurden) und in Ägypten rund 3000 v. Chr.[147]

Dessen ungeachtet modelliert die *neoklassische Ökonomik* bis heute moderne Ökonomien als Tauschökonomien (*barter economies*). Geld ist demnach einzig eine Ware, wie andere auch. Es ist nützlich, weil es den Warentausch vereinfacht. In ihrem Grundmodell orientiert sich die Neoklassik an der **Quantitätstheorie des Geldes**: je mehr Geld vorhanden ist, desto weniger Wert hat es. Durch Geldmengensteigerung, d. h. einer Erhöhung des Geldangebots, kommt es zu Geldentwertung (Inflation), wie bei allen Waren. Geldschöpfung durch die Zentralbank ist demnach eine wesentliche Ursache von Inflation. Auf die *relativen* Preise zweier Produkte hat Geld keinen Einfluss, d. h. Butter und Margarine werden immer im selben Verhältnis getauscht. Eine zweite Ursache von monetären Instabilitäten (Inflation oder Deflation) liegt im privaten Bankensektor, der – in dieser Theorie – die Guthaben von Sparenden einsammelt und an Kreditnehmende verleiht. Ist der Zinssatz für die Kredite zu niedrig, werden tendenziell zu viele Kredite vergeben – Inflation ist die Folge. Ist er zu hoch, kann es zur Deflation kommen. Die Aufgabe der Zentralbank besteht aus dieser Perspektive darin, Zentralbankgeld an Privatbanken zum „natürlichen" Zinssatz zu vergeben, sodass gleich viel gespart wie investiert wird. Kurzum: gute Geldpolitik, die diesem Verständnis folgt, ist eine Politik, die das effiziente Funktionieren der Tauschökonomie nicht behindert.[148]

Demgegenüber ist Geld aus einer *sozioökonomischen Perspektive* keine Ware, sondern eine **gesellschaftliche Institution**, die Werte normiert und immer umkämpft ist.[149] Polanyi bezeichnet Geld als *fiktive Ware*.[150] Es wird in der öffentlichen Debatte wie eine Ware behandelt, ist aber keine, da Geld nicht für den Verkauf produziert wird und ohne soziales Vertrauen wertlos ist. Marx bezeichnet als *Geldfetisch* die paradoxe Situation, dass Geld fälschlicherweise als materieller Gebrauchswert, als quasireligiöses Objekt der Begierde, erscheint, obwohl es lediglich einen gesellschaftlich anerkannten Tauschwert darstellt, der dazu dient, menschliche Bedürfnisse zu befriedigen.[151] Michel Aglietta definiert Geld als eine Beziehung sozialer Zugehörigkeit.[152] Dieser soziale Vertrag drückt sich in einem gemeinsamen Zahlungsmittel aus. Geld macht Verschiedenes vergleichbar, es ist das *Medium der Kommensurabilität par excellence*. Geld ist ein allgemeines Bindeglied zwischen Menschen. Es erleichtert die Interaktion zwischen Fremden sowie zwischen Generationen und fördert so die Kontinuität von Gesellschaften. Wie grundlegend dies ist, zeigt sich, wenn das Vertrauen in die Landeswährung, schwindet. Das erlebten die Menschen in Griechenland 2015 in der Eurokrise, als der Bankomat plötzlich keine Euro mehr auswarf. Geldkrisen werden schnell zu wirtschaftlichen und sozialen Krisen. So verwundert es nicht, dass in der Geschichte immer wieder Schuldenerlässe dazu dienten, gesellschaftliche Spannungen zu mildern. So leiteten babylonische Herrscher zu Neujahr das Ritual des „Brechens der Tafeln", d. h. der Schuldverzeichnisse. So sollten im neuen Jahr wirtschaftliche Gleichgewichte wiederhergestellt werden.[153]

Aus *(post-)keynesianischer Perspektive* **gründet Geld in Schuldbeziehungen**. Es entstand historisch als Kredit, den Kreditgebende (Gläubiger) vergaben. Besonders vertrauenswürdig war Geld, wenn es von Autoritäten, zumeist politisch Herrschenden, ausgegeben wurde. Geld ist eng verbunden mit Souveränität, d. h. staatlicher Macht über ein Territorium, mit Steuereintreibung und politischer Kontrolle des Geldwerts. Die Geschichte des Geldes war und ist eine Geschichte des Machtkampfs zwischen (politischen) Herrschern und (wirtschaftlichen) Financiers, von verschuldeten Staaten und Hedgefonds. Auch in modernen Gesellschaften ist Geld v. a. **Kreditgeld**, das von Kreditgebenden, in der Regel privaten Banken, vorgestreckt wird. Diese Einsicht unterscheidet sich von neoklassischen Geldtheorien, die annehmen, dass das durch Geschäftsbanken eingesammelte Geld gegen Zinsen an Kreditnehmende verliehen wird. Denn Kredite werden v. a. vergeben, weil es Unternehmen gibt, die rentable Projekte finanzieren wollen, oder Konsument:innen, die glaubhaft ausreichend hohe Einkommen haben, um Konsumkredite (z. B. für den Wohnungskauf) zurückzuzahlen. Ob Kredite vergeben werden, liegt daher an den Erwartungen über die Entwicklung der Realwirtschaft. Gegenwärtig dominiert dieses durch private Geschäftsbanken mit jeder Kreditvergabe geschaffene Kreditgeld. Es *entsteht gleichsam aus dem Nichts*, heute ganz konkret in digitalen Transaktionen, in denen Geschäftsbanken die Summe auf dem Konto des Kreditnehmenden gutschreiben und dieser zum Schuldner wird. Durch derartige **private Kreditgeldschöpfung** entsteht bis zu 90 % des im Umlauf befindlichen Geldes.[154] Befindet eine Bank eine Kundin für kreditwürdig und schreibt ihr Geld auf dem Konto gut, dann steigt im selben Moment die Geldmenge. Zentralbankreserven brauchen private Geschäftsbanken erst dann, wenn ihre Kundschaft Bargeld bezieht (zusätzlich müssen sie auch Mindestreserveanforderungen erfüllen). Neu geschöpftes Geld kann unterschiedlichen Zwecken dienen: (i) es kann in die Realwirtschaft investiert werden, (ii) es können damit bereits produzierte Güter und Dienstleitungen gekauft werden (Konsumkredit) oder (iii) es dient der Spekulation. In der vom Neoliberalismus geprägten Globalisierung der letzten Jahrzehnte (vgl. dazu S. 105 ff.) wurde neu geschöpftes Geld zu einem großen Teil spekulativ am Finanz- und Immobilienmarkt angelegt und führte dort zu starken Preissteigerungen von Vermögenswerten. Die daraus entstandenen Spekulationsblasen platzten 2000 (Dot-Com-Blase) und 2008 (Immobilien-Blase).

Geld ist Grundlage privatwirtschaftlicher Zahlungen. Nationales Geld wird in einem Land verwendet, da es das einzige Zahlungsmittel ist, das vom Staat für die Begleichung von Steuerschulden akzeptiert wird. Sein Wert wird durch politische Autoritäten garantiert. In der Regel sind dies nationale **Zentralbanken**. Geschäftsbanken sind Kreditgeber in normalen Zeiten, Zentralbanken sind Kreditgeber letzter Instanz (*lender of last resort*), die auch Geld schöpfen, um Banken zu retten. Die wesentlichen geldpolitischen Maßnahmen der Zentralbanken sind die Festlegung von Zinssätzen, mit denen Geschäftsbanken Zentralbankgeld zur Verfügung gestellt wird, sowie das Kaufen und Verkaufen von Schuldscheinen – v. a. von Staatsschuldscheinen (*open market operations*).

Geldwertstabilität beruht auf dem Vertrauen der Geldnutzenden in die Fähigkeit der Zentralbank, Preisstabilität sicherzustellen.

6.4. Markt

Märkte sind Orte, an denen Waren und Dienstleitungen gehandelt werden. Als ortsgebundene Tauschveranstaltungen gibt es sie schon seit Jahrtausenden. Es waren Plätze, denen politische Autoritäten bestimmte Vorrechte des Handels gaben, sei es bezogen auf bestimmte Produkte (z. B. Fisch, Fleisch, Gemüse) oder bestimmte Zeiten (z. B. Wochenmärkte).[155] Mit dem Merkantilismus des 16. bis 18. Jahrhunderts wurde der *Binnenhandel*, d. h. der Handel innerhalb eines politischen Territoriums, forciert. Ähnliche Waren wurden aus unterschiedlichen Quellen angeboten und Handeltreibende konkurrierten miteinander. Dieser Binnenhandel entstand nicht „natürlich", er entwickelte sich nicht „von alleine" aus dem Außenhandel und dem lokalen Handel. In Europa wurde er politisch geschaffen, v. a. durch den Bau von Straßen und Kanälen, der Abschaffung inländischer Zölle und der Vereinheitlichung von Maßen und Gewichten. Die Förderung der inländischen Produktion stärkte politische Souveränität.[156] Doch selbst mit der Schaffung des Binnenmarktes blieb der Markttausch anderen Bereitstellungsformen wie der Haushaltung, Gegenseitigkeit und Umverteilung (vgl. S. 41 ff.) lange untergeordnet. **Erst im 19. Jahrhundert erlangten Märkte ihre dominante Rolle** und prägen seitdem menschliches Zusammenleben.

In der *Umgangssprache* beschreiben Märkte Beziehungen zwischen Kaufenden und Verkaufenden, die durch Wahlfreiheit und Wettbewerb bestimmt sind. Allerdings existieren Wahlfreiheit und Wettbewerb auch unabhängig von Märkten, z. B. bei der Wahl eines Buches aus dem eigenen Bücherregal und bei sportlichen Wettbewerben. Eine *wissenschaftliche Definition von Märkten* unterscheidet sich vom umgangssprachlichen Gebrauch. Geoffrey Hodgson definiert als **minimale Kriterien von Märkten** (i) *mehrere Marktteilnehmende* und (ii) *allgemein akzeptierte Regeln*. Diese Regeln ermöglichen (iii) *gegenseitig bindende (schriftliche oder mündliche) Vereinbarungen* zwischen (iv) *Akteuren, die sich gegenseitig identifizieren und miteinander kommunizieren* können. Diese Vereinbarungen werden (v) gegenseitig so verstanden, dass sie zur *verpflichtenden Lieferung von Waren oder Dienstleistungen* und, im Gegenzug, zur vereinbarten Zahlung führen. Sie definieren daher (vi) *wechselseitige Rechte* bezogen auf Güter und Dienstleistungen sowie damit verbundene *Verpflichtungen*.[157]

Im Gegensatz zur Sozioökonomik sind Märkte in der Neoklassik nicht auf herkömmliche Waren und Dienstleistungen beschränkt, sondern gestalten auch vermeintlich nicht-ökonomische Tätigkeiten. In diesem *formalen Verständnis von Ökonomik* (vgl. S. 41) werden fast alle menschlichen Situationen des Austausches als Marktverhältnis analysiert: von Partnerbörsen auf digitalen Plattformen über einen vermeintlichen *Markt der Ideen*, auf dem um die Gunst von Zuhörenden, Lesenden und Wahlberechtigten geworben wird. Hodgson bezeichnet solche Märkte als **mythische Märkte**. Zwar haben wir alle Ideen, besitzen aber kein Eigentumsrecht an ihnen, welches am Markt gehandelt werden könnte – ausgenommen sie sind patentiert, was die Ausnahme ist. Die meisten alltäglichen Gespräche und Formen des Austauschs haben nichts mit der Übertragung spezifischer Rechte zu tun. Es sind keine Markttransaktionen. Auch *politische Märkte* sind ein Mythos. Das Verhältnis von Wahlberechtigten zu politischen Entscheidungstragenden beruht auf keinem durchsetzbaren Vertrag. Letztere können wegen gebrochener Wahlversprechen nicht verklagt werden. Das Versprechen einer Politikerin ist kein „Angebot", das durch Stimmabgabe „angenommen" wird. Auch legales Lobbying ist keine rechtsverbindliche Vereinbarung, sondern ein Informationsaustausch. Führen aber Spenden zu bestimmten Gesetzen, dann gilt dies als eine Vertragsbeziehung – dies ist Bestechung. Dieser Markt ist illegal.

Märkte sind nie allumfassend.[158] Ihre Grundlagen, d. h. jene Regeln und Institutionen, die Marktgeschehen überhaupt erst ermöglichen, liegen immer außerhalb des Marktes. Märkte sind beschränkt, eingebettet in funktionierende soziale Beziehungen und institutionelle Gefüge. Sie *setzen nicht-marktliche Institutionen voraus*, die Eigentumsrechte, Vertragsfreiheit, etc. durchsetzen. Diese Aufgabe obliegt dem Staat, der selbst im marktliberalen Leitbild zentral für die Herausbildung und Sicherung von Märkten ist. Märkte beinhalten Regeln, die nicht gehandelt werden dürfen. Werden z. B. Gerichtsurteile an die Meistbietenden verkauft, untergräbt dies die Sicherheit von Eigentumsrechten. Die Wirtschaftssoziologie betont weiters die Bedeutung von *Vertrauen* für die Existenz von Märkten, da Verträge immer implizite Elemente enthalten, die nicht exakt formuliert werden können.[159] Daher insistiert die Sozioökonomik, dass **Märkte sozial konstruiert, politisch geschaffen und von Machtverhältnissen geprägt** sind. Jeder Markt ist auf bestimmte Weise reguliert und funktioniert unter konkreten Rahmenbedingungen. Märkte, die von Marktliberalen als „freie" Märkte bezeichnet werden, bezeichnet die Sozioökonomik als *marktliberal regulierte Märkte*, die gemäß marktliberaler Regeln funktionieren.

6.5. Unternehmen

Unternehmen produzieren Güter und stellen Dienstleistungen bereit. Während auf Märkten die Gleichheit aller zahlungsfähigen Marktteilnehmenden gilt, sind Unternehmen zumeist *hierarchisch* organisiert: Befehle werden erteilt, Menschen belohnt, motiviert, diszipliniert und gekündigt. In **Einzelunternehmen** ist der oder die Unternehmer:in als *natürliche Person* Eigentümer:in produktiver Vermögenswerte wie Sachanlagen, Vorräten, Grund und Boden und Patenten. Ihr stehen die Gewinne zu, und sie haftet für Verluste unbeschränkt. Dies verkörpert das Bild des *Entrepreneurs*, des unternehmerisch tätigen, Risiko eingehenden Individuums. Demgegenüber sind in **Kapitalgesellschaften** Management (Firmenleitung) und Eigentum getrennt. Vorstand oder Geschäftsführung leiten das operative Geschäft, sind aber nicht Eigentümer:innen. Letztere haften nur beschränkt.

Kapitalgesellschaften entstanden im 19. Jahrhundert als *juristische Personen mit Rechten und Pflichten*.[160] Ihre Gründung war Staatsangelegenheit. Sie ermöglichten den Bau von Infrastrukturen wie Straßen, Brücken, Kanälen und Bahnstrecken. Mit der Zeit geriet in Vergessenheit, dass es die Voraussetzung für die Gründung von Kapitalgesellschaften war, öffentlichen Zwecken zu dienen. Ihr **Privileg beschränkter Haftung** ist zu rechtfertigen, solange sie auch **Verpflichtungen gegenüber der Allgemeinheit** wahrnehmen. Im Gegensatz dazu erweiterten sich die Rechte juristischer Personen, während die Pflicht zur Gegenleistung in Vergessenheit geriet. Heute gelten diverse private Vorrechte (vgl. S. 85) gleichermaßen für natürliche und juristische Personen, für Obdachlose wie für multinationale Konzerne. Diese Rechte auszuüben, hat bei natürlichen und juristischen Personen jedoch deutlich unterschiedliche Folgen. Kapitalgesellschaften, v. a. transnationale Unternehmen, weisen nämlich mehr Ähnlichkeit mit Staaten auf als mit Einzelunternehmen. Sie üben *souveräne Rechte* aus, d. h. sie legen als Private für alle gültige Regeln fest und setzen diese durch. Eigentumsrechte (als private Vorrechte) ermöglichen es ihnen, Regeln in Bezug auf ihr Eigentum zu setzen, die andere binden, d. h. Fremdbestimmung auszuüben. Dies untergräbt den Zweck von Eigentum, Garant individueller Selbstbestimmung zu sein. Wiewohl Kapitalgesellschaften souveräne Rechte ausüben, sind sie nur privaten und keinen demokratisch legitimierten Interessen verpflichtet. Es kommt zur Machtverschiebung hin zu großen Unternehmen.

Heute findet der Großteil wirtschaftlicher Tätigkeiten nicht auf Märkten, sondern in Unternehmen statt. **80 % des Welthandels wird innerhalb von Unternehmen abgewickelt** (*intra-firm trade*), z. B. zwischen Apple und seinen mehr als 780 Zulieferfirmen. Damit basiert der Großteil des Welthandels, der oftmals über *globale Produktionsnetzwerke* organisiert ist, auf administrativen Entscheidungen, die innerhalb von großen Unternehmen getroffen werden. Dabei geht es darum, den Shareholder Value zu maximieren, gegebenenfalls auch durch Monopolbildungen. Zulieferfirmen sind entweder ganz (wie bei Tochtergesellschaften) oder teilweise (wie durch Laufzeitverträge) in das Unternehmen integriert, womit es Kontrolle über sie erlangt – z. B. Apple über Foxconn mit seinen circa 1,2 Millionen Mitarbeitenden.

Mit **Anteilsscheinen**, d. h. Aktien an Unternehmen, entstand außerdem eine neue Form von Finanzeigentum. Dieses gibt den Anteilshabenden kein

Verfügungsrecht über produktive Vermögenswerte, sondern ein *Anrecht auf Auszahlungen*. In anderen Worten: Sie haben kein Eigentum am Unternehmen, sondern sind Eigentümer:innen von Aktien, also Rentiers, die sich Werte aneignen (vgl. S. 45). Aktien sind in Geld bewertete Anrechte. Solche Rechte können getauscht, verkauft und vererbt werden, ohne dass dies das operative Geschäft des Unternehmens grundlegend beeinflusst.

In der jüngeren Vergangenheit entwickelten sich **Plattformunternehmen** als neue Unternehmensform des 21. Jahrhunderts.[161] Ob Bücher, Musik, Filme, Gaming, Essensbestellungen, Shopping, Reisen, Finanzierungen, Unterkünfte oder Dating, Plattformen sind heute omnipräsent. Amazon, Youtube, Uber, Airbnb, Alphabet, Alibaba, Facebook, Steam und Ebay schaffen vernetzte Marktplätze und *schöpfen als Vermittler Renten ab*, z. B. einen gewissen Prozentsatz je Transaktion. Dabei unterscheiden sie sich von traditionellen Marktvermittlern v. a. durch ein Geschäftsmodell, das auf der Sammlung privater Daten, deren Umwandlung in Privateigentum des Unternehmens und des anschließenden Verkaufs – sei dies für kommerzielle oder politische Zwecke – beruht.[162]

6.6. Innovation

Zwischen dem 15. und 19. Jahrhundert verkörperte der Begriff Innovation in Europa den Drang nach *revolutionären Veränderungen*. Damit trat er in Konflikt mit dem vorherrschenden religiös-konservativen Bestreben, bestehende gesellschaftliche Verhältnisse aufrechtzuerhalten. Im frühen 19. Jahrhundert entstand der Begriff der *sozialen Innovation*.[163] Er umfasste verschiedene **Sozialreformen**, z. B. die Beseitigung sozialer Missstände oder der Leibeigenschaft. Im Zuge der Industriellen Revolution wurde Innovation immer weniger als Angriff auf die gesellschaftliche Ordnung verstanden, sondern bezeichnete *Alternativen zu traditionellen Vorgehensweisen*. Der Innovator war nicht mehr Revolutionär und Ketzer, sondern galt als kreativ, als *agent of change*.[164] Diese veränderte Wahrnehmung ging einher mit einer Begriffsveränderung und -verengung: Innovation wurde vermehrt mit *wirtschaftlichem Unternehmertum* in Verbindung gebracht. Joseph Schumpeter, einer der Begründer der Innovationsforschung,[165] fokussierte auf **unternehmerische Innovationen**, d. h. neue Produkte und Produktionsmethoden, die in Prozessen *schöpferischer Zerstörung* entstehen. In dieser Dialektik aus Innovation und Destruktion gilt:[166] damit Neues entstehen kann, muss Altes enden. Erst als Straßenbahnen in vielen Städten in der ersten Hälfte des 20. Jahrhunderts finanziell ausgehungert wurden, setzten sich Autos und Busse als Transportmittel durch.

Nach Ende des Zweiten Weltkriegs wurde der Innovationsbegriff fast ausschließlich **auf technologische und unternehmerische Entwicklungen reduziert**. Die These des *technologischen Determinismus* verbreitete sich. Demnach führen technologische Entwicklungen fast zwingend zu sozialem und kulturellem Wandel. Diese These gilt heute als überholt.[167] Demgegenüber benennt *Ko-Evolution* dynamische Interaktionen zwischen Technologie einerseits und Gesellschaft, Politik und Wirtschaft andererseits: Gesellschaftliche und politische Vorstellungen, Werte, Interessen und Widerstände prägen die Entwicklung bestimmter Technologien.[168] Schon Schumpeter betonte, dass sich Innovationen unterschiedlich entfalten, je nach politischen, sozialen, organisatorischen und kulturellen Rahmenbedingungen, in die sie eingebettet sind. Ein Beispiel: eine *Ökonomie des Teilens* (*sharing economy*), z. B. von Wohnungen und Autos, verspricht, den Ressourcenverbrauch zu senken und Güter des alltäglichen Lebens für alle effizienter nutzbar zu machen. Empirische Studien dazu kommen jedoch zu keinem eindeutigen Ergebnis,[169] denn die *Gestaltung von Rahmenbedingungen* ist für die konkrete Entfaltung von Technologien entscheidend. So kann z. B. unter marktliberalen Rahmenbedingungen die Ökonomie des Teilens dazu führen, leistbaren Wohnraum für die ansässige Bevölkerung zu vernichten (z. B. AirBnB[170]). Und auch Carsharing-Dienste können unter marktliberalen Rahmenbedingungen ihre Marktanteile steigern, indem sie den potentiell ressourceneffizienteren öffentlichen Verkehr und nicht den ressourceneffizienten motorisierten Individualverkehr ersetzen.[171]

Die Fixierung auf technologische und unternehmerische Innovationen beeinflusst Innovationspolitik bis heute. *Marktliberale Innovationspolitik* setzt auf Steuererleichterungen, v. a. bei der Forschungsförderung. Doch nicht die Entwicklung bestimmter Technologien wird gefördert, sondern Unternehmen und deren Unternehmensgeist. Wirtschaftspolitik formuliert einzig Ziele, z. B. Dekarbonisierung, und reguliert dementsprechend den Markt (z. B. über Emissionshandel). Sie ist **technologieneutral** (vgl. S. 58) und verzichtet auf die ausdrückliche Förderung neuer Technologien, wie z. B. erneuerbare Energieträger oder Wasserstoff.[172] Die optimale Zielerreichung marktliberaler Innovationspolitik ergibt sich stattdessen durch den Marktmechanismus.

Wohlfahrtskapitalistische Innovationspolitik ist u. a. von Mariana Mazzucato inspiriert.[173] Ihr **missionsorientierter Innovationsansatz** will ausdrücklich Innovationen für gesellschaftliche Herausforderungen nutzbar machen. Öffentlich gesteuerte Innovationsentwicklung soll die *systemische Effizienz* erhöhen (vgl. S. 44). So wird die Dekarbonisierung der europäischen Ökonomie als eine Herausforderung verstanden, die ebenso bewältigt werden kann wie die Mission der Mondfahrt in den 1960er Jahren. Öffentliche Unterstützung durch Geld, Wissen und Vernetzung sind entscheidend, da private Unternehmen alleine oftmals vor grundlegenden Veränderungen zurückscheuen. Dafür gibt es mehrere Gründe.[174] (i) *Neuerungen sind teuer und mit Unsicherheit behaftet,* weshalb Marktführer Veränderungen oft blockieren. Hingegen weisen erprobte Produktions- und Vertriebswege tendenziell stabile Gewinnerwartungen auf. (ii) *Marktpreise spiegeln oft nicht aktuelle Knappheit wider*, wie sich am europäischen Emissionshandelssystem zeigt, dessen CO_2-Preis bis vor kurzem sehr niedrig war. Weiters erschwert (iii) der sogenannte *Lock-in-Effekt* Innovation, d. h. Unternehmen halten oft so lange wie möglich an alten Technologien fest, da sie viel in diese investierten und mit deren Anwendung vertraut sind. Je weiter man einen Weg geht, desto weniger möchte man wieder umkehren. Schließlich (iv) *wehren sich Machtkomplexe* oft erfolgreich gegen Entscheidungen, die ihren Handlungsspielraum für kurzfristige Gewinnmaximierung einschränken.

Der *Innovationsansatz des Postwachstums* problematisiert die Reduktion von Innovation auf Technologie. Im Zentrum stehen **konviviale, d. h. lebensgerechte, Technologien** (Wie wollen wir leben und welche Technik brauchen wir dafür?) sowie **soziale Innovationen**.[175] Besonders zivilgesellschaftlich-anarchistische Varianten des Postwachstums betonen das Potenzial von sozialen Innovationen „von unten". Solche Experimente werden durch Eigeninitiative angestoßen und sind lokal verankert, z. B. Ökodörfer, alternative Wohnformen oder interkulturelles *Urban Gardening*. Sie bleiben zumeist klein oder können von großen Marktteilnehmern vereinnahmt werden. Ihr Potenzial für systemische Veränderungen, die nicht in Nischen verharren, ist umstritten.[176] Über soziale Innovationen hinausgehend fordern insbesondere pragmatisch-institutionelle Varianten des Postwachstums eine stärkere Auseinandersetzung mit **Exnovation**, d. h. dem Beenden oder Einschränken von Praktiken, die mit gewünschten Strategien nicht übereinstimmen. So ist der Privatbesitz von PKWs, die große Innovation des 20. Jahrhunderts, zunehmend ein Hindernis für Zukunftsfähigkeit im 21. Jahrhundert. Exnovation kritisiert ein enges Innovationsverständnis, demzufolge bei Neuerungen keine anderen Optionen eingeschränkt werden müssen.[177] Vielmehr geht es bei Exnovation in einem ersten Schritt oftmals um das Verbot bestimmter Produkte und den Rückbau bestimmter Technologien und Infrastrukturen. Dies ist Voraussetzung, um in einem zweiten Schritt nachhaltige Formen der Bedürfnisbefriedigung zu ermöglichen. Nur wenn sich einige Türen schließen, können sich andere öffnen.[178] Wenn z. B. nachhaltige Ernährungssysteme angestrebt werden, muss industrielle Massentierhaltung rückgebaut werden. Exnovationen sehen sich meist heftigem Widerstand von Machtkomplexen, insbesondere dem fossilen, ausgesetzt. Dies zeigt sich etwa an der aktuell anstehenden Exnovation des Ausstiegs aus fossilen Energieträgern.

6.7. Arbeit

Arbeit als Konzept, Tätigkeit und wesentlichen Teil des Lebens hat sich historisch und im Zuge technologischer Entwicklungen kontinuierlich verändert. Im antiken Griechenland galt *körperliche Arbeit als minderwertig*. Sie war Tätigkeit unfreier Menschen, von Frauen, Besitzlosen und Entrechteten. Hingegen war *politisches Handeln als Tätigkeit hoch angesehen* und freien Männern vorbehalten.[179] In agrarischen Gesellschaften prägte der *Kreislauf der Natur* (z. B. Ernterhythmen, Sonnenaufgang und -untergang) Arbeitsabläufe. Wirtschaften war als Kreislauf mit vorhersehbaren Wiederholungen organisiert. Familien waren im Wesentlichen selbstversorgend. Der Arbeitsalltag war von einer Vielzahl unterschiedlicher Tätigkeiten geprägt, die sich Frauen und Männer aufteilten, um die Grundversorgung sicherzustellen. Nur ausgewählte Produkte wurden gehandelt.[180]

Mit der *Industriellen Revolution*, v. a. der Erfindung der Dampfmaschine im 18. Jahrhundert, wurde handwerkliche Arbeit in Manufakturen durch industrielle Produktion in Fabriken abgelöst. Durch den Einsatz fossiler Energieträger, technischen Fortschritt und effizienzsteigernde Arbeitsteilung kam es zu *steigenden Skalenerträgen,* d. h. steigenden Erträgen aufgrund sinkender Fixkosten. Der Einsatz von Maschinen ersetzte handwerkliches Arbeiten durch schlechtbezahlte, monotone Tätigkeiten, die gerade deshalb besonders disziplinierte Arbeitskräfte erforderten. Die Maschinen bestimmten das Arbeitstempo, was auch Widerstand zur Folge hatte, wie das Beispiel der Maschinenstürmer im 19. Jahrhundert zeigt. Mit dem **Taylorismus**, d. h. der Optimierung und Standardisierung körperlicher Bewegungen sowie der Trennung von Hand- und Kopfarbeit, und dem **Fordismus**, d. h. der Ersetzung körperlicher Arbeit durch Maschinen sowie dem Einsatz des Fließbands und des Prinzips austauschbarer Teile, veränderte sich die Arbeitsorganisation, und die Arbeitsproduktivität stieg. Diese Produktivkraftentwicklung war keinesfalls widerspruchs- und konfliktfrei.[181] Neue Formen der Arbeitsorganisation entfremdeten die Arbeitenden zunehmend vom Arbeitsprozess, hatten sie doch weder Einfluss auf die Form und Ziele ihrer Arbeit, noch besaßen sie Arbeitsmittel und -produkte.

Als Folge wurden Städte nicht nur zu Orten der (industriellen) Produktion, sondern auch der (nicht-industriellen) *Reproduktion*, die die Arbeitskraft „wiederherstellte", v. a. durch Sorge- und Hausarbeit. Materielle Infrastrukturen im 19. Jahrhundert und wohlfahrtsstaatliche Infrastrukturen im 20. Jahrhundert (vgl. S. 22) schufen dafür die Grundlage. Eine *geschlechtliche Arbeitsteilung* etablierte sich: Erwerbsarbeit wurde vermehrt außerhalb des Haushalts von Männern durchgeführt, Frauen wurden vermehrt zu Hausfrauen.[182] Weiters stellte die *Arbeitsteilung im Kolonialismus* sicher, dass für die Industrialisierung des globalen Nordens ausreichend Rohstoffe des globalen Südens verfügbar waren.[183]

Im Industriekapitalismus diente Arbeit nicht länger der Selbstversorgung, sondern wurde als **Lohnarbeit**, d. h. unselbständige Erwerbsarbeit, zur Grundlage kapitalistischer Mehrwertproduktion (vgl. S. 29). Menschliche *Arbeitskraft wurde zu einer Ware*, die von der Arbeiterklasse an Kapitalisten, die Produktionsmitteln (z. B. Fabriken, Maschinen) besitzen, verkauft wurde. Während sich Technologien sowie Arbeits- und damit verbundene Lebensweisen stark verändert haben, blieb die kapitalistische Grundstruktur des Arbeitens verblüffend konstant: Lohnarbeit blieb die zentrale Einkommensquelle und bestimmt entscheidend den Zugang zu Geld und gesellschaftlicher Teilhabe. Die Interpretation dieser Grundstruktur wird von verschiedenen Perspektiven unterschiedlich eingeschätzt.

In der *Neoklassik* ist Arbeit ein *Produktionsfaktor*, aber auch eine *Ware*, die auf einem eigens für sie geschaffenen Markt – dem Arbeitsmarkt – gehandelt wird und deren Preis (Lohn, Gehalt) durch das Zusammenspiel von Arbeitsangebot und Arbeitsnachfrage geregelt ist. Demgegenüber betont die *Sozioökonomik*, dass Arbeit keine normale Ware ist. Arbeit wird nicht für den Verkauf produziert, sondern bezeichnet eine grundlegende menschliche Tätigkeit, die zum Leben an sich gehört. Im Kapitalismus werden Teile dieser menschlichen Tätigkeiten trotzdem wie Waren gehandelt. Arbeit ist daher eine *fiktive Ware*.[184] Die feministische Ökonomik erweitert dieses Argument.[185] Menschen produzieren nicht nur Güter und Dienstleistungen auf Arbeitsmärkten, sondern sie reproduzieren auch, oft im Verborgenen, den Menschen und dessen Arbeitskraft. Daher greift die **Reduktion von Arbeit auf Erwerbsarbeit** in der Sphäre der Produktion zu kurz. Wie schon Marilyn Waring zeigte, werden grundlegende menschliche Tätigkeiten nicht oder nur mangelhaft erfasst.[186] Denn obwohl sie in der Berechnung des BIP und BNE nicht berücksichtigt wird, ist **unbezahlte Sorge- und Hausarbeit** Voraussetzung für das Funktionieren von Gesellschaften und Marktwirtschaften.[187] Und auch politisches Tätig-Sein, z. B. in deliberativ- und partizipativ-demokratischen Prozessen (vgl. S. 88), ist eine wichtige gesellschaftliche Tätigkeit und eine erweiterte Form des Arbeitens, um das Gemeinwesen demokratisch zu gestalten.[188] Trotzdem bleibt Erwerbsarbeit bis heute in großen Teilen der Ökonomik die Norm. Unbezahlte Arbeiten und politische Teilhabe werden ignoriert oder bleiben kulturell und materiell abgewertet, wie sich insbesondere am Umgang mit Hausarbeit und unbezahlter Sorgearbeit zeigt.[189] Zukunftsfähiges Wirtschaften braucht im 21. Jahrhundert ein erweitertes Verständnis von Arbeit.

6.8.   Gesellschaftliches Naturverhältnis

Dem westlichen Denken liegt ein **Dualismus** zugrunde, konkret die *Trennung einer nicht-menschlichen Sphäre von derjenigen der menschlichen Gesellschaft*.[190] Der Mensch erscheint als ein von anderen Lebewesen getrenntes Geschöpf und Natur als ein von der Gesellschaft getrennter, nicht von Menschen gemachter Bereich. Mensch und Natur erscheinen als verschieden. Diese vermeintliche Trennung wird in Natur-, Klima- und Umweltschutz jeweils unterschiedlich bearbeitet.

Am Anfang der Umweltbewegung im 19. Jahrhundert stand der aus der Romantik entsprungene **Naturschutz**, der versuchte, Natur um ihrer selbst willen zu schützen. Demnach hat Natur einen *Eigenwert*, der sich nicht auf ihren Nutzen für Menschen beschränkt. Seltene Tierarten sind zu schützen, auch wenn sie den Menschen keinen direkten Nutzen bringen. Die Errichtung von Naturparks sowie der Schutz der Artenvielfalt sind bis heute zentrale Maßnahmen des Naturschutzes. **Klima- und Umweltschutz** unterscheiden sich vom Naturschutz, indem sie den *Menschen und dessen Um-Welt in den Mittelpunkt* stellen. Maßnahmen des Klima- und Umweltschutzes versuchen, Gefahren für die menschliche Gesundheit zu vermeiden. CO_2-Emissionen sind zu reduzieren, um ein menschengerechtes Klima aufrechtzuerhalten. Luftverschmutzung wird bekämpft, um die menschliche Gesundheit zu schützen. Da eine intakte Umwelt und ein lebensfreundliches Klima für menschliches Leben erforderlich sind, müssen lebensfreundliche Klimabedingungen um der Menschen willen erhalten bleiben. Natur- und Umwelt- bzw. Klimaschutz können in Konflikt geraten, wie Initiativen gegen Wind- und Wasserkraftwerke im Namen des Naturschutzes zeigen. Beide eint jedoch ein Dualismus, der eine nicht-menschliche Sphäre von der menschlichen Gesellschaft trennt. Natur benennt einen Bereich, der nicht vom Menschen gemacht, eben „natürlich" sei. Und auch Umwelt und Klima erscheinen als eigenständige Sphären, die zwar Gesellschaft umgeben, aber von ihr getrennt sind.[191]

Das Konzept des *gesellschaftlichen Naturverhältnisses* problematisiert diese Trennung von Natur (exakter: biophysischen Prozessen) und Gesellschaft (exakter: sozioökonomischen und soziokulturellen Systemen).[192] Es bezeichnet die jeweils historisch spezifische Art und Weise, wie Gesellschaften mit Natur interagieren, z. B. wie Natur konkret aneignet (z. B. für Energieversorgung und Ernährung), verändert (z. B. als Landschaften) und symbolisiert wird (z. B. mittels Naturbildern und Theorien). Umwelt ist exakt formuliert eigentlich immer **Mitwelt**, denn Menschen sind *als Lebewesen Teil der sie umgebenden Natur*. Menschen gestalten und beeinflussen Naturverhältnisse und diese wiederum haben Einfluss auf die Gestaltung menschlichen Zusammenlebens. Marx verwendete das Bild des *Stoffwechsels (Metabolismus)*.[193] Dieser vom Menschen bekannte Prozess kann auch auf die **Mensch-Natur-Beziehung** angewandt werden, denn auch dabei geht es um den Aufbau, Abbau, Ersatz und Erhalt von Stoffen. Arbeit vermittelt, reguliert und kontrolliert den Stoffwechsel zwischen menschlichen Tätigkeiten und biophysischen Prozessen. Menschen passen sich nicht einzig an ihre Umwelt (z. B. den Klimawandel) an. Menschliche Zivilisationen beeinflussen diese auch, indem sie ihre Beziehung zur Umwelt neu gestalteten, z. B. sesshaft wurden. Die Industrielle Revolution basiert nicht einzig auf menschlicher Erfindungskraft, sondern auch auf Kohle, Erdöl und anderen Rohstoffen aus den Kolonien. Die Grenzen zwischen „menschengemachter" und „natürlicher" Umwelt verschwimmen: Agrikultur, Landwirtschaft, ist eine Kulturleistung. Und weder sind Naturschutzparks „natürlich" und „unberührt", noch sind Straßen vollkommen „künstlich". Beides sind bloß unterschiedliche Formen eines gesellschaftlichen Naturverhältnisses.

Das *westliche Fortschrittsdenken* basiert neben dem Streben nach Emanzipation auch auf Naturbeherrschung: vom Abbau fossiler Brennstoffe, der Nutzbarmachung erneuerbarer Energien und Geoengineering über industrielle Landwirtschaft bis zum Flugverkehr. Das menschliche Streben, die Zwänge der Natur zu überwinden, ist ein Kernelement sozialen Fortschrittsdenkens. Daher ist Wirtschaftsgeschichte auch die Geschichte der immer wieder missglückten und umkämpften Naturbeherrschung. Dies ist die von Max Horkheimer und Theodor Adorno beobachtete **Dialektik der Naturbeherrschung**: Das Bestreben, Natur zu kontrollieren, die Erde untertan und uns von ihr unabhängig zu machen, führt gleichzeitig zu immer neuen Abhängigkeiten.[194] Zum einen führt naturwissenschaftlicher und technischer Fortschritt zu vermehrtem Wissen über die Natur. So ist zu hoffen, dass Impfungen gesellschaftliches Zusammenleben nach der Pandemie wieder erleichtern. Zum anderen führt die Intensivierung der Landwirtschaft durch Landnutzung und steigenden Einsatz von Pestiziden und Düngemittel zum Verlust der Artenvielfalt mit bisher unbekannten und zunehmend schwieriger zu kontrollierenden Risiken, inklusive neuer Viruserkrankungen.

Teil 3:
Die Welt im Umbruch – eine Vielfachkrise

In diesem Teil untersuchen wir langfristige Entwicklungen. Zuerst beschreiben wir in Kapitel 7, **Globalisierung im Umbruch**, wie die gegenwärtige Weltwirtschaftsordnung entstanden ist. Diese Analyse von 200 Jahren kapitalistischer Wirtschaftsweise ist Grundlage, um gesellschaftliche und ökologische Veränderungen besser zu verstehen. In Kapitel 8 untersuchen wir die **Gesellschaft im Umbruch**, v. a. die Entwicklung von Ungleichheit, Wohlfahrtsregimen, Arbeitsmärkten und Demokratie. Die Überlegungen zur sozialökologischen Ökonomik aufgreifend erweitert das Kapitel 9, **Natur im Umbruch**, die Analyse polit- und sozioökonomischer Dynamiken. Im Zentrum steht in diesem Kapitel die Analyse gesellschaftlicher Naturverhältnisse.

7. Globalisierung im Umbruch

Wir definieren *Globalisierung* als weltweite Vernetzung, d. h. als zunehmende Verwobenheit und gegenseitige Abhängigkeit, menschlicher Aktivitäten auf dem Planeten Erde.[195] Sie ist ein langfristiger Prozess, in dem sich Räume, Gesellschaften und Wirtschaftssysteme „näher" kommen. Sie läuft in unterschiedlichen Geschwindigkeiten und Formen ab und wird immer wieder von Phasen der Deglobalisierung unterbrochen.[196] Ortsgebundenheit, d. h. Beziehungen ohne globale Reichweite, und Ortsungebundenheit, d. h. tendenziell planetarische Vernetzung, existieren in aller Regel zusammen: der Alltag der meisten Menschen ist ortsgebunden, das Wetter hängt jedoch mit dem globalen Klima zusammen. Menschen als physische Wesen sind an bestimmten Orten, an denen sie arbeiten und leben, verwurzelt. Daran ändern auch digitale Räume wie Internet und soziale Medien nichts Grundlegendes. Mobilität ist nicht nur in Zeiten der Pandemie durch die physischen Möglichkeiten der Menschen begrenzt. Doch Menschen sind auch neugierige Wesen, interessiert an Neuem und daher auch Fremdem, an Handel und Austausch. Arbeitsteilung verbindet Räume, bis hin zu globalen Lieferketten. Kurzum: Globalisierung löscht Raum nicht aus. Raum war wichtig und bleibt es.[197]

Globalisierung hat ökonomische, politische, soziokulturelle und ökologische Dimensionen.[198] **Ökonomische Globalisierung** umfasst die Ausweitung des Außenhandels, die internationale Arbeitsteilung sowie u. a. grenzüberschreitende Lieferketten, globale Arbeitsmärkte und ausländische Direktinvestitionen (*foreign direct investment*, FDI). Sie ist eine Treiberin expansiver Wirtschafts-dynamiken. Die **politische Globalisierung** beschreibt Formen der raumüber-greifenden Zusammenarbeit, aber auch geopolitische Konkurrenz, Diplomatie und Krieg. Mit der Moderne bildete sich eine territoriale politische Weltord-nung, die u. a. durch das Völkerrecht geregelt wird. Zentrale Akteure sind v. a. Nationalstaaten, internationale (z. B. UNO), supranationale (z. B. EU) und transnationale Organisationen (z. B. bestimmte Unternehmen und Hilfsorgani-sationen). Die **soziokulturelle Globalisierung** umfasst den weltweiten Aus-tausch von Ideen, Kunst, Wissen und Religionen. Diese Form der Globalisie-rung ist alt, gewann aber durch moderne Informations-, und Kommunika-tionstechnologien an Geschwindigkeit und Bedeutung. Die **ökologische Glo-balisierung** ist eine unübliche Bezeichnung für Veränderungen biologischer, geologischer und atmosphärischer Prozesse aufgrund zunehmender Vernet-zung. Beispiele sind Klima- und Umweltveränderungen, die Ausbreitung ge-bietsfremder Pflanzenarten und die Verbreitung ursprünglich lokal begrenzter Krankheitserreger, z. B. von Covid-19 und dem Feuerbakterium, das zum Mas-sensterben von Olivenbäumen führt.

Im Folgenden beginnen wir (1) mit einer kurzen Geschichte der Globalisie-rung. Danach unterscheiden wir (2) drei Phasen weltwirtschaftlicher Entwick-lung. Anschließend analysieren wir in den jeweiligen Phasen Veränderungen (3) der Technologien, Infrastrukturen und Energieträger sowie (4) von Finanz-märkten und internationaler Geldordnung.

7.1. Eine kurze Geschichte der westlichen Vorherrschaft und des Wiederaufstiegs Asiens

Ansätze von Globalisierung finden sich schon in den Handelsverbindungen des Römischen Reichs, das seine Nachfrage nach Getreide auch aus entfernten Gebieten Asiens befriedigte. Bis ins 17. Jahrhundert war Asien in Bezug auf Wirtschaftsleistung, technologische Entwicklung und Bevölkerung weltweit führend. So verband die *Seidenstraße* als wichtigste Handelsroute der damali-gen Zeit die chinesische Pazifikküste mit dem Mittelmeerraum.[199]

Diese weltwirtschaftlichen Hierarchien veränderten sich mit der kapitalisti-schen Wirtschaftsweise zugunsten Europas. Fernhandel, Eroberung und Mis-sionierung charakterisierten die europäische Entwicklung zwar schon lange da-vor. Doch Fernand Braudel folgend begann sich mit dem Ende des Mittelalters das *kapitalistische Weltsystem* herauszubilden, das auf einer globalen Hierarchie von Zentren und Peripherien beruht.[200] Davor unverbundene Gebiete, Ökono-mien, Menschen und Kulturen wurden vernetzt. Ein erstes Zentrum war das Reich der Venezianer, welches über das Mittelmeer vom 13. bis zum 15. Jahr-hundert große Handelswege kontrollierte. Venedig wurde kurzfristig von Genua verdrängt, das im 17. Jahrhundert wiederum von den Niederlanden abgelöst wurde. Letztere verfügten über große Häfen – v. a. Amsterdam – und eine mächtige Flotte, aber auch ein Hinterland. Noch ausgeprägter verband schließlich das Vereinigte Königreich seine Seemacht mit einem für damalige Verhältnisse großen Binnenmarkt. Es kombinierte erstmals einen Binnenmarkt, in dem Waren, Dienstleistungen, Kapital und Arbeitskräfte relativ frei gehandelt wurden, mit globalem Handel und Eroberung. Abgesichert wurde die jeweilige Handelsdominanz militärisch und durch eine Währung: den Dukaten der Venezianer, den holländischen Gulden, das britische Pfund und schließlich den US-Dollar.[201]

Kolonialismus und Imperialismus festigten ab dem 19. Jahrhundert eine von Nordamerika und Westeuropa, kurz dem Westen, dominierte Weltordnung, mit europäischen Kolonialherren und einem „unterentwickelten Rest", wie dies der Kulturwissenschaftler Edward Said († 2003) kritisch beschrieb, d. h. den großteils zu Kolonien degradierten Räumen in Afrika, Lateinamerika und Asien.[202] Es entstand eine teilweise bis heute fortbestehende internationale Arbeitsteilung. Die reichen Zentren des Westens verfügten über Finanz und Industrie, verkauften hochwertige Produkte und erhielten dafür Rohstoffe, Agrargüter und Mineralien aus der Peripherie, die heute globaler Süden genannt wird.[203]

Mit Ausnahme Lateinamerikas, wo fast alle Staaten im frühen 19. Jahrhundert ihre Unabhängigkeit erlangten, wurden die meisten Länder des globalen Südens erst nach dem Zweiten Weltkrieg politisch unabhängig. Heute sind 193 unabhängige Staaten Mitglied der UNO: Diese soll den Weltfrieden sichern und zur Einhaltung des Völkerrechts und der Menschenrechte beitragen. Ausdrückliches Ziel ist, gerade auch Feinde an den Verhandlungstisch zu bringen. Aus den Katastrophen zweier Weltkriege lernend gründet die UNO auf dem Prinzip gleichberechtigter internationaler Kooperation: „ein Land – eine Stimme". Dieses Prinzip ist nicht streng demokratisch, gibt den reichen Nationen aber keine Mehrheit. In Anerkennung der Machtverhältnisse von 1945 wurde fünf Ländern im UNO-Sicherheitsrat ein ständiges Vetorecht zugesprochen: Frankreich, China, den USA, dem Vereinigten Königreich und der Sowjetunion (heute Russland).

Im Kalten Krieg von 1945 bis 1989 teilte sich die Welt in die Einflusssphären der USA und der Sowjetunion. In der westlichen Einflusssphäre wurde die *pax britannica* – die Vorherrschaft des britischen Empires basierend auf britischem Pfund als Weltleitwährung und britischer Kriegsflotte – von der *pax americana* – aufbauend auf dem US-Dollar als Weltleitwährung und der US-Armee – abgelöst. Europa gab sich mit der Rolle des Juniorpartners zufrieden. Die USA stützte ihre Vorherrschaft im westlichen Einflussbereich auf militärische und wirtschaftliche Macht, war aber gleichzeitig kulturell attraktiv. Man spricht von US-Hegemonie, da die Vorherrschaft nicht nur auf Zwang und

Gewalt, sondern auch auf aktiver Zustimmung und Unterstützung beruhte.[204] Der *US-American Way of Life* und seine Massenkonsumgesellschaft waren Vorbild und prägten die Wunschbilder vom guten Leben. Rechtsstaatlichkeit, politische Demokratie und soziale Sicherungssysteme sollten diese liberale Wirtschaftsordnung ergänzen. Der Wohlstand verallgemeinerte sich.

Auch im globalen Süden, in dem heute ungefähr 80 % der Menschheit lebt, verbesserten sich die Lebensbedingungen. Die frisch erlangte politische Unabhängigkeit ermöglichte den neu gegründeten Nationen in Asien und Afrika eine eigenständige Wirtschaftspolitik, die sich an wirtschaftlichen Entwicklungstheorien orientierte (vgl. S. 27 f.). Diese hatte Ähnlichkeiten mit jener, die Deutschland und die USA im 19. Jahrhundert erfolgreich nutzten, um England als Industriemacht zu verdrängen. In Lateinamerika und Afrika endeten diese Versuche nach 1982, als ein hoher US-Dollarkurs und hohe Zinsen viele Länder in eine dauerhafte Schuldenfalle führten (vgl. Kap. 7.4). Die Tigerstaaten Singapur, Taiwan und Südkorea kombinierten hingegen marktwirtschaftliche Maßnahmen wie Exportproduktionszonen mit einer staatsgeleiteten Industrie- und Technologiepolitik sowie Schutzzöllen.[205] Ein aktiver Entwicklungsstaat schützte inländische Unternehmen vor ausländischer Konkurrenz, zwang diese aber zu erhöhter Effizienz. Die komparativen Vorteile billiger Löhne wurden für den Aufbau einer eigenständigen, stark exportorientierten Industrie genutzt, die bald international wettbewerbsfähig wurde.

Diese Weltordnung, von der in erster Linie die Menschen im Westen profitierten, ist im Umbruch. Galt Überbevölkerung in Indien und China vor 50 Jahren noch als Ursache von Unterentwicklung, zweifeln heute wenige an deren zunehmend wichtigeren geopolitischen und geoökonomischen Rolle – gerade wegen ihrer Größe. Dies führte zu einer weitreichenden Verschiebung der Wirtschaftsleistung Richtung Asien. Heute ist China gemessen am BIP die zweitgrößte Volkswirtschaft der Welt und mit knapp 13 % der Weltexporte der weltweit größte Exporteur – gefolgt von den USA mit etwa 9 % (Stand 2021).[206] China verfügt über riesige Devisenreserven und einen begehrten Inlandsmarkt. Als China 2001 Mitglied der WTO wurde, wurde angenommen, wirtschaftliche Globalisierung verbreite nicht nur den westlichen Lebensstandard, sondern auch Menschenrechte und Demokratie. Tatsächlich führte der wirtschaftliche Erfolg Chinas eher zur Abwendung vom politischen Modell des Westens.[207] Chinas autokratische Ein-Parteien-Herrschaft steigerte Massen- und Luxuskonsum und beschränkte gleichzeitig Demokratie und Menschenrechte.

Die Ära, in der sich der Westen aufgrund seiner hegemonialen Rolle als das Maß aller Dinge sehen konnte, geht zu Ende. Offiziell fordert China eine *multilaterale Weltordnung*, d. h. regelgeleitete internationale Beziehungen ohne zentrale Führungsmacht. Dem Konzept der Harmonie (和谐, *Héxié*) folgend sollen verschiedene Entwicklungswege ermöglicht und damit die nationale Souveränität von Staaten geschützt werden.[208] Dies stößt im globalen Süden auf viel Zustimmung, da es ein Ende neokolonialer Abhängigkeiten vom Westen verspricht. Wie ernst es China mit seinem Plädoyer für friedliche Zusammenarbeit meint, bleibt offen.

7.2.   Weltwirtschaftsordnung

Die Weltwirtschaft der letzten 200 Jahre kann in drei Phasen unterteilt werden: die erste Globalisierung von circa 1850 bis 1914, die eingebettete Globalisierung von circa 1945 bis circa 1973 und danach die zweite Globalisierung, die auch Hyperglobalisierung genannt wird. **Jede Phase ist durch eine bestimmte Regulationsweise geprägt.** Eine *Regulationsweise* ist eine Anordnung von Rahmenbedingungen sozioökonomischer Organisations-, Produktions-, Kontroll- und Kooperationsbeziehungen, die Diskurse und Institutionen eine Zeit lang stabilisiert. Stabile Phasen zeichnen sich u. a. durch eine jeweils unterschiedliche Bedeutung von Binnen- und Außenorientierung sowie durch unterschiedliche Akkumulationsregime aus (vgl. Box *Binnen- bzw. Außenorientierung und Akkumulationsregime).*[209] Die *kolonial-liberale Regulationsweise* prägte die erste Globalisierung, die *fordistische Regulationsweise* prägte die eingebettete Globalisierung und die *neoliberale Regulationsweise* prägte die Hyperglobalisierung.

> **Binnen- bzw. Außenorientierung und Akkumulationsregime**
> **Binnenorientierung** fokussiert auf den Inlandsmarkt, d. h. den Absatz im eigenen Wirtschaftsraum. Löhne gelten als Kaufkraft, d. h. als potenzielle Nachfrage. Der Binnenmarkt bezeichnet ein abgegrenztes Wirtschaftsgebiet mit einheitlicher Marktordnung. Beispiele sind nationale Märkte sowie der EU-Binnenmarkt. Demgegenüber baut **Außenorientierung** auf globale Finanzmärkte und den Export. Wettbewerbsfähigkeit auf internationalen Märkten schafft durch den Absatz der nationalen Produktion auf Märkten anderer Länder Beschäftigung im Inland und erleichtert Produktivitätssteigerungen. Löhne werden dementsprechend vorrangig als Kostenfaktor gesehen, da sie Exporte verteuern.
> Ein **Akkumulationsregime** beschreibt bestimmte Organisationsweisen der Produktion mit unterschiedlichen Technologien, Geschäftsmodellen, Formen der Finanzierung und der Verteilung. In einem **extensiven Akkumulationsregime** erfolgt Wachstum, indem mehr Menschen beschäftigt werden. Gewinne steigen durch die Ausweitung der Produktion mit bestehenden Technologien. Im **intensiven Akkumulationsregime** erfolgt Wachstum durch erhöhte Produktivität aufgrund neuer Produktionsmethoden. Dies erleichtert Kompromisse zwischen Arbeit und Kapital, da damit Gewinne und Löhne gleichermaßen steigen können.

Das Ende stabiler Regulationsweisen kündigt sich durch Bewegungen und Gegenbewegungen an, d. h. durch das oftmals koordinierte und zielgerichtete Handeln bestimmter Akteure, die mehr Weltmarktintegration anstreben (*Bewegung*) oder Schutz vor globalen Märkten suchen (*Gegenbewegung*).[210] Diese Auseinandersetzungen können eine bestehende Regulationsweise untergraben und Elemente einer neuen entwickeln. Dabei konkurrieren zwei Logiken: die tendenziell grenzenlose Logik privatwirtschaftlicher Macht und die tendenziell territorial beschränkte politische Machtlogik.

7.2.1. Die kolonial-liberale Regulationsweise der ersten Globalisierung

In der ersten Globalisierung vor dem Ersten Weltkrieg (1850–1914) dominierten die Interessen der Akteure der weltmarktorientierten Ökonomie (vgl. S. 44 f.). In dieser, vom **marktliberalen Leitbild** geprägten, kolonial-liberalen Regulationsweise war der staatliche Sektor klein, Geldwertstabilität ein politisches Oberziel und Wirtschaftswachstum wurde wesentlich durch Exporte erzielt. Das in dieser Phase dominante **extensive und außenorientierte Akkumulationsregime** integrierte immer mehr Menschen, die davor in der Landwirtschaft und im Handwerk tätig waren, in den Arbeitsmarkt und erschloss europäischen Unternehmen außereuropäische Märkte. Der *Goldstandard*, d. h. eine währungspolitische Ordnung, die eine nationale Währung an Gold als seltenes Edelmetall koppelt, sicherte die Geldwertstabilität. Gleichzeitig schränkte er eine eigenständige nationale Geldpolitik durch Zentralbanken ein, da die Geldmenge kaum gesteuert werden konnte. Es dominierte ein international verwobener Bankensektor.[211] Die Preise blieben weitgehend stabil, ebenso der Wert der Einnahmen aus ausländischen Direktinvestitionen, da das Währungsrisiko, d. h. die Gefahr von Abwertungen, aufgrund der Kopplung nationaler Währungen an Gold wegfiel. Der Goldstandard gewährleistete, dass Länder nur importierten, wenn sie ausreichende Exporterlöse erzielten. Dies unterband dauerhafte Handelsbilanzdefizite.

Schon die Phase der ersten Globalisierung ging über den reinen Freihandel hinaus, denn sie gründete auf einer kolonial-liberalen Geld- und Rechtsordnung, die im Rahmen des *pax britannica* (vgl. S. 103) auch militärisch durchgesetzt wurde. Staaten waren zumeist als konstitutionelle Monarchien organisiert. Eine Verfassung beschränkte die Macht der politisch Herrschenden. Rechtsordnungen orientierten sich an internationalen Standards, um Rechtssicherheit für internationale Investoren zu gewährleisten und deren Renditen zu sichern. Das britische Pfund, die Leitwährung der ersten Globalisierung, galt als „so verlässlich wie Gold", was das Verschiffen von Gold unnötig machte.[212] Diese **tiefe wirtschaftliche Integration** beruhte auf formalen (Gesetzen und Verträgen) und informellen (Vertragsbrüchige erhielten keine Kredite) Regeln. Dies engte den Spielraum nationaler Wirtschaftspolitik für alle Staaten, aber v. a. für kleinere und ärmere, stark ein. Deren Regierungen waren *de facto* internationalen institutionellen Investoren mehr rechenschaftspflichtig als der eigenen Bevölkerung.[213]

Ein global agierender **finanzwirtschaftlicher Machtkomplex** mit der Londoner City als ihrem Zentrum setzte mit Hilfe der britischen Kriegsflotte den Goldstandard und Rechtssicherheit im internationalen Handel durch. Das Vereinigte Königreich förderte den Freihandel weltweit. Doch ab ca. 1870 verfolgten einige Länder, v. a. die USA, Deutschland und später Japan, eine eigenständigere Politik. Kernbereiche nationaler Selbstbestimmung waren zwar Fragen der Kultur, der Sprache und der Regelung von Migration. Doch auch Industrie und Landwirtschaft wurden vermehrt staatlich gefördert. Die imperiale Konkurrenz um Einflusssphären verschärfte sich: 1800 kontrollierten die europäischen Mächte politisch 35 % der Erdoberfläche, 1878 67 % und 1914 85 %.[214]

Die Globalisierungsdynamiken, die Märkte schrittweise globalisierten, führten zu Gegenbewegungen zum Schutz nationaler Wirtschaftszweige. So erhoben die Konkurrenten Englands, v. a. die USA und Deutschland, Schutzzölle gegen die übermächtige britische Konkurrenz. Die imperialistischen Konflikte um Einflussgebiete und Zugang zu Märkten und Rohstoffen nahm zu und gipfelte 1914 in einem Weltkrieg. Nach dessen Ende 1918 etablierten sich in Europa neue Nationalstaaten, manche auch als demokratische Republiken. In diesen wurden wichtige sozialpolitische Gesetze verabschiedet, die teilweise bis heute gelten, z. B. Urlaubsanspruch und Kündigungsschutz. Jedoch verhinderten die Verträge von Versailles und Saint-Germain, die Deutschland, Österreich und ihren Verbündeten die alleinige Schuld am Krieg gaben, eine konstruktive Zusammenarbeit der Sieger- und Verliererstaaten. Insbesondere die hohen Reparationszahlungen schränkten den wirtschaftspolitischen Handlungsspielraum Deutschlands und Österreichs ein. Selbst als 1929 die *Weltwirtschaftskrise* ausbrach, hielten die demokratischen Entscheidungstragenden am Goldstandard und einem ausgeglichenen Budget fest. Massenarbeitslosigkeit und Massenelend waren die Folge. Dies schwächte ihre demokratische Legitimation. In weiten Teilen Europas entstanden wenig später autoritäre und faschistische Diktaturen, in der Sowjetunion stabilisierte sich eine kommunistische Diktatur.

7.2.2. Die fordistische Regulationsweise der eingebetteten Globalisierung

Zwischen 1914 und 1945 kam es durch zwei Weltkriege und Protektionismus zur *wirtschaftlichen Deglobalisierung*. Danach setzte sich mit dem *Wohlfahrtskapitalismus* (1945 – ca.1973) die fordistische Regulationsweise und damit eine eingebettete Form der Globalisierung durch. Diese Phase wurde durch das **wohlfahrtskapitalistische Leitbild** geprägt. Wirtschaft und Gesellschaft wurden nationalstaatlich organisiert. In ganz Nordwesteuropa stabilisierten sich liberale Demokratien und Sozialstaat. In Portugal, Spanien und Griechenland endeten die Diktaturen allerdings erst in den 1970er Jahren, in Ost- und Südosteuropa erst nach 1989. Im **intensiven und binnenorientierten Akkumulationsregime**, das in dieser Regulationsweise stabilisiert wurde, betrieb der *Nationalstaat* eine aktive Finanz-, Geld- und Wirtschaftspolitik, teilweise mit öffentlichen Unternehmen. Industrielle Großunternehmen und andere Unternehmen, die den Binnenmarkt versorgten, dominierten die Realwirtschaft.

Die fordistische Regulationsweise war vom *Mainstream-Keynesianismus* (vgl. S. 32) geprägt. Der Nationalstaat stabilisierte die Akkumulation durch das Leitprinzip *Massenproduktion für den Massenkonsum*. Produktivitätssteigerungen basierten auf Taylorismus und Fordismus (vgl. S. 97) sowie einer nachfrageorientierten Wirtschaftspolitik. Dies ermöglichte durch hohes Wirtschaftswachstum Kompromisse zwischen Arbeit und Kapital, was in Nordwesteuropa und Nordamerika erstmals die Teilhabe breiter Bevölkerungsschichten am Wohlstand sicherte. Hohe Löhne galten als Kaufkraft, die die nationale Wirtschaft ankurbelt.

Öl wurde zum dominanten Energieträger und das Auto zum zentralen Konsumgut. Wirtschaftliche und politische Interessen konsolidierten den **fossilen Machtkomplex**, der in der Zwischenkriegszeit entstanden war. Ford in Detroit, Fiat in Mussolinis Italien, Volkswagen in Hitlers Deutschland wurden Leitbetriebe, und die öffentliche Hand finanzierte Autobahnen.[215] Nach dem Krieg wurde das Privatauto zum Massenverkehrsmittel. Es stabilisierten sich Bündnisse: v. a. zwischen Automobilindustrie, Gewerkschaften und politischen Großparteien. Zentraler Akteur dieses Machtkomplexes war weiters die *Agroindustrie*, d. h. die Zusammenarbeit verschiedener Wirtschaftssektoren, v. a. der Großlandwirtschaft, der Saatgut-, Dünge-, Futtermittel- und Pflanzenschutzmittelindustrie sowie der für die Mechanisierung notwendigen Maschinen- und Fahrzeugindustrie. Die von der Agroindustrie geförderte *Grüne Revolution* erhöhte den landwirtschaftlichen Output auf Kosten von Biodiversität und kleinen Landwirtschaftsbetrieben.

1944 wurde das Bretton-Woods-Abkommen unterzeichnet. Das **Bretton-Woods-System** regelte bis in die 1970er Jahre die Weltwirtschaft im Einflussbereich des Westens. Dieses System unterschied sich grundlegend von der Weltwirtschaftsordnung der ersten Globalisierung. Es basierte auf dem *General Agreement on Tariffs and Trade (GATT)*, einem Zoll- und Handelsabkommen, sowie zwei neu geschaffenen Bretton-Woods-Institutionen, der *Weltbank*[iv], welche für die Vergabe langfristiger Kredite zur Entwicklungsförderung zuständig ist, und dem *Internationalen Währungsfonds* (IWF), welcher Mitgliedsländer mit Krediten unterstützt, um kurzfristige Leistungsbilanzungleichgewichte auszugleichen. Das GATT belebte den Welthandel, der 1945 auf einen historischen Tiefststand gefallen war. Es ermöglichte eine *territorial eingebettete Form der Globalisierung*, die auf freiwilligen Zollsenkungen nach dem Prinzip der Meistbegünstigung beruhte. Demnach mussten Handelsvorteile, die ein Land einem anderen gewährte, auch für alle anderen Länder gelten. Das Bretton-Woods System war ausdrücklich kein Modell tiefer wirtschaftlicher Inte-

---

iv   Der korrekte Name der Weltbank ist Internationale Bank für Wiederaufbau und Entwicklung (IBRD).

gration. Es basierte auf einigen wenigen, aber wirksamen „Verkehrsregeln". Im Zentrum standen strenge Kapitalverkehrskontrollen, die globale Finanzmärkte beschränkten, was den finanzwirtschaftlichen Machtkomplex schwächte. Die Londoner City verlor ihre weltweit dominante Stellung. Dies erlaubte nationalen Regierungen eine eigenständige Finanz- und Geldpolitik sowie Entscheidungsspielräume, um sensible Sektoren wie die Landwirtschaft oder neue Industriezweige zu schützen. Regierungen nutzten wirtschaftliche Handlungsspielräume zur makroökonomischen Steuerung und sozialpolitische Gestaltungsmöglichkeiten durch den Ausbau der Sozialstaaten. Der Zugang zu Gesundheit, Bildung und Altersvorsorge war oft kostenfrei und für die meisten möglich. Mieten waren streng reguliert und der Erwerb von Eigenheimen wurde subventioniert. Als Folge fielen die Lebenshaltungskosten, was die private Kaufkraft weiter erhöhte und Wirtschaftswachstum förderte. Freiheit wurde als Befähigung verstanden, am Gemeinwesen materiell teilzuhaben.

Diese Regulationsweise ermöglichte drei Jahrzehnte lang größere wirtschaftliche, politische und soziale Stabilität. Man spricht von „Goldenen Jahrzehnten". Hohe Wachstumsraten und Vollbeschäftigung in Nordamerika und Nordwesteuropa ermöglichten sowohl eine steigende Lohnquote, d. h. einen steigenden Anteil der Lohneinkommen am Volkseinkommen, als auch hohe Unternehmensgewinne. Trotzdem verabschiedeten sich große Unternehmen ab den 1960er Jahren vom Nachkriegskonsens, auch weil die gestiegene Macht der Gewerkschaften die Handlungsspielräume von Management und Eigentümer einschränkte. Beschäftigte wurden durch Anlagekapital ersetzt, Produktion vermehrt in Billiglohnländer ausgelagert. Transnationale Unternehmen schufen mit dem *Eurodollar-Markt* einen privaten Finanzmarkt, der sich der Kontrolle der US-amerikanischen Zentralbank entzog und auf dem der US-Dollar außerhalb der USA gehandelt wurde. Dies erodierte nationale Währungsräume und damit politische Handlungsspielräume. 1973 beendete die USA einseitig und endgültig das Bretton-Woods System. In der Folge entstand erneut ein globaler Finanzmarkt.

7.2.3. Die neoliberale Regulationsweise der zweiten Globalisierung

Die wieder vom **marktliberalen Leitbild** bestimmte neoliberale Regulationsweise nach 1973 prägte die zweite Globalisierung. Im erneut **extensiven und außenorientierten Akkumulationsregime** dominierten transnationale Unternehmen und internationale Finanzinstitutionen. Die in der fordistischen Regulationsweise entstandene Koalition zwischen Industrieunternehmen und ihren Stakeholdern, zwischen Kapital und Arbeit, wurde durch ein Bündnis von Management und institutionellen Investoren und einer damit einhergehenden Ausrichtung auf *Shareholder* (Aktien-/Anteilshabende) abgelöst.[216] Das Ziel des langfristigen realwirtschaftlichen Wachstums wich der kurzfristigen finanzwirtschaftlichen Renditemaximierung. Aktienkurse entwickelten sich zur zentralen Erfolgsmetrik und der Druck institutioneller Investoren begünstigte Outsourcing- und Personalabbaustrategien.

Der **finanzwirtschaftliche Machtkomplex** gewann wieder an Bedeutung. Diesmal mit der Wallstreet als Zentrum, dem US-Dollar als Leitwährung und US-Staatsschuldtiteln als sicherste Vermögensanlage. Während der **fossile Machtkomplex** auch in der zweiten Globalisierung einflussreich blieb, entstand gleichzeitig mit dem Aufkommen plattformbasierter Geschäftsmodelle ein **digitaler Machtkomplex**.

Durch globale Produktionsnetzwerke bildete sich eine *neue internationale Arbeitsteilung*. In Europa und Nordamerika, aber auch in Afrika und Lateinamerika, führte dies zu Deindustrialisierung. Europa und Nordamerika wandelten sich zu zunehmend digitalisierten Dienstleistungsgesellschaften, während Afrika und Lateinamerika erneut zu Rohstofflieferanten wurden. Gleichzeitig entstanden v. a. in Asien hunderte Millionen neue Industriearbeitsplätze. Die neuen globalen Produktionsnetzwerke nutzten globale Lieferketten, die von sinkenden Transportkosten und Finanzmärkten, die die Transaktionskosten verringerten, profitierten. Dies beförderte den Standortwettbewerb zwischen Städten, Regionen und Nationen, die mit möglichst attraktiven Standort- und Anlagebedingungen um institutionelle Investoren wetteiferten.[217] Da Beschäftigte weniger mobil sind als Kapital sank die Lohnquote und damit die Kaufkraft, v. a. der unteren Einkommensgruppen. Die Einkommens- und Vermögensungleichheit innerhalb von Ländern stieg (vgl. Kap. 8.1).

Die zweite Globalisierung ist eine Form von *Hyperglobalisierung*, d. h. einer Weltwirtschaft, in der Handel weitgehend ohne Transaktionskosten betrieben wird, v. a. ohne marktbeschränkende Grenzen. Hyperglobalisierung geht über Freihandel hinaus. Die **tiefe wirtschaftliche Integration** in dieser Phase weist einen noch höheren Formalisierungsgrad auf als in der ersten Globalisierung.[218] Es entstand ein globales Regelwerk, ein *neuer Konstitutionalismus* ohne Weltregierung, d. h. „strong rules and weak states".[219] 1995 wurde das GATT von der WTO abgelöst, um einen möglichst unbeschränkten Welthandel sicherzustellen. Ziel ist die Senkung bzw. Abschaffung von Zöllen und anderen Handelshemmnissen. Dies bietet Investoren und Konzernen Rechtssicherheit, erhöht den Einfluss global agierender Akteure auf nationale Entscheidungsfindung und beschneidet damit nationale Handlungsspielräume. Parallel zur WTO entstand ein globales Regelwerk mit privaten Schiedsgerichten.[220] Investor-Staat Streitbeilegungsinstitutionen (*Investor-State Dispute Settlement*, ISDS) ermöglichen es Privaten, nationale Regierungen zu verklagen, wenn diese Maßnahmen setzen, die die erwarteten Gewinne schmälern. Dazu können auch höhere Arbeits- und Umweltstandards zählen. Z. B. sieht der *Energiecharta-Vertrag* Sonderklagerechte vor, die aktuell Unternehmen der Öl- und Gasbranche vor gewinnmindernden neuen Regulierungen im Sinne des Umwelt- und Klimaschutzes schützen. Derzeit sind 145 Verfahren im Rahmen des Energiecharta-Vertrages bekannt, bei denen institutionelle Investoren Staaten verklagten.[221] So laufen Klagen gegen Deutschland wegen des Ausstiegs aus der Kernenergie und gegen Italien wegen des Verbots neuer Öl- und Gasprojekte in Küstennähe. Als Kompensation für vermeintlich gewinnmindernde klimafreundliche Gesetze erhielten transnationale Unternehmen mitunter hohe, aus Steuergeldern finanzierte Entschädigungen. Im Fall Italiens hat der britische Öl- und Gaskonzern *Rockhopper* 190 Millionen Euro Schadensersatz für „entgangene Profite" zugesprochen bekommen.[222] Investiert hatte der Konzern weniger als 40 Millionen Euro.

Die zweite Globalisierung unterscheidet sich von der ersten auch durch ein Modell der *Global Governance*. In dieser Form der politischen Zusammenarbeit verhandeln nationale, trans- und supranationale Akteure Strategien, Regeln und Instrumente für Probleme, die mehr als einen Staat oder eine Region betreffen. Betont die UNO die Souveränität ihrer Mitgliedsstaaten, versucht das Modell von *Global Governance* nationale Souveränität durch supranationale Institutionen zu ersetzen. Erfolgreich war dies in Bezug auf die wirtschaftliche Globalisierung: Es wurden nicht nur Zollschranken aufgehoben, sondern auch *nicht-tarifäre Handelshemmnisse*. Dazu zählen nationale Regelungen zu technischen Normen, die Bevorzugung nationaler Firmen bei der staatlichen Auftragsvergabe sowie nationale Sozial- und Umweltstandards. Damit geht die Hyperglobalisierung weit über den unbegrenzten Welthandel mit Waren hinaus. Wenig erfolgreich waren die Versuche, eine liberale Weltordnung mit Menschenrechten, Demokratie und dem Schutz globaler Gemeingüter, wie einem stabilen Klima, zu schaffen.

Doch auch in der zweiten Globalisierung kam es zu Gegenbewegungen gegen die Aushöhlung von Sozialstaat und Demokratie. Beim WTO-Treffen 1999 in Seattle protestierten Zehntausende (*Battle of Seattle*). In der Folge bildete sich eine global organisierte Zivilgesellschaft, in der sich soziale Bewegungen, NGOs und Gewerkschaften über die Grenzen von Sprachgemeinschaften und Nationen hinweg vernetzten. Kernforderung ist eine Demokratisierung der *Global Governance*: Entscheidungen, die globale Gemeingüter betreffen, sollen demokratisch „von unten" legitimiert sein. Tatsächlich werden heute nicht nur Lobbying-Organisationen von Machtkomplexen, sondern auch allgemeinwohl-orientierte Organisationen stärker in das UN-System eingebunden. Damit ist es partizipativer und transparenter geworden. Mit der Finanzkrise 2008 verstärkte sich der Protest. Das Wachstum des Welthandels stockte. In China ist diese Abkehr von der Außenorientierung und die Stärkung des Binnenmarktes politisch gewollt, der Anteil exportierter Güter am Volkseinkommen fiel von mehr als 43 % auf unter 23 %.[223] Wiewohl Handelskriege, Wirtschaftssanktionen und der Kampf um geopolitischen Einfluss unter US-Präsident Donald Trump zunahmen, hat Trump weder die geopolitische Konkurrenz mit China erfunden noch endete sie mit seiner Präsidentschaft. Der Angriffskrieg Russlands gegen die Ukraine verschärft bloß die Tendenz zur geopolitischen Lagerbildung und zum selektiven Abbau wirtschaftlicher Verflechtungen. Auch im Gefolge der Covid-19-Pandemie wurde gefordert, strategische Abhängigkeiten von anderen Weltregionen bei kritischen Gütern zu verringern. Selektive Deglobalisierung, v. a. in technologisch und militärisch wichtigen Bereichen, ist die Folge.[224]

7.3. Technologie, Infrastrukturen und Energieträger

Globale Finanz- und Gütermärkte hängen von Infrastrukturen (vgl. S. 21 f.), Technologien und Energieträgern ab, welche Raum und Zeit strukturieren. Ohne moderne **raumüberwindende Infrastrukturen**, v. a. im Transportwesen (z. B. Straßen, Eisenbahnen, Flughäfen, Schiffskanälen), Informations- und Kommunikationstechnologien (z. B. Glasfasernetze, Tiefseekabeln) und fossile Energieträger wären Finanzmärkte und Lieferketten ungleich langsamer und weniger wirkmächtig.

Doch jede funktionierende Wirtschaftsweise besteht nicht nur aus raumüberwindenden, sondern auch aus **raumbildenden Infrastrukturen** wie z. B. Fabriken und Büros sowie Wohnraum, Schulen und Grünanlagen. Diese prägen konkrete Orte und schaffen feste Zentren für Kommunikations- und Austauschprozesse. Sie ermöglichen Wirtschaften, machen Plätze und Territorien lebenswert und fördern Agglomerationen (Ballungen) mit den damit verbundenen Standortvorteilen.[225] Räumliche Nähe ist wichtig für unternehmerischen Erfolg und menschliches Zusammenleben. Regelmäßiger Austausch beim Kaffee, auf der Straße und beim Sport schafft soziale Netzwerke. *Implizites Wissen* (*tacit knowledge*), d. h. nicht öffentlich zugängliches und kodierbares Wissen, ist oft nur in bestimmten Kontexten verfügbar, z. B. in Handwerksbetrieben, öffentlichen Verwaltungen oder Forschungseinrichtungen.[226] All diese lokalen Standortfaktoren beeinflussen jedoch den unternehmerischen Erfolg.

Im Kapitalismus besteht ein Spannungsverhältnis: Um das Alltagsleben zu ermöglichen und profitabel zu wirtschaften, braucht es Infrastrukturen und Investitionen vor Ort. Dies bindet Kapital langfristig. Gleichzeitig trachtet Kapital nach maximaler Flexibilität und Ortsunabhängigkeit, um Kostenvorteile rasch auszunützen und sich profitmaximierend zu vermehren.[227] Keine Form von Kapital kann dies so perfekt wie Finanzkapital, das in Sekundenschnelle global verschoben werden kann. Fehlen Regeln, die die Bindung von Kapital vor Ort unterstützen, fördert dies die kurzfristige Gewinnorientierung von Unternehmen auf Kosten langfristiger lokaler Entwicklung.

Das Zusammenspiel von Wirtschafts- und Technologieentwicklung wurde vom russischen Ökonomen Nikolai Kondratjew († 1938) mit seiner *Theorie langer Wellen* untersucht. Demnach führen neue Leitindustrien zu wirtschaftlichen Aufschwüngen und einer Wohlstandsphase, auf die ein Abschwung folgt. Eine Welle umfasst jeweils einen Zeitraum von 40 bis 60 Jahren, wobei historisch fünf Kontratjew-Wellen unterschieden werden.[228] Diese werden im Folgenden in die drei Phasen weltwirtschaftlicher Entwicklung eingegliedert und um eine kurze Geschichte der jeweils dominanten Energieträger ergänzt.[229]

7.3.1. Erste Globalisierung: von der Wasserkraft zur Kohle

In der ersten Globalisierung gab es drei Kontratjew-Wellen. Ab circa 1780 begann mit der **Dampfmaschine** die Industrielle Revolution, die die handwerkliche Arbeit ablöste. Die Produktion in Fabriken war arbeitsintensiv und erfolgte ortsgebunden in der Nähe von Wassermühlen und Kohleminen, z. B. in Nordengland. Maschinen prägten das Arbeitstempo und den Arbeitsrhythmus. Leitindustrie war die Textilindustrie. Diese Phase wird bis heute mit Manchester assoziiert (*Manchesterkapitalismus*). Die zentralen Energieträger waren **Holz und Wasserkraft**, riesige Wasserräder trieben die größten Textilfabriken an. Der Transport erfolgte mühsam durch Kanäle, mit Pferden und Segelschiffen.

Ab circa 1830 gewannen **Eisenbahnen**, **Stahlindustrie** sowie **Telegrafen** an Bedeutung, und **Kohle** wurde zum dominanten Energieträger. Klein- und Mittelbetriebe blieben die dominante Unternehmensform. Kohle war mobiler als Wasserkraft. War eine Wassermühle einmal errichtet, war sie ortsgebunden und der Betrieb konnte bei Bedarf kaum umgesiedelt werden. Der Umstieg auf Kohle erleichterte *Urbanisierung*. Die Welt wurde „kleiner", Menschen, Güter, Kapital und Wissen mobiler. Das gesellschaftliche Leben sowie die Umschlagzeit des Kapitals beschleunigten sich, räumliche Distanzen verloren an Bedeutung.[230] Schlechte Verkehrsinfrastrukturen, fehlende Hygiene, bedingt durch mangelhafte Wasserversorgung und Kanalisation, sowie daraus resultierende Epidemien veranlassten Kommunalverwaltungen im späten 19. Jahrhundert, ihre materiellen Infrastrukturen auszubauen (vgl. S. 22). So wurde die Basisinfrastruktur europäischer Städte geschaffen – von Straßen und Kanälen bis zu Rohren und Leitungen.

Die dritte, gegen 1880 beginnende Welle umfasste Innovationen in der **Elektrotechnik** (z. B. Telefon, Radio, elektrische Beleuchtung, Elektromotor) und Chemie, und basierte vermehrt auf der Anwendung wissenschaftlicher Erkenntnisse im Produktionsprozess. Es entstanden Kapitalgesellschaften, Kartelle und Trusts. Kohlebetriebene Dampfschiffe ersetzten die Segelschiffe und beschleunigten das Wachstum des Welthandels. Diese Welle und auch die britische Vorherrschaft endeten mit der Weltwirtschaftskrise 1929.

7.3.2. Eingebettete Globalisierung: der Aufstieg von Öl und Gas

Im Kalten Krieg der Nachkriegszeit konkurrierten zwei Wirtschaftssysteme: die zentrale Planwirtschaft im Osten und der Wohlfahrtskapitalismus im Westen. Letzterer war ein historischer Kompromiss zwischen den Interessen des Kapitals und der Arbeit. Ausdrücklich wurde versucht, *liberale Demokratie und eine gemischtwirtschaftliche Ordnung mit Märkten und privatem Unternehmertum zu verbinden.* So entstand aus der Konkurrenz mit der Sowjetunion eine Form von Kapitalismus, die sich grundlegend vom Manchesterkapitalismus unterschied.

Im stark binnenorientierten Wohlfahrtskapitalismus wurden raumbildende materielle Infrastrukturen ausgebaut sowie wohlfahrtsstaatliche Infrastrukturen geschaffen bzw. erweitert. Zusammen bilden sie das Rückgrat der Grundversorgungsökonomie (vgl. S. 43 f.) und gewährleisteten erstmals innerhalb eines nationalen Territoriums einheitliche Lebensbedingungen. Kinder aus Bergbauernfamilien erhielten vermehrt gleiche Chancen wie Stadtkinder im Zugang zu öffentlicher Bildung und Gesundheit. Der Industrie standen gut ausgebildete und gesunde Arbeitskräfte zur Verfügung, die mit hohen Löhnen Massenprodukte nachfragten. So meinte Henry Ford († 1947), der Namensgeber der fordistischen Regulationsweise: „Ich will, dass meine Arbeiter gut bezahlt werden, damit sie meine Autos kaufen."

Im Kontext fordistischer Regulierung führten Innovationen im Bereich der **Petrochemie**, d. h. der Herstellung von chemischen Produkten aus **Erdöl und -gas**, zur vierten Kontratjew-Welle, die den fossilen Machtkomplex stärkte. Der Wohlfahrtskapitalismus basierte auf Öl und Gas als Energieträger, die noch weniger arbeitsintensiv und ortsgebunden sind als Kohle. Raumüberwindende Infrastrukturen, v. a. ein Netzwerk an Leitungen sowie Tankern, sind wichtig. Aber es brauchte auch Produktions- und Liefersicherheit, weshalb der Westen massiv in die politischen Strukturen ölproduzierender Länder eingriff. Staatsstreiche und geglückte sowie missglückte Regimewechsel sind unrühmlicher Teil der Geschichte des Erdöls. Die **Automobilindustrie** wurde zur Leitindustrie, die Luftfahrt gewann an Bedeutung. Der motorisierte Individualverkehr mit Verbrennungsmotoren ging einher mit dem autogerechten Umbau der Städte und der Zersiedelung im Umland. Der Nachkriegsaufschwung endete mit der ersten (1973) und zweiten (1979) *Ölkrise*, d. h. stark steigenden Öl- und Rohstoffpreisen.

7.3.3. Zweite Globalisierung: Digitalisierung und der Mythos einer post-materiellen Ökonomie

Der zweiten Globalisierung unterliegt eine fünfte Kontratjew-Welle. In dieser wurden **Informations- und Kommunikationstechnologien** zu Leittechnologien, und neue raumüberwindende Infrastrukturen ermöglichten globale Produktionsnetzwerke und Finanzmärkte. Diese Technologien und Infrastrukturen erleichterten nicht nur die rasche und fast kostenlose Raumüberwindung, sondern schufen auch überräumliche Infrastrukturen wie das Internet für persönliche und wirtschaftliche Interaktionen. **Digitalisierung** – basierend auf *Miniaturisierung* mit immer leistungsfähigeren digitalen Informationstechnologien (v. a. Chips) und neuen Kommunikationstechnologien (z. B. das Smartphone) – ist der technologische Megatrend der zweiten Globalisierung. Sie schafft virtuelle Räume, erleichtert weltweite Kommunikation und verändert Informationsbeschaffung sowie Nähe- und Distanzverhältnisse, z. B. durch *Home-Office*. Digitalisierung und künstliche Intelligenz ermöglichen Unternehmen, Wissen und Informationen effizienter zu verarbeiten, Fixkosten zu senken sowie Produktion und Kommunikation zu globalisieren. Big Data und das damit verbundene Wissen über das Verhalten von Menschen wird zum wichtigen „Rohstoff". Dies fördert Standardisierung und führt zu Netzwerkeffekten, was Monopolbildung und die Abschöpfung von Renten befördert, z. B. ermöglicht durch Marktzutrittsbarrieren, Netzwerkdominanz, Patente und Gebühren.[231]

Doch Neues zu schaffen erfordert Kommunikation, Austausch und koordiniertes Handeln. So ist eines der Zentren der digital vernetzten Welt ein konkreter Ort, der gleichzeitig für ein ganzes soziotechnisches System steht: *Silicon Valley*. Es entstand ein **digitaler Machtkomplex**, anfangs großteils dominiert von US-amerikanischen Unternehmen. Dieser Machtkomplex profitiert von der Aneignung privater Daten durch deren Verkauf auf globalen Märkten.[232] Gerechtfertigt werden die hohen Gewinne durch die privatwirtschaftliche Innovationskraft der Digitalunternehmen. Jedoch wird hierbei übersehen, dass die öffentliche Unterstützung durch Innovations-, Technologie- und Rüstungspolitik zentral für den individuellen unternehmerischen Erfolg ist. So entwickelte sich das Internet aus einem Datennetzwerk öffentlicher Universitäten und basiert auf der öffentlich geförderten Entwicklung des HTML-Codes. Auch von den dreizehn Bereichen technologischen Fortschritts, die für die Entwicklung des iPhones unerlässlich waren, sind elf – einschließlich Mikroprozessoren, GPS und Internet – wesentlich auf staatliche, zumeist militärische Innovationsförderung zurückzuführen.[233] Staaten tragen mit Steuergeldern den Großteil des Risikos bei der Entwicklung neuer Technologien, während private Unternehmen den Löwenanteil der Gewinne erzielen.

Des Weiteren erleichtern und verbilligen neue Transporttechnologien die Raumüberwindung. Die **Containerisierung**, d. h. die weltweite Verbreitung des Containers, verbilligt Logistiksysteme. **Bar Code** und E-Commerce erleichtern den globalen Handel. Die geänderte Geografie der Weltwirtschaft zeigt sich an der Reihung der Containerhäfen, die von fünf asiatischen Häfen (Shanghai, Singapur, Ningbo-Zhoushan, Shenzhen und Guangzhou) angeführt wird. Rotterdam, der größte europäische Hafen, ist zehntgereiht, der bestgereihte nordamerikanische Hafen ist Los Angeles (17.).[234] Bei Frachtflughäfen ist die Reihung ausgeglichener, wird aber von Hongkong angeführt.[235] Die Bedeutung von Logistikknoten zeigt die fortgesetzte Wichtigkeit konkreter ortsgebundener Infrastrukturen. Trotz Digitalisierung kann daher von einer post-materiellen Ökonomie keine Rede sein.[236] Auch virtuelle Märkte basieren auf materiellen Infrastrukturen wie Glasfaserkabeln, Satelliten und fossilen Energieträgern. Letztere bilden die Grundlage der globalen Logistikinfrastruktur – v. a. Tanker, LKWs und Flugzeuge. Trotz Internet reduzierte sich weder der physische Welthandel noch der Verbrauch fossiler Energieträger. E-Commerce und global mobiles Finanzkapital beschleunigen ihn vielmehr. Alle drei Machtkomplexe – finanzwirtschaftlich, fossil und digital – wirken in der zweiten Globalisierung zusammen.

7.4. Internationale Geldordnung und Finanzmärkte

In den drei Phasen weltwirtschaftlicher Entwicklung gibt es jeweils eine eigene internationale Geldordnung mit einer bestimmten Ausgestaltung von Finanzmärkten.[237]

7.4.1. Erste Globalisierung: der Pfund-Goldstandard und die „Goldene Zwangsjacke"

Ab dem 19. Jahrhundert machte der **Pfund-Goldstandard** ein seltenes Edelmetall zum universell akzeptierten Geld, das durch die Handels- und Militärmacht des Vereinigten Königreichs abgesichert wurde. In dieser Währungsordnung waren nationale Währungen über die Kopplung an den englischen Pfund indirekt an Gold gebunden. Da die Landeswährung einen Anspruch auf Gold repräsentierte, war es für Zentralbanken riskant, mehr Geld in Form von Banknoten in Umlauf zu bringen als sie über Goldreserven verfügten. Dies stabilisierte den Geldwert, schränkte aber politische Handlungsspielräume ein. Es setzte der Ausgabe von Banknoten sowie der Staatsverschuldung enge Grenzen, was nur mit einem „schlanken" Staat, d. h. beschränkten Staatsaktivitäten, vereinbar war.

Im Laufe des 19. Jahrhunderts wurden Gold, Schuldscheine, die auf Gold aufbauten, sowie Währungen, die an das Gold gekoppelt waren, immer öfter als Zahlungsmittel akzeptiert. Dass die in Umlauf befindlichen Geld- und Schuldscheine durch Gold besichert waren, vereinfachte zwar internationale Transaktionen, begrenzte aber auch die Geldmenge, da Gold nicht beliebig vermehrbar ist. Damit ist der Goldstandard eine Geldordnung, die die Gefahr von Inflation reduziert und Kreditgebende und Vermögensbesitzende schützt. Selbst der Geldschöpfung durch Zentralbanken sind enge Grenzen gesetzt. Tatsächlich blieb das Preisniveau im 19. Jahrhundert weitgehend stabil. Es gab jedoch Phasen der *Deflation*, definiert als ein allgemeiner, signifikanter und anhaltender Rückgang des Preisniveaus für Güter und Dienstleistungen. Deflation bremst die Wirtschaftsleistung und gefährdet die Zahlungsfähigkeit der Schuldner:innen, denn mit steigendem Geldwert steigen auch die Schulden.

Weiters gab es auf den Finanzmärkten einen ständigen Wettbewerb um anlagesuchende Rentiers. Versuchten Gewerkschaften höhere Löhne oder Parlamente Sozialleistungen durchzusetzen, erhöhte dies umgehend die Kosten der Exportgüter und gefährdete die Handelsbilanz. Kam es zum Abfluss von Gold, drohten Währungskrisen. Nationale Regierungen, v. a. in Kleinstaaten, waren somit in einer *goldenen Zwangsjacke* (*Golden Straightjacket*) gefangen, die institutionelle Investoren den Staaten aufzwangen. Lehnten diese bestimmte Maßnahmen ab, z. B. hohe Sozialausgaben, konnten sie Kredite fällig stellen, neue Kredite verteuern sowie nationale Aktien abstoßen. All dies drohte, in einer Rezession zu enden. Daher versuchten nationale Regierungen mit vorauseilendem Gehorsam, dies zu vermeiden. Den Möglichkeiten, eigenständiger Wirtschaftspolitik waren damit enge Grenzen gesetzt. Die Weltwirtschaftskrise 1929 führte zum Ende des Goldstandards, der Vorherrschaft des Pfunds – und auch der goldenen Zwangsjacke. 1931 gab zuerst das Vereinigte Königreich den Goldstandard wegen hoher Goldabflüsse auf. 1933 folgten die USA.

7.4.2. Eingebettete Globalisierung: der Dollar-Goldstandard und das Bretton-Woods System

Wiewohl auch ein Goldstandard, eröffnete das **Bretton-Woods Abkommen** von 1944 nationalen Zentralbanken erweiterte Handlungsspielräume für eigenständige Geld- und Währungspolitik – v. a. durch Kapitalverkehrskontrollen und damit der strengen Regulierung globaler Finanzakteure. Es förderte den weltweiten Warenhandel, regulierte aber Geld- und Kreditmärkte rigoros. Geschäfts- und Investmentbanken wurden getrennt: erstere finanzierten Unternehmen und Konsument:innen, letztere optimierten die Anlage von Finanzprodukten. Im Vordergrund stand die Finanzierung realwirtschaftlicher Projekte und Geschäftsideen. Private Banken schufen Geld durch Kreditvergabe.

Kreditgeld wurde bestimmend und zusammen mit niedrigen Zinsen ermöglichte dies hohe Investitionen und ein starkes Wachstum der Güterproduktion.

In den beiden Bretton-Woods-Institutionen, der Weltbank und dem IWF, haben die westlichen Nationen die Stimmenmehrheit, weil sie die Mehrheit der Kapitaleinlagen bereitstellen. Sie stellen Präsident:in der Weltbank und Direktor:in des IWF. Das Bretton-Woods Abkommen etablierte für den westlichen Einflussbereich ein von den USA und dem US-Dollar dominiertes Weltwirtschaftssystem.[238] Die Währungen der am Abkommen teilnehmenden 44 Länder waren damit innerhalb einer engen Bandbreite indirekt an Gold gebunden und dadurch gedeckt. Keynes hatte als britischer Verhandler des Bretton-Woods Abkommens vorgeschlagen, Zahlungsbilanzungleichgewichte über eine eigene, nicht von einer Nation bestimmten Währung zu verrechnen und auszugleichen.[239] Damit wäre auf die Dominanz des britischen Pfundes eine nicht-hierarchische Währungsordnung gefolgt. Die USA setzte sich aber mit dem System der Kopplung des US-Dollars an das Gold durch.[240] Diese blieb bis 1971 mit 35 Dollar je Unze Gold unverändert. Damit akzeptierten die USA einen überhöhten Wechselkurs. Dies führte zum Abfluss von Goldreserven und begünstigte ihre Verbündeten, v. a. Japan und Deutschland, da der hohe Dollarkurs deren Exporte verbilligte.

Mit dieser eingebetteten und damit beschränkten Form der Globalisierung wurden Finanz- und Wirtschaftskrisen vorübergehend weitgehend vermieden. Doch geriet das System Ende der 1960er Jahre in eine strukturelle Krise. Die hohen Kosten des Vietnamkriegs sowie steigende Ausgaben für Sozialleistungen führten in den USA zu erhöhter Staatsverschuldung und einer sich verschlechternden Handelsbilanz. Um das strukturelle Leistungsbilanzdefizit zu bekämpfen, tauschte die US-Zentralbank ab 1971 US-Dollar nicht länger gegen Gold. 1973 wertete sie den Kurs des US-Dollars ab, um ihre eigenen Exporte zu verbilligen und Importe zu verteuern. Damit endete die Gold-Dollar Kopplung.

7.4.3.   Zweite Globalisierung: Finanzialisierung

Im System flexibler Wechselkurse vertiefte sich die Dominanz des US-Dollars. Ein Großteil des Welthandels, v. a. von Rohstoffen, erfolgt in US-Dollar. Gleiches gilt für Besicherungen von internationalen Transaktionen, für Schuldscheine und Währungsreserven. Dies gibt den USA das Privileg, als einziges Land der Welt ihre fortgesetzten Leistungsbilanzdefizite, d. h. eine strukturell steigende Auslandsverschuldung, ohne Rückzahlungsprobleme finanzieren zu können.[241] *US-Staatsschuldscheine* bleiben die sicherste Form der Veranlagung und stabilisieren die US-Hegemonie trotz schwindender industrieller Wettbewerbsfähigkeit.

Umgekehrt macht es diese Währungshierarchie den Ländern des globalen Südens schwer, die aus dem Kolonialismus stammende periphere Position in der Weltwirtschaft zu verlassen. So endeten die Industrialisierungs- und Wohlfahrtsfortschritte in vielen Ländern des globalen Südens, v. a. in Afrika und Lateinamerika, in den 1970er Jahren. Der *Volcker Schock* 1979, d. h. ein Politikwechsel der US-Zentralbank, der nach deren Chef Paul Volcker benannt wurde, bestand darin, die Zinsen abrupt anzuheben, um die inländische Inflation zu senken. Die Folge war ein starker Anstieg des US-Dollarkurses, eine weltweite Rezession und eine Verschuldungskrise in Ländern, die in den 1970er Jahren niedrig verzinste Kredite in US-Dollar aufgenommen hatten. Um die Zahlungsunfähigkeit zu vermeiden, akzeptierten viele Länder des globalen Südens strenge *Strukturanpassungsprogramme*, mit denen Weltbank und IWF die Vergabe von Krediten an marktliberale Bedingungen knüpften, v. a. Handelsliberalisierung und Privatisierungen. Die Folge waren soziale Verwerfungen und stagnierende sozioökonomische Entwicklung.

Finanzialisierung[242] beschreibt die zunehmende Bedeutung von Finanzmärkten, Finanzakteuren, Finanzinstitutionen sowie finanziellen Motiven. Sie hängt zusammen mit dem Versuch der USA, ihre hegemoniale Stellung abzusichern. Die Globalisierung ihres Finanzwesens ermöglichte den USA, ihren Einflussbereich trotz schwindender industrieller Wettbewerbsfähigkeit und Ansehensverlust als Folge des Vietnamkriegs abzusichern. Kapital wurde von der Real- in die Finanzwirtschaft verlagert.[243] Die Verbriefung von Vermögenswerten, die Schaffung und Ausweitung neuer Finanzinstrumente sowie der Eurodollar-Markt stärkten die Nachfrage nach US-Dollar.[244]

Damit wurden globale Finanzmärkte wieder ähnlich einflussreich wie in der ersten Globalisierung. Finanzkapital wurde mobiler, Finanztransaktionen mit Aktien, Anleihen und Derivaten durch Investmentbanken, Versicherungen, Pensions- und anderen Fonds gewannen an Bedeutung. Auf der Suche nach profitablen Anlagen entdeckten diese Finanzinstitutionen Anlagemöglichkeiten in Wirtschaftsbereichen, in denen bis vor kurzem kaum Gewinne gemacht wurden: z. B. in Bildung, Gesundheit und Altersvorsorge sowie v. a. in der Immobilienwirtschaft.[245] Immobilien wurden zu begehrten Anlageobjekten, in denen ein großer Teil der Vermögen angelegt wurde. Damit stiegen Bodenpreise, Mieten und Kosten von Wohneigentum stark. Die Finanzwirtschaft wuchs stärker als die Realwirtschaft, wobei die Abschöpfung von **Renten** an Bedeutung gewann. Leistungslose Finanzeinkommen gewannen gegenüber realer Wertschöpfung an Bedeutung, Rentiers (Abschöpfende) gegenüber Unternehmer:innen (Schöpfenden) (vgl. S. 45). Der durchschnittliche gesetzliche Körperschaftssteuersatz, d. h. die Steuer auf das Einkommen juristischer Personen, fiel weltweit von 49 % (1985) auf 24 % (2018). Fehlende Kapitalverkehrskontrollen erleichtern Steuerbetrug und Steuervermeidung, v. a. die Verlagerung der Gewinnbesteuerung in Steueroasen wie Irland und die Niederlande.

40 % der Gewinne transnationaler Unternehmen werden jährlich in solche Niedrigsteuerländer verlagert.[246]

Der **Shareholder Value** und die damit einhergehende kurzfristorientierte Logik wurden in der Unternehmensführung bestimmend: Eigenkapitalrentabilität wurde zur zentralen Unternehmenskennzahl, Merger und Akquisition, aber auch feindliche Übernahmen wurden häufiger, Dividendenausschüttungen und Aktienrückkäufe nahmen ebenso zu wie die Vergütungen des Spitzenmanagements.[247] Langfristige Investitionen wurden tendenziell vernachlässigt. Während die Löhne in den sieben führenden Industrieländern (G7) zwischen 2011 und 2017 um 3 % stiegen, erhöhten sich die Dividenden um 31 %.[248] Und auch während der Pandemie konnten Personen im Spitzenmanagement sowie Anteils-/Aktienhabende trotz Umsatzeinbrüchen weiterhin mit hohen Gehältern und Dividendenausschüttungen rechnen. Das mag nicht fair sein, ist aber Ergebnis aktuell mächtiger struktureller Dynamiken: Marktgerechtigkeit entkoppelt sich von Leistungsgerechtigkeit (vgl. S. 56).

Demgegenüber stagnierte die Industrieproduktion in Europa. Der finanzwirtschaftliche Machtkomplex beeinflusste vermehrt die Wirtschaftspolitik. In der neoliberalen Regulationsweise fokussiert Wirtschaftspolitik auf Privatisierung, Liberalisierung, Kürzungen öffentlicher Ausgaben und flexibilisierte Arbeitsmärkte. Private Kreditvergabe, d. h. private Verschuldung, soll ausgeweitet werden, um den Konsum trotz teilweise sinkender Reallöhne und rückgängiger öffentlicher Wohlfahrtsleistungen zu stützen.[249] Steuern auf Gewinne und Finanztransaktionen wurden gesenkt. Die Gewinnquote stieg. Erträge aus Zinsen, Dividenden und Kurssteigerungen übertrafen oftmals jene aus produktiven Investitionen, d. h. Produktivitätsgewinne wurden vermehrt an Aktienhabende ausgeschüttet oder für den Kauf von Finanzprodukten verwendet und zu einem geringeren Anteil reinvestiert.[250] Daher verfügen Unternehmen trotz steigender Gewinne aus finanzwirtschaftlichen Aktivitäten nur begrenzt über Kapital für produktive Investitionen. Die Finanzialisierung ermächtigte Vermögensbesitzende zu Lasten der meisten Lohnabhängigen.

Der *neoklassischen Markteffizienzhypothese* folgend galten Finanzmärkte als besonders effizient und transparent (vgl. S. 81). Die sekundenschnelle Anpassungsfähigkeit der Finanzmärkte schien Garant ihrer Stabilität und verleitete dazu, Kapitalverkehrskontrollen und eine vorsichtige Bankenregulierung weitgehend abzuschaffen.[251] Regulierungsbehörden setzten auf freiwillige Selbstregulierung, und Zentralbanken konzentrierten sich auf das Ziel der Preisniveaustabilität. Dies machte das Finanzsystem ähnlich krisenanfällig wie in der ersten Globalisierung. Tatsächlich kam es zu Vermögenspreisblasen, v. a. Finanz- und Immobilienblasen sowie Finanzkrisen. Ein weltweiter Zusammenbruch des Finanzsystems wurde 2008 verhindert, weil Regierungen überschuldete Banken retteten und mit Kurzarbeitsprogrammen und anderen keynesianischen Maßnahmen die Kaufkraft stärkten. Gleichzeitig praktizierte die EZB fortan eine aktivere Geldpolitik. Sie senkte nicht nur die Zinsen zeitweise auf null, sondern intensivierte auch den Ankauf von Staatsschuldscheinen mit *open market operations*. Es gelang, die Spekulation gegen Staatsschuldscheine schwächerer Mitgliedsstaaten, v. a. in Südeuropa, zu unterbinden. Doch führte diese „Politik des billigen Geldes" zu einer massiven Vermögenspreisinflation. Kreditvergaben an die Realwirtschaft erschienen Geschäftsbanken trotz niedriger Zinsen angesichts trüber Wirtschaftsaussichten als zu riskant, weshalb Immobilienkredite und Kredite für Finanzanlagen bevorzugt wurden.[252]

Die globale Finanzkrise von 2008 führte auch zu zivilgesellschaftlichen Initiativen, das Geldsystem zu verändern. Zum einen entstand die *Kryptowährungsbewegung*, die versucht, mit modernen Technologien, ein dezentralisiertes Geldsystem jenseits staatlicher Regulierungen aufzubauen. Kryptowährungen wie z. B. Bitcoin blieben jedoch gerade wegen fehlender staatlicher Regulierung primär Spekulationsobjekte. Sie erzielen teilweise hohe Kursgewinne bei großen Kursschwankungen. Gleichzeitig verstärken Kryptowährungen mit ihrer energieintensiven oligopolistischen Produktionsstruktur nicht nur die Konzentration von Vermögen. Auch das Risiko des Zahlungsausfalls bleibt bei den Nutzer:innen.[253] Zum anderen gab es politische Reaktionen wie z. B. *Occupy Wall Street*. Diese Initiativen forderten stärkere demokratische Rechenschaftspflicht der Geldpolitik, einen Schuldenerlass für hoch verschuldete Länder, Banken im öffentlichen Eigentum, alternative Währungssysteme sowie den Erlass von Studiendarlehensschulden.

7.5. Zusammenfassung: die drei Phasen weltwirtschaftlicher Entwicklung

Die folgende Tabelle fasst die drei Phasen weltwirtschaftlicher Entwicklung zusammen.

Tabelle 5: Zusammenfassung der drei Phasen weltwirtschaftlicher Entwicklung

	Erste Globalisierung	Eingebettete Globalisierung	Zweite Globalisierung
Zeitraum	1850–1914	1945–1973	ab 1973 mit deutlichen Brüchen seit 2008
Regulationsweise	kolonial-liberal	fordistisch	neoliberal
Akkumulations-regime	extensiv	intensiv	extensiv
Leitbild	marktliberal	wohlfahrtskapitalistisch	marktliberal
Art der Globalisie-rung	Goldstandard mit Rechtssicherheit für Investoren	Kein globaler Finanzmarkt, nationale wirtschaftspolitische Handlungsspielräume	Hyperglobalisierung: tiefe Integration mit supranationalen Institutionen
Märkte	Weitgehend unbeschränkte Finanzmärkte, vermehrt Schutzzölle	Staatliche Marktregulation, schrittweise Reduktion von Zöllen	Globalisierte Güter- und Finanzmärkte
Dominante Wirtschaftsform	Finanzwirtschaft	Realwirtschaft	Finanzwirtschaft
Wirtschaftspolitische Orientierung	Außenorientierung; Löhne/Gehälter als Kostenfaktor	Binnenorientierung; Löhne/Gehälter als Kaufkraft	Außenorientierung; Löhne/Gehälter als Kostenfaktor
Technologien und Leitindustrien	Dampfmaschine, Eisenbahn, Elektrotechnik	Petrochemie und Automobil	Kommunikations- und Informationstechnologien
Energieträger	Wasserkraft und Holz, später Kohle	Öl und Gas	Öl, Gas und Kohle; erneuerbare Energieträger gewinnen an Bedeutung
Geldordnung und Finanzmärkte	Pfund-Goldstandard (Goldene Zwangsjacke), deregulierte Finanzmärkte	Dollar-Goldstandard Bretton-Woods System: streng regulierte Finanzmärkte	Deregulierte Finanzmärkte, Finanzialisierung
Machtkomplexe	Finanzwirtschaftlicher Machtkomplex	Schwächung des finanzwirtschaftlichen Machtkomplexes, Aufstieg des fossilen Machtkomplexes	Finanzwirtschaftlicher, fossiler und digitaler Machtkomplex wirken zusammen

8. Gesellschaft im Umbruch

In Gesellschaften spielen Individuum und Kollektiv unterschiedlich zusammen. Verschiedene Formen dieses Zusammenspiels, d. h. wie Gesellschaft gestaltet wird, sind tendenziell durch die jeweilige Dominanz zweier unterschiedlicher Menschenbilder geprägt: Zum einen das Bild vom Menschen als unabhängiges Individuum, zum anderen das Bild des Menschen als soziales und politisches Wesen. Das **individualistische Menschenbild** hat im deutschen Sprachraum Wurzeln im anarchischen Verständnis germanischer Volksgruppen.[254] Weltweit verbreitet hat es sich mit dem liberalen Menschenbild, das das unabhängige Individuum ins Zentrum stellt. Liberalen Theoretikern wie Thomas Hobbes († 1679)[255] und John Locke († 1704)[256] folgend sind Menschen im „Naturzustand" voneinander unabhängige Wesen. Sie schließen einen Gesellschaftsvertrag, in dem sie sich zum Schutz von Vertrags- und Eigentumsrechten einem staatlichen Gewaltmonopol unterwerfen, das diese Rechte durchsetzt.[257] Diesen Theorien folgend wird ein fortgesetzter Kriegszustand nur überwunden, indem der rechtsfreie „Naturzustand" verlassen wird. Dieses Menschen- und Gesellschaftsbild von „von Natur aus" sich selbst regierenden Individuen prägt die westliche Denkweise bis heute, sei dies im methodologischen Individualismus (vgl. S. 30) oder im Appell an Eigenverantwortung bei der privaten Pensionsvorsorge und der Pandemiebekämpfung.

Das Bild vom **Menschen als Lebewesen, das mit anderen und der Natur in Beziehung steht**, geht demgegenüber davon aus, dass Menschen immer schon für und mit anderen leben. Menschen sind soziale, politische und biophysische Wesen, d. h. sie sind Teil von Familien, Freundeskreisen und Gemeinwesen, und sie sind Lebewesen, d. h. Teil der Natur. Dieses Menschenbild hat zwei Ursprünge: in der *republikanischen* Tradition von Aristoteles bis Hannah Arendt († 1975) ist der Mensch ein politisches Wesen, dessen Rechte und Pflichten sich aus der Mitgliedschaft in einem Gemeinwesen, der Polis, herleiten.[258] In der *feministischen* Tradition sind Menschen vom gegenseitigen Für-, Vor- und Versorgen abhängig.[259] Menschen sind bedürftige und verletzliche Lebewesen, die ein Leben lang auf unterschiedlichste Weisen auf andere Menschen und auf menschenfreundliche Lebensgrundlagen angewiesen sind – Menschen sind demnach *needy enmattered beings*.[260] Verletzlichkeit und Abhängigkeit sind – in unterschiedlichem Ausmaß – universelle, unvermeidliche und dauerhafte Aspekte des Mensch-Seins, wiewohl diese bei Kleinkindern anders ausgeprägt sind als bei pflegebedürftigen Älteren oder bei *Selfmade-(wo)men*.[261] Doch selbst letztere können sich auch mit viel Geld und Einfluss nicht von ihrer grundlegenden Verletzlichkeit und ihrer Abhängigkeit von anderen Menschen und Natur freikaufen. Verbundenheit bleibt konstitutiv für alle Lebewesen, *Autonomie ist nachgelagert und setzt Verbundenheit voraus*: die

Entwicklung des Kindes beruht auf der Fürsorge der Eltern und Betreuenden; der Erfolg einer Unternehmerin beruht ebenso auf ihrer Belegschaft wie auf jenen Personen, die mit Sorge- und Hausarbeit sicherstellen, dass Menschen gesund und arbeitsfähig bleiben. Und Autonomie setzt eine menschenfreundliche Umwelt voraus.

Die Geschichte menschlicher Zivilisationen ist eine Geschichte von Kämpfen um Autonomie und Unabhängigkeit einerseits und um geteilte Rechte und Pflichten im Gemeinwesen andererseits. Tatsächlich begleiten Unterdrückung und Ungleichheit alle arbeitsteilig organisierten Gesellschaften. Die Stabilität von Zivilisationen war zumeist begleitet von sozialen und geschlechtlichen Hierarchien, Exklusion und wirtschaftlicher Ausbeutung. Dabei gingen drei Formen der Ungleichheit oftmals Hand in Hand: Ressourcenungleichheit, vitale Ungleichheit und existenzielle Ungleichheit (vgl. Box *Drei Arten von Ungleichheit*).[262] Diese Ungleichheiten änderten sich im Laufe der Zeit – und sie wirken sich nicht nur auf die Ärmsten negativ aus. Studien von Kate Pickett und Richard Wilkinson belegen, dass auch Reiche in gleicheren Gesellschaften eine höhere Lebensqualität genießen.[263] Eine mögliche Erklärung dafür ist *Statuskonkurrenz*, die in ungleichen Gesellschaften besonders groß ist. Der Druck, die eigene Position zu verteidigen oder zu verbessern, führt auch bei den Bessergestellten zu erhöhtem Stress und psychischen Problemen.

Drei Arten von Ungleichheit
Göran Therborn unterscheidet drei Arten von Ungleichheit:
(1) **Ressourcenungleichheit** umfasst materielle Ungleichheiten, v. a. monetäre Ungleichheiten sowie ungleiche Zugangsmöglichkeiten zu öffentlichen Infrastrukturen.
(2) **Vitale Ungleichheit** umfasst Ungleichheiten im Gesundheitszustand, v. a. unterschiedliche Lebenserwartungen.
(3) **Existenzielle Gleichheit** basiert auf Teilhabemöglichkeiten in einem umfassenden Sinn, d. h. dem Fehlen von Diskriminierung, Stigmatisierung und Unterdrückung wie z. B. durch Rassismus, Sexismus, Kastenwesen oder Sklaverei.

Im Folgenden beginnen wir mit zwei kurzen Geschichten über Freiheit und (Un)Gleichheit. Die Lebenschancen von Individuen bestimmen sich demnach stark durch zwei Faktoren: das Land, in dem man geboren wird, und der Klassenzugehörigkeit, d. h. durch Ungleichheiten zwischen Ländern einerseits und durch Ungleichheiten innerhalb eines Landes andererseits. Daher fokussieren die zwei kurzen Geschichten die Untersuchung von (1) globalen Ungleichheiten und (2) Ungleichheiten innerhalb der Länder des globalen Nordens. Schließlich folgt (3) eine Analyse der politischen, sozioökonomischen und soziokulturellen Faktoren, die diesen Veränderungen zugrunde liegen.

8.1. Eine kurze Geschichte von globaler Ungleichheit, Migration und Entwicklung

Die Weltgeschichte ist eine Geschichte **ungleicher Entwicklung verschiedener Weltregionen**, v. a. seit der europäischen Expansion mit Handelskapitalismus, Kolonialismus und Imperialismus. Die globale Ungleichheit nahm lange zu. Die Einkommensungleichheit vergrößerte sich zwischen globalem Norden und globalem Süden kontinuierlich bis circa 1980. Lebenschancen wurden wesentlich dadurch bestimmt, in welchem Land jemand auf die Welt kam. Mit dem Aufstieg der Schwellenländer in der zweiten Globalisierung nahm die Ungleichheit zwischen Ländern ab, vergrößerte sich jedoch innerhalb der Länder (vgl. Grafik 6).

Grafik 6: Globale Einkommensungleichheit zwischen und innerhalb von Ländern[264]

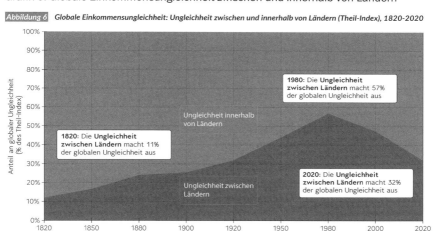

Abbildung 6 | Globale Einkommensungleichheit: Ungleichheit zwischen und innerhalb von Ländern (Theil-Index), 1820-2020

Die globale Einkommens- und Vermögensverteilung ist gegenwärtig sehr ungleich: Das reichste 1 % erhält 19 % des Welteinkommens und besitzt 38 % des Weltvermögens, während den unteren 50 % der Weltbevölkerung 8,5 % des Welteinkommens und 2 % des Weltvermögens zukommen (vgl. Grafik 7).

Grafik 7: Globale Einkommens- und Vermögensungleichheit[265]

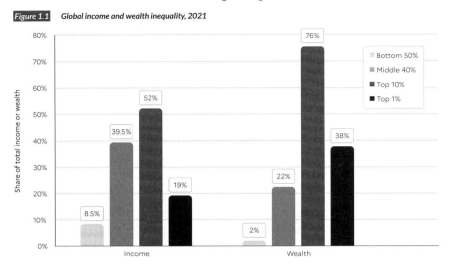

Figure 1.1
Global income and wealth inequality, 2021
Share of total income or wealth
80%
70%
60%
50%
40%
30%
20%
10%
0%
8.5%
39.5%
52%
19%
2%
22%
76%
38%
Bottom 50%
Middle 40%
Top 10%
Top 1%
Income
Wealth

Die unteren 50 % der Weltbevölkerung erzielten zwischen 1980 und 2020 einen Einkommenszuwachs von 50 % bis 200 %, bzw. 9 % des gesamten globalen Einkommenszuwachses. Auch das einkommensstärkste Prozent profitierte mit Zuwächsen zwischen 100 % und 200 %, was einem Anteil von 23 % am gesamten globalen Einkommenszuwachs entspricht. Kaum profitierten im Westen die Geringverdienenden und die Mittelschicht. Als Folge nahm die Einkommensungleichheit zwischen Unter- und Mittelschicht ab und zwischen Mittelschicht und Oberschicht zu. Dies zeigt Grafik 8. Da die Form dieser Grafik an einen Elefanten erinnert, wird sie auch die Elefantenkurve globaler Einkommensverteilung genannt.

Grafik 8: Die Elefantenkurve globaler Einkommensverteilung[266]

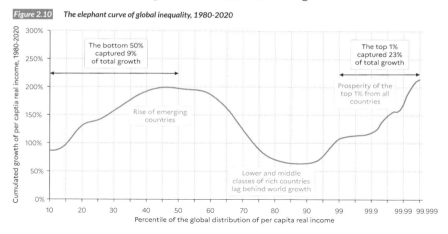

Figure 2.10   The elephant curve of global inequality, 1980-2020

Europa bleibt der Kontinent mit den geringsten Einkommensunterschieden: die Top 10 % der Bevölkerung verdienen 10-mal so viel wie die unteren 50 %. In Lateinamerika verdienen sie 27-mal und im subsaharischen Afrika und der MENA-Region (*Middle East and North Africa*) über 30-mal so viel.[267] Die Entwicklung im Westen unterscheidet sich von derjenigen in Asien, Afrika und Lateinamerika. Dies liegt u. a. daran, dass der europäische Kolonialismus erst spät endete und bis heute fortwirkt: So führte Frankreich in Algerien Krieg, während es gleichzeitig die Gründungsdokumente der Europäischen Gemeinschaft 1957 in Rom unterschrieb. Angola und Mozambique, portugiesische Kolonien in Afrika, erhielten ihre Unabhängigkeit erst 1975, Hongkong blieb bis 1997 britische Kolonie. Lange dominierten koloniale Interessen, oft mit großer Brutalität bis hin zum Genozid wie im Fall des belgischen Kongos. Lokales Unternehmertum, Ausbildung und Gesundheitsversorgung wurden in den kolonialen Besatzungsgebieten vernachlässigt und behindert: z. B. gab die französische Kolonialmacht in Algerien für muslimische Kinder nur 1/40 des Betrags aus, der für Kinder europäischer Ansässiger ausgegeben wurde.[268] Auch die Sowjetunion, Nachfolgerin des russischen Zarenreichs, war ein Imperium, in dem Minderheiten unterdrückt wurden. Wiewohl mit dem Zerfall der Sowjetunion nach 1991 sowohl die Einkommensungleichheit rasant stieg als auch die Lebenserwartung deutlich sank, erfolgte die Auflösung anfangs friedlich. In den letzten Jahren verschärften sich jedoch die Konflikte mit den europäischen Nachfolgestaaten – bis hin zur russischen Invasion in die Ukraine 2022.

Auch in Schwellenländern des globalen Südens gibt es unterschiedliche Entwicklungen: In Indien gingen in den 1980er Jahren 30 % des Gesamteinkommens an die Top 10 %, heute sind es 56 %. In China stieg der Anteil im selben Zeitraum von 28 % auf 41 %. Demgegenüber verringerte sich dieser Anteil im Vietnam von 1990 (circa 47 %) bis 2021 (circa 45 %). Dies zeigt: Nationale Institutionen und politische Maßnahmen beeinflussen Verteilung und gesellschaftliche Strukturen. In von Kolonialismus und Rassismus geprägten Ländern bleibt die Ungleichverteilung besonders groß. In Brasilien endete die Sklaverei erst 1888, in Südafrika die Apartheid (Rassentrennung) gar erst 1994. An der dominanten Position der Besitzenden, seien dies die Nachfahren der Sklavenhalter in Brasilien oder der weißen Minderheit in Südafrika, änderte sich trotz politischer Demokratisierung wenig. In Brasilien verdienen die Top 10 % mehr als die Hälfte des Volkseinkommens und besitzen fast 80 % des Vermögens. In Südafrika verdienen die Top 10 % mehr als 60 % des Volkseinkommens, besitzen 86 % des Vermögens und bis heute ist der größte Teil des fruchtbaren Ackerlandes im Besitz der weißen Minderheit. Und trotzdem können politische Maßnahmen einen Unterschied machen: So sank in Brasilien dank einer ambitionierten Sozialpolitik der Anteil der extrem Armen von über 30 % (1983) auf circa 5 % (2019).[269] Auch in China und Indien reduzierte sich extreme Armut deutlich.

Die Geschichte des Rassismus, einer existenziellen Form der Ungleichheit, ist nicht nur in Brasilien und Südafrika bis heute nicht abgeschlossen.[270] Die USA bezeichnet sich seit 1776 als Demokratie. Doch in Sklaverei gehaltene Personen erlangten erst 1863 ihre rechtliche Freiheit. Erst 1964 wurde ein Bürgerrechtsgesetz erlassen, das Rassentrennung verbot – bis dahin benutzten Schwarze unterschiedliche Schulen und Toiletten als Weiße. Bis heute gibt es in den USA Versuche, Schwarze an der Ausübung ihres Wahlrechts zu hindern. Die Polizei diskriminiert Schwarze weiter systematisch und der Anteil junger schwarzer Männer im Gefängnis ist erschreckend hoch.

In der ersten Globalisierung emigrierten Millionen verarmter Menschen aus Europa nach Amerika, wo sie wesentlich zum Wirtschaftsaufschwung des Kontinents beitrugen. Dies ist in der zweiten Globalisierung anders. Anteilig migrieren gegenwärtig weniger Menschen und dann v. a. in den Westen, wo sie beim Zugang zu Arbeitsmärkten diskriminiert werden. Migration wurde zu einem Politikum, Personen mit Migrationshintergrund zu Sündenböcken zunehmender sozioökonomischer und kultureller Verunsicherung.[271] Die Regulierung der Arbeitsmärkte verfestigt oftmals Hierarchien zwischen inländischen und ausländischen Arbeitskräften.

Auch die Geschichte der gleichberechtigten Teilhabe der Frauen am Arbeitsmarkt, an Einkommen und Vermögen, ist eine Geschichte langsamer Veränderung mit großen Unterschieden. Mit circa 41 % haben Frauen in Osteuropa und Russland den höchsten Anteil am Volkseinkommen, gefolgt vom restlichen Europa und einigen anderen Ländern des globalen Nordens. Zu den Schlusslichtern zählen Saudi-Arabien mit einem Anteil von unter 10 % und der Tschad mit rund 8 %. Spanien, Brasilien und Costa Rica sind Vorreiter bei der Besetzung von Spitzenpositionen mit Frauen, während die „gläserne Decke" in den USA und Frankreich besonders undurchlässig ist. Auch in liberalen Demokratien bedarf es fortgesetzter Bemühungen, um die Ideale von Freiheit und Gleichheit Wirklichkeit werden zu lassen.

Dieser kurze Aufriss zeigt: Kapitalismus ist eng verbunden mit ungleicher Entwicklung, war aber niemals bloß Ausbeutung, sondern brachte auch sozialen Fortschritt, z. B. hinsichtlich der Reduktion extremer Armut und Unterernährung.[272] Insbesondere die Lebenserwartung ist seit dem 19. Jahrhundert durch verbesserte Ernährung, Fortschritte in der Medizin sowie Müll-, Kanal- und Wassersysteme stetig gestiegen. Während die Lebenserwartung in den frühindustrialisierten Weltregionen ab circa 1870 rasch stark anstieg, blieb sie im Rest der Welt niedrig. Dies führte zu hoher vitaler Ungleichheit zwischen unterschiedlichen Teilen der Welt. In Asien und Afrika stieg die Lebenserwartung erst nach dem Ersten Weltkrieg, dann aber rasant: lag sie Anfang des 20. Jahrhunderts bei unter 30 Jahren, so liegt sie Anfang des 21. Jahrhunderts bei über 60 Jahren (in Europa liegt sie im Durchschnitt bei 78 Jahren).[273]

8.2. Eine kurze Geschichte von Gleichheit und Emanzipation im globalen Norden

Zivilisationen waren immer Klassengesellschaften, in denen wirtschaftlicher und kultureller Fortschritt auf der Ausbeutung der arbeitenden Bevölkerung beruhte.[274] Die antike Polis schuf einen politischen Raum für einige durch Ausgrenzung vieler. Aristoteles, der Vordenker eines guten Lebens, lebte in Athen in einem politischen Gemeinwesen mit großen existenziellen Ungleichheiten. Nur Besitzbürger besaßen umfassende Rechte und genossen individuelle Entfaltungsmöglichkeiten in Politik, Kunst und Philosophie. Ein gutes Leben führen zu können, blieb ihr Privileg. Frauen, versklavte Menschen und Fremde hatten sich um die Bereitstellung der Lebensgrundlagen zu kümmern, die das Leben des Besitzbürgertums ermöglichten. Sie arbeiteten, wurden aber sozial und politisch diskriminiert.

Im mittelalterlichen Feudalismus bestand der Großteil der Gesellschaft aus bäuerlicher Bevölkerung. Sie waren Leibeigene und ihr Land befand sich im Besitz der Grundherren, von denen sie persönlich abhängig waren. Sie durften ihren Wohnort nicht verlassen und mussten einen Teil ihres wirtschaftlichen Ertrags in Form von Arbeitsleistung, Gütern und Geld abtreten. Legitimiert wurde diese Wirtschaftsordnung durch die Allianz aus Kirche und Monarch. Diese *ständische Ordnung*, in der Ungleichheit als „natürlich" und „gottgewollt" angesehen wurde, dominierte bis ins späte 18. Jahrhundert.

Die *Französische Revolution 1789* war eine Zeitenwende. Von da an universalisierte sich die Überzeugung: Alle Menschen sind gleich und frei geboren, Ungleichheit ist nicht länger „gottgewollt". Die 1948 beschlossene *Allgemeine Erklärung der Menschenrechte* sowie die 2015 beschlossenen SDGs sind diesem humanistischen Versprechen verpflichtet. Wiewohl dieses bis heute nicht eingelöst ist, gab es in den letzten 200 Jahren zahlreiche Schritte hin zu seiner Durchsetzung. Im 19. Jahrhundert verbreitete sich anfangs einzig der Grundsatz der *Gleichheit vor dem Recht*. Waren in Standesgesellschaften ständische Privilegien oftmals an das Kriterium der Geburt gebunden, wurde in bürgerlichen Gesellschaften persönlicher Verdienst, z. B. in Form von Besitz oder von Berufserfolg, bestimmend. Die Emanzipation von äußeren Zwängen, seien dies Obrigkeiten oder religiöse Vorschriften, wurde wichtig: Eigenverantwortung und Selbstbestimmung wurden bürgerliche Tugenden. Die realen Produktionsverhältnisse spotteten diesem Ideal jedoch Hohn. So konzentrierte sich der Besitz der Produktionsmittel in den Händen weniger Rentiers, v. a. Großgrundbesitzer, und von Kapitalisten, v. a. Fabrikbesitzender und Bankern. In Europa war die Vermögenskonzentration aufgrund seiner ständischen Vergangenheit und der damit verbundenen ererbten Vorrechte besonders hoch. Vor dem Ersten Weltkrieg besaßen 10 % der Bevölkerung rund 90 % der Vermögen, v. a. Land und Finanztitel.[275] Die breite Masse der Menschen wurde zu Lohnabhängigen, die unter prekären Bedingungen arbeiteten und wegen niedriger Löhne kaum genug zu essen hatten. Trotz rechtlicher Gleichheit führte nur ein Teil der Bevölkerung ein gutes Leben. Eine Mittelschicht bildete sich erst langsam.

Ab der zweiten Hälfte des 19. Jahrhunderts stellten Kommunen, d. h. Gemeinden und Städte, materielle Infrastrukturen bereit. *Stadtwerke* übernahmen oftmals die Verantwortung für die Befriedigung von Grundbedürfnissen, die nur kollektiv bereitgestellt werden können, v. a. Energie-, Wasser- und Abwasserversorgung. Im deutschen Kaiserreich waren 1909 93 % der Wasserwerke und 65 % der Gaswerke in kommunalem Besitz.[276] Als Folge verbesserten sich Lebenschancen und Lebensqualität für viele. Die Lebenserwartung stieg in Österreich von 34 Jahren (1870) auf 45 Jahre (1914).[277]

Nach dem Ersten Weltkrieg etablierte sich in Nationalstaaten eine *liberale Demokratie*, in der auch Frauen formal gleichgestellt waren, sowie ein *Sozialstaat*, der auch die Arbeiterklasse vor sozialen Verwerfungen schützte. Es wurde in Österreich und Deutschland das allgemeine Wahlrecht eingeführt, im sogenannten Mutterland der Demokratie – dem Vereinigten Königreich – durften Frauen erst ab 1928, in Frankreich und Italien erst 1944, bzw. 1946 und in der Schweiz gar erst seit 1971 wählen. In der Zwischenkriegszeit von 1918 bis 1939 gab es massive politische Konflikte, bis hin zu gewaltsamen Formen des Klassenkampfes. Ein Beispiel ist der österreichische Bürgerkrieg 1934, auf den die austrofaschistische Diktatur von 1934 bis 1938 folgte.

Nach Faschismus und Zweitem Weltkrieg kam es in Osteuropa zu *staatssozialistischen Diktaturen*, die im Einflussbereich der Sowjetunion standen. In Westeuropa trat an die Stelle des gewalttätigen Klassenkampfes ein *Klassenkompromiss*, in Österreich die Sozialpartnerschaft. Dies verdankte sich einem gesellschaftlichen Konsens: liberale Demokratie funktioniert nicht ohne sozialen Zusammenhalt und Vollbeschäftigung. Und es verdankte sich auch der Angst der Unternehmen und konservativer Parteien, dass die Beschäftigten mit dem anfangs auch ökonomisch erfolgreichen Systemrivalen Sowjetunion sympathisieren könnten. Vollbeschäftigung, ein progressives Steuersystem, Kollektivvertragsverhandlungen, die Lohndumping vermeiden, und ein ausgebauter Sozialstaat sollten Massenelend und soziale Spaltungen vermeiden. So vereinheitlichten und verallgemeinerten sich in Nordamerika und Teilen Europas die Lebenschancen ein Stück weit. Es etablierte sich ein **Individualismus der Gleichheit**,[278] der das allen Menschen Gemeinsame hervorhob und in dem nationale Sozialstaaten die Erfüllung von Grundbedürfnissen, v. a. Bildung, Gesundheit und Wohnen, erleichterten. So kamen zu den kommunal bereitgestellten materiellen Infrastrukturen des 19. Jahrhunderts die *nationalstaatlich bereitgestellten wohlfahrtsstaatlichen Infrastrukturen* hinzu. Diese wurden durch ein progressives Steuersystem finanziert: Reichere trugen eine höhere Steuerlast als ärmere. In den USA betrug der Spitzensteuersatz von 1944 bis 1963 sogar über 90 %.[279] Die durch Umverteilung finanzierten wohlfahrtsstaatlichen Infrastrukturen erhöhten Teilhabechancen, verringerten Ressourcenungleichheiten und förderten vitale Gleichheit. Wiewohl Nicht-Staatsangehörige oftmals von Wahlrecht und Wohlfahrtsleistungen ausgeschlossen blieben, reduzierten sich Ungleichheiten der Herkunft. Kinder von Hilfsarbeitskräften stiegen in die Mittelschicht auf, Unterschiede zwischen Stadt und Land reduzierten sich und verbesserte Gesundheitsversorgung sowie erhöhtes Bildungsniveau steigerten die Produktivität und Rentabilität der Unternehmen.

So entstand im Zuge des Wohlfahrtskapitalismus eine **breite Mittelschicht mit einheitlichem Lebensstil** – dem *American Way of Life* des Massenkonsums. Ein privates Auto, Haushaltsgeräte, Unterhaltungselektronik und Urlaubsreisen verbesserten den Lebensstandard. Vollbeschäftigung, steigende Löhne und soziale Absicherung wurden zunehmend als selbstverständlich angesehen. Immer größere Teile der Beschäftigten eigneten sich den bürgerlichen Lebensstil an. Eine breite Mittelschicht einte ein starkes Arbeits- und Familienethos, soziale Aufwärtsmobilität, Loyalität gegenüber konventionellen Institutionen, sei es Familie oder Nation, und erhöhte Statusinvestitionen, z. B. in Wohneigentum oder die Ausbildung der Kinder. Stabilität und Ordnung, verstanden als eine stabile berufliche Laufbahn und einen vorhersehbaren Lebensweg, waren ebenso die Regel wie starre Rollenbilder und die Norm der Kleinfamilie. Von der Norm abweichende Lebensmodelle wurden skeptisch betrachtet.[280] Zentralisierung sollte ein einheitliches Angebot gleichwertiger Lebensbedingungen gewährleisten, de facto homogenisierte sie staatliche Leistungen.

Diese Dynamiken änderten sich durch die wirtschaftspolitische Neuausrichtung in der neoliberalen Regulationsweise. Auf Jahrzehnte zunehmender Gleichheit folgten Jahrzehnte steigender Ungleichheiten innerhalb vieler Nationalstaaten. Spitzensteuersätze sanken von durchschnittlich 72 % (1950) auf durchschnittlich 35 % (1990).[281] Auch die Wirtschaft wuchs langsamer, was die Steuereinnahmen reduzierte und die Möglichkeiten für öffentliche Investitionen einschränkte. Öffentliches Eigentum wurde privatisiert und Staaten verschuldeten sich zunehmend, um ihren Aufgaben nachzukommen. Gleichzeitig stieg das private Vermögen, v. a. Finanzvermögen, ebenso wie die Möglichkeiten zur legalen und illegalen Steuervermeidung.[282] In den USA stellt sich das Einkommen des Top 1 % im Laufe der vergangenen 100 Jahre als U-Kurve dar (vgl. Grafik 9): Auf große Ungleichheiten in der ersten Globalisierung folgten Jahrzehnte größerer Gleichheit im Wohlfahrtskapitalismus, die von steigender Ungleichheit in der zweiten Globalisierung abgelöst wurde. Heute erhalten in den USA die Top 10 % über 45 % des Gesamteinkommens, in Europa immer noch 35 %. Demgegenüber stehen die unteren 50 % unter Druck. In den USA erhielten sie 1980 noch 20 % des Volkseinkommens. 2018 belief sich dieser Anteil auf nur noch 13 %. Dieser Rückgang bei den unteren 50 % findet auch in Europa statt, wiewohl in geringerem Ausmaß: Im Zeitraum von 1980 bis 2018 sank der Anteil in Ungarn von 34 % auf 22 %, in Deutschland von 23 % auf 19 %, in Österreich blieb er mit rund 22 % weitgehend konstant.[283] Diese Rückgänge erhöhen die Abstiegsängste der Mittelschicht und befördern illiberale politische Kräfte wie in den USA und Ungarn.

Grafik 9: Anteil der Top 1 % am nationalen Einkommen[284]

Top 1% national income share, USA, 1913-2021

— Pre-tax national income | Top 1% | share | adults | equal split
Graph provided by www.wid.world

Da Vermögen die Grundlage für Kapitaleinkommen sind, führt starke Vermögenskonzentration auch zu Einkommensungleichheiten. So erhalten z. B. in Österreich die Top 10 % der Haushalte circa 90 % aller Kapitaleinkommen. Und auch beim Vermögen bestehen Geschlechterungleichheiten fort: Im Schnitt besitzen Frauen in Österreich um 23 % weniger Vermögen als Männer (*Gender Wealth Gap*).[285] In Deutschland besitzen die Top 10 % 59 % des gesamten Vermögens (abzüglich Schulden), während die unteren 50 % über 3 % verfügen (Stand 2021).[286] In Österreich besitzen die Top 10 % 62 % des Nettovermögens, die unteren 50 % nur 3 %.[287] Damit stehen Deutschland und Österreich mit einem Gini-Koeffizienten (vgl. Box *Gini-Koeffizient*) von 0,76 und 0,73 an der Spitze der Vermögensungleichheit in der Eurozone.[288] In Österreich trägt das Glück der Geburt, also Erbschaft, signifikant zur Fortschreibung und Verstärkung von Vermögensungleichheiten bei. 1995 wurde die Vermögenssteuer, 2008 die Erbschaftssteuer abgeschafft. Während das Steueraufkommen aus vermögensbezogenen Steuern im OECD-Schnitt 5,7 % beträgt, liegt es in Österreich bei 1,3 %.[289]

Gini-Koeffizient
Der Gini-Koeffizient ist ein statistisches Maß zwischen 0 und 1, das die Ungleichheit einer Verteilung misst. Es zeigt die Abweichung der Verteilung ausgehend von einer vollkommen gleichen Verteilung. Ein Gini-Koeffizient von 0 besagt, dass alle verglichenen Personen oder Haushalte genau gleich viel an Vermögen und Einkommen haben. Ein Gini-Koeffizient von 1 zeigt an, dass eine Person bzw. Haushalt alles besitzt, während der Rest nichts besitzt. 0 ist somit eine vollkommen gleiche Verteilung, 1 eine vollkommen ungleiche.

Doch nicht nur die ungleiche Entwicklung der Einkommens- und Vermögens-verteilung veränderte die Möglichkeiten zur gesellschaftlichen Teilhabe. Durch Privatisierung und Liberalisierung ehemals öffentlicher Leistungen kam es auch zu einer sozialen und räumlichen Hierarchisierung in der Qualität und im Zu-gang zu Daseinsvorsorge und Nahversorgung. Leistungen wurden zunehmend gemäß der Zahlungsfähigkeit bereitgestellt und galten immer weniger als so-ziale Rechte für alle. Unrentable Postämter, Bankfilialen, Nahversorger, Bahn-stationen und Freizeiteinrichtungen wurden geschlossen. Im Kontext der Digi-talisierung etablierte sich eine wachsende Kluft zwischen stark vernetzten digi-talen Hotspots und digital untervernetzen Gebieten.[290] Private Anbieter kon-zentrierten ihr Angebot in kaufkraftstarken Metropolen mit sicheren Ge-winnen. Lebenschancen und Lebensweisen in Stadt und Land entwickelten sich auseinander – sozioökonomisch und soziokulturell.[291] Angebote der Daseins-vorsorge und der Nahversorgung dünnten im ländlichen Raum aus. Eine wichtige Ursache war zuerst die Automobilisierung (Stichwort Einkaufs-zentren), danach die Digitalisierung (Stichwort Onlinehandel). Ortskerne ver-ödeten. Bis heute gilt: Die Jungen wandern ab, die Zurückgebliebenen fühlen sich alleine gelassen. In vielen Ortschaften fehlen Geschäfte, manchmal gibt es nicht einmal mehr ein Gasthaus. Heimat als konkreter Ort des Zuhause-Füh-lens geht ebenso verloren wie die Fähigkeit, Krisen durch Rückgriff auf gemein-same Ressourcen zu bewältigen.[292]

Doch trotz steigender Ressourcenungleichheit gab es bezüglich der **Eman-zipation** in den letzten Jahrzehnten Fortschritte. *Existenzielle Ungleichheiten wurden reduziert*, wenn auch selbst in Mitteleuropa nur langsam. In Deutsch-land durften Frauen bis 1962 kein eigenes Bankkonto eröffnen. Erst 1975 wur-den Frauen in Österreich Männern in der Ehe und bei der Kindererziehung gleichgestellt. Und noch bis 1971 wurde Homosexualität in Österreich straf-rechtlich verfolgt. Mittlerweile ist die gleichgeschlechtliche Ehe in Österreich und anderen Ländern möglich. In weiten Teilen der Welt, v. a. im Nahen Osten und Teilen Afrikas, ist Homosexualität weiter strafrechtlich verboten, teilweise droht die Todesstrafe. Wenngleich die europäische Emanzipationsgeschichte eine junge ist, gelten Antidiskriminierungsgesetze heute als Teil des westlichen Zivilisationsmodells. Offen praktizierte Benachteiligungen sind weitgehend verboten: Diskriminierung wegen Geschlecht, Herkunft, Hautfarbe oder Reli-gion ist strafbar.

Gleichzeitig ging die Hyperglobalisierung mit einer neuen Form von Indivi-dualismus einher. Wir verstehen unter **Hyperindividualisierung** eine Form von Individualismus, in der die Abhängigkeit von anderen ignoriert oder gar geleugnet wird. Sie orientiert sich an einer radikalen Form negativer Freiheit (vgl. S. 21), in der Konsument:innensouveränität, d. h. möglichst viele indivi-duelle Wahlmöglichkeiten, zentral ist.[293] Marktliberale Wirtschaftspolitik för-dert Menschen als eigenverantwortliche Individuen, um von anderen und v. a.

vom Sozialstaat unabhängig zu werden.[294] Um sich selbst gegen die Unwägbarkeiten des Lebens privat abzusichern, wurde die Finanzialisierung des Alltagslebens gefördert. Kapitalgedeckte private Pensions- und Krankenversicherungen sowie Vorsorgewohnungen werden zu Absicherungsmöglichkeiten für die, die es sich leisten können.[295] Und mit Konsum- und Hypothekarkrediten sowie steuerlichen Begünstigungen erwarben viele Menschen Leistungen, die mit dem Gehalt allein nicht finanzierbar gewesen wären. All dies erhöhte die Abhängigkeit von oftmals volatilen Finanzmarktentwicklungen und unterminierte kollektive Sicherungssysteme. Für den Aufstieg dieses Hyperindividualismus gibt es mehrere Erklärungen. Im Folgenden stellen wir drei vor.

Die Politikwissenschaftler:innen Robert Putnam und Shaylyn Romney Garrett sehen die aktuelle Dominanz der Hyperindividualisierung als Höhepunkt einer „**Ich-Wir-Ich-Kurve**".[296] Demnach durchlief die relative Wertschätzung des eigenen „Ich" gegenüber dem gemeinsamen „Wir" eine umgekehrte U-Form analog zur Veränderung der Einkommensverteilung in den USA. Seit den 1970er Jahren sinken die Werte für politische Kompromissbereitschaft, ökonomische Gleichheit, sozialen Zusammenhalt und soziokulturelle Solidarität. Individualismus verstanden als die Ausrichtung auf das eigene Ich bzw. die Gruppe Gleichgesinnter dominiert seither das gesellschaftliche Zusammenleben. Dies führte zur Geringschätzung von Dialog und Kompromissbereitschaft. Z. B. ist heute die politische Kompromissbereitschaft in den USA, gemessen an der Kooperation und Zusammenarbeit der demokratischen und republikanischen Partei im US-amerikanischen Zweiparteiensystem, auf dem Stand des US-Bürgerkriegs von 1861. Es verbreitete sich ein Demokratieverständnis, das das eigene Ich und die eigene Gruppe Gleichgesinnter, in Form individueller Freiheit, über alles andere, insbesondere das Prinzip der Gleichheit, stellt.

Der Soziologe Ingolfur Blühdorn bietet einen zweiten Erklärungsansatz. Er ortet einen Übergang von einer Emanzipation erster Ordnung zu einer **Emanzipation zweiter Ordnung**.[297] Lange galt Emanzipation als die Befreiung von traditionellen, oftmals als irrational empfundenen Ordnungen, die von Familie, Religion oder anderen gesellschaftlichen Konventionen vorgegeben wurden: sich eine eigene Meinung zu bilden und dem Pfarrer nicht zu glauben, wenn er erklärte, die Erde sei in sechs Tagen erschaffen worden; nicht zu akzeptieren, dass „brave Mädchen" keine Hosen tragen. Selbstbestimmung war und ist Befreiung und diverse Emanzipationsbewegungen kämpfen bis heute genau dafür: gegen Genitalverstümmelung, religiösen Fundamentalismus oder Diskriminierungen aufgrund der Hautfarbe. Doch die Emanzipation zweiter Ordnung geht darüber hinaus. Sie trachtet nach einem *unbeschränkten Streben nach Selbstverwirklichung und Selbstoptimierung*. Ziel ist die Befreiung von möglichst allen Regeln und Verpflichtungen, die die Emanzipation erster Ordnung prägten. Dies v. a. deshalb, weil angesichts begrenzter ökologischer und sozialer Ressourcen ein gutes Leben *für alle* zunehmend unplausibel erscheint. Man will zu den Gewinnenden zählen, wenn die Zahl der Verlierende zunimmt und überzeugende Lösungen fehlen, dies zu ändern. Mit diesem harten Rationalismus streben Individuen nach einer radikalen Form negativer Freiheit, der möglichst umfassenden Abwesenheit allen Zwangs. Das derart emanzipierte Individuum akzeptiert vorgegebene Regeln und Werthaltungen nicht. Damit unterscheidet sich die Emanzipation zweiter Ordnung von jener erster Ordnung, die in der Tradition der westlichen Aufklärung stand. Immanuel Kant († 1804) formulierte den ursprünglichen emanzipatorischen Anspruch als *kategorischen Imperativ*: „Handle nur nach derjenigen Maxime, durch die du zugleich wollen kannst, dass sie ein allgemeines Gesetz werde."[298] Selbstbestimmung wird in dieser Aufklärungstradition keinesfalls mit Egoismus gleichgesetzt, denn Mündigkeit bedeutet auch, Verantwortung für andere zu übernehmen und dafür gemeinsame, für alle gültige, Regeln zu setzen. Demgegenüber verkümmert gegenwärtig Emanzipation oft dazu, Mittel zum Zweck der Durchsetzung der eigenen Lebenspläne zu sein. Demokratisch vereinbarte Regeln und das Setzen von Grenzen werden als Bevormundung wahrgenommen – sei es in der Klimakrise oder der Pandemie. Damit wird das eigene Ich zum alleinigen Schiedsrichter in der Beurteilung der eigenen Lebensführung.

Eine dritte Erklärung analysiert den **Zusammenhang von verschärften sozioökonomischen Ungleichheiten und kulturellen Auseinandersetzungen**, d. h. die Verbindung von Hyperglobalisierung und Hyperindividualisierung.[299] Mit der neoliberalen Regulationsweise gewannen gleichermaßen eine marktliberale Wirtschaftspolitik und liberale soziokulturelle Werthaltungen an Einfluss. Zum einen verdoppelte sich in den vergangenen Jahrzehnten, z. B. in den USA, die Einkommenskluft zwischen den Bildungsschichten: In den 1970er Jahren erhielten Menschen mit einem College Abschluss im Schnitt 40 % mehr Einkommen als jene mit einem High-School Abschluss. In den 2000er Jahren waren es bereits um 80 % mehr. Weiße Männer ohne Collegeabschluss verdienen heute in den USA effektiv weniger als 1979.[300] Dies verstärkt die Polarisierung am Arbeitsmarkt. Selbst harte, mühselige und gesellschaftlich essenzielle Formen der Erwerbsarbeit gewähren keinen sozialen Status. Leistung übersetzt sich nicht länger in ein stabiles Mittelschichtseinkommen und soziale Sicherheit. Zum anderen wird das Lebensmodell einer neuen liberalen und stark akademisch geprägten Bevölkerungsschicht dominant. Dieses grenzt sich von dem auf Konformität bedachten Lebensmodell des Wohlfahrtskapitalismus ab: Individualisierung, Diversität, Kosmopolitismus und der Wunsch nach Selbstverwirklichung sind die neuen Leitwerte. Diese werden marktkonform gelebt, v. a. durch „nachhaltiges" und „faires" Einkaufsverhalten als vermeintlich bequemer Beitrag zur Weltverbesserung. Doch Marktlösungen sind nur für zahlungskräftige Gruppen erschwinglich. *Distinktion*, d. h. sich von anderen zu unterscheiden, wird zu einem gesellschaftlichen Hierarchisierungsmittel, um sich von der Unterschicht abzugrenzen.[301] Damit entstand ein implizites Bündnis zweier gewinnender Gruppen der Globalisierung: dem Finanzkapital und der liberalen Mittelschicht mit Hochschulabschlüssen. Dieses von Nancy Fraser als **progressiver Neoliberalismus** bezeichnetes Bündnis definiert Emanzipation als individuelle Entfaltungsmöglichkeiten für die „Begabteren unter den Frauen und Minderheiten".[302] Gut bezahlte Posten für hochqualifizierte Personen mit Hochschulabschluss in Privatwirtschaft und Politik werden soziokulturell – wiewohl keineswegs sozioökonomisch – „diverser" besetzt. Gleichzeitig sehen sich viele Erwerbstätige verschärftem Arbeitsmarktwettbewerb und/oder sinkenden Reallöhnen ausgesetzt, was Gegenbewegungen stärkte.

8.3.   Politik gesellschaftlicher Umbrüche

Wiewohl es weiterhin Ungleichheit und Diskriminierung gibt, zeigen die beiden kurzen Geschichten, dass sich in den letzten 200 Jahren keinesfalls nur das Konsumniveau und der Ressourcenverbrauch erhöhten. Besonders vitale und existenzielle Ungleichheiten haben sich weltweit deutlich verringert. Die Geschichten zeigen aber auch: Fortschritt passiert weder linear noch gleichmäßig. Neokoloniale Ausbeutungsverhältnisse bestehen bis heute fort. Und auch innerhalb von Ländern stiegen die Ungleichheiten mit der Stabilisierung der neoliberalen Regulationsweise deutlich. Insbesondere Hyperglobalisierung und Hyperindividualisierung führen zu mächtigen Gegenbewegungen, die zunehmend von rechtsgerichteten Gruppierungen dominiert wurden. Um diese Entwicklungen besser zu verstehen, widmen wir uns im Folgenden Veränderungen (1) in der Arbeitswelt, (2) im Sozialstaat und der Sozialstruktur sowie (3) der Krise der Demokratie.

8.3.1.   Arbeiten im Umbruch

In der griechischen Antike war das *oikos*, das ganze Haus, eine autarke, d. h. selbstversorgende, Wirtschaftseinheit. Arbeiten war eine private Tätigkeit, von der sich nur wenige privilegierte Männer befreien konnten – z. B. die Bürger der griechischen Polis. Landwirtschaftlich dominierte Gesellschaften waren in Europa bis ins 19. Jahrhundert vorherrschend, im globalen Süden sind sie dies teilweise bis heute. Diese *Ökonomien der Selbstversorgung* weisen kaum Produktivitätssteigerungen auf; sie sind weitgehend statisch. Die kapitalistische Wirtschaftsweise hingegen beruht auf Arbeitsteilung, die hohe Produktivitätsfortschritte erlaubt. Der Markt ist eine öffentliche Institution, auf der Fremde miteinander interagieren. Plantagen, Minen und Fabriken, die im Kapitalismus zu Leitbetrieben produktiven Wirtschaftens wurden, waren Privatbetriebe mit klaren Hierarchien, in denen diszipliniert und effizient produziert wurde.[303] Dies erlaubte hohe Gewinne und starke Produktionssteigerungen, führte aber auch zu schlechten Arbeitsbedingungen. In den Minen von Potosí, die Spanien mit Silber versorgten, starben Millionen Indigene.[304] Die Wiener Ringstraße mit ihren Prachtbauten wurde im 19. Jahrhundert mit Ziegeln errichtet, die zu einem guten Teil von tschechischen Migrierten unter schlechten Arbeitsbedingungen am Rande Wiens hergestellt wurden: bis zu zehn Familien von Ziegelarbeitskräften lebten in einem einzigen Raum und Krankheiten, v. a. Tuberkulose, verbreiteten sich.[305]

Im globalen Norden formierten sich im 19. Jahrhundert Gegenbewegungen. So verabschiedeten politische Entscheidungstragende Arbeitszeitbeschränkungen – anfangs auf maximal 60 Stunden. Weitere Schutzgesetze im Fall von Unfall und Krankheit folgten. Auch die Ausbeutung von Frauen und Kindern in der Fabriksarbeit wurde eingeschränkt.[306] Dies führte im globalen Norden zu einem neuen Geschlechterverhältnis, das Maria Mies als *Hausfrauisierung* bezeichnet.[307] Frauen wurde die unbezahlte Rolle von Hausfrauen zugewiesen, die sie den erwerbstätigen männlichen Ehegatten unterordnete.

Anfangs nur in gutbürgerlichen Haushalten anzutreffen, verallgemeinerte sich in der fordistischen Regulationsweise des 20. Jahrhunderts im globalen Norden das **männliche Ernährermodell**, auch *Ernährer-Hausfrauen-Modell* genannt: der Lebensunterhalt für die Kernfamilie wird durch den Mann gesichert und im Gegenzug übernimmt die Ehefrau die Haus- und Familienarbeit. Diese neue Form des patriarchalen Geschlechterverhältnisses basiert auf der umfassenden, im Kern aber monetären Abhängigkeit der Hausfrau vom erwerbstätigen Ehegatten, was die Ressourcenungleichheiten zwischen den Geschlechtern verfestigte. Die Arbeitsbedingungen und Löhne der erwerbstätigen Männer verbesserten sich ab dem Ende des 19. Jahrhunderts, v. a. durch Wahlrecht und Sozialgesetze. In den Kolonien des globalen Südens blieben jedoch sklavereiähnliche Arbeitsverhältnisse bis zum Ende des Kolonialismus – und teilweise darüber hinaus – bestehen. In Fabriken Asiens werden bis heute Arbeitskräfte oftmals wie Lohnsklav:innen ausgebeutet, um Produkte für den Weltmarkt billig zu produzieren.

Die neoliberale Regulationsweise schwächte im globalen Norden das männliche Ernährermodell und etablierte das **Doppelverdienende-Modell**, in dem Männer Vollzeit und Frauen oftmals nur Teilzeit arbeiten. Dies eröffnete ambivalente Möglichkeiten der Frauenemanzipation. Der größte Unterschied zwischen den Geschlechtern besteht weiterhin in der unbezahlt geleisteten Arbeit. Doch wurden Frauen vermehrt befähigt, sich durch Erwerbsarbeit vom patriarchalen Haushalt zu emanzipieren. Dies änderte die geschlechtsspezifische Arbeitsteilung jedoch nur wenig: Zählt man die Hausarbeit, Kindererziehung und Pflege von Angehörigen hinzu, dann arbeiten Frauen im Schnitt täglich 7,28 Stunden, Männer 6,44. Letztere bekommen davon 5,21 bezahlt, Frauen nur 3,03. Das bedeutet, dass Frauen für rund 41 % ihrer Arbeit bezahlt werden, Männer hingegen für mehr als 80 %.[308] In Österreich verdienen Frauen daher nicht nur weniger als Männer (*Gender Pay Gap* von circa 19 %), sie leisten auch fast doppelt so viel unerlässliche Sorge-, Haus- und Pflegearbeit (*Gender Care Gap* von 98 %). Da die Pensionshöhe jedoch vom Einkommen abhängt, sind Frauen im Alter oftmals von Männern ökonomisch abhängig und stärker von Armut betroffen. Ihre Pensionen sind um etwa 46 % niedriger als jene von Männern (*Gender Pension Gap*).[309] Viele Frauen müssen *zweite Schichten* arbeiten, d. h. sie erbringen neben der bezahlten Erwerbsarbeit den Großteil unbezahlter Haus- und Sorgearbeit.[310] All diejenigen, die es sich leisten können, versuchen deshalb, Sorge-, Betreuungs- und Hausarbeit zuzukaufen, d. h. sie auf andere, oft schlecht bezahlte prekäre und damit kostengünstige Arbeitskräfte auszulagern. All diejenigen, die nicht wohlhabend genug sind, müssen die Arbeit selbst verrichten. Dies vertieft Ungleichheiten zwischen Frauen unterschiedlicher Klassen, Ethnien und Nationalitäten. Meist ausländische Pflegekräfte arbeiten manchmal illegal und zumeist unter prekären Bedingungen, d. h. mit eingeschränkten Sozial- und Arbeitsrechten.[311] Da sie dafür ihre eigenen Familien verlassen müssen, verlagern sich Pflegedefizite in ärmere Länder.[312]

Die kapitalistische Wirtschaftsweise zeichnet sich durch hohe Produktivitätssteigerungen aus. Die internationale Arbeitsteilung ermöglicht bis heute, dass billige Lebensmittel, Textilien und Rohstoffe aus dem globalen Süden im globalen Norden die Lebenshaltungskosten senken. In der zweiten Globalisierung kam es zu einer neuen internationalen Arbeitsteilung. Von transnationalen Unternehmen kontrollierte globale Produktionsnetzwerke intensivierten den Welthandel. Dies verschob die Machtverhältnisse zulasten des Faktors Arbeit und zugunsten des Kapitals, das mobiler ist. Es kann Produktionsstandorte leichter wechseln. Die Mobilität der Beschäftigten ist hingegen durch Familie, Bekannte, Staatsbürgerschaft, Sprache und andere Bindungen beschränkt. Dies reduzierte die Verhandlungsmacht der Gewerkschaften. Industriefertigung, v. a. standardisierte Produktion, wanderte in Billiglohnländer. In den USA und Europa kam es zur **Deindustrialisierung** und damit zum Verlust gut bezahlter Arbeitsplätze im männlich dominierten industriellen Sektor. Der Arbeitsmarkt im Westen polarisierte sich durch die *Struktur des wachsenden Dienstleistungssektors*: neben einem Teil an Hochqualifizierten mit hohem Einkommen in kognitiven Dienstleistungsberufen (z. B. in der Finanzwirtschaft, im Marketing und Consulting) wuchs die Beschäftigung in Dienstleistungsberufen mit niedrigeren Einkommen und prekären Arbeitsbedingungen wie Leiharbeitsverträgen und Teilzeit, z. B. im Transport- und Pflegewesen.[313] In diesem ungleich geschichteten Dienstleistungssektor findet sich oftmals eine höhere Frauenbeschäftigung. Gegenwärtige Ungleichheiten sind aber nicht nur ein Problem von Frauen und ethnischen Minderheiten, sondern auch von weißen Männern. Die Geringschätzung nichtakademischer Qualifikationen hat materielle und psychische Konsequenzen. So sterben in den USA weiße Männer mittleren Alters mit niedrigen Bildungsabschlüssen besonders früh – v. a. aufgrund exzessiven Suchtmittelkonsums.[314]

Auch **Digitalisierung** hat widersprüchliche Auswirkungen auf den Arbeitsmarkt.[315] Digitale Arbeitsmärkte sind tendenziell *transnational.* Menschen nehmen vermehrt über nationale Grenzen hinweg Erwerbsarbeit an. Dies führt tendenziell zu global stärker vereinheitlichten Löhnen, denn national unterschiedliche Arbeits- und Sozialgesetze können mit den rasanten organisatorischen und technologischen Neuerungen nur schwer Schritt halten. Für Beschäftigte im globalen Süden bedeutet dies oftmals eine Verbesserung, im globalen Norden führt verstärkter Wettbewerb zu Lohndruck. Gleichwohl konzentriert sich dieser Druck vorwiegend auf den Niedriglohnsektor. So unterscheidet sich das hochqualifizierte *Freelancing* (z. B. im Bereich der Softwareentwicklung, im Design und bei Texterstellung) von einfacher *Clickarbeit*, z. B. kurze, einfache Tätigkeiten wie das Sortieren und Bewerten von Bildern. Ersteres ist tendenziell gut bezahlt und bietet Gestaltungsspielräume, letzteres ist monoton und schlecht bezahlt. Insbesondere bei *Crowdworking* gibt es nur wenig bis keinen Verhandlungsspielraum, um auf Qualität und Bezahlung der Arbeit Einfluss zu nehmen. Traditionelle Regulierungen des Arbeitsrechts und soziale Absicherung, z. B. im Falle von Krankheit, sind nur schwer durchsetzbar.[316] Auch bei Plattformunternehmen gelten die Beschäftigten zumeist sozial- und arbeitsrechtlich als Selbstständige mit beschränktem Zugang zu Arbeits- und Sozialrechten.[317] Zusätzlich minimieren viele Plattformunternehmen den Einsatz fixen Kapitals, z. B. besitzt *Uber* keine Autos und *Mjam* keine Lieferfahrzeuge. Dies erleichterte es z. B. der Lieferplattform *Foodora*, den kanadischen Markt zu verlassen, als sich die Arbeitskräfte gewerkschaftlich organisierten. Und auch die in Plattformunternehmen verbreitete Entlohnung via Stücklohn verschiebt Risiken, wie potenziell schwankende Nachfrage, zu den Beschäftigten. Schließlich verändern sich mit plattformbasierten Geschäftsmodellen Machtverhältnisse.[318] Die Kundschaft profitiert durch Bequemlichkeit und billige Preise, Plattformunternehmen durch Profit – beides oft zulasten der Beschäftigten. Ferner erwartet die Kundschaft *Convenience*, d. h. Annehmlichkeiten wie rasche Lieferzeiten und bequeme Bestellvorgänge. Gleichzeitig produzieren sie Daten, die von Plattformunternehmen angeeignet und weiterverkauft werden (vgl. S. 76).

8.3.2.   Sozialstaat im Umbruch

Im Wohlfahrtskapitalismus entstand, v. a. im globalen Norden, ein progressives Steuersystem, das den Sozialstaat finanzierte. Dieser stellt wohlfahrtsstaatliche Infrastrukturen (z. B. Bildung, Gesundheit, Wohnen) und öffentliche Geldleistungen (z. B. Arbeitslosen- und Pflegegeld, Wohnbeihilfe, Pensionen) bereit. Seit der Mitte des 20. Jahrhunderts kommt öffentlichen Einrichtungen eine

Gewährleistungs- bzw. Versorgungsverantwortung zu, d. h. die Verantwortung zur Bereitstellung der Grundversorgung. Die Bereitstellung kann entweder in Eigenregie erbracht oder an andere Akteure, insbesondere an Privatwirtschaft und intermediäre Organisationen, delegiert werden, z. B. durch die Vergabe von Konzessionen.[319]

Der Soziologe Gøsta Esping-Andersen erarbeitete idealtypische Wohlfahrtsregime, die bis heute in der Sozialstaatsforschung verwendet werden.[320] Dabei unterscheidet er ein (1) liberales, (2) konservatives und (3) sozialdemokratisches Wohlfahrtsregime. Diese bieten unterschiedlichen Schutz vor sozialen Risiken je nach dem Grad, in dem Leistungen, v. a. der Grundversorgung, als soziales Recht gelten und daher nicht käuflich sind.

(1) Das **liberale Wohlfahrtsregime** dominiert in angelsächsischen Ländern wie den USA und dem Vereinigten Königreich. In der neoliberalen Regulierungsweise übernahmen auch andere Länder Teile dieses Wohlfahrtsregimes. Sein Menschenbild ist das des an sich unabhängigen Individuums. Daher ist es ein Wohlfahrtsregime für diejenigen, die „nicht für sich selber sorgen können" wie z. B. Kleinkinder oder unverschuldet in Not geraten sind wie z. B. Kranke. Es ist ausdrücklich kein Sozialstaat für alle, sondern bloß für die „Bedürftigen", d. h. eher ein **Sozialhilfestaat**. Um sparsam mit öffentlichen Mitteln umzugehen, dürfen Arbeitsfähige nicht zu Unrecht Sozialleistungen in Anspruch nehmen. Dieses Kontrollsystem führt zu bürokratischen Kosten und Stigmatisierung. Wer immer kann, versucht, Wohlfahrtsleistungen gar nicht in Anspruch zu nehmen. Daher florieren Privatschulen, Privatpensionen und private Krankenversicherungen für die Mittelschicht und gut Verdienende. Diese wiederum betrachten den Sozialstaat bloß als „Bürde", da er aus Steuern finanziert wird.

Das liberale Wohlfahrtsregime forciert die **Kommodifizierung** von Bildung, Wohnen, Gesundheit und Pflege. Die Bereitstellung dieser Leistungen orientiert sich an der Logik des Markthandels (vgl. S. 42) und verstärkt Ungleichheiten durch eine *Dualisierung der Bereitstellung*: Sozialhilfeleistungen mit eher schlechter Qualität für „Bedürftige" und Marktleistungen mit besserer Qualität für den Rest. Zahlungskräftige Konsument:innen erhalten erweiterte Wahlmöglichkeiten, was zu ungleichem Zugang zu Versorgungsleistungen führt. Die marktliberalen Vorstellungen einer guten öffentlichen Verwaltung wurden als *New Public Management*, d. h. einem an die Privatwirtschaft angelehnten Managementmodell für den öffentlichen Sektor, umgesetzt. Auch in der Daseinsvorsorge bestimmen die Ausrichtung auf kurzfristige Punkt-Effizienz sowie Gewinnerwartungen die Art der Bereitstellung. Als Eigenverantwortung wird verstanden, sich von kollektiven Sicherungssystemen zu befreien und für sich selbst zu sorgen, z. B. durch die private Pensionsvorsorge und den Erwerb von Wohnungseigentum. Wohlbefinden und Emanzipation zu verwirklichen wird zur privaten Aufgabe, d. h. individualisiert und entpolitisiert. Die Privatisierung der öffentlichen Daseinsvorsorge führt zu einem Verlust von

Expertise in der öffentlichen Verwaltung, was die Handlungsfähigkeit des öffentlichen Sektors untergräbt.[321] Die Covid-19-Krise verdeutlichte damit verbundene Gefahren wie den Abbau vermeintlich „ineffizienter" Überkapazitäten, z. B. von Pflege- und ärztlichem Fachpersonal. In Krisenzeiten erwies sich dies als tödlich. Um mit Unerwartetem umzugehen, braucht es Reservekapazitäten, Puffer und Redundanzen.[322]

Im angelsächsischen Raum ist die Kommodifizierung weit fortgeschritten, z. B. im Bereich der universitären Ausbildung, die als Investition in das eigene Humankapital gilt. Hochschulbildung wird zur käuflichen Dienstleistung,[323] Studiengebühren gelten als Preis des Bildungsangebots. Öffentliche Unterstützung der Studierenden erfolgt wesentlich über subventionierte Studienkredite. Dies fördert Finanzialisierung, da die Kredite nach dem Studium zurückgezahlt werden müssen. Damit beginnen Studierende ihr Berufsleben verschuldet, was v. a. für Jugendliche aus einkommensschwachen Haushalten riskant ist. Auch bei Pflege und Gesundheitsversorgung führte der Rückzug des Wohlfahrtsstaates zu Kürzungen, Überbelastungen und zur Auslagerung von Sorgearbeit auf Familien, insbesondere auf Frauen im unbezahlten Sektor.[324] Auch bei Sorgearbeiten kommt es zur Dualisierung der Bereitstellung: vermarktlicht für jene, die es sich leisten können, und selbstorganisiert für den Rest, der mit Doppel- und Überbelastung konfrontiert ist.[325]

(2) Das **konservative Wohlfahrtsregime** dominiert in Kontinentaleuropa in Ländern wie Deutschland, Österreich und Frankreich. Es ist ein statuserhaltendes Wohlfahrtsregime, weil es in (vorübergehenden) Notlagen einen *standesgemäßen Lebensstandard sichert*. Seine Vorläufer hat es in den mittelalterlichen Zünften und der katholischen Soziallehre. Es orientiert sich am *Versicherungsprinzip,* d. h. man zahlt in einen gemeinsamen Topf ein, um im Notfall entschädigt zu werden. Historisch versicherten sich Berufsgruppen, in denen gleiche Risiken auftraten, gemeinschaftlich. Innerhalb der Berufsgruppe hatte solidarisches Handeln viele Vorteile. Minenarbeiter sind regelmäßig Opfer von Grubenunglücken, Bauernhöfe Opfer von Blitzschlägen. Da das Risiko gleich verteilt ist, bildeten sich selbstorganisierte Formen gegenseitiger Hilfeleistung, z. B. Dorfgemeinschaften, die sich um Familien verunglückter Minenarbeiter kümmerten. In Österreich ist der Sozialstaat bis heute wesentlich nach dem Versicherungsprinzip organisiert und baut auf Geldleistungen auf. Die Versorgung von Kindern und die Pflege von Alten und Kranken erfolgt großteils in der Familie, zumeist wird die unbezahlte Arbeit von Frauen geleistet. Der Zugang zu Sozialleistungen ist an die Teilnahme am Arbeitsmarkt geknüpft. Demnach sind die Versicherten *Insider*, Nicht-Versicherte oder nur unzureichend Versicherte *Outsider*.[326] Zu letzteren zählen v. a. Migrant:innen und bestimmte Gruppen von Frauen, insbesondere alleinerziehende.

In Österreich übernahm das konservative Wohlfahrtsregime während des Wohlfahrtskapitalismus Elemente des sozialdemokratischen Regimes (vgl. weiter unten). Ein Beispiel war die Öffnung der Universitäten für Menschen aus Hauhalten mit niedrigem Einkommen und Bildungsniveau. Junge Menschen sollten gleichermaßen für Beruf und Teilhabe am gesellschaftlichen und politischen Leben befähigt werden. Bis heute ist der Hochschulzugang im Wesentlichen für alle Staatsbürger:innen frei. Dies umfasst angesichts der Nichtdiskriminierungsregel auch EU-Bürger:innen. Doch wurde dieses allgemeinwohlorientierte Verständnis von Bildung in der neoliberalen Regulationsweise durch ein Verständnis von Bildung als Humankapital ergänzt, wie es in liberalen Wohlfahrtsregimen zu finden ist. Immer mehr Lehrgänge sind kostenpflichtig, die Universitäten verstehen sich als im Wettbewerb um Studierende stehend. Und auch der Pflegebereich, der durch Alterungsprozesse an Bedeutung gewinnt, hat Merkmale eines liberalen Regimes.[327] Das Pflegegeld wird z. B. als Geldleistung ausbezahlt und fördert die Schaffung transnationaler Pflegemärkte: Migrierte aus Ost- und Südosteuropa pflegen alte Menschen in Deutschland und Österreich (z. B. als selbstständige 24-Stunden-Pflegekraft), legal, und oft auch illegal. Ähnliches ist im Bereich des Wohnens zu beobachten. Selbst im sozialdemokratisch geprägten Wien, das zwar im Gegensatz zu vielen anderen Großstädten sein kommunales Wohneigentum bewahrte, ist eine Dualisierung der Bereitstellung zu beobachten: Während jene Menschen gut abgesichert sind, die eine Gemeindewohnung oder geförderte Mietwohnung haben, sind Neuankömmlinge – v. a. Menschen mit Migrationshintergrund und Junge – vermehrt auf den teureren privaten Mietmarkt angewiesen.[328] Zusammengefasst: Obgleich Österreichs Sozialstaat noch ein Wohlfahrtsregime „für (fast) alle" ist, gibt es zahlreiche *Outsider*, die nur eingeschränkten Zugang zu Leistungen haben.[329]

(3) Das **sozialdemokratische Wohlfahrtsregime** dominierte lange Zeit in Skandinavien. Es gewährleistet universelle soziale Rechte und ist bestrebt, öffentliche Infrastrukturen in guter Qualität für möglichst alle bereitzustellen. Dies führt zu einer (teilweisen) Dekommodifizierung von Altersvorsorge, Bildung, Wohnen, Gesundheit und Pflege. Schulbesuch ist keine zu bezahlende Dienstleistung, Gemeinde- und Sozialwohnungen sind öffentlich gestützt und nicht nur den sozioökonomisch Schwächsten vorbehalten. Grundprinzipien dieses Modells sind eine Politik der Vollbeschäftigung und der Anspruch, allen Bürger:innen, auch jenen mit guten Einkommen, soziale Dienste und Infrastrukturen in guter Qualität anzubieten. Dieses Wohlfahrtsregime „für alle" hatte seine Blütezeit im Wohlfahrtskapitalismus.

Für den ersten sozialdemokratischen Bundeskanzler Österreichs, Bruno Kreisky, war Schwedens Sozialstaat Vorbild. Diesem kleinen Land gelang es im Wohlfahrtskapitalismus, nicht nur sozial, sondern auch wirtschaftlich erfolgreich zu sein. Doch auch der schwedische Wohlfahrtsstaat nahm während der neoliberalen Regulationsweise Aspekte des liberalen Wohlfahrtsregimes an. Anteilsmäßig ist die Ungleichheit in Schweden besonders stark gestiegen.[330] Im Gefolge von Privatisierungen und Liberalisierung, v. a. bei Wohnen und Bildung, sanken die Sozialausgaben im Verhältnis zum BIP. Die aktive Arbeitsmarktpolitik, z. B. Qualifizierungsprogramme, wurde gekürzt, während einfache Lohnzuschüsse für Unternehmen zunahmen.[331] Mit der Finanzialisierung von Wohnen wurde Wohnraum vermehrt zur Vermögensanlage.[332] Gewonnen haben jene, die steuerlich begünstigt Eigentumswohnungen kauften. Sozialstaatlich geschützt blieben Geringverdiener, die weiterhin Wohnbeihilfe erhalten. Leidtragende sind v. a. die sogenannten *In-Betweener*.[333] Sie verdienen zu viel, um Wohnbeihilfe zu erhalten, und zu wenig, um sich eine Eigentumswohnung leisten zu können, konkret v. a. Junge sowie Teile der Mittelschicht. Sie leiden unter steigenden Mieten am privaten Wohnungsmarkt, was Protestpotential für Gegenbewegungen schafft.

Die folgende Tabelle 6 fasst die drei Wohlfahrtsregime zusammen.

Tabelle 6: Wohlfahrtsregime

	Liberales Wohlfahrtsregime	Konservatives Wohlfahrtsregime	Sozialdemokratisches Wohlfahrtsregime
Länder (beispielhaft)	UK und USA	Kontinentaleuropa	Skandinavien
Verständnis des Sozialstaats	Sozialhilfestaat für „Bedürftige"; gute Qualität sozialer Dienste wird privat angeboten	Sozialleistungen sind mehrheitlich Versicherungsleistungen und gekoppelt an die Beteiligung am Arbeitsmarkt	Sozialstaat bietet öffentliche Dienstleistungen in guter Qualität „für alle"
Kommodifizierung	Märkte für Daseinsvorsorge	Dekommodifizierung der Daseinsvorsorge für Insider	Dekommodifizierung der Daseinsvorsorge für „alle"

Weder Ost- und Südeuropa noch der globale Süden wurden von Esping-Andersen in seiner ursprünglichen Studie erfasst. Tatsächlich ist die Zuordnung dieser Länder nicht einfach. Ungarn z. B. wird als ein *im Übergang befindliches Hybridmodell* bezeichnet.[334] Erste Elemente eines konservativen Wohlfahrtsregimes entstanden in Ungarn in der Habsburger Monarchie im 19. Jahrhundert. Im Staatssozialismus war die Daseinsvorsorge verstaatlicht und für alle zugänglich, ähnlich dem sozialdemokratischen Wohlfahrtsregime – wiewohl auf einem niedrigeren Niveau. Die nach dem Ende des Staatssozialismus 1989 zumeist regierenden Sozialisten und Liberalen stärkten Elemente eines liberalen Wohlfahrtsregimes. Der öffentliche Wohnbau wurde privatisiert, die Spitzensteuersätze sowie die Unternehmenssteuern gesenkt, transnationale Unternehmen subventioniert und Märkte liberalisiert. Als Folge stieg die Ungleichheit, und die Arbeiterschaft wandte sich von der Sozialistischen Partei ab. Der 2010 gewählte Premierminister Viktor Orbán vollzog einen Politikwechsel. Er fördert nationales Kapital, v. a. in Wirtschaftsbereichen, die nicht direkt dem internationalen Wettbewerb ausgesetzt sind. Sozialpolitisch stärkt Orbán Elemente des konservativen Wohlfahrtsstaats, der v. a. die obere Mittelschicht absichert. Klar wird zwischen *Insider* und *Outsider* unterschieden. *Insider* erhalten teilweise großzügige Unterstützung, z. B. Familienbeihilfen. *Outsider* werden marginalisiert. In Ungarn ist dies insbesondere die Roma-Bevölkerung, die systematischer Diskriminierung ausgesetzt ist. Sozialleistungen niedrig zu halten gilt als Anreiz zu arbeiten.[335]

Die Beispiele Österreich, Schweden und Ungarn zeigen: *Wohlfahrtsregime sind im Wandel.* Sie unterscheiden sich geografisch, verändern sich im Zeitablauf und vereinen Aspekte verschiedener Wohlfahrtsregime. Der Leistungsumfang verändert sich und ist immer umkämpft: Sind z. B. Kinderbetreuung und Altenpflege familiäre Aufgaben, soziale Rechte (wie Bildung und Gesundheit) oder am Markt zu erwerbende Dienstleistungen?

8.3.3. Eine neue Sozialstruktur

Die Veränderungen in der Arbeitswelt und die Umstrukturierungen des Sozialstaats in der neoliberalen Regulationsweise erodierten die Mittelschichtsgesellschaften des Wohlfahrtskapitalismus im globalen Norden, v. a. in den angelsächsischen Ländern. Parallel zu diesen sozioökonomischen Umbrüchen führten auch diverse soziokulturelle Veränderungen zu verstärkter politischer Polarisierung. Reckwitz unterscheidet gegenwärtig vier relativ homogene gesellschaftliche Gruppierungen, die sich aus unterschiedlichen Milieus zusammensetzen.[336] Sie existieren heute zunehmend konflikthaft nebeneinander – und wetteifern um Hegemonie (vgl. S. 74). In Anlehnung an Reckwitz stützen wir uns im Folgenden auf die SINUS-Milieustudien (vgl. S. 71 ff.).

(1) Die **neue Mittelschicht** bildet knapp 35 % der österreichischen Bevölkerung ab und umfasst v. a. Kosmopolitische Individualisten, Performer, Postmaterielle und Progressive Realisten. Sie wurde in den letzten Jahrzehnten kulturell dominant. Diese neue Mittelschicht findet sich primär in Städten, v. a. in innerstädtischen Gebieten. Merkmale sind hohe Bildungsabschlüsse, ein urbaner Lebensstil, räumliche Hypermobilität, kultureller Kosmopolitismus sowie die Hinwendung zu postmateriellen Werten wie Diversität und Selbstverwirklichung. Sie schätzt das Besondere. Aufmerksamkeit zu erregen, gilt als Erfolgsstrategie, um sich vom Durchschnitt und vom Normalen abzugrenzen. Null-Acht-Fünfzehn ist out. Trotz ihres hohen ökologischen Fußabdrucks – die neue Mittelschicht fliegt gern und viel – ist ein ökologischer Lebensstil wichtig. Beeinflusst durch das marktliberale Leitbild wird ökologisches Verhalten zunehmend Teil des exklusiven individuellen Lebensstils, zu einem Distinktionsmerkmal, das am Markt erworben wird, z. B. ein Tesla.[337] Die neue Mittelschicht ist Träger des progressiven Neoliberalismus.

(2) Zur **traditionellen Mittelschicht** zählen rund 40 % der österreichischen Bevölkerung. Sie umfasst Konservativ-Etablierte, Nostalgisch-Bürgerliche, die Adaptiv-Pragmatische Mitte sowie den sozioökonomisch besser gestellten Teil der Traditionellen. Sie orientiert sich weiterhin an den Werten des Wohlfahrts-kapitalismus und findet sich v. a. an der städtischen Peripherie und am Land. Sie hat ein ausgeprägtes Arbeits- und Familienethos und begrüßt gesellschaftliche Ordnung und Disziplin. Da sich ihre Lebensweise auf Massenkonsum und Motorisierung stützt, definiert sich Status wesentlich materiell, d. h. über Geld und private Ausstattungsmerkmale wie Autos oder einen großen Fernseher. Diese Lebensweise ist ihrem Selbstverständnis nach an konkrete Orte gebunden, begrüßt traditionelle Geschlechterrollen und sympathisiert mit kommunitären, oft nationalistischen, manchmal sogar rassistischen Weltanschauungen. Während sie finanziell meist gut abgesichert ist, gerät ihr ehemals dominantes Wertesystem gegenüber dem der neuen Mittelschicht zunehmend in die Defensive.

(3) Das **Top 1 % von Superreichen** setzt sich in Österreich aus wenigen Konservativ-Etablierten und Performern zusammen. Es profitiert vom überdurchschnittlichen Ansteigen von Kapitaleinkommen, Gehältern im Management und Bonuszahlungen. Mit ihrem Vermögen können sie am einfachsten wirtschaftliche Rahmenbedingungen zu ihren Gunsten beeinflussen.[338]

(4) Die **prekäre Gesellschaftsschicht (Unterschicht)** umfasst etwas mehr als 25 % der Bevölkerung in Österreich. Zu ihr zählen der sozioökonomisch schlechter gestellte Teil der Traditionellen ebenso wie die konsumorientierte Basis und der Großteil der Hedonisten, die entweder arbeitslos oder prekär beschäftigt sind. Ein Teil dieser Bevölkerungsgruppe ist das neue Dienstleistungsproletariat, das besonders in Metropolregionen angesiedelt ist, schlecht bezahlt wird, in Sozialsystemen schwach abgesichert ist und kein Vermögen besitzt.[339] Die Arbeit von Reinigungskräften, Supermarktpersonal, Pflegekräften und Erntehelfer:innen ist meist körperlich anstrengend und gleichzeitig essenziell, um das Alltagsleben am Laufen zu halten. Sie alle sind Leistungsträger:innen, deren gesellschaftlich notwendige Leistungen monetär nicht gewürdigt werden.

Die Verschiedenheit der Milieus führt zu vermehrten Konflikten. Doch hat die daraus resultierende gesellschaftliche Fragmentierung zur Folge, dass gleichzeitig die Fähigkeit abnimmt, diese Konflikte demokratisch und kompromissbereit zu bearbeiten.

8.3.4. Demokratie in der Krise

Demokratie ist eine sich im Laufe der Geschichte wandelnde Form, wie ein Gemeinwesen Freiheit und Gleichheit organisiert. So ermöglichte die antike Polis z. B. Teilhabe und Freiheiten, aber keine Gleichheit. In Weiterführung konzipierte Hans Kelsen eine liberale Demokratie, die gleichzeitig eine republikanische ist (vgl. S. 86).[340] Diese orientiert sich sowohl am Freiheitsbegriff der antiken Polis, in der Freiheit und Verantwortung Hand in Hand gingen, als auch am Prinzip der Gleichheit. Für Kelsen ist Demokratie eine Form *kollektiver Selbstbeschränkung*, die individuelle Freiheiten am wenigsten einschränkt. Demnach gilt es, politische und wirtschaftliche Macht nicht abzuschaffen, sondern zu beschränken und zu nutzen, um das Gemeinwesen zu gestalten. In einem demokratischen Gemeinwesen haben durch Wahlen legitimierte Entscheidungstragende die Aufgabe, das Zusammenleben so zu regeln, dass *möglichst viele* in möglichst vielen Belangen frei sein können. Diesen sozialen Freiheitsbegriff (positive Freiheit) unterschied Kelsen von möglichst unbehinderter Selbstentfaltung (negative Freiheit).

In der *Zwischenkriegszeit (1918–1938)* prägte die Polarisierung zwischen Christlich-Sozialen und der Sozialdemokratie die junge Demokratie in Österreich. Das Land war nicht nur bezüglich der zu wählenden Wirtschaftsordnung gespalten, sondern auch in Fragen der Frauenemanzipation, der Rolle von Religion und Wissenschaft.[341] Die Christlich-Sozialen waren wirtschaftsliberal, aber kulturell antiliberal und antiwissenschaftlich. Der Klassen- und Kulturkampf mündete 1934 in einen Bürgerkrieg. Es folgten Austrofaschismus (1934–38) und Nationalsozialismus (1938–1945).

Erfolgreicher war die Verfassung nach dem Zweiten Weltkrieg. Politische Kompromisse wurden durch die *Sozialpartnerschaft* abgestützt, die den Klassenkampf in institutionelle Bahnen lenkte und Kompromisse zwischen Arbeit und Kapital ermöglichte. Mit Reformen im Familienrecht, Justiz, Schule und Universität festigte sich unter Bundeskanzler Bruno Kreisky (1970–1983) die liberale Demokratie in Österreich.

In der neoliberalen Regulationsweise bröckelte die Vorherrschaft der zwei Massenparteien ÖVP und SPÖ. Rechts gewann die FPÖ an Zulauf und links etablierten sich die Grünen, getragen von der neuen Mittelschicht. Aus diesem Milieu entstanden später auch die NEOS. Große Koalitionen aus SPÖ und ÖVP, die bis in die 1980er Jahre zusammen über 90 % der Stimmen bekamen, kommen heute gerade noch auf 50 %. Die Programmatik ehemaliger Parteien der Mitte erodierte: christdemokratische Parteien übernahmen rechte, nationalistische und reaktionäre Elemente und sozialdemokratische Parteien tendierten zum progressiven Neoliberalismus. Regieren wurde erschwert, die Legitimation des politischen Systems sank.

Während sich liberale Demokratien in einer Krise befinden, erleben **elektorale Demokratien und Autokratien** einen Aufschwung (vgl. S. 87).[342] Beide unterwandern liberaldemokratische Spielregeln und leugnen die Legitimität der politischen Gegner, mit denen man im politischen Wettbewerb steht, letztendlich aber Kompromisse schließen muss. Diese werden zu „Feinden des Staates", die man im Extremfall sogar vernichten will.[343] Politisch motivierte Gewalt wird toleriert und die Rechte von Opposition und Medien werden eingeschränkt. So wurde in Ungarn das Wahlsystem zugunsten der Regierungspartei umgestaltet, umstrittene ethnische und religiöse Vorstellungen in der Verfassung verankert, Medien von parteinahen Personen aufgekauft und Richter:innen massenhaft pensioniert. Auch in Polen ermöglichte die Justizreform 2017, mit einem Schlag ein Drittel aller Richter:innen des Obersten Gerichtshofs zu pensionieren. EU-Verfahren wegen „systemischer Bedrohung der Rechtsstaatlichkeit" waren die Folge.

Demokratisierung ist ein langsamer und umkämpfter Prozess um Gleichheit und Freiheit. Er passiert nicht „von selbst", sondern verdankt sich auch engagierten Menschen und sozialen Bewegungen. In der zweiten Hälfte des 19. Jahrhunderts wurde die Arbeiterbewegung zunehmend einflussreich. Zusammen mit Genossenschaften wie Raiffeisen, mit aufgeklärten Personen in der Bürokratie und weitblickenden Unternehmen gelang es, bessere Arbeitsbedingungen und das Wahlrecht für alle durchzusetzen. Der Kreis berechtigter Mitglieder eines demokratischen Gemeinwesens erweiterte sich jedoch nur langsam: zuerst das Zensuswahlrecht, das das Wahlrecht an Steuerleistungen koppelte, dann das Wahlrecht nur für Männer und schließlich auch für Frauen. Erst gegen Ende des Wohlfahrtskapitalismus universalisierten sich bürgerliche, politische und soziale Rechte im Westen – wiewohl oftmals nur für Staatsangehörige.

Aktuell droht eine **Zweidritteldemokratie**, in der das untere Einkommensdrittel kein Gehör und keine Repräsentation im politischen Prozess findet. Sozialdemokratische Parteien, die im 20. Jahrhundert erfolgreich Teilhabemöglichkeiten erweiterten, vertraten vermehrt die Interessen der neuen Mittelschicht.[344] Damit sind die Interessen der Vermögenden sehr gut, die der Mittelschicht gut und die der Unterschicht kaum mehr vertreten. Einerseits liegt dies daran, dass in den letzten Jahrzehnten Menschen aus der Arbeiterklasse sowie Personen mit geringer formaler Bildung kaum in Parlamenten vertreten sind – Abgeordnete haben ein hohes Bildungsniveau und kommen aus gutbezahlten Berufen.[345] Andererseits wählt das ökonomisch schwächste Drittel der Bevölkerung mehrheitlich nicht. Die einen gehen nicht wählen, weil sie erkennen, dass ihre Interessen ignoriert werden. So gingen bei der Wiener Gemeinderatswahl 2020 fast alle (98 %) Wahlberechtigten mit Matura- oder Universitätsabschluss sowie hohem Einkommen und Vermögen wählen. Bei Wahlberechtigten mit durchschnittlichem Einkommen und ohne Matura und nennenswertem Vermögen sank die Wahlbeteiligung auf 82 %, bei Wahlberechtigten ohne Arbeit und Vermögen auf 51 %, solange sie durch wohlfahrtsstaatliche Leistungen materiell abgesichert waren. Von den unter der Armutsgrenze lebenden Wahlberechtigten gingen nur 31 % wählen.[346] Andere, d. h. Menschen ohne Staatsbürger:innenschaft, gehen nicht wählen, weil sie kein Wahlrecht haben. In Österreich sind dies 16 % der Bevölkerung, in Wien sogar rund ein Drittel.[347] Ungleich ist die Teilhabe an politischen Entscheidungsprozessen auch räumlich: So bleiben z. B. Stadtteile, deren Bewohnende geringere Einkommen und Vermögen aufweisen, politisch unterrepräsentiert.

Einkommens- und Vermögenskonzentration verstärken die Konzentration wirtschaftlicher, politischer und medialer Macht. Vermögende kaufen sich in Medienkonzerne ein und beeinflussen Wahlen, Lobbygruppen treiben die Privatisierung und Finanzialisierung der Daseinsvorsorge voran.[348] Damit verschiebt sich die Sphäre des Politischen, die demokratisch kontrolliert werden kann, in den Bereich des Privaten, der sich der demokratischen Rechenschaftspflicht weitgehend entzieht. Private Unternehmen werden nicht vom Volk gewählt und sind unter den gegebenen Rahmenbedingungen dem öffentlichen Interesse auch nicht verpflichtet. In einer derart individualisierten Gesellschaft reduziert sich die Aufgabe des Staates darauf, möglichst wenig zu stören. Verbleibende Aufgabe von Demokratie ist, staatliche Willkür zu verhindern. Die Folge ist ein gleichzeitiger Legitimationsverlust von Politik, Staat und Demokratie.

Auch kommerzielle Formen der Digitalisierung verschärfen soziale Polarisierung und Demokratiedefizite. In ihrem Buch *Das Zeitalter des Überwachungskapitalismus* skizziert Shoshana Zuboff, wie der digitale Machtkomplex Demokratie gefährdet.[349] Das Erfassen privater Verhaltensdaten passiert versteckt und außerhalb unserer Wahrnehmung. Verhalten wird vorhersagbar. Dieser mit der Digitalisierung entstehende Überwachungskapitalismus respektiert keine Privatsphäre und eignet sich alltägliche Lebenserfahrungen als Rohmaterial in Form von Verhaltensdaten an. Durch Apps, soziale Netzwerke, Mobiltelefone und „smarte" Haushaltsapplikationen werden persönliche Informationen 24/7 direkt an transnationale digitale Unternehmen übertragen. Diese generierten Daten werden Privateigentum der Unternehmen, mit dem sie Verhalten vorhersagen und diese Vorhersagen dann verkaufen können, z. B. für personalisierte Werbung und im politischen Wettbewerb. Nur sie entscheiden, was die beste Verwendung dieses Wissens ist. *Wirtschaftliche und politische Macht rücken enger zusammen.* Barack Obama nutzte das Wissen Googles in seinem Präsidentschaftswahlkampf 2008, Donald Trump nutzte 2016 Cambridge Analytics. Darüber hinaus fördern gegenwärtige Formen der Digitalisierung die Entstehung von *Echo-Kammern* und *Filterblasen*, sei dies bei Beiträgen in sozialen Netzwerken oder bei Suchanfragen. Gezeigt werden personalisierte Inhalte, die tendenziell die eigene Meinung bestärken.[350] Dies verstärkt die Hyperindividualisierung, die das eigene Ich absolut setzt. Menschen verlernen, Andersdenkende überhaupt wahrzunehmen, geschweige denn sie zu verstehen und Argumente abzuwägen. Damit weicht die Kompromisskultur der Nachkriegszeit zunehmend *konfliktträchtigen Polarisierungen.*

Schließlich ist die gegenwärtige Krise der Demokratie auch eine Krise demokratischer Autorität. **Demokratische Autorität** definieren wir in Anlehnung an Hans Kelsen als das Recht und die Pflicht von demokratisch legitimierten Entscheidungstragenden, verbindliche Regeln für das Gemeinwesen festzulegen. Dies hat Auswirkungen auf die individuelle Lebensführung. Da Menschen gerade in modernen pluralistischen Gesellschaften vielfältige, oft miteinander in Konflikt stehende Teilinteressen verfolgen, bedarf das zivilisierte Zusammenleben **Regeln, die Rechte und Pflichten für alle festlegen**. Das ist der Kern von Demokratie. Nur so bleibt Freiheit nicht das Privileg einiger Weniger. Deutlich wurde die Krise demokratischer Autorität während der Corona-Proteste. Mit dem demokratischen Autoritätsverlust verlagert sich die souveräne Regelsetzung zunehmend in einen privaten, demokratisch nicht legitimierten Bereich (vgl. S. 93). Es ist ein Fehler zu glauben, Verbote und staatlicher Zwang seien prinzipiell schlecht. Nur weil es das Verbot gibt, sich fremdes Eigentum anzueignen, kann Privates genutzt und das Eigentumsrecht durchgesetzt werden. Nur weil es verboten ist, auf der Straße zu spielen, können sich Autos rasch bewegen. Und nur wenn es Autofahrenden verboten wäre, auf der Straße schneller zu fahren als Schrittgeschwindigkeit, könnten Kinder auf ebendiesen spielen. *Regeln, Verbote, Begrenzung und Pflichten sind Grundlage von Freiheit und Recht,* sie sind dialektisch miteinander verbunden. Die eigentliche politische Frage ist daher, wie Regeln aussehen und welche Praktiken eingeschränkt werden müssen, um andere zu ermöglichen. Diese Problematik wird durch die ökologische Krise verstärkt.

9.   Natur im Umbruch

Wirtschaft ist nicht nur in Gesellschaft, sondern auch in Natur eingebettet. Menschen sind Lebewesen und daher *needy enmattered beings* (vgl. S. 123). Sie brauchen nicht nur ein soziales Umfeld, sondern auch Ressourcen, um Bedürfnisse zu befriedigen, sowie Ökosysteme und ein menschenfreundliches Klima. Wir untersuchen daher im Folgenden aktuell stattfindende ökologische Umbrüche sowie politische und sozioökonomische Prozesse, die diese Veränderungen beeinflussen.

Die irdische *Biosphäre* umfasst alle Bereiche des Planeten Erde, in denen Leben vorkommt. Während in den Randzonen der Biosphäre, also weit über und tief unter der Erdoberfläche, die Lebensbedingungen extrem sind und dort nur Mikroorganismen leben, haben mildere Bedingungen in den Bereichen dazwischen zu einer großen Artenvielfalt geführt.[351] Vergleichsweise gemäßigte Temperaturen, Luftdrücke und Strahlungswerte sowie ausreichend Nahrung und Wasser ermöglichten es Tieren, Pflanzen und Menschen sich anzusiedeln. Um leben zu können, müssen Lebewesen Stoffe und Energie untereinander und mit ihrer unbelebten Umwelt austauschen.[352] Das Beziehungsgefüge der Lebewesen untereinander und mit ihrem Lebensraum nennt man *Ökosystem*. Ohne Wechselwirkungen wäre Leben nicht möglich – das gilt selbstverständlich auch für den Menschen. Demgegenüber spiegelt der in der Alltagssprache verwendete Begriff der Umwelt ein dualistisches Denken wider: *Hier der Mensch, dort die Um-Welt*. Diese Trennung geht auf das 19. Jahrhundert zurück und findet sich bis heute u. a. in der Trennung von Natur- und Sozialwissenschaften sowie in Analysen, die Umweltschäden als Externalitäten konzeptualisieren.[353]

Dessen ungeachtet sind Menschen von Natur abhängig und tief verstrickt in biophysische Prozesse. So kritisieren seit den 1970er Jahren *neue Inter-Disziplinen* wie die soziale und politische Ökologie dieses dualistische Weltbild.[354] Wird anerkannt, dass der Mensch Teil der Biosphäre ist, dann ist Natur nichts Äußerliches und Unberührtes, das unabhängig von menschlichem Handeln existiert. Bestimmte Wirtschaftsweisen, Machtverhältnisse und Wertvorstellungen schaffen vielmehr unterschiedliche **gesellschaftliche Naturverhältnisse** (vgl. S. 99 f.). *Natur ist mehr Mitwelt als Umwelt.*

Deshalb beginnen wir im Folgenden mit (1) einer kurzen historischen Darstellung der Herausbildung und Gefährdung einer menschenfreundlichen Mitwelt. Daran anschließend untersuchen wir (2) die Klima- und die Biodiversitätskrise. Schließlich skizzieren wir, (3) wie gegenwärtige Politik zur Stabilisierung nicht-nachhaltiger Strukturen beiträgt.

9.1. Eine kurze Geschichte einer menschenfreundlichen Mitwelt

Die Erde durchlebte einige Epochen ohne die Spezies Mensch, die mehr Extremereignisse aufwiesen als heute. Das vor etwa 11.700 Jahren beginnende **Holozän** (Nacheiszeitalter) markiert mit warmen und stabilen Verhältnissen eine einzigartige erdgeschichtliche Epoche, in der die globale Mitteltemperatur nur um weniger als 1°C schwankte (vgl. Grafik 10). Dieses stabile Klima ermöglichte den Aufstieg von Kulturen und Zivilisationen inklusive der neolithischen und industriellen Revolution (vgl. S. 17). Menschen sind auf so eine menschenfreundliche Mitwelt angewiesen. Doch dies ist erdgeschichtlich eine Ausnahme. Reduzieren wir die Geschichte unseres Planeten auf einen 24-Stunden Tag, dann erscheint der *Homo habilis* erst in der letzten Minute, das Holozän beginnt im letzten Viertel der letzten Sekunde und die industrielle Revolution in den zwei letzten Tausendsteln.

Grafik 10: Temperaturänderungen in Grönland (Eisbohrkerne) gegenüber dem heutigen Mittelwert (Mittellinie) während der letzten 50.000 Jahre[355]

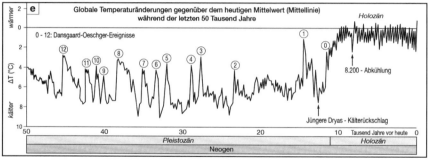

Stagnierte das Pro-Kopf-Einkommen weltweit bis 1700, kam es danach zu einem exponentiellen Wachstum der Wirtschaftsleistung, der Bevölkerung und des Ressourcenverbrauchs (vgl. Tabelle 7).

Tabelle 7: Durchschnittliche jährliche Wachstumsraten weltweit[356]

Jahr	Weltproduktion (%)	Weltbevölkerung (%)	Pro-Kopf Output (%)
0–1700	0.1	0.1	0.0
1700–2012	1.6	0.8	0.8
1700–1820	0.5	0.4	0.1
1820–1913	1.5	0.6	0.9
1913–2012	3.0	1.4	1.6

Die im Gefolge der industriellen Revolution entstandenen Probleme sind unbeabsichtigte Konsequenzen der Erfolgsgeschichte der kapitalistischen Wirtschaftsweise. Ein einzigartiger Schub an individuellem Freiheits- und Wohlstandsgewinn ging einher mit einer bis dahin unbekannten Ausbeutung von Natur und Mensch. Durch die expansive kapitalistische Wirtschaftsweise gingen die stabilen Bedingungen des Holozäns verloren. Die *große Beschleunigung*, d. h. Dynamiken exponentiellen Wachstums vieler biophysischer und sozioökonomischer Indikatoren, z. B. von Bevölkerung, Wirtschaft und Regenwaldabholzung, beginnt mit der Massenkonsumgesellschaft nach 1945.[357]

Lineares und exponentielles Wachstum

Exponentielles Wachstum beschreibt einen Prozess, bei dem sich die Bestandsgröße in jeweils gleichen Zeitschritten immer um denselben Faktor verändert. Man stelle sich vor, ein Unternehmen hat einen Umsatz von einer Million Euro und wächst jährlich um 15 %. Während sich bei *linearem Wachstum* die Bestandsgröße, von welcher das Wachstum berechnet wird, nicht verändert (sie bleibt immer 1 Million Euro), vergrößert sich diese bei *exponentiellem Wachstum* jährlich. Je länger die Zeitreihen fortgesetzt werden, desto mehr unterscheiden sich die Werte. So beträgt der Wert nach 50 Jahren bei linearem Wachstum 8,5 Millionen Euro und bei exponentiellem 1,08 Milliarden Euro. Nach 100 Jahren steht ein Mittelbetrieb mit 16 Millionen Euro Umsatz einem zum Großbetrieb gewachsenen Unternehmen mit 1,17 Billionen Umsatz Euro gegenüber.

	Umsatz bei linearem Wachstum (in Euro)	Umsatz bei exponentiellem Wachstum (in Euro)
Ausgangswert	1.000.000	1.000.000
Nach einem Jahr	1.150.000	1.150.000
Nach zwei Jahren	1.300.000	1.322.500
Nach drei Jahren	1.450.000	1.520.875
Nach fünfzig Jahren	8.500.000	1.083.657.442
Nach hundert Jahren	16.000.000	1.174.313.450.700

Ein bekanntes Beispiel für exponentielles Wachstum in biophysikalischen Prozessen ist die Ausbreitung von Seerosen. Wenn es auf einem Teich in einer Woche 10 und in der nächsten 20 Seerosen gibt, dann gehen viele intuitiv davon aus, dass es eine Woche später 30, dann 40 und dann 50 sein werden. Das ist die lineare, Menschen vertraute Sicht der Welt. Tatsächlich werden es aber 40 sein, dann 80 und dann 160. In der Woche bevor der Teich gänzlich mit Seerosen bedeckt ist, haben sich diese erst über den halben Teich erstreckt.

Weil der Mensch aktuell geologische, biologische und atmosphärische Prozesse entscheidend beeinflusst, sprechen Fachleute der Geologie von einem neuen Erdzeitalter: auf das menschenfreundliche Holozän, in dem die modernen Zivilisationen entstanden, folgte das **Anthropozän** (*anthropos* bedeutet auf Altgriechisch Mensch).[358] Diese vom Chemie-Nobelpreisträger Paul Crutzen († 2021) geprägte Periodisierung rückt die Einzigartigkeit aktueller Dynamiken ins Bewusstsein. Erstmals in der Erdgeschichte verändert der Mensch die Natur entscheidend, z. B. ist der atmosphärische CO_2-Gehalt aktuell der höchste seit vier Millionen Jahren. Anthropogene Veränderungen hinterlassen nachweisliche geologische Spuren, z. B. in arktischen Eisbohrkernen und Sedimenten. Auch die stratigraphischen Spuren, die z. B. durch Urbanisierung, Bergbau und

Landwirtschaft hinterlassen werden, sind einzigartig. Ebenso beeinflusst die globale Erderhitzung, u. a. durch die Veränderung des Gletschervolumens, vulkanische und tektonische Aktivitäten. Eine typische Signatur des neuen Erdzeitalters sind auch völlig neue Substanzen, die sich seit 150 Jahren in den Ökosystemen des Planeten ablagern, z. B. Kunststoffe, Pestizide und durch Atomtests dispergierte Radionuklide.

Der Zustand von Ökosystemen verschlechtert sich, z. B. durch Überfischung, Monokulturen sowie dem Schrumpfen der Tropenwälder. Da der Mensch untrennbar mit seiner Mitwelt verbunden ist, verändert die Transformation biophysischer Realitäten auch den menschlichen Körper. *Chronische Krankheiten sind weltweit Hauptttodesursache.*[359] Durch eine fleisch- und zuckerreiche Ernährung sowie industriell hergestellte Lebensmittel nehmen Krankheiten wie Krebs, Fettleibigkeit und Herz-Kreislauf-Erkrankungen zu. Bei Kindern steigen in Europa die Krebserkrankungen. Der menschliche Körper ist im Anthropozän vermehrt synthetisch-chemischen Substanzen ausgesetzt, Mikroplastik zirkuliert im menschlichen Gefäßsystem.[360] Bereits in den späten 1940er Jahren warnten Toxikologen, dass bestimmte Substanzen selbst bei niedrigsten Dosen das Krebsrisiko erhöhen. Deshalb verboten z. B. die USA 1958 Pestizidrückstände in Lebensmitteln. Doch seit den 1970er Jahren wandten Regulierungsbehörden vermehrt Nutzen-Kosten-Analysen an (vgl. S. 34 f.). Ergebnis war oftmals, gesundheitliche Risiken wegen ihres wirtschaftlichen Nutzens in Kauf zu nehmen.[361] Bestimmte Krebsraten werden daher wirtschaftlich akzeptabel. Schließlich förderte die Suburbanisierung mit dem Automobil als zentralem Fortbewegungsmittel Diabetes, Fettleibigkeit und Herz-Kreislauf-Erkrankungen.[362] Das Anthropozän verändert nicht nur den menschlichen Körper, sondern macht auch Teile der Erde schwieriger bewohnbar. Auch wenn die Auswirkungen dieses tiefgehenden menschlichen Einflusses auf unseren Planeten nicht in allen Details vorhersehbar sind, so führt das Anthropozän schon heute zu vielfältigen ökologischen Krisen.

9.2. Vielfältige ökologische Krisen

In Teil 1 wurde das Konzept der ökologischen Belastungsgrenzen vorgestellt (vgl. S. 51 f.). Im Folgenden gehen wir exemplarisch auf zwei Belastungsgrenzen ein: Klima und Biodiversität.

9.2.1. Klimakrise

Die Klimakrise wird durch die immer höhere Konzentration von THG in der Atmosphäre verursacht. Der **Treibhausgaseffekt** erhitzt die Erde, da die Sonnenwärme, die durch Sonnenstrahlung in die Erdatmosphäre kommt, wegen der THG-Konzentration nicht entweichen kann, sondern großteils absorbiert wird. Seit der Industriellen Revolution steigen THG-Emissionen und deren Konzentration in der Atmosphäre. Heute ist die THG-Konzentration höher als jemals zuvor in den letzten 800.000 Jahren.[363]

Das relevanteste THG ist *Kohlendioxid (CO$_2$)*, das v. a. bei der Verbrennung fossiler Energieträger wie Kohle, Öl oder Erdgas entsteht. Diese werden seit Beginn der Industriellen Revolution für Stromerzeugung, Heizung, Produktion und Transport verwendet. Auch Methan (CH$_4$) und Lachgas (N$_2$O) sind klimaschädliche Gase, die für die Erderhitzung mitverantwortlich sind. *Methan* entsteht z. B. bei der Förderung und dem Transport fossiler Energieträger, in der industriellen Landwirtschaft, bei der Verbrennung von Biomasse und bei der Zersetzung organischer Abfälle in Mülldeponien. *Lachgas* wird z. B. bei der Verbrennung fossiler Energieträger und beim Einsatz stickstoffhaltiger Düngemittel freigesetzt. Während Methan nach rund 12 Jahren in der Atmosphäre abgebaut wird, entfaltet Lachgas seine klimaschädliche Wirkung in der Atmosphäre für rund 121 Jahre. Kohlendioxid wird teils nach einigen Jahrzehnten abgebaut, der Rest braucht hunderte Jahre (vgl. Tabelle 8). Die negativen Auswirkungen heutiger Emissionen bleiben daher lange bestehen und emissionsreduzierende Maßnahmen wirken zeitverzögert. Selbst wenn morgen die anthropogenen THG-Emissionen gestoppt werden, würden Kohlendioxid und Lachgas in der Atmosphäre noch hunderte Jahre lang wirken. Auch darin, wie stark sie die Atmosphäre beeinflussen, unterscheiden sich die verschiedenen THG. Zur leichteren Vergleichbarkeit werden THG auf *CO$_2$-Äquivalente* umgerechnet. Im Vergleich über 100 Jahre bewirkt eine zusätzliche Einheit Methan in der Atmosphäre einen rund 28-fach und eine Einheit Lachgas einen rund 265-fach höheren Effekt auf die Erderhitzung als CO$_2$. Die CO$_2$-Äquivalente für 100 Jahre sind somit für Methan 28 und für Lachgas 265. Dass der Fokus trotzdem auf Kohlendioxid gelegt wird, erklärt sich durch die Emissionsmengen. So werden z. B. in Österreich jährlich 66 Millionen Tonnen Kohlendioxid ausgestoßen und „nur" 7 Million Tonnen Methan und 4 Millionen Tonnen Lachgas.[364]

Tabelle 8: Die wichtigsten THG im Vergleich[365]

Treibhausgas	Kohlendioxid (CO$_2$)	Methan (CH$_4$)	Lachgas (N$_2$O)	Gesamt
Verweildauer in Jahren	10–500	12,4	121	
Treibhausgaswirkung in 100 Jahren	1	28	265	
Jährlicher Ausstoß 2017 global in Mio. t	35.500	8.075	3.099	47.657
Jährlicher Ausstoß 2019 Österreich in Mio t	66	7	4	78

Die Folge der erhöhten THG-Konzentration in der Atmosphäre ist ein Temperaturanstieg der globalen Mitteltemperatur. Die Auswirkungen sind weitreichend und komplex. In den letzten 30 Jahren haben Eisschilde an Masse verloren, Gletscher sind geschrumpft oder, wie in Island, verschwunden, Ozeane wurden wärmer und versauern zunehmend und der Meeresspiegel steigt.[366] Die Anzahl von *Hitzetagen*, d. h. von Tagen mit einer Höchsttemperatur von mindestens 30°C, hat sich in Österreich in den letzten Jahrzehnten verdoppelt bis verdreifacht.[367] Auch der Wasserzyklus ändert sich. Die Erdatmosphäre nimmt in kürzeren Zeiträumen mehr Wasser auf, Niederschläge werden unregelmäßiger und heftiger. Überflutungen und längere Trockenperioden, Schneechaos, Waldbrände und Hurrikans sind die Folge.[368]

Der Klimawandel ist kein linearer Prozess, sondern von vielen **Kipppunkten** geprägt (vgl. S. 51).[369] Diese beschreiben Schwell- oder Grenzwerte, bei deren Überschreiten abrupte, oft unvorhersehbare und miteinander verbundene, sich gegenseitig verstärkende biophysische Veränderungen eintreten. So führt die Erderhitzung beispielsweise zum Auftauen des Permafrosts in der Arktis, welcher organische Substanzen enthält. Das Auftauen ermöglicht die Zersetzung von Bakterien, die Methan als Nebenprodukt freisetzen. Dies beschleunigt die globale Erwärmung. Der Wasserdampf in der Luft fängt die Wärme in der Atmosphäre ein. Die Wanderung tropischer Wolken in Richtung der Pole befördert das Schmelzen von Eiskappen. Da diese als Reflektoren wirken, die die Sonnenstrahlen zurück in den Weltraum leiten, geht dadurch eine Kühlfunktion verloren. Die Erde erhitzt sich weiter, da das Abschmelzen dunkles Wasser an die Oberfläche bringt, welches mehr Wärme aufnimmt und den Schmelzprozess beschleunigt. Beim Schmelzen von Landeis, wie in Grönland und Teilen der Antarktis, beschleunigt Wasser, das in das darunterliegende Land sickert, den Zusammenbruch von Gletschern. Erderhitzung ist also kein langsamer und linearer Prozess, sondern kann zu *kumulativen, sich verstärkenden Prozessen* führen.[370]

Gleichzeitig führt die Erhitzung und Versauerung der Ozeane zum Absterben von CO_2-fressendem und sauerstoffproduzierendem Meeresplankton, das für ein gemäßigtes Klima von entscheidender Bedeutung ist und einen großen Teil des weltweiten Sauerstoffs produziert.[371] Stirbt Plankton, steigt die CO_2-Konzentration schneller und die Meeresfischpopulationen, die sich von diesem Plankton ernähren, schrumpfen.

Laut der Weltgesundheitsorganisation (WHO) ist der Klimawandel die größte Gesundheitsbedrohung für die Menschheit.[372] Obwohl es lokal begrenzt auch Vorteile wie weniger Todesfälle im Winter und eine Steigerung der Nahrungsmittelproduktion in einigen Regionen gibt, überwiegen die Gesundheitsrisiken. Steigende Temperaturen, schwankende Niederschläge und neue Pflanzenschädlinge und Krankheitserreger führen zu sinkender Produktion von Grundnahrungsmitteln und in der Folge zu Unterernährung. Vermehrt auftretende Wetterextreme führen zu erhöhten materiellen Schäden, Problemen bei der Trinkwasserversorgung und damit verbundenen Krankheiten. Weiters führt der Klimawandel zu einem vermehrten Auftreten von vektorgebundenen Krankheiten wie Malaria und Dengue-Fieber, direkt übertragbaren Zoonosen wie Ebola und SARS-CoV-2 und über Wasser und Lebensmittel übertragbaren Krankheiten wie Cholera. Klimaabhängige Krankheiten gehören zu den häufigsten Todesursachen weltweit. Laut WHO-Prognosen wird der Klimawandel zwischen 2030 und 2050 deshalb jährlich zu 250.000 zusätzlichen Todesfällen führen.[373]

Klimaflüchtlinge sind eine weitere Folge der Klimaerhitzung. Laut dem hohen Flüchtlingskommissar der UN (UNHCR) vertreiben Wetterextreme jedes Jahr weltweit mehr als 20 Millionen Menschen von ihrem Wohnort. Diese Zahl wird angesichts der Klimakrise deutlich steigen.[374] Steigende Armut und wirtschaftliche Schocks erhöhen zudem indirekt das Risiko gewaltsamer Konflikte. So gingen dem Arabischen Frühling und den folgenden Bürgerkriegen im Mittelmeerraum in den 2010er Jahren Dürreperioden und Wasserknappheit voraus.[375] Gelingt keine Trendwende, werden große Teile der Erde für Menschen noch in diesem Jahrhundert unbewohnbar.[376] Bei weiter steigenden Temperaturen ist mit zunehmenden Fluchtbewegungen und Konflikten um Ressourcen zu rechnen. Laut Weltbank könnten bis 2050 mehr als 216 Millionen Menschen aufgrund klimatischer Veränderungen gezwungen werden, ihren Wohnort zu verlassen.[377] Trotzdem werden Klimakrisen (noch) nicht als Fluchtgrund anerkannt, der die Gewährung von Asyl rechtfertigt.

Angesichts der spürbaren Folgen und enormen zukünftigen Risiken des Klimawandels hat man sich im Pariser Klimaschutzabkommen 2015 darauf geeinigt, den **Temperaturanstieg auf „deutlich unter 2°C" und möglichst auf 1,5°C zu begrenzen**.[378] Diese Ziele beziehen sich auf den globalen Mittelwert im Vergleich zur vorindustriellen Zeit. Die bisherigen Emissionen haben bereits zu einer Erderwärmung von circa 1,1°C globaler Mitteltemperatur geführt.[379] Wie drastisch und schnell von heute an Emissionen reduziert werden müssen, zeigt das sogenannte verbleibende *globale THG-Budget*. Dieses gibt an, wie viele Emissionen noch in die Atmosphäre gelangen dürfen, um das 1,5°C- oder 2°C-Ziel einzuhalten. Von 1850 bis 2019 wurden gesamt 2.400 Gigatonnen (Milliarden Tonnen) CO_2 ausgestoßen. Um wahrscheinlich (66 % Wahrscheinlichkeit) unter 1,5°C zu bleiben, können weltweit ab Anfang 2020 noch 400 Gigatonnen CO_2 ausgestoßen werden, um wahrscheinlich unter 2°C zu bleiben noch 1.150 Gigatonnen. Bei konstanten Emissionen (derzeitig jährlich rund 42 Gigatonnen CO_2) wären die gesamten verbleibenden Emissionen für das 1,5°C-Ziel also schon im Jahr 2029 verbraucht.[380] Der IPCC zeigt auf, dass zur Einhaltung des 1,5°C-Ziels die CO_2-Emissionen spätestens 2025 ihren Höhepunkt erreichen und bis 2030 um 48 % unter das Niveau von 2019 fallen müssen, um 2050 den Netto-Nullpunkt zu erreichen. Um mit einer

Wahrscheinlichkeit von 66 % zumindest das 2°C-Ziel einzuhalten, ist eine CO_2-Reduktion bis 2030 um 27 % vorgesehen und Netto-Null-Emissionen ab 2070.[381]

Unter *Netto-Null-Emissionen* versteht man, dass nur so viele THG emittiert wie im selben Zeitraum gebunden werden. Gebunden werden THG durch natürliche Kohlenstoffsenken wie Ozeane, Wälder und Böden oder durch neue Technologien. Die meisten *Netto*-Null-Pfade sind auf negative Emissionstechnologien wie *Bioenergy and Carbon Capture and Storage* (BECCS) und *Direct Air Capturing* (DAC) angewiesen. Diese Technologien sind jedoch noch nicht erprobt, existieren teilweise noch nicht und werden mit großer Wahrscheinlichkeit im notwendigen Zeitraum und Umfang nicht verfügbar sein.[382] Kritische Klimaforschung meint daher, dass es unverantwortlich sei, mit diesen Technologien zu planen.[383] Während die Klimawandelauswirkungen bei einer Erwärmung um 1,5°C deutlich größer sein werden, als die bereits heute spürbaren Folgen, sind die Auswirkungen und Risiken einer Erhitzung um 2°C nochmals deutlich höher, wie Tabelle 9 zeigt.

Tabelle 9: Gegenüberstellung einiger Auswirkungen von 1,5°C und 2°C Erhitzung[384]

	1,5°C	2°C	Auswirkung von 2 gegenüber 1,5°C
Betroffenheit von extremen Hitzewellen	14 % der Bevölkerung	37 % der Bevölkerung	2,6-mal höher
Betroffenheit von Dürre	350 Mio. Menschen	410 Mio. Menschen	60 Mio. zusätzlich betroffen
Rückgang der Erntemenge Mais	10 %	15 %	1,5-mal höher
Rückgang in der marinen Fischerei	1,5 Mio. Tonnen	3 Mio. Tonnen	2-mal höher
Artensterben: Wirbeltiere	4 %	8 %	2-mal höher
Artensterben: Pflanzen	8 %	16 %	2-mal höher
Artensterben: Insekten	6 %	18 %	3-mal höher
Korallensterben	70–90 %	99 %	Bis zu 29 Prozentpunkte höher

Aktuell sind die gesetzten Aktivitäten unzureichend, um die Pariser Klimaziele zu erreichen. Das kann mit folgendem Beispiel illustriert werden. Drei Freundinnen, die gemeinsam in einer Wohngemeinschaft leben, beschließen gemeinsam, eine saubere oder zumindest akzeptabel sauber geputzte Wohnung zu haben. Nachdem die Freundinnen das Ziel beschlossen haben, schreibt jede auf, welchen Putzbeitrag sie dafür leisten kann. Zwei Freundinnen versprechen regelmäßig einen der Räume zu putzen, die dritte will sich vorerst nicht beteiligen. Es gibt somit Putzversprechen für zwei der fünf WG-Räume. So wird die WG nicht sauber. Es ist aber auch unklar, ob die Putzversprechen tatsächlich eingehalten werden, denn niemand darf zum Putzen gezwungen werden. In der internationalen Klimapolitik gibt es so etwas wie „Putzversprechen", sie nennen sich *national festgelegte Beiträge* (*nationally determined contributions*, NDCs). Diese sind die national angepeilten Beiträge für THG-Reduktionen. Alle Vertragsstaaten des Übereinkommens von Paris kommunizieren mit ihren NDCs regelmäßig ihre nationalen Klimaschutzziele. Diese Beiträge reichen – so wie im Beispiel der WG – allerdings nicht, um die Klimaziele zu erreichen, selbst wenn sie zu 100 % umgesetzt werden. Eine Umsetzung der aktuell versprochenen Beiträge könnte wahrscheinlich (66 %) den Temperaturanstieg bis zum Ende des Jahrhunderts auf 2,6°C begrenzen. Werden nur jene Klimaschutzmaßnahmen umgesetzt, die bereits rechtlich beschlossen sind, würde der Temperaturanstieg wahrscheinlich 2,8°C betragen.[385] Die Versprechen sind somit ein Schritt in die richtige Richtung, doch um das 1,5°C- oder zumindest das 2°C-Ziel zu erreichen, müssen sie deutlich ambitionierter werden.

Klimapolitik, die ein gutes Leben für alle Menschen anstrebt, ist auch Verteilungspolitik: Wer trägt wie viel dazu bei, die Pariser Klimaziele zu erreichen? Die Antwort auf diese Frage ergibt sich aus *Verteilungskonflikten*. Die reichen Staaten Nordamerikas und Europas haben ein Interesse daran, dass auch aufstrebende Länder wie Indien und China ihren Verbrauch an nicht-erneuerbaren Ressourcen einschränken. Letztere bestehen hingegen auf die historische Verantwortung der reichen Länder, die über 200 Jahre lang einseitig das globale THG-Budget beansprucht haben.[386] Für die einen sind die reichen Länder ökologische „Schuldner", die über ihre Verhältnisse gelebt haben und immer noch leben. Für die anderen sind die großen aufstrebenden Länder der Schlüssel für wirksame Veränderungen: „Wir im kleinen Österreich können nichts bewirken, wohl aber China und Indien", so die Argumentation. Die Folge dieser jeweils verengten Sichtweisen: Die früh industrialisierten und heute reichen Länder Europas und Nordamerikas weigern sich, für ihren historischen Beitrag zum Überschreiten ökologischer Belastungsgrenzen ausreichend Verantwortung zu übernehmen. Gleichzeitig wollen die aufstrebenden Länder auf kurzfristige Wettbewerbsvorteile durch die Nutzung von Kohle und andere klimaschädliche Produktionen nicht verzichten. Allzu oft ist genau diese Wettbewerbsfähigkeit das oberste wirtschaftspolitische Ziel – nicht nur im globalen Süden. Dies verschärft jedoch den Standortwettbewerb zwischen Städten, Regionen und Nationen und erschwert internationale Kooperation zum Schutz wichtiger *Globalgüter* (*global commons*) wie Regenwälder, Antarktis und Korallenriffe, aber auch die Umsetzung internationaler Abkommen wie der SDGs und des Pariser Klimaabkommens.

Daraus lässt sich die Frage ableiten: Welche Möglichkeiten effektiver weltweiter Kooperation zum Schutz des Klimas gibt es in einer wettbewerbsorientierten kapitalistischen Weltwirtschaft? Auf diese Frage braucht es dringend Antworten. Wie groß der Veränderungsbedarf ist, sieht man am Energieverbrauch nach Energieträgern. Obwohl in den letzten Jahrzehnten immer mehr erneuerbare Energieträger eingesetzt wurden, konnten diese die fossile Energie nicht ersetzen, da der Gesamtenergieverbrauch weiter stieg (vgl. Grafik 11). Dies bestätigt Überlegungen von William Stanley Jevons († 1882) angesichts der Entdeckung der Dampfmaschine: Durch den sparsameren Umgang mit Kohle wurden die Maschinen rentabler, ihre Nutzung breitete sich aus und der nationale Kohleverbrauch stieg schließlich an.[387] Dies beschreibt den **Rebound-Effekt**: durch Effizienzsteigerungen sinken die Kosten für Produkte oder Dienstleistungen, weshalb Nutzer:innen mehr verbrauchen und die ursprünglichen Einsparungen teilweise wieder aufgehoben werden. Dieser Effekt ist auch heute noch anzutreffen.[388] Gesteigerte Punkt-Effizienz führt daher nicht automatisch zu sinkendem Ressourcenverbrauch. Manchmal ist sogar das Gegenteil der Fall.

Auch das weitverbreitete Verständnis der Energiewende (*energy transition*), wonach mehr erneuerbare Energieträger die Klimakrise lösen, muss relativiert werden. Denn die tatsächliche Entwicklung des Energieverbrauchs zeigt keine Wende, sondern ein stetiges Hinzufügen neuer primärer Energieträger (vgl. Grafik 11). Der Verbrauch von Kohle, Öl und Gas steigt weiter in absoluten Zahlen. *Erneuerbare Energieträger decken bloß den erhöhten Verbrauch.* Die gesellschaftliche Herausforderung einer tatsächlichen Energiewende zeigt sich am Beispiel Kubas nach dem Fall der Sowjetunion: Ohne sowjetisches Öl und unter US-amerikanischem Embargo wurden, um Energie zu sparen, Arbeitszeiten in der Industrie reduziert, der häusliche Stromverbrauch rationiert, die Nutzung von Fahrrädern und Fahrgemeinschaften verallgemeinert, das Universitätssystem dezentralisiert, Solarenergie und Biogas entwickelt, organische Düngemittel und städtischer Gartenbau forciert sowie Lebensmittel streng rationiert. 1993, als die Krise am schlimmsten war, wurde die Lebensmitteltagesration auf 1.900 Kilokalorien reduziert. Die Menschen in Kuba verloren durchschnittlich fünf Kilogramm Körpergewicht, doch auch Herz-Kreislauf-Erkrankungen sanken um 30 %. Und trotzdem verringerten sich die CO_2-Emissionen um gerade einmal 35 % in zehn Jahren.[389] Dies zeigt: Eine wirkliche Wende ist disruptiv, teilweise schmerzhaft, aber auch mit Vorteilen verbunden.

Die folgende Grafik 11 zeigt den weltweiten Primärenergieverbrauch nach Energieträgern. Der Anteil der fossilen Brennstoffe am Primärenergiemix liegt derzeit weltweit immer noch bei rund 80 %. Umso drastischer muss die Verbrennung fossiler Brennstoffe jetzt reduziert werden. Ein großer Teil der *heute bekannten* Reserven fossiler Brennstoffe – nämlich 58 % der Öl-, 56 % der Gas- und 89 % der Kohlereserven – müssen unter der Erde bleiben, d. h. niemals verwendet werden, um zumindest eine 50-prozentige Chance zu haben, das 1,5°C-Ziel zu erreichen.

Grafik 11: Entwicklung des weltweiten Primärenergieverbrauchs nach Energieträgern seit 1800[390]

Global primary energy consumption by source

Primary energy is calculated based on the 'substitution method' which takes account of the inefficiencies in fossil fuel production by converting non-fossil energy into the energy inputs required if they had the same conversion losses as fossil fuels.

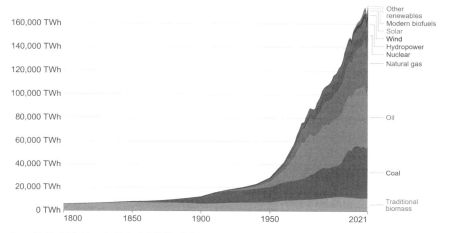

Source: Our World in Data based on Vaclav Smil (2017) and BP Statistical Review of World Energy   OurWorldInData.org/energy • CC BY

9.2.2. Biodiversitätskrise

Wiewohl sie entscheidend für eine menschenfreundliche Mitwelt ist, wird der Biodiversität weniger Aufmerksamkeit gewidmet als dem Klima. Doch hängen Menschen von intakter Biosphäre und Biodiversität ab. Die Biosphäre ist die Grundlage menschlicher Gesundheit und Lebensqualität. Sie versorgt uns mit frischer Luft, Trinkwasser und fruchtbaren Böden, reguliert das Klima und sorgt für Bestäubung und Schädlingsbekämpfung. Auch für die geistige und körperliche Gesundheit sind Naturräume wichtig.[391] Jedoch sinkt das globale Potenzial der Biosphäre, auf kontinuierliche und nachhaltige Weise zur guten Lebensqualität der Menschen beizutragen.[392]

Biodiversität ist mehr als *Artenvielfalt*, sie umfasst neben dieser auch die *genetische Vielfalt*, d. h. die Vielfalt an Erbanlagen innerhalb der Arten, sowie die *Vielfalt an Ökosystemen bzw. Lebensräumen*. Seit der Industriellen Revolution stieg der Druck auf die Biosphäre kontinuierlich. Die Vielfalt von Wäldern, Grasland, Feuchtgebieten, Flüssen, Seen und anderen Ökosystemen nahm ab. Die *große Beschleunigung* ließ den Bedarf an Rohstoffen und Energie explodieren. Menschliche Aktivitäten haben weltweit bereits 75 % der Landfläche und 40 % der Ozeanfläche stark verändert. 85 % der Feuchtgebiete sind verschwunden.[393] Damit einhergehend ist die Biomasse wildlebender Säugetiere um 83 % gesunken und die der Pflanzen hat sich halbiert. Mittlerweile machen Menschen gemeinsam mit dem domestizierten Viehbestand 96 % der gesamten

161

Säugetierbiomasse aus.[394] Auch die Populationsgrößen der untersuchten Wirbeltiere sind seit 1970 um durchschnittlich 69 % gesunken. Besonders gefährdet sind Süßwasserarten. Die Populationsgrößen von in Gewässern und Feuchtgebieten lebenden Arten sind seit 1970 um 83 % geschrumpft. Der drastischste regionale Rückgang fand in Lateinamerika und der Karibik statt, wo die Populationsgrößen der untersuchten Wirbeltierbestände seit 1970 um durchschnittlich 94 % gesunken sind. Der Vielfaltsschwund betrifft auch Pflanzen, Insekten und Mikroorganismen.[395] Globale Daten für Insektenpopulationen fehlen noch. Allein in Europa verschwanden aber z. B. 39 % der Graslandschmetterlinge.[396]

Weltweit sind durchschnittlich 10 % der Insekten sowie 25 % anderer Tiersowie Pflanzenarten vom Aussterben bedroht. Gefährdet sind somit rund eine Million Arten. Kommt es zu keiner Trendwende, könnten viele bereits in den nächsten Jahrzehnten aussterben.[397] In Europa sind rund 42 % der endemischen Baumarten, d. h. Baumarten, die ausschließlich in einem bestimmten Gebiet heimisch sind, 13 % der Vogelarten, 15 % der Säugetiere, 37 % der Süßwasserfischarten und 9 % der Schmetterlings- und Bienenarten vom Aussterben bedroht.[398] Für Österreich zeigt das Umweltbundesamt, dass nur 18 % der bewerteten Lebensraumtypen in einem günstigen, 35 % in einem unzureichenden und 44 % in einem schlechten Erhaltungszustand sind. Besonders schlecht erhalten sind Moore und Süßwasserlebensräume. Nur 14 % der Pflanzen und Tiere in Österreich sind in einem günstigen Erhaltungszustand.[399]

Der Bericht des *Weltbiodiversitätsrats* (IPBES) zeigt, dass die Biodiversität in der Geschichte der Menschheit noch nie so schnell schrumpfte wie gegenwärtig.[400] Wir befinden uns inmitten des **sechsten großen Massenaussterbens** der Erdgeschichte.[401] Tempo und Ausmaß dieses Verlusts hat in den gesamten 4,5 Milliarden Jahren des Lebens auf der Erde nur fünf Vorläufer – das letzte Massenaussterben fand mit dem Ende der Dinosaurier vor 65 Millionen Jahren im Gefolge eines Meteoriteneinschlags statt. Im Anschluss entstanden langsam neue, andersartige Pflanzen- und Tierwelten.

Global ist die wichtigste direkte Ursache für den Biodiversitätsverlust der *Land- sowie Meernutzungswandel*, v. a. die Umwandlung ursprünglicher Lebensräume in landwirtschaftliche Systeme zur Nahrungsmittelproduktion (vgl. Box *Landwirtschaft und Biodiversität*[402]), aber auch Landnutzung für Straßen sowie Bodenversiegelung für Wohn- und Gewerbebau. Weitere direkte Ursachen sind invasive Arten, Klimawandel, Verschmutzung sowie die Übernutzung von Arten, z. B. durch Jagd und Fischerei.[403]

Landwirtschaft und Biodiversität

Weltweit sind 71 % der Landoberfläche bewohnbar, 10 % Gletscher und 19 % unfruchtbares Land. Schätzungen zufolge wurden vor 1000 Jahren rund 4 % der bewohnbaren Fläche landwirtschaftlich genutzt. Mittlerweile beansprucht die Landwirtschaft die Hälfte der bewohnbaren Flächen. Verloren gingen dafür v. a. Wälder, Feuchtgebiete und Grasland. 77 % der landwirtschaftlichen Flächen werden für die Produktion von Fleisch und Milch genutzt und 23 % für Kulturpflanzen. Obwohl die Viehzucht (inklusive Anbauflächen für Futtermittel) mehr als drei Viertel der Flächen beansprucht, deckt sie nur 18 % der konsumierten Kalorien weltweit. Der Rest stammt aus pflanzlicher Ernährung. Dies erklärt sich v. a. durch die notwendige Verfütterung von Pflanzen an Tiere. Durchschnittlich benötigt die Herstellung einer tierischen Kalorie sieben pflanzliche. Neben dem Bevölkerungswachstum und einem hohen Ausmaß an Lebensmittelverschwendung ist somit auch der gestiegene Anteil an ineffizienter fleischlicher Ernährung für die Ausdehnung landwirtschaftlicher Flächen verantwortlich. Von den laut der Roten Liste der IUCN (Internationale Union zur Bewahrung der Natur) vom Aussterben bedrohten Arten sind 85 % durch die Landwirtschaft gefährdet. Insbesondere die industrielle Landwirtschaft trägt durch Rodungen, Pestizid- und Maschineneinsatz zum Artensterben bei.

Aber auch die Vielfalt in der Landwirtschaft selbst geht zurück. Trotz vieler lokaler Bemühungen werden weltweit immer weniger Sorten und Rassen von Pflanzen und Tieren angebaut, gezüchtet und gehandelt. Laut der Welternährungsorganisation (FAO) sind seit 1990 75 % der pflanzengenetischen Ressourcen verloren gegangen. Dieser Verlust an Artenvielfalt und genetischer Vielfalt stellt ein Risiko für die globale Ernährungssicherheit dar, weil Widerstandsfähigkeit gegenüber Schädlingen, Krankheitserregern und sich verändernden Umwelt- und Klimabedingungen verloren geht.

Sowohl für die Klima- als auch für die Biodiversitätskrise gilt, dass die Landwirtschaft gleichzeitig zentraler Mitverursacher und Hauptbetroffener der Auswirkungen ist. So ist die Ernährung der Menschheit gebunden an Bestäuber sowie an gesunde und vielfältige Böden – trotzdem werden beide zunehmend durch nicht nachhaltige landwirtschaftliche Praktiken bedroht. Eine Diversifizierung der Landwirtschaft, nachhaltige agrarökologische Praktiken und die Reduzierung des Düngemittel- und Pestizideinsatzes könnten Böden, Bestäuber und Artenvielfalt gleichermaßen schützen.

Erderhitzung und Biodiversitätsverlust beeinflussen sich gegenseitig, z. B. führt die Rodung von Wäldern zu hohen THG-Emissionen und Ökosystemverlusten. Prognosen für die kommenden Jahrzehnte sehen den Klimawandel als Hauptursache des Biodiversitätsverlusts.[404] Die Reduktion der biologischen Vielfalt hat schwerwiegende Einflüsse auf verschiedene Erdsystemfunktionen, da die gegenseitigen Abhängigkeiten weitgehend und komplex sind. Die Widerstandsfähigkeit von Ökosystemen führt dazu, dass manche Folgen, die durch das Aussterben bestimmter Arten entstehen, vorerst weder sichtbar sind noch abgeschätzt werden können. Auch wenn das Erdsystem eine Zeit lang mit großem Artensterben zurechtkommt, sind die langfristigen nichtlinearen oder irreversiblen Schäden unbekannt. Wie beim Jenga-Spiel, bei dem sich manche Steine des Holzstapels entfernen lassen, ohne dass der Holzturm zusammenbricht, zeigen sich viele Ökosysteme (vorerst) widerstandsfähig. Ungleich schwieriger als beim Holzturm-Spiel kann bei Ökosystemen festgestellt werden, beim Wegfallen welchen Bausteines der Turm in sich zusammenbricht. Bei Ökosystemen spricht man diesbezüglich von Kipppunkten.[405]

Ein sowohl für Biodiversität als auch für das Klima essenzieller Kipppunkt ist die *Austrocknung des Amazonas*, des weltweit größten tropischen Regenwalds. Ein Großteil der Niederschläge im Amazonasgebiet stammt aus Wasser, das über dem Wald verdunstet. Rodungen, Waldbrände und Klimaerhitzung haben in den letzten 35 Jahren zu vermehrter Trockenheit geführt. Durch weitere Zerstörung des Amazonas-Regenwaldes und fortschreitende Erderhitzung könnte der diesbezügliche Kipppunkt im schlimmsten Fall bereits bald erreicht sein.[406] Als Folge zunehmender Trockenheit und vorsätzlich gelegter Waldbrände (z. B. für die Soja- und Rindfleischproduktion) ist der Amazonasregenwald, der lange eine gigantische Kohlenstoffsenke war, heute bereits eine Kohlenstoffquelle, d. h. er gibt mehr CO_2 ab als er aufnimmt.[407] Trocknet er aus, hätte dies große Auswirkungen auf die Artenvielfalt.[408]

Ein anhaltender Verlust der biologischen Vielfalt behindert die Erreichung der meisten SDGs, einschließlich der Sicherung von Nahrung, Wasser und Energie (vgl. auch Box *Ökologische Krisen und Gesundheit*[409]). Zusätzlich kann der Verlust natürlicher Ressourcen zu gewaltsamen Konflikten führen.[410] Trotz der vielfältigen und weitreichenden Auswirkungen des Biodiversitätsverlustes waren die bisherigen Versuche der Weltgemeinschaft, die Intaktheit der Biosphäre zu schützen, nicht erfolgreich. 2010 wurden im japanischen Bezirk Aichi die sogenannten *Aichi-Biodiversitätsziele* für 2020 vereinbart. Kein einziges der angestrebten Ziele wurde 2020 erreicht.[411] Mit der 2022 in Montreal verabschiedeten Biodiversitätskonvention wurden neue Ziele vereinbart. Diese sehen z. B. vor, bis 2030 30 % der Fläche zu Land und zu Wasser unter Schutz zu stellen, 30 % der geschädigten Ökosysteme wiederherzustellen, das Risiko durch Pestizide zu halbieren und biodiversitätsschädliche Subventionen um 500 Milliarden Dollar pro Jahr zu reduzieren.[412]

Ökologische Krisen und Gesundheit

Etwa ein Viertel der weltweiten Krankheitsbelastung resultiert aus ökologisch bedingten Risiken, wie von Tieren übertragenen Krankheiten, dem Klimawandel und Schadstoffen in Luft, Wasser und Boden. Die zunehmende Zerstörung der Biosphäre macht das Auftreten von Zoonosen, die von Wild- oder Haustieren ausgehen, wahrscheinlicher. Welche Bedrohung Zoonosen mit sich bringen, hat die COVID-19-Pandemie gezeigt. Laut Schätzungen könnten beinahe die Hälfte der 1,7 Millionen potenziellen Viren in Säugetieren und Vögeln künftig ein Gesundheitsrisiko darstellen. Die Zerstörung von Ökosystemen erhöht das Risiko von Zoonosen durch den vermehrten menschlichen Kontakt mit Krankheitserregern sowie Veränderungen in der Ausbreitung von Krankheiten in Naturräumen. Speziell Klimawandel, Landnutzungswandel, die Fragmentierung von Habitaten, die Intensivierung der Landwirtschaft, die Abnutzung von Wäldern und der Wildtierhandel erhöhen das Risiko von Zoonosen.

V. a. Industrie- und Autoabgase, Feinstaub und das Heizen und Kochen mit Holz und Kohle führen zu Luftverschmutzung. Weltweit sind 99 % der Bevölkerung Luftverschmutzungswerten über dem WHO-Grenzwerten ausgesetzt, was zu über sechs Millionen vorzeitigen Todesfällen pro Jahr führt. Auch in Europa ist Luftverschmutzung das größte umweltbezogene Gesundheitsrisiko und führt zu Herzerkrankungen, Schlaganfällen, Lungenerkrankungen und Lungenkrebs. Während steigende THG-Emissionen zu mehr vorzeitigen Todesfällen führen, wird beim Einhalten des 1,5°C-Ziels im Jahr 2030 mit 1,9 Millionen weniger Todesfällen als im Jahr 2020 gerechnet. Addiert verursachen Schadstoffe in Luft, Wasser und Boden derzeit weltweit jährlich neun Millionen Todesfälle, und damit dreimal so viele wie Aids, Tuberkulose und Malaria zusammen.

Der **One-Health-Ansatz** basiert auf dem Verständnis, dass die menschliche Gesundheit mit der Gesundheit der Tiere und Pflanzen und der gesamten Mitwelt zusammenhängt und die Zusammenarbeit verschiedener Sektoren daher essenziell für die öffentliche Gesundheit ist.

9.3. Politik und Wissenschaft zur Stabilisierung nicht-nachhaltiger Strukturen

Menschen gestalten nicht nur politische und sozioökonomische Ordnungen, sondern beeinflussen auch geologische, biologische und atmosphärische Umbrüche. Doch nicht die Menschheit im Allgemeinen, der *Homo Sapiens* als Spezies, verursacht die gegenwärtigen sozialökologischen Krisen. Die meisten Menschen im globalen Süden leben gegenwärtig innerhalb ökologischer Belastungsgrenzen. Es sind bestimmte Gruppen, Unternehmen und Organisationen sowie die Gewohnheiten und das Verhalten mancher Menschen in Verbindung mit einer expansiven Wirtschaftsweise, die problematisch sind. So sind nur circa 100 transnationale Unternehmen des fossilen Machtkomplexes für etwa zwei Drittel aller historischen CO_2- und Methan-Emissionen verantwortlich.[413] Und wiewohl der historische Beitrag des globalen Nordens zur Erderhitzung unverhältnismäßig größer ist, als jener des globalen Südens,[414] sind auch intranationale Ungleichheiten bedeutsam: Manche Menschen nutzen Ressourcen, um Grundbedürfnisse zu befriedigen, z. B. um zu heizen und zu essen. Anderen ermöglichen sie Komfort oder Luxus, z. B. Kurzstreckenflüge für Wochenendausflüge oder einen SUV in der Stadt. Fast 50 % der globalen THG-Emissionen wurden zwischen 1990 und 2019 von den Top 10 % der Haushalte emittiert, ganze 23 % vom Top 1 %.[415]

Im Spezialbericht des *Austrian Panel for Climate Change* (APCC) zu den *Strukturen für ein klimafreundliches Leben* wird festgehalten, dass es *für Einzelne aktuell schwierig ist, klimafreundlich zu leben.*[416] Die Definition eines klimafreundlichen Lebens entspricht dabei weitgehend unserem Verständnis von zukunftsfähigem Leben. Es sichert dauerhaft sowohl ein menschenfreundliches Klima als auch ein gutes Leben für alle innerhalb ökologischer Belastungsgrenzen. Trotzdem wird nicht-nachhaltiges Verhalten weiterhin allzu oft subventioniert, und langfristig richtiges Verhalten ist meist mühsam oder gar nicht möglich. Es braucht daher geänderte Strukturen, andere Rahmenbedingungen, die eine nachhaltige Lebensweise ermöglichen und es Einzelnen leichter machen, sich zukunftsfähig zu verhalten – als Konsument:in, als Mitarbeiter:in, als Unternehmer:in, v. a. aber als Mitglied eines Gemeinwesens. Denn politische Verantwortung kann nicht einfach an „die Politik" und „die Politiker:innen" delegiert werden. Zwar braucht es kompetente Berufspolitiker:innen, aber eben auch engagierte Bürger:innen. *Politisches Handeln* heißt aber ganz allgemein, die Rahmenbedingungen des Zusammenlebens gemeinsam zu gestalten. Damit werden bestimmte Handlungsspielräume geschlossen und neue geschaffen. Jedoch gelang es bis heute nicht, das Gemeinwesen zukunftsfähig zu gestalten.

9.3.1. Zu wenig wirksame Umweltforschung

Umwelt- und Klimaforschung beschäftigen sich mit komplexen offenen Natur-Gesellschaftssystemen. Zu deren Erforschung braucht es einen multiperspektivischen sowie inter- bzw. transdisziplinären Zugang. Doch lange dominierten die Naturwissenschaften. Andere Disziplinen fanden nur langsam Eingang in die Berichte des IPCC.[417] Erst im sechsten Sachstandsbericht 2022 wurden die Sozialwissenschaften systematisch berücksichtigt.[418]

In der neoklassischen Wirtschaftswissenschaft wird **Wirtschaft getrennt von biophysischen Prozessen analysiert**. Reine Ökonomik, so die Annahme, unterliegt ausschließlich menschlichen Gesetzen und Konventionen. Die Materialität der Produktion, der Stoffwechsel, der zur Herstellung nützlicher Dinge notwendig ist, war nicht länger Objekt ökonomischer Untersuchungen. Stattdessen stand das Individuum, das optimiert, im Zentrum der Analyse, z. B. die Frage, wie ein Minenbesitzer (oder heute z. B. eine Ökoentrepreneurin) die eigenen Gewinne maximieren kann.[419] Diese betriebswirtschaftlich und mikroökonomisch ausgerichtete Ökonomik teilte im 20. Jahrhundert mit den Naturwissenschaften keinen Forschungsgegenstand mehr. Erst als eine ökonomische Subdisziplin, die neoklassische Umweltökonomik, begann, Natur in Geld zu bewerten, entstand mithilfe umfassender Nutzen-Kosten-Analysen (vgl. S. 34 f.) wieder ein gemeinsames Forschungsfeld.[420] Die heute sehr einflussreiche Umweltökonomik geht davon aus, dass alles, was keinen Preis hat, auch nichts wert sei. Die Vor- und Nachteile umweltpolitischer Maßnahmen können als Kosten und Nutzen bewertet und damit öffentlich diskutiert werden. Es wird gehofft, durch Bepreisung Ökologie und Ökonomie „versöhnen" zu können. Grünes Wachstum (vgl. S. 60) durch effizientere Technologien wurde zur beliebtesten umweltpolitischen Strategie.[421]

Reale Objekte wie Minen, Ölfelder und Sojaplantagen erscheinen dann im Sinne der schwachen Nachhaltigkeit (vgl. S. 20) als Anlageobjekte, die der gleichen Art von Berechnung gehorchen wie ein Aktienportfolio. In einer so verstandenen Marktwirtschaft ist der Markt ein geschlossenes System, das alle monetären Beziehungen erfasst. Nicht-Marktliches wird zu „äußeren" Ursachen, zu *Externalitäten*. Politische Entscheidungen, Krisen oder Naturereignisse sind dann „künstliche Störungen" eines im Normalfall sich selbst regulierenden Systems. Damit werden alle nicht-monetären Prozesse und Aktivitäten ausgeblendet. Das fördert die Kurzfristorientierung wirtschaftspolitischen Handelns. Und es naturalisiert die Vorstellung von Wirtschaft als eines von seiner biophysischen Einbettung abgeschnittenen eigenständigen Geldkreislaufs, der kontinuierlich wachsen kann.[422]

Das marktliberale und das wohlfahrtskapitalistische Leitbild teilen die Hoffnung, dass die kapitalistische *Produktivkraft*, d. h. die Fähigkeit fortgesetzter Effizienzsteigerungen, Ressourcen, v. a. Geld und Wissen, freisetzt, mit denen auch die ökologischen Probleme bearbeitet werden können. Dabei wird *Punkt-Effizienz* angestrebt, d. h. dasselbe zu tun wie immer, nur effizienter. Das Ziel bleibt gleich, die Mittel werden effizienter. So ist ein privat genutztes Elektroauto im Sinne der Punkt-Effizienz effizienter als ein Auto mit Verbrennungsmotor, da weniger THG-Emissionen beim Fahren ausgestoßen werden. Es ist aber nicht *systemisch effizient*, denn weder die ökologischen und sozialen Kosten der Herstellung der Autos, z. B. Umweltzerstörungen, die aus dem Abbau von Rohstoffen wie Lithium und Kobalt resultieren[423], noch der Flächenverbrauch, der zur Stromgewinnung und für den Betrieb der Autos notwendig ist, werden berücksichtigt. Das Ergebnis einer Klimapolitik, die v. a. auf *grünes Wachstum* setzte, ist ernüchternd: Die globale Energienachfrage ist von 10.035 Millionen Tonnen (Mtoe) Öläquivalent im Jahr 2000 auf 13.865 Mtoe im Jahr 2022 gestiegen, also um knapp 40 %. Rund 80 % davon werden weiterhin durch fossile Energieträger gedeckt.[424] Dies stabilisiert die Gewinne der fossilen Unternehmen und zeigt, wie erfolgreich diese ihr Eigentum (an Ressourcen unter der Erde) und ihre Märkte (z. B. für motorisierten Individualverkehr) verteidigen.

Heute, 50 Jahre nach dem Erscheinen des *Club of Rome* Berichts zu den *Grenzen des Wachstums*,[425] muss die Umweltforschung selbstkritisch feststellen, dass in den Jahrzehnten stark expandierender Forschung die ökologischen Fehlentwicklungen in vielen Feldern, nicht nur bei Klima und Biodiversität, teilweise sogar schlimmer geworden sind. Die *kapitalistische Wirtschaftsweise*, deren expansive Logik das Anthropozän schuf, ist zentraler Treiber klimatischer Veränderungen.[426] Dies liegt auch am oben beschriebenen *verengten Blick auf Wirtschaft* in der Klimaforschung. Unsere These ist, dass dies zur geringen Wirksamkeit der Umweltforschung beigetragen hat. Zukunftsfähiges Wirtschaften, das Klima und Biodiversität schützt, erfordert, *qualitativ anders* zu wirtschaften, zu arbeiten und zu leben.[427] Es braucht andere Produktions-, Arbeits- und Lebensweisen.

9.3.2. Nicht-nachhaltige Lebensweise

Die Philosophin Rahel Jaeggi definiert Lebensweisen als selbstverständlich angesehene Routinen und eingelebte Praktiken.[428] Sie verkörpern gemeinsame institutionelle Rahmenbedingungen menschlichen Handelns, innerhalb derer

Menschen bestimmte individuelle Lebensstile auswählen. Die suburbane Lebensweise erfordert z. B. ein Eigenheim und zumeist mehrere Autos. Dies lässt Platz für verschiedene Lebensstile, von alternativen Hobbygärtnern bis zu technikverliebten Nerds.

Aber nicht nur der individuell gewählte Lebensstil, auch die viel stärker strukturell verankerten Lebensweisen sind menschgemacht und damit veränderbar. Das unterscheidet sie vom Wetter, über das man sich ärgern, es aber nicht ändern kann. Ein Beispiel: Die bürgerliche Kleinfamilie ist eine Lebensweise, die heute in der Krise ist. Das Modell eines Haushalts mit einem zumeist männlichen Alleinverdiener ist keinesfalls mehr selbstverständlich, geschweige denn leistbar. Single-Haushalte und Doppelverdienende-Modelle werden vorherrschend. In diesen neuen Lebensweisen gibt es zumeist auch eine veränderte Arbeitsteilung von Frauen und Männern. Und auch der menschenverursachte Klimawandel beeinflusst Lebensweisen. Solange z. B. der Einfluss von Mobilitätsverhalten auf Klimaveränderungen unbekannt war, waren Praktiken der Fortbewegung nicht Gegenstand ethischer Überlegungen und politischer Debatten. Heute sind die Zusammenhänge weitgehend bekannt. Nicht-nachhaltige Lebensweisen werden kritisiert, problematisiert und politisiert, aber auch verteidigt.

Lebensweisen verbinden normative Vorstellungen vom Guten mit pragmatischen Vorstellungen vom Funktionierenden: Lange galt Massenkonsum als erstrebenswert. Dies war verständlich, als erstmals (fast) alle Bevölkerungsgruppen im globalen Norden Zugang zu billig hergestellten Massenprodukten bekamen. Der *American Way of Life,* eine nicht-nachhaltige Lebensweise, in der Bedürfnisse wesentlich über Massenkonsum befriedigt werden, galt als „gut", er „funktionierte". Insofern war diese Lebensweise eine Zeitlang eine erfolgreiche Problemlösungsstrategie, um Wirtschaftswachstum und sozialen Aufstieg im Westen zu verbinden. Werbung stilisierte die entstehenden Massenprodukte zu einer neuen gesellschaftlichen Norm, der es zu entsprechen galt.[429] Staatlich subventioniert verbreiteten sich Auto, Einfamilienhaus und Zersiedelung in suburbanen Räumen. Für die Möglichkeit, am Massenkonsum teilzuhaben, nahmen Individuen zunehmend monotone Arbeiten sowie private Verschuldung in Kauf. Mit dem Aufstieg der Schwellenländer wurde dieser *American Way of Life* weltweit zur nachgeahmten Entwicklungsweise.

Diese Lebensweise geriet erst in die Krise, als Armut und Ungleichheit in reichen Ländern zunahmen und die ökologische Kritik die langfristigen Folgen der Ressourcenausbeutung aufzeigte. So können Konsumgesellschaften immer weniger sicherstellen, dass Menschen auch in Europa nachhaltig und gut leben. Ulrich Brand und Markus Wissen problematisieren mit ihrem Konzept der **imperialen Lebensweise** die Art und Weise, wie im Westen gelebt, konsumiert und gearbeitet wird.[430] Demzufolge leben Menschen im globalen Norden auf Kosten anderer, v. a. der Menschen im globalen Süden. Diese Kritik macht die

materiellen, global organisierten Grundlagen unserer Art zu leben und zu arbeiten sichtbar und problematisiert eine Denkweise, wonach sich Gesellschaften mittels technologischen Fortschritts von Naturzwängen emanzipieren können (vgl. S. 64 f. & 100). Brand und Wissen beschreiben Nichtnachhaltigkeit als
praktischen, zumeist unbewussten Sachverhalt: Menschen kaufen Handys, ohne
den Minenarbeiter:innen im Kongo schaden zu wollen; Menschen konsumieren Fleisch, ohne zu wollen, dass gentechnikmanipuliertes Soja als Tiernahrung
auf gerodeten Regenwaldflächen angebaut wird. Naturräume – oftmals an den
vulnerabelsten Orten der Erde – werden zerstört, um Ressourcen für neue
Technologien (z. B. seltene Erden und Mineralien) sowie Senken (z. B. für
Elektroschrott) sicherzustellen und somit die imperiale Lebensweise abzusichern. Über den im Supermarkt gekauften Produkten liegt ein Schleier, ihre
Produktionsgeschichte, die von Ausbeutung von Natur und Mensch erzählt,
bleibt verborgen.

Damit entsteht eine Kluft zwischen selbstgesteckten gesellschaftlichen Ansprüchen und der Realität. So gibt es zwar den Anspruch der SDGs, denen zufolge es allen Menschen ermöglicht werden soll, die Segnungen sozialen Fortschritts zu genießen und die Klimaziele zu erreichen. Dieser Anspruch einer
nachholenden Entwicklung steht jedoch in Widerspruch zu alltäglichen Aktivitäten wie dem Ausbau der fossilen Infrastruktur oder dem agroindustriellen
Preisdumping bei Fleischprodukten. Die Entscheidungstragenden sowie diejeninigen, die sie gewählt haben, ignorieren im Tun ihre eigenen Verpflichtungen.
Damit verletzen sie selbstgesetzte Normen und Ansprüche und machen die
Erreichung der Klima- und Entwicklungsziele unrealistisch. Umso mehr, als
diese nicht-nachhaltige Lebensweise zunehmend auch von Mittelschichten des
globalen Südens praktiziert wird.

Doch Brand und Wissen übersehen, dass die fortgesetzte Legitimation dieser nicht-nachhaltigen Lebensweise in ihrem individuellen Freiheitsversprechen
liegt.[431] Wenn Politiker:innen entschlossen sind, „unseren Lebensstil" mit allen
Mitteln zu verteidigen, beziehen sie sich nicht auf den eigenen exzessiven Ressourcenverbrauch, sondern auf die Verteidigung eben dieser freiheitlichen
Gesellschaftsordnung. Damit gerät die menschenrechtlich-universelle Norm
der Gleichheit aller Menschen in Konflikt mit dem individuellen Recht, im
Konsum und in der eigenen Lebensführung möglichst unbehelligt zu bleiben.
Die Hyperindividualisierung spitzt diesen Konflikt weiter zu: der Eingriff in
Routinen und Praktiken, deren Veränderung zur Überwindung der nicht-
nachhaltigen Lebensweise notwendig wäre, werden oftmals als autoritär, freiheitsbeschneidend und daher nicht-legitim zurückgewiesen. Individuelle negative Freiheitsrechte, die Abwesenheit von Zwang, übertrumpfen im Hyperindividualismus die Verantwortung für das Gemeinwesen.[432]

So verfestigt sich die Verteidigung des Status quo nicht-nachhaltiger Konsum- und Produktionsmuster als vermeintlich bestmögliche Ordnung. Lern-

und Veränderungsprozesse werden unterbunden. Das mag als Politik der Stärkeren kurzfristig möglich sein und sichert den exzessiven Ressourcenverbrauch in Europa. Es bedeutet aber auch, dass sich die materiell privilegierte Lebensweise auf immer inhumanere Weise abgrenzen und mit polizeilich-militärischen Mitteln im In- und Ausland schützen muss. Dann hört diese auf, friedlich-freiheitlich zu sein. Bei der Verteidigung westlicher Werte droht dann die Abwendung von liberalen Grundwerten wie der universellen Gleichheit aller Menschen, während gleichzeitig andere liberale Werte – v. a. die Freiheit von Zwang – absolut gesetzt werden. Das führt zu Konflikten, denn die nicht-nachhaltige Lebensweise zu überwinden, geht nur mit neuen allgemeingültigen Regeln für die individuelle Lebensführung.

9.3.3. Krieg, ungerechte Weltwirtschaftsordnung und ökologisch ungleicher Tausch

Seit 1945 herrscht in Österreich Frieden. Dass dies eine Voraussetzung erfolgreichen Wirtschaftens ist, geriet im Laufe der Jahre in Vergessenheit. Friede sowie ein menschenfreundliches Klima galten als selbstverständlich. In den letzten Jahren wurde offensichtlich, dass beides abhandenkommen kann. Mit dem Angriffskrieg Russlands auf die Ukraine wird auch in Europa Krieg geführt. In anderen Teilen der Welt, v. a. im Nahen Osten und Teilen Afrikas, sind Kriege, v. a. Bürgerkriege, leider Alltag. Kriege töten und bringen viel Leid. Krieg und Aufrüstung haben aber auch hohe ökologische Kosten, welche v. a. die Länder des globalen Südens zu tragen haben.

Im 19. und 20. Jahrhundert verfügten die jeweiligen Hegemonialmächte (vgl. S. 103 f.) über Wirtschaftskraft und militärische Stärke, um sich kostengünstig Rohstoffe und Arbeitskräfte aus den Peripherieländern anzueignen. Es fand ein **ökologisch ungleicher Tausch** statt, definiert als ein Tausch, bei dem Produkte mit hohem ökologischen Gebrauchswert gegen Produkte mit geringerem ökologischen Gebrauchswert getauscht werden.[433] Ökologische Gebrauchswerte werden u. a. mit dem materiellen Fußabdruck (vgl. S. 50 f.) gemessen, d. h. der Fläche, die für die Produktion bestimmter Ökosystemleistungen benötigt wird. Dieser ungleiche Tausch setzt sich bis heute fort: So importierte die EU im Jahr 2007 – netto (!) – Güter, deren Herstellung einen Landverbrauch der Größe Indiens umfasst.[434] Die USA verbrauchten bereits 1961 126 % der Biokapazität ihres Territoriums, 1973 waren es 176 %. Vergleichbare Zahlen für 1973 sind 377 % für Großbritannien, 141 % für Frankreich und 292 % für Westdeutschland. Viele asiatische, afrikanische und lateinamerikanische Länder verbrauchten damals eine Biokapazität von unter 50 %.[435] Historisch beschleunigte dieser ungleiche ökologische Austausch den Aufstieg des Westens zum Zentrum der Weltwirtschaft ebenso wie den Eintritt in das neue Erdzeitalter des Anthropozäns. Die westlichen Industrieländer sind heute gegenüber dem globalen Süden ökologisch hoch verschuldet. Anhand des überproportionalen Anteils an CO_2-Emissionen, welche in den vergangenen beiden Jahrhunderten von den Ländern des globalen Nordens ausgestoßen wurden, zeigt sich, dass Klimawandel und militärische, wirtschaftliche und kulturelle Vorherrschaft Hand in Hand gehen.

Ab dem 18. Jahrhundert erlangte das Vereinigte Königreich eine global dominante Rolle, basierend auf der Verfügbarkeit von Kohle und der Stärke der britischen Flotte.[436] Bis 1825 stieß das Vereinigte Königreich 80 % der weltweiten Emissionen aus.[437] Es importierte organische Materialien aus Ländern des globalen Südens: Erze, Mineralien und Öl aus Malaysia, Kupfer aus den Anden und dem Kongo, Kautschuk für die mechanische Industrie und das Automobil. Darüber hinaus stellten die Länder der Peripherie billige Arbeitskräfte, oftmals versklavte Menschen, für Minen und Plantagen. Die Inseln der Karibik wurden zu riesigen Zuckerrohrplantagen, was zu Entwaldung, Erschöpfung der Böden und Gelbfieber führte. Haiti, einst Weltmarktführer für Zuckerexporte, ist heute ökologisch, sozial und politisch zutiefst zerrüttet. Dass England gleichzeitig Kohle exportierte, erhöhte die Rentabilität der britischen Handelsmarine. Zwischen 1815 und 1880 investierte Großbritannien fünf Sechstel seines Kapitals außerhalb des Empires, v. a. in kohlenstoffintensiven Industrien, und zwang den gerade politisch unabhängig gewordenen Staaten Südamerikas bilaterale Handelsabkommen auf. Britische Auslandsinvestitionen fokussierten Infrastrukturen, die Güter- und Energieströme beschleunigten, v. a. Eisenbahnen, Bergwerke und Plantagen.[438] Diese Auslandsinvestitionen schufen eine zunehmend global vernetzte „zweite Natur",[439] die die Länder der Peripherie als Rohstoffexporteure in die Weltwirtschaft integrierte.

Auch die darauffolgende US-Hegemonie basierte auf fossilen Energieträgern. Wiewohl Öl teurer war als Kohle, stieg dessen Weltenergieanteil von 5 % im Jahr 1910 auf 60 % im Jahr 1970.[440] Importe aus autokratischen Öl-Fördernationen im Nahen Osten ersetzten Kohle als primäre Energiequelle. Damit schwand die Macht der Kohlebergbaugewerkschaften, die oftmals das Rückgrat der Arbeiterbewegung waren. Timothy Mitchell spricht sogar von einer Kohlenstoff-Demokratie (*Carbon Democracy*),[441] denn Kohle verlieh der Arbeiterklasse neue und bemerkenswerte Macht. Sie war ein Katalysator für Demokratie und Fortschritt, da Kohle sperrig ist und viel Arbeitskraft erfordert, um sie zu bewegen. Gewerkschaften profitierten davon, an konkreten Orten die für Transport, Abbau und Verarbeitung von Kohle erforderlichen Anlagen lahmlegen zu können. Öl ist weit weniger arbeitsintensiv und leichter zu kontrollieren als Kohle. Ölarbeiter verfügten niemals über eine ähnliche politische Macht wie Bergarbeiter.

Militärische Aktivitäten allgemein und Kriege im Besonderen haben große sozialökologische Konsequenzen. Spricht Joseph Schumpeter von Prozessen schöpferischer Zerstörung (vgl. S. 94), die Altes zerstören, um Neues zu schaffen, so ist es in diesem Fall angebrachter von Prozessen zerstörerischer Kreativität zu sprechen. Durch militärische Forschung und ökonomisches Kalkül wurde und wird Natur vernichtet. Während des Kalten Krieges war die US-amerikanische Armee für 10 % bis 15 % der US-amerikanischen CO_2-Emissionen verantwortlich. Japan verlor während des Zweiten Weltkriegs 15 % seiner Wälder und Vietnam während des Krieges circa 40 % seines Ackerlands. 1950 begann die britische Armee mit Entlaubungsmitteln in Malaysia zu experimentieren, um ihre kommunistischen Feinde zu hindern, im Dschungel Landwirtschaft zu betreiben. In Afghanistan zielten die sowjetischen Streitkräfte auf Bewässerungssysteme, fast die Hälfte des afghanischen Viehs wurde während dieses Krieges getötet. Napalm, eine Brandmischung aus Öl und Geliermittel, die 1942 vom Harvard-Chemiker Louis Fieser († 1977) mit Unterstützung des US-amerikanischen Konzerns DuPont entwickelt wurde, ermöglichte die großflächige Zerstörung von Mensch und Vegetation. Eingesetzt wurde es von westlichen Armeen in der Folge im Pazifikkrieg, in Korea, Vietnam, Algerien und Kenia. Produktivitätsfortschritte des militärisch-industriellen Machtkomplexes gingen und gehen mit der Vernichtung von Mensch und Naturräumen einher.[442]

Aufrüstung, Kriegsmaschinerie und ökonomische Verwertungslogik gehen oft Hand in Hand, v. a. dann, wenn wirtschaftliche und politische Macht eng verflochten sind. Einige Beispiele: Die gestiegene Nachfrage nach Sprengstoff im ersten Weltkrieg führte zu einer Expansion der chemischen Industrie: DuPont, Monsanto und Dow wurden zu mächtigen Konzernen. Die im Ersten Weltkrieg hergestellten Doppeldecker wurden nach dem Krieg zur Ausbringung von Herbiziden eingesetzt. Im Zweiten Weltkrieg wurde das chemisch hergestellte Insektizid DDT von der US-Armee im Kampf gegen Typhus und Malaria eingesetzt. Nach dem Krieg wurde es zu einem der am häufigsten verwendeten Insektizide, bis es ab den 1970er Jahren verboten wurde, da es Krebs erregt. Auch das Nervengas Sarin wurde als Pestizid eingesetzt, womit die Kriegsideologie das Verständnis industrieller Landwirtschaft im Zuge der Grünen Revolution (vgl. S. 108) prägte: An die Stelle des Schutzes der Kulturpflanzen durch den Einsatz von tierischen Feinden oder natürlichen Substanzen trat immer öfter eine chemische Vernichtungslogik. Auch Technologien zur Erkennung feindlicher Schiffe und U-Boote wurden nach dem Zweiten Weltkrieg in der industriellen Fischerei angewandt. Akustische Erkennung, Radar, Sonar und GPS vervielfachten die Fangkapazitäten und machten tiefe Gewässer und Meeresgräben zugänglich. Da diese Ausrüstung teuer war, mussten immer mehr Fische gefangen werden, um die Rentabilität zu gewährleisten. Die weltweiten Fänge stiegen in den 1950er und 1960er Jahren jährlich um 6 %, bevor sie ab 1990 zurückgingen, da der Einsatz neuer Technologien den drastischen Rückgang der Fischbestände nicht mehr kompensieren konnte.

Dies zeigt, wie bedeutsam der Zweite Weltkrieg für die „große Beschleunigung" (vgl. S. 153) und den Übergang ins Anthropozän war. Diese Beschleunigung ging auch mit ökologischer Verschuldung westlicher Industrienationen einher, die militärisch und mit modernen Technologien durchgesetzt wurde. Auch gegenwärtige geopolitische Spannungen und militärische Aufrüstung gefährden nicht nur Frieden, sondern auch sozialökologische Zielsetzungen. Umgekehrt gilt: Frieden und Abrüstung sind gut für Klima und Umwelt.

Insbesondere das wohlfahrtskapitalistische Leitbild vernachlässigt allgemein **planetarische Beziehungen** und damit die höchst ungleiche Nutzung von Ressourcen: der globale Norden, der die Klimakrise verursacht hat, ist weniger von dessen Folgen betroffen als der globale Süden. Wieder einmal deutlich wurde dies mit der katastrophalen Überflutung in Pakistan im Jahr 2022: 32 Millionen Menschen waren betroffen, 1700 Menschen starben, 700.000 Rinder ertranken, die Schäden betrugen etwa 40 Milliarden US Dollar.[443] Diese Klimaungerechtigkeit wird in der internationalen Debatte oft thematisiert, bleibt zumeist aber konsequenzenlos. Einer nationalen Logik folgend definiert selbst das Pariser Klimaabkommen als Zielgrößen produktionsbasierte Emissionen (vgl. S. 50), die reduziert werden müssen. Damit werden konsumbasierte Emissionen vernachlässigt, die in reichen und offenen Volkswirtschaften mit großem Sozialstaat wie in Österreich und den skandinavischen Ländern besonders hoch sind. Diese Länder beziehen viele Konsumartikel aus China und anderen Ländern des globalen Südens, wo produktionsbasierte Emissionen anfielen, die beim Konsumieren nicht angerechnet werden. Diese Messmethode verleitet, bei Klimaschutzmaßnahmen auf die ökoeffiziente Produktion im Inland zu fokussieren und die ökologischen Kosten des Konsums von Importprodukten zu verschleiern.[444] Dies ist auch ein Ergebnis von Machtverhältnissen, da ein guter Teil der so gemessenen Emissionseinsparungen im globalen Norden auf Produktionsauslagerungen in den globalen Süden zurückzuführen ist.

Ähnliche Konsequenzen gegenwärtiger Machtverhältnisse finden sich auch im Fokus auf sogenannte *nature-based solutions*, die ökologisch ungleiche Austauschbeziehungen verstärken. Um ihre THG-Emissionen „auszugleichen" bezahlen Unternehmen und Einzelpersonen (z. B. durch CO_2-Kompensationen beim Fliegen) einen Preis, um bestehende Kohlenstoffsenken, z. B. Wälder, wiederherzustellen oder zu erhalten. Diese Kompensation (*Offsetting*) ist mit einer Reihe von Problemen konfrontiert.[445] Sie umfassen u. a. die Dauerhaftigkeit (die Aufforstung eines Waldes bringt wenig, wenn er anschließend wieder zerstört wird), Doppelzählungen (so drängte Brasilien im Rahmen der COP25-Verhandlungen darauf, den Erhalt des Regenwalds ihren eigenen CO_2-Zielen anzurechnen und gleichzeitig auch an andere Länder und Organisationen zu verkaufen) und Zeitlichkeit (Bäume, die heute gepflanzt werden, wachsen nicht schnell genug, um das Emissionsreduktionsziel des IPCC für 2030 zu erreichen). Weiters unterliegt dem Konzept des *Offsettings* ein Verständnis schwacher Nachhaltigkeit (vgl. S. 20), wonach die Zerstörung komplexer Ökosysteme durch Einzelmaßnahmen anderswo kompensiert werden könne.[446] Darüber hinaus bedeutet Kompensation in der Praxis oftmals Landraub sowie Enteignung und Vertreibung lokaler Gemeinschaften und Menschen in der Landwirtschaft im globalen Süden.[447] So kündigte das Mineralöl- und Erdgas-Unternehmen Shell *Netto*-Null-Ziele an, die eine Kompensationslandfläche erfordern, die dreimal so groß ist wie die Niederlande.[448] Dieser Kohlenstoff-Neokolonialismus verfestigt jene Ungleichheiten in Bezug auf Reichtum, Macht und Ressourcennutzung, die gegenwärtige sozialökologische Krisen von Beginn an beförderten. Für Unternehmen und Einzelpersonen, die sich Kompensationen leisten können, ist *Offsetting* eine Lizenz, um *Business-As-Usual* fortzusetzen. Im Gegensatz dazu hieße planetarische Beziehungen zu berücksichtigen und Verantwortung zu übernehmen, die Biodiversitätspotenziale von Renaturierung und der Begrünung urbaner Räume zu nutzen, ohne diese als Rechtfertigung zu verwenden, die es dem fossilen Machtkomplex weiterhin erlaubt, fossile Ressourcen aus der Erde zu holen.

9.3.4.   Wenig wirksame Umweltbewegung und Umweltpolitik

Bewegungen gegen destruktive ökologische Dynamiken gibt es schon lange, z. B. Widerstand gegen industrielle Verschmutzung und daraus folgende lokale Gesundheitsschäden oder die Verteidigung indigener Naturräume gegen das Eindringen weißer Siedler:innen.[449] Gleichzeitig gab es bürgerliche Naturschutzbewegungen, die dem Schutz der Natur einen Eigenwert zuwiesen und diesen auch gegen Nutzungsansprüche der lokalen Bevölkerung durchzusetzen versuchten.[450] Seit den 1770er Jahren gab es Debatten über die klimatischen Folgen der Entwaldung, die Lebensgrundlagen gefährden. Und schon im frühen 19. Jahrhundert wurde bezweifelt, dass Atmosphäre, Vegetation und Ozeane den gesamten Kohlenstoff, der durch die neue Wirtschaftsweise freigesetzt wird, ohne Schaden aufnehmen können. Trotzdem setzte sich vorerst die vermeintlich wissenschaftliche Überzeugung durch, der menschliche Einfluss auf die Zyklen der Natur sei unbedeutend.[451]

Ab den 1970er Jahren rückte *Umweltschutz* dann zunehmend ins Zentrum der Politik.[452] Anfangs ging es um die bessere Beteiligung der Öffentlichkeit an politischen Entscheidungen, die Zuständigkeit von Gerichten in Umweltfragen und wirksamere Umweltgesetze. Öffentliche Verwaltungen schufen Umweltministerien. Gleichzeitig wurde Umwelt- und Klimaschutz als globales Problem definiert, das globale Lösungen brauche. Beispiele sind die *Aarhus-Konvention* über den Zugang zu Informationen, die Öffentlichkeitsbeteiligung an Entscheidungsverfahren und den Zugang zu Gerichten in Umweltangelegenheiten (1998) sowie die Gründung des *IPCC*. Gemessen an der Übernutzung natürlicher Ressourcen war der Erfolg dieser Bemühungen bescheiden. Ab den 1990er Jahren wurden deshalb Schwächen liberal-demokratischer Institutionen problematisiert wie der Widerspruch zwischen kurzen Wahlzyklen und langfristigen Entscheidungen. Deshalb suchten Umweltgruppen vermehrt, stattdessen gemeinschaftlich alltägliche Praktiken zu verändern. Beispiele sind die Transition-Town Bewegung, die erhöhte Selbstversorgung anstrebt, sowie kleinteilige Projekte wie *urban gardening*. Politisierung sei einfacher und effektiver, wenn sie alltägliche und lokale Erfahrungen betrifft, z. B. wie und was wir jeden Tag essen, wie wir zusammenleben und uns fortbewegen. Praktisch verharrten diese Initiativen tendenziell in Nischen. Weltweit bekannt wurde schließlich die Klimabewegung mit Greta Thunberg und der *Fridays for Future* Bewegung, die in Schulstreiks, Demonstrationen und vielen kleinen Initiativen einen grundlegenden Politikwechsel forderten. *Fridays for Future* war v. a. 2019 eine der einflussreichsten politischen Bewegungen. Mit der Pandemie wurde diese zivilgesellschaftliche Organisationsform erschwert.[453]

Zwar stieg in den vergangenen Jahrzehnten das Bewusstsein über Umweltprobleme und Klimakrise. Gleichzeitig nahmen Ressourcenverbrauch und THG-Emissionen weiter zu. Es fehlen die geeigneten Rahmenbedingungen, damit Problembewusstsein zu geändertem Handeln führt. So werden trotz vermehrten Wissens über menschgemachte Umweltveränderungen weiter nicht-nachhaltige Strukturen stabilisiert. Politische Entscheidungstragende ebenso wie die Bevölkerung, die sie wählt, haben offensichtlich Schwierigkeiten, sich vom Gewohnten, vom *Business-as-Usual*, zu verabschieden. Wirksame Klimapolitik wird auch durch ihr Governance-Modell, d. h. ihre Organisationsform, erschwert. So wird zwischen *Klimaschutz (climate mitigation)*, d. h. der Verlangsamung der Erderhitzung durch Reduktion von THG-Emissionen (z. B. mehr Windkraftwerke), und *Klimawandelanpassung (climate adaptation)*, d. h. Maßnahmen, um sich an klimatische Veränderungen anzupassen (z. B. besserer Hochwasserschutz), unterschieden. Diese Aufspaltung der Klimapolitik behindert eine integrierte Herangehensweise, v. a. die bessere Integration von Klima- und Sozialpolitik. Ansatzpunkte für wirksamere Veränderungsversuche hin zu zukunftsfähigem Wirtschaften werden im abschließenden Teil 4 vorgestellt (vgl. Kap. 10.2.).

Daher weisen wir an dieser Stelle vorerst einzig auf die Notwendigkeit handlungsfähiger demokratischer Strukturen hin, um Rahmenbedingungen gestalten zu können. Bleiben Marktentscheidungen wie Kaufen und Konsumieren subjektiven Präferenzen überlassen (vgl. S. 48), wie dies radikale Varianten des marktliberalen Leitbilds vertreten, verschwindet eine wichtige Grundlage demokratischer Gemeinwesen: Den Markt für Rauchen und Drogen zu reglementieren, Kinderarbeit zu verbieten und Studieren kostenfrei anzubieten, wäre dann nicht legitim. Dann wäre nämlich jede staatliche Maßnahme, angelehnt an Hayek, tendenziell eine inakzeptable Einmischung: sei dies eine Steuer auf ausgewählte Produkte, eine Parkraumbewirtschaftung in bestimmten Stadtteilen, die Einschränkung von Flugreisen oder ein Produktionsverbot ressourcenintensiver Luxusgüter. Was für Polanyi als illusionär galt, nämlich, dass Gesellschaften auf individuelle Wahlentscheidungen reduziert werden können,[454] wird dann zunehmend Wirklichkeit – mit Folgen für gesellschaftliches Zusammenleben und demokratische Autorität. Wird dies zur Norm, dann hat Marktfreiheit über Demokratie gesiegt.

Soll Demokratie auch in Zeiten des Umbruchs wirksam bleiben, braucht es daher ein neues Verständnis von Werten. **Liberale Wertepluralist:innen** meinen, Lebensweisen seien nicht rational kritisierbar, da sie auf *subjektiven Werthaltungen*, d. h. individuellen Präferenzen, basieren und letztlich Geschmackssache seien. Was Menschen essen, wie sie sich fortbewegen und was sie kaufen, sei *Privatsache* und gehe niemanden etwas an. Eine liberale Gesellschaft, so diese Auffassung, kann v. a. eines leisten: Jedem und jeder die Chance zu geben, auf die jeweils eigene, individuelle Art glücklich zu werden. Doch dabei bleibt ausgeblendet, dass gegenwärtige Freiheiten von Rahmenbedingungen abhängen, die immer auch andere Freiheiten einschränken. Ein Beispiel: Die Freiheit sich mit dem Auto möglichst unbeschränkt fortbewegen zu können basiert auf Rahmenbedingungen. Diese schränken nicht nur die Bewegungsfreiheit von Kindern und all jenen ein, die kein Auto besitzen, sondern nehmen auch Menschen – v. a. im ländlichen Raum – die Freiheit, kein Auto besitzen zu müssen. Und sie untergräbt das Recht zukünftig Geborener auf ein menschenfreundliches Klima.

Nicht-nachhaltige Lebensweisen ändern sich nur, wenn Menschen erkennen, dass **Leben, Arbeiten und Konsumieren nicht nur private Tätigkeiten** sind, sondern gesellschaftliche Auswirkungen haben. Wiewohl Karl Polanyi bewusst war, dass Freiheit für alle ohne Reglementierung und Ordnung nicht möglich ist, verteidigte er das Recht auf Nonkonformismus vehement.[455] Die Sphäre des Privaten zu schützen ist wichtig, v. a. vor totalitärer Herrschaft. Aber Grenzen zu setzen ist an sich legitim, denn **Demokratie heißt Regeln setzen** und daher auch abzuwägen zwischen individueller Freiheit und gesellschaftlichem Zwang. Mülltrennen ist mittlerweile keine rein private Tätigkeit mehr, Fehlverhalten ist strafbar. Ähnliches gilt für rassistische Geschäftspraktiken. Auch Pflegearbeit wird zunehmend als öffentliche und nicht rein privat-familiäre Aufgabe gesehen, ungleiche Geschlechterverhältnisse werden thematisiert. Auch Rauchen in Restaurants ist nicht länger bloß Privatsache. Gegenüber der Wahl von Verkehrsmitteln und dem Konsum von Lebensmitteln ist die Politik jedoch weiterhin seltsam indifferent. Doch *eine Gesellschaft der Freien und Gleichen*, in der Ressourcen und unangenehme, obgleich gesellschaftlich notwendige Arbeit verteilt werden müssen, braucht für alle gültige Regeln, um sicherzustellen, dass nicht einige Wenige auf Kosten der Vielen leben.[456]

Teil 4:
Wege zum zukunftsfähigen Wirtschaften

In Teil 3 untersuchten wir historische Entwicklungen. Nun gehen wir von der aktuellen Situation aus und blicken in die Zukunft, um Möglichkeiten zukunftsfähigen Wirtschaftens auszuloten. Welcher konkrete Weg hin zu dieser besseren Zukunft beschritten wird, ist auch eine normative Frage und hängt von Annahmen, Interessen und Werturteilen ab. Mögliche Zukünfte – und die Wege dorthin – unterscheiden sich je nach Leitbild: aus Zielen leiten sich Maßnahmen ab, die unterschiedlich wirksam sind und von verschiedenen Akteuren vorangetrieben werden.

Der Special Report des APCC zu *Strukturen für ein klimafreundliches Leben* hat in einer bewertenden Zusammenfassung aktueller Forschung die Wirksamkeit von klimafreundlichem Handeln untersucht.[457] Dabei zeigte sich, dass verantwortungsvolles **Verhalten** innerhalb gegebener Rahmenbedingungen sinnvoll und möglich ist, z. B. weniger Fleisch zu essen, Auto zu fahren und zu fliegen. Doch es ist weit weniger wirksam als koordiniertes und zielgerichtetes Handeln, um Rahmenbedingungen zu **gestalten**. Dieses hat größeres Potenzial für zukunftsfähiges Wirtschaften.[458] Daher untersuchen wir im folgenden Kapitel 10 Ziele, Maßnahmen und Akteure, um jeweils bestimmte Rahmenbedingungen zu gestalten und diskutieren in Kapitel 11 drei Strategien, um mit gegenwärtigen Herausforderungen umzugehen.

10. Ziele, Maßnahmen und Akteure zukunftsfähigen Wirtschaftens

In diesem Kapitel adaptieren wir die in der Theorie der Wirtschaftspolitik übliche Systematik von Zielen, Mitteln und Trägern.[459] Wir untersuchen *Träger*, d. h. konkrete Akteure, welche bestimmte *Mittel*, d. h. unterschiedliche Maßnahmen, zur Erreichung bestimmter *Ziele* einsetzen.

10.1. Ziele

In Teil 1 haben wir *Zukunftsfähigkeit* als die Fähigkeit definiert, gegenwärtige Transformationen zu verstehen und zu gestalten, um ein gutes Leben für alle innerhalb ökologischer Belastungsgrenzen zu ermöglichen sowie Frieden und Demokratie zu verteidigen (vgl. S. 19). Dieses Ziel wird überraschend breit geteilt – das Pariser Klimaabkommen und die SDGs wurden von (fast) allen Staaten unterzeichnet. Doch der zugrundeliegende Wertekonsens ist oberflächlich: Die konkret gesetzten Maßnahmen von Staaten, Einzelpersonen oder Unternehmen sind oft nicht vereinbar mit der Erreichung der SDGs und der Klimaziele. Kurzfristig ist oft anderes wichtiger: Unternehmen investieren in grüne Technologien, aber nur wenn es sich „rechnet". Einzelne kaufen zwar andere Produkte, ändern ihre grundlegenden Routinen aber nur ungern. Staaten bekennen sich zu ambitionierten Klimaschutzzielen, treiben aber weiterhin den Ausbau emissionsintensiver Infrastrukturen voran. Im Folgenden rufen wir nochmals die unterschiedlichen Zielsetzungen der drei Leibilder ins Gedächtnis (vgl. Kap. 3).

10.1.1. Zielsetzungen im marktliberalen Leitbild

Das Oberziel des marktliberalen Leitbilds ist es, **möglichst wenig in individuelle Freiheiten einzugreifen**. Dieses Leitbild will negative Freiheiten ausweiten und Zwang, v. a. staatlichen, minimieren. Zumeist werden Eingriffe in die individuelle Freiheit abgelehnt – insbesondere Verbote und Marktbeschränkungen. Für das marktliberale Leitbild braucht zukunftsfähiges Wirtschaften v. a. eine Rahmenbedingung: eine möglichst allumfassende Marktordnung, die Eigentums- und Vertragsrecht sowie Wettbewerb sichert und durchsetzt. Möglichst alle Wirtschaftsbereiche sollen marktwirtschaftlich organisiert werden, auch die Grundversorgungsökonomie (vgl. S. 43 f.). Dies soll gleichermaßen die maximale Entfaltung individueller Freiheiten und die effiziente Nutzung knapper Ressourcen gewährleisten. Märkte effizient zu regulieren gilt im Leitbild des Marktliberalismus als wirksamer als staatliche Interventionen, z. B. für Klima- und Artenschutz oder zur Festlegung von Mindestlöhnen. Zwar kann es in einer komplex vernetzten Gesellschaft niemals vollkommen freie Märkte, vollkommen freien Welthandel, vollkommen frei entscheidende Unternehmen und Konsument:innen geben. Doch dient das Ideal **selbstregulierender Märkte** mit vollständiger Konkurrenz als Kompass für konkrete wirtschaftspolitische Entscheidungen. Eine Marktordnung soll festlegen, dass Unternehmen und Konsument:innen möglichst ungehindert, d. h. souverän, individuelle Entscheidungen treffen können. Dies erfordert neben einem Staat, der eine markliberale Ordnung durchsetzt, auch Technologieneutralität (vgl. S. 58 & 95).

10.1.2. Zielsetzungen im wohlfahrtskapitalistischen Leitbild

Das Oberziel des wohlfahrtskapitalistischen Leitbilds ist die **Gewährleistung und Absicherung von materiellem Wohlstand**. Dieses *gemischtwirtschaftliche* Leitbild versucht, Maßnahmen für wettbewerbsfähiges Wirtschaften mit sozialer Gerechtigkeit und, v. a. in grünen Varianten, mit ökologischer Nachhaltigkeit zu verbinden. Aus den Erfolgen im 20. Jahrhundert wird geschlossen, dass das Fördern der kapitalistischen Wirtschaftsweise mit dem Erreichen eines guten Lebens für alle vereinbar ist. Durch den Aufbau von Sozialstaaten gelang es, soziale Probleme wie Armut und Arbeitslosigkeit weitgehend zu lösen, indem die Grundversorgung sichergestellt wurde – zumindest für viele im globalen Norden. Die Hoffnung ist, dass dies auch bei den ökologischen Herausforderungen gelingt. Angestrebt wird ein gesicherter materieller Lebensstandard durch eine Steigerung von Produktion und Einkommen bei reduziertem Materialverbrauch und geringeren Emissionen. Wie im marktliberalen Leitbild ist *grünes Wachstum* (vgl. S. 60) zentral, um *Win-win*-Situationen zu ermöglichen und gesellschaftliche Polarisierung zu vermeiden.

10.1.3. Zielsetzungen im Leitbild des Postwachstums

Das Oberziel des Leitbilds des Postwachstums ist ein **gelungenes Leben** (vgl. *eudaimonia*, S. 46) **unter neuen, nachhaltigen gesellschaftlichen Naturverhältnissen.** Deshalb muss diesem Leitbild folgend mit dem systemischen Wachstumszwang der kapitalistischen Wirtschaftsweise gebrochen werden. Das vorherrschende ausbeuterische Mensch-Natur-Verhältnis soll durch eines ersetzt werden, in dem der Mensch Lebewesen und Mitglied eines Gemeinwesens ist. Um Lebensgrundlagen zu erhalten, braucht es eine *steady-state economy* (vgl. S. 35) und eine gesicherte Grundversorgung. **Suffizienz** ist das Leitprinzip, d. h. es geht um das richtige Maß der Ressourcennutzung. So führen zwar *weniger* Pflegeangebote zu Pflegedefiziten und *weniger* erneuerbare Energieträger zu höheren Emissionen, aber *mehr* Bodenversiegelung führt zu Artensterben und *mehr* Zucker in der Nahrung zu Übergewicht. Während manche Wirtschaftsbereiche wachsen müssen, ist Schrumpfen in anderen Bereichen kein Verlust.[460] Die Rolle des Staates ist in diesem Leitbild umstritten, da staatliche Akteure zwar für das Festlegen zukunftsfähiger Rahmenbedingungen notwendig wären, oftmals aber nicht-nachhaltige Rahmenbedingungen verfestigen. Insbesondere der wohlfahrtsstaatliche Fokus auf *national*staatliche Souveränität wird problematisiert, da politische Gestaltung oft übernationale Dimensionen hat. Stärker als andere Leitbilder setzt jenes des Postwachstums auf eine globale **Zivilgesellschaft**. Selbstbestimmte Freiräume sollen Gemeinschaften ermächtigen, „von unten" das Gemeinwesen anders zu organisieren.[461]

10.2. Maßnahmen

Zukunftsfähiges Wirtschaften ergibt sich aus vielfältigen Maßnahmen wie Umweltabgaben, Innovationsförderungen und einem Klimaschutzgesetz. Nicht alle sind mit allen Leitbildern vereinbar. Während z. B. der öffentlich geförderte Ausbau gemeinnütziger Wohnformen mit dem marktliberalen Leitbild tendenziell unvereinbar ist, lehnt das wohlfahrtskapitalistische Leitbild Technologie-neutralität ab. Ressourceneffizienz nur zu steigern, um weiter zu wachsen, ist mit den Zielen des Postwachstums unvereinbar. Einige Maßnahmen sind jedoch mit allen Leitbildern vereinbar, z. B. der Abbau umweltschädlicher Subventionen und die Internalisierung externer Kosten durch eine ökologische Steuerreform. Jedoch benennt die Systemtheoretikerin Donella Meadows († 2001) einen Zielkonflikt: *der Systemwiderstand gegen Veränderungen wächst, je wirksamer die eingesetzten Maßnahmen sind.*[462] Daran angelehnt unterscheiden wir vier **Interventionspunkte** (Grafik 12): (1) Markttransparenz schaffen (2) Produktionseffizienz steigern, (3) eine ökologisch nachhaltige Grundsicherung gewährleisten und (4) Produktion und Konsum unter veränderten Lebensweisen reduzieren.[463]

Grafik 12: Interventionspunkte zukunftsfähigen Wirtschaftens

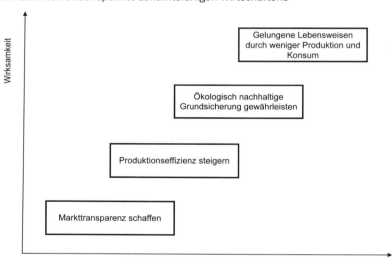

10.2.1. Markttransparenz schaffen

Der erste, leicht umsetzbare, aber wenig wirksame Interventionspunkt ist, Markttransparenz durch verbesserte Information und Kostenwahrheit zu steigern. Verschiedene öffentliche und private Einrichtungen stellen **Informationen** über Unternehmen (z. B. durch *Environmental Social Governance-Reporting,* kurz: ESG), Produkte (z. B. Gütesiegel) und Finanzanlagen (z. B. grüne Taxonomie) zur Verfügung. Auch Werbe- und Informationskampagnen arbeiten oft mit Labels (z. B. Fair Trade) und Marken (z. B. Ja, natürlich) für faire, biologische, regionale sowie insgesamt als sozial und ökologisch nachhaltig eingestufte Konsum- oder Anlagemöglichkeiten. Diese Informationen sollen helfen, nachhaltige Produktentscheidungen zu treffen bzw. Geld verantwortungs-bewusst anzulegen. Freiwillig informieren heute fast alle Unternehmen im Rahmen von *Corporate Social Responsibility* (CSR) über ihr Geschäftsmodell. Dabei besteht die Gefahr von *Greenwashing*, da die Offenlegung meist nur selektiv erfolgt.[464]

Zwei Beispiele zur Schaffung von Markttransparenz: (1) Das gemeinnützige Unternehmen FAIRTRADE schafft eine verbesserte Marktransparenz, indem es auf die sozialen und ökologischen Folgen des Welthandels hinweist. FAIR-TRADE agiert als Plattform für Konsument:innen, Unternehmen und Produzentenorganisationen, um Handel(n) durch faire Bedingungen zu verändern und damit Kleinbauernfamilien sowie andere Arbeitskräfte im globalen Süden zu stärken. Produkte mit dem FAIRTRADE-Siegel sollen ein Signal an Konsument:innen senden, dass ein Unternehmen zur Armutsbekämpfung und zu einer nachhaltigen Entwicklung der ärmsten Regionen dieser Welt beiträgt.[465] (2) Aktuell schafft die neue EU-Taxonomie Verordnung ein gemeinsames Klassifizierungssystem, um nachhaltige Wirtschaftstätigkeiten zu identifizieren und Investitionen in nachhaltige Aktivitäten zu lenken.[466] Ähnliches gilt für die europäische *Social Taxonomy*. Sie klassifiziert wirtschaftliche Aktivitäten, die einen Beitrag zur Erreichung der sozialpolitischen Ziele der EU leisten, bzw. keine sozialen Schäden verursachen.[467] Damit soll sie Kapitalflüsse in Unternehmen und Wirtschaftstätigkeiten leiten, die die Erreichung sozialpolitischer Ziele unterstützen. Doch in beiden Fällen besteht derzeit die Möglichkeit von *Green-* und *Socialwashing*.[468]

Markttransparenz, die zur sozialökologischen Transformation beiträgt, erleichtert **Kostenwahrheit**, indem ökologische und soziale Kosten von Transaktionen offengelegt werden. Dies ist Voraussetzung für die Etablierung des *Verursacherprinzips* (vgl. S. 30). In einer ökologischen Marktordnung tragen diejenigen, die emittieren, die tatsächlichen Kosten ihrer individuellen bzw. unternehmerischen Handlungen. Nur wenn externe Effekte internalisiert sind, erhalten Unternehmen und Individuen richtige Preissignale und können verantwortungsvolle Wahlentscheidungen treffen. Kostet der CO_2-Ausstoß etwas, wird weniger emittiert. Demnach braucht es funktionierende Märkte, bzw. die Schaffung von Märkten, wenn diese fehlen.

Um Kostenwahrheit zu ermöglichen, müssen *klimaschädliche Subventionen abgeschafft werden*, z. B. die Steuerbefreiung von Kerosin, die Subventionierung fossiler Infrastrukturen (z. B. von Regionalflughäfen) sowie in Österreich die Steuerbegünstigung auf Diesel. Im Jahr 2020 beliefen sich fossile Subventionen weltweit auf circa 6,8 % der globalen Wirtschaftsleistung, also auf ungefähr 5,9 Billionen Euro. Mit ihrer Abschaffung und einer effizienteren Bepreisung könnten weltweit die CO_2-Emissionen um rund 36 % gesenkt werden.[469]

In der EU verpflichtet das *Emissions Trading System* (ETS) Unternehmen in bestimmten Branchen, für jede emittierte Tonne CO_2 ein Zertifikat zu besitzen, das berechtigt, CO_2-Emissionen auszustoßen. Dies setzt Anreize, sparsam mit THG-Emissionen umzugehen. Jedoch stößt dieses System auch auf Kritik.[470] Drei zentrale Kritikpunkte sind: (1) die erforderliche Kommodifizierung von Gemeingütern wie Luft und Biodiversität ist nur beschränkt möglich. Es braucht Zertifikate, d. h. künstliche private Güter, deren Regulierung neue Regeln und Schiedsrichter (Regulierungsbehörden) erfordert. Es ist eine wissenschaftliche Herausforderung, biophysische Prozesse exakt zu quantifizieren. (2) Die konkrete Ausgestaltung dieses künstlichen Marktes wird andererseits durch *Machtverhältnisse* beeinflusst. Deshalb war das Emissionshandelssystem bis vor kurzem kaum wirksam, THG-Emissionen zu reduzieren. Energieintensiven Unternehmen, v. a. in der Grundstoff- und Stahlindustrie, gelang es, durch Lobbyarbeit Politikversagen zu produzieren: Um ihre Wettbewerbsfähigkeit zu sichern, wurden ihnen Gratiszertifikate zugeteilt, weshalb ein großer Teil ihrer Emissionen kostenlos blieb. Erst in der Periode 2026 bis 2034 werden die Gratiszertifikate völlig auslaufen. (3) Schließlich dominiert die Eigenlogik von Finanzprodukten das ETS. Kursschwankungen anderer Finanzprodukte, allen voran die Rohstoffbörsen, sind preisbestimmender als Angebot und Nachfrage am Energiemarkt.

10.2.2. Produktionseffizienz steigern

Der zweite, relativ leicht umsetzbare, aber nur mäßig wirksame Interventionspunkt ist die Steigerung der Produktionseffizienz. Mit **Industrie- und Innovationspolitik** können öffentliche Entscheidungstragende die dafür nötigen Rahmenbedingungen für private Unternehmen setzen. Dies soll den Ressourcenverbrauch und die TGH-Emissionen reduzieren und Wirtschaftswachstum von Materialverbrauch und Emissionen entkoppeln. Zwei Ansätze – ein marktliberaler und ein wohlfahrtskapitalistischer – können hierbei unterschieden werden.

(1) Da der Markt knappe Ressourcen am effizientesten zuteilt, ist Innovationspolitik im marktliberalen Leitbild **technologieneutral** (vgl. S. 58 & 95). Da Unternehmen dort investieren, wo sie unter gegebenen Marktbedingungen die höchsten Gewinne erwarten, werden zukunftsfähige Investitionen durch Steuererleichterungen und Förderungen unterstützt. Marktliberale sind bestrebt, möglichst keine unternehmerischen Handlungsspielräume einzuschränken. Daher wird z. B. das Verbot von Verbrennungsmotoren abgelehnt, nicht aber die höhere Besteuerung fossiler Energieträger, wenn dadurch Kostenwahrheit geschaffen wird. So liegt Verantwortung sowie Macht weiterhin bei privaten Unternehmen. Diesen obliegt es, durch geeignete Technologien private Gewinninteressen mit öffentlichen Interessen vereinbar zu machen.

(2) Demgegenüber fußt das wohlfahrtskapitalistische Leitbild auf einem sozio-technischen Innovationsverständnis, um komplexe Systeme zu verän-

dern.[471] Es braucht **Governance-Modelle**, die verschiedene Maßnahmen und Akteure verbinden. Öffentliche Einrichtungen sollen verlässliche und direktionale, d. h. richtungsgebende Orientierung für einzelwirtschaftliche Entscheidungen geben. Industriepolitik ist **missionsorientiert**, d. h. sie dient bestimmten Zwecken (*missions*) wie dem Klimaschutz oder der Wettbewerbsfähigkeit.[472] Ein aktiver Staat ist gleichzeitig Stratege, Entwickler und Nachfrager. Fehlen öffentlichen Einrichtungen Kompetenz und Ressourcen, sind die angestrebten Zwecke nur schwer erreichbar. Staatliche Subventionen und Beihilfen ermöglichen industriepolitische Veränderungen, die Unternehmen aufgrund hoher Vorabinvestitionen und Pfadunsicherheiten oft allein nicht umsetzen. Damit übernimmt der Staat Risiko, wofür die Allgemeinheit entschädigt werden muss (*quid pro quo*), z. B. durch Auflagen zur Standort- und Beschäftigungssicherung, hohe arbeits-, sozial- und umweltrechtliche Standards sowie Gewinnbeteiligungen.[473]

Verstärkt durch die Klimakrise und zunehmende geopolitische Spannungen sowie angesichts gefährdeter Versorgungssicherheit erlebt die wohlfahrtskapitalistisch orientierte Industrie- und Innovationspolitik aktuell eine Renaissance.[474] Die industriepolitische Orientierung der EU ist zwar weiter wesentlich marktliberal – im Mittelpunkt stehen Wettbewerb, Technologieneutralität und der Schutz geistigen Eigentums. Doch wohlfahrtskapitalistische Ansätze gewinnen an Bedeutung, v. a. mit dem *European Green Deal* (**EGD**).[475] Der EGD soll die EU durch mehr wirtschaftspolitische Kooperation der Mitgliedsstaaten bis 2050 klimaneutral machen und Wirtschaftswachstum von Ressourcennutzung entkoppeln. EU-Industriepolitik will Transformation durch ein Bündel an Maßnahmen gestalten, z. B. durch *Re-Industrialisierung* (vgl. De-Industrialisierung, S. 139), strategische Unabhängigkeit bei kritischen Gütern und stärker regionalisierte Liefer- und Wertschöpfungsketten. So sind Schlüsseltechnologien im Rahmen des Beihilfeinstruments *Important Projects of Common European Interest* (IPCEI) vom Verbot nationalstaatlicher Beihilfen ausgenommen, wenn sie einem übergeordneten europäischen Interesse dienen, z. B. der internationalen Wettbewerbsfähigkeit und der Resilienz der europäischen Industrie.[476] In Bereichen wie Mikroelektronik (z. B. energieeffiziente Chips, Leistungshalbleiter, Smart Sensors) und der pharmazeutischen Industrie soll die Abhängigkeit von anderen Weltregionen reduziert werden. Auch die europäische Landwirtschaft soll transformiert werden. Angestrebt wird die Reduktion des Pestizideinsatzes um 50 % und eine Bio-Bewirtschaftung von 25 % der landwirtschaftlichen Flächen in der EU bis 2030. Das Ziel ist ein faires, gesundes und umweltfreundliches Lebensmittelsystem.[477] Weitere Maßnahmen im EGD umfassen eine effektive CO_2-Bepreisung und einen *Klimazoll* (*Carbon Border Adjustment Mechanism, CBAM*), um *carbon leakage* zu vermeiden, d. h. die Verlagerung von THG-verursachenden Industrien in Länder außerhalb der EU, um die strengeren europäischen Auflagen zu umgehen. Auch grüne Finanzierungsmodelle wie *green bonds* und *green loans* sind Teil des Maßnahmenbündels.[478] Die Europäische Investitionsbank knüpft ihre Kreditvergabe an grüne Kriterien und soll bis 2030 Kredite bis zu einer Billion Euro vergeben.[479]

Schließlich strebt der EGD nach einem *gerechten* Übergang, d. h. Klimamaßnahmen werden mit sozialen Maßnahmen verbunden.[480] So gibt es Ausgleichszahlungen und (Um-)Schulungen für stark betroffene Wirtschaftszweige, Regionen und Beschäftigte, z. B. in der Kohle- und Automobilindustrie. Der europäische *Just-Transition-Fonds* unterstützt den damit verbundenen Strukturwandel.[481] Doch erfordert ein gerechter Übergang systematischere Maßnahmen, die Grundversorgung sichern und Ungleichheiten reduzieren.

10.2.3. *Gewährleistung einer ökologisch nachhaltigen Grundsicherung*

Der dritte Interventionspunkt ist, eine ökologisch nachhaltig bereitgestellte soziale Grundsicherung zu gewährleisten. Die soziale Absicherung war und ist Oberziel des wohlfahrtskapitalistischen Leitbilds und ist auch im Leitbild des Postwachstums wichtig. Im Kontext von Pandemie, steigenden Lebenshaltungskosten und ökologischen Krisen erzeugen Klima- und Umweltschutzmaßnahmen, die nicht ausdrücklich auch soziale Absicherung gewährleisten, oft Widerstand. Ein Beispiel sind Proteste gegen hohe Energiekosten. Die Bearbeitung der Klima- und Biodiversitätskrise erfordert aber eine grundlegende Ökologisierung. Dies gilt auch für die Grundversorgung, denn diese ist aktuell ressourcen- und emissionsintensiv, v. a. bei Wohnen, Mobilität und Ernährung.[482] Insbesondere *sozial- und fiskalpolitische Maßnahmen* können dazu beitragen, die Grundversorgung sozial und ökologisch bereitzustellen.[483]

Sozialpolitik kann mit Geld- und mit Sachleistungen sozial absichern. **Staatliche Transferleistungen (Geldleistungen)** wie Pflegegeld, Familienbeihilfe, Klimabonus oder ein Grundeinkommen sind Maßnahmen, die tendenziell von allen Leitbildern unterstützt werden. Auch im liberalen Wohlfahrtsregime gibt es Sozialhilfe für „Bedürftige" (vgl. S. 141). Für Marktliberale ist attraktiv, dass Geldleistungen am wenigsten in die bestehende Marktordnung eingreifen. Die anderen beiden Leitbilder akzeptieren auch Eingriffe in die Marktordnung, falls diese dem Allgemeinwohl dienen und Teilhabechancen erweitern. Dies gelingt wirksamer mit **Sachleistungen**, die eine öffentliche, kostenlose oder zumindest für alle leistbare Grundversorgung bereitstellen.[484] Ein Beispiel sind *Universal Basic Services*,[485] d. h. eine universelle Grundversorgung, die allen, die in einem Gemeinwesen leben, den bedingungslosen Zugang zu Bildung, Gesundheit, Pflege, Wohnen, Kinderbetreuung, Internet und Mobilität gewährleistet. Verglichen mit einer privatwirtschaftlich-profitorientierten Bereitstellung dieser Dienste zeichnet sich die öffentliche Bereitstellung durch ein höheres Maß universeller Bedürfnisbefriedigung (Zugang als soziales Recht) und geringeren Energiebedarf aus.[486] Oft werden diese Leistungen staatlich bereitgestellt, sie können aber auch von privaten Unternehmen oder *intermediären Organisationen* angeboten werden. Intermediäre Organisationen sind Einrichtungen und Unternehmen, die weder marktwirtschaftlich-profitorientiert noch staatlich organisiert sind, z. B. NPOs und gemeinnützige Organisationen. Da diese Leistungen aber zumeist in geschützten Bereichen, manchmal sogar als natürliche Monopole (z. B. in der Wasserversorgung), erbracht werden, ist es angemessen, dass diese Anbieter auch Verpflichtungen gegenüber der Gesellschaft wahrnehmen: *Geben und Nehmen* (*quid pro quo*). So können **gesellschaftliche Betriebslizenzen** die Leistungserbringung an die Einhaltung allgemeinwohlorientierter Kriterien binden,[487] z. B. bezüglich der Qualität und dem Preis, angemessener Entlohnung, einer Beschränkung von Dividendenausschüttung sowie Ressourcenschonung und Dekarbonisierung. In Österreich fallen z. B. gemeinnützige Bauträger unter das Wohngemeinnützigkeitsgesetz, welches sie verpflichtet, leistbaren Wohnraum zu schaffen, nur beschränkten Gewinn zu erzielen und diesen wieder in soziale Wohnbaumaßnahmen im Inland zu investieren.[488] Es kann gewinnorientierten Unternehmen auch untersagt sein, in bestimmten Wirtschaftsbereichen tätig zu sein. So ist es im Burgenland nur gemeinnützigen Unternehmen erlaubt, Pflegedienstleistungen anzubieten.[489]

Eine wirksame *fiskalpolitische Maßnahme* ist eine **ökosoziale Steuerreform**,[490] denn sie verfolgt zwei Ziele gleichzeitig: die Beschränkung von Überkonsum durch eine Verteuerung von Ressourcennutzung und Emissionsausstoß sowie die Sicherung der Grundversorgung. Dazu braucht es ein *progressives Steuersystem*, in dem Personen und Unternehmen gemäß ihrer Leistungsfähigkeit zum Allgemeinwohl beitragen. Dies erfordert hohe Spitzensteuersätze bei der Einkommenssteuer und eine Vermögenssteuer mit angemessenen Freibeträgen für die Mittelschicht. Weniger Steuern zahlen damit Berufsgruppen, deren Leistung auf Märkten nicht entsprechend belohnt wird. Gegenwärtig wird z. B. die Leistung von Menschen in der Elementarpädagogik gering, die zeitintensive Sorgearbeit oft gar nicht entlohnt. Im Ölhandel oder im Finanzsektor tätige Manager:innen erhalten hingegen hohe Markteinkommen. Da Menschen mit hohen Einkommen und Vermögen viel mehr emittieren (vgl. S. 165), hat deren Besteuerung auch positive ökologische Auswirkungen.[491]

Ergänzend zur Steuerpolitik setzt der EGD auf **öffentliche Förderungen**, z. B. für Gebäudedämmung, erneuerbare Energieträger und biologische und regionale Landwirtschaft.[492] Schließlich leistet auch eine **nachhaltige öffentliche Beschaffungspolitik** einen Beitrag zur ökologisch nachhaltigen Grundsicherung. Sie kann neben dem Preis systematisch soziale und ökologische Standards in öffentliche Ausschreibungen integrieren. Eine Revision der *EU-Richtlinie zur öffentlichen Auftragsvergabe* gibt diesbezüglich jetzt schon Handlungsspielräume, die von den Mitgliedsländern bisher aber kaum genutzt wurden.[493]

10.2.4. Gelungene Lebensweisen durch weniger Produktion und Konsum

Der vierte Interventionspunkt benennt die wirksamsten Maßnahmen, die aber auf den größten Widerstand stoßen: *Leben und Arbeiten so umzustellen, dass eine gelungene Lebensführung auch mit weniger Produktion und Konsum möglich ist.* Diese Maßnahmen erfordern einen Umbau der kapitalistischen Wirtschaftsweise und stehen dem Leitbild des Postwachstums nahe. Wir fassen sie im Folgenden in drei Bereiche zusammen: (1) eine Neubewertung von Wirtschaftsbereichen, (2) eine Verteilung von Ressourcen und Lebenschancen, die Grundbedürfnisse sichert und Überkonsum einschränkt und (3) Experimente mit alternativen Wirtschaftsformen.

(1) Eine **Neubewertung von Wirtschaft** stützt sich auf die in Teil 1 beschriebenen neuen Konzepte von Wohlbefinden (vgl. Kap. 2.3.) und auf die Unterscheidung verschiedener Wirtschaftsbereiche (vgl. Kap. 2.2.2.).[494] Werden ökologisch nachhaltige Lebensweisen selbstverständlich und leicht umsetzbar, verliert die Befriedigung von Bedürfnissen durch individuellen Konsum an Bedeutung. Wichtiger wird die Befriedigung von Bedürfnissen durch *kollektiven Konsum,* d. h. den Konsum gemeinsamer Güter, z. B. durch öffentliche Parks und Schwimmbäder (statt privater Gärten und Swimmingpools), Carsharing und öffentlichen Verkehr (statt des privaten Autos) sowie Gemeinschaftsräume beim Wohnen (statt ineffizient genutzter Wohnflächen).[495] Sozialökologisch bereitgestellte Sachleistungen werden wichtiger als Geldleistungen. Prävention gewinnt an Bedeutung. So kann chronischen Krankheiten durch gesunde Ernährung (v. a. weniger Zucker und Fleisch), weniger Stress am Arbeitsplatz und aktive Mobilität wie zu Fuß gehen entgegengewirkt werden.[496] Dies reduziert sowohl Kosten als auch Material- und Ressourcenverbrauch. Die Umorientierung von *brown jobs,* d. h. ressourcen- und emissionsintensiven Beschäftigungen, zu *green jobs,* d. h. Ressourcen und Emissionen sparenden Beschäftigungen, ist herausfordernd, aber wichtig. (Um-)Schulungsangebote und eine *sozialökologische Jobgarantie,* die das Recht auf Erwerbsarbeit in nachhaltigen Sektoren sichert, setzen Anreize, in sozialökologisch wichtige Wirtschaftsbereiche zu wechseln: z. B. in Pflegeberufe und Handwerk.[497] Unbezahlte Sorgearbeit, die bisher v. a. von Frauen geleistet wird, wird durch eine lebenswerte Nachbarschaft (z. B. Kinderspielplätze, Naherholungsräume) sowie öffentliche Dienstleistungen (z. B. Nachmittagsbetreuung für Schulkinder, mobile Pflegedienste für Ältere) unterstützt.[498]

Grundprinzipien dieser Neubewertung sind mehr öffentliche Investitionen statt individuellem Konsum, mehr verfügbare Zeit statt steigendem Einkommen für bereits Gutverdienende sowie eine sozial und ökologisch ausgerichtete Umverteilung des Wohlstands im Sinne des Allgemeinwohls.[499] Die so geförderten Maßnahmen sind oftmals gleichzeitig Prozesse der Innovation und der Exnovation, der Neuerung und der Beendigung.[500] Ein Beispiel: Den öffentlichen Verkehr auszubauen ist wichtig, aber unzureichend, wenn gleichzeitig immer mehr neue (elektrische) Privatautos produziert werden. Die Automobilbranche braucht nicht nur öko-effizientere Technologien, sondern neue Geschäftsmodelle, die weniger Autos produzieren.[501] Nur wenn öffentliche Räume nicht von Autos genutzt werden, kann auf Plätzen gespielt werden. In bestimmten Wirtschaftsbereichen bedeutet dies Schrumpfen, so dass nicht-nachhaltige Praktiken mühsam werden – und langfristig enden (z. B. die Parkplatzsuche im Stadtzentrum, der Kurzstreckenflug über das Wochenende). Verhaltensänderungen aufgrund neuer Rahmenbedingungen stoßen auf Widerstand; nicht nur von Machtkomplexen, die von der Produktion nicht-nachhaltiger Produkte profitieren,[502] sondern auch von Menschen, die sich ungern von liebgewonnenen Gewohnheiten verabschieden.

(2) Sollen Grundbedürfnisse gesichert werden, braucht es eine **andere Verteilung von Ressourcen und Lebenschancen** sowie eine Beschränkung von Überkonsum. Dies gelingt u. a. mit **Konsumkorridoren**, d. h. einem *MINI-MAX-Modell*.[503] Dieses garantiert einerseits für alle ein *Minimum an Konsum* (*floor*), um Grundbedürfnisse zu sichern. Grundbedürfnisse können auf dreierlei Art gesichert werden: (i) durch ausreichendes Einkommen inklusive öffentlicher Geldleistungen, (ii) durch öffentliche Sachleistungen und (iii) durch eine Ausgestaltung von Steuern, Förderungen und Gebühren, sodass der Grundverbrauch, z. B. an Energie, Wasser und Wohnfläche kostenfrei oder kostengünstig garantiert wird. Andererseits braucht es angesichts knapper Ressourcen und ökologischer Krisen die Festlegung eines *Maximums an Konsum* (*ceiling*). Nur Maxima, die den Überkonsum beschränken, stellen sicher, dass langfristig alle ihre Grundbedürfnisse befriedigen können. Heute werden z. B. weltweit 70 % der Kraftfahrzeugkäufe und 75 % der Energie für den Flugverkehr von den Top 10 % der Einkommensbezieher:innen in Anspruch genommen.[504] Und alleine der steigende Anteil an Millionär:innen bis 2050 wird voraussichtlich 72 % des verbleibenden CO_2-Budgets verschlingen, das für die Erreichung des 1,5°C-Ziels zur Verfügung steht.[505] Dies gefährdet angesichts knapper Ressourcen und beschränktem THG-Emissionsbudget die Befriedigung von Grundbedürfnissen. Für bestimmte ressourcen- und emissionsintensive Güter und Dienstleistungen sollte Ähnliches gelten wie bei Rauchen und Medikamenten: dieser Konsum ist klar zu regeln und Werbung nur mit strengen Auflagen zu erlauben. Konkrete Maßnahmen sind progressive Steuern, die den pro Kopf-Mehrkonsum überdurchschnittlich stark besteuern, sowie das Verbot bestimmter Formen des Konsumierens (z. B. Kurzstreckenflüge, PKW-Verkehr in Ortskernen). Insbesondere emissionsintensive Luxusgüter müssen hoch besteuert oder verboten werden, z. B. häufiges Fliegen, SUVs und Kreuzfahrten.[506] Zwei weitere Beispiele von Konsumkorridoren: Während des Dürre-Notstands in Italien im Sommer 2022 wurde privates Autowaschen und Pool-Befüllen per Strafe verboten, um Wassernutzung für das Notwendigste sicherzustellen. Und

rechtlich wird oftmals zwischen Hauptwohnsitzen (eine Art von „Minimum")
und Zweitwohnsitzen (eine Art von „Luxus") unterschieden, wobei erstere im
Sinne der Grundversorgung bevorzugt werden.

Eine weitere Form von Umverteilung braucht es in der Arbeitswelt, v. a.
eine **Verkürzung der Erwerbsarbeitszeit**.[507] Schon in den 1930er Jahren hielt
Keynes für seine Enkelkinder eine 15-Stunden-Woche für ausreichend, um die
materiellen Bedürfnisse aller, aber nicht die unbegrenzten Wünsche und Präferenzen von allen (vgl. S. 48), zu befriedigen.[508] In diesem Sinne entwickelte
Frigga Haug die **Vier-in-einem-Perspektive** als Kompass für notwendige Veränderungen hin zu einer geschlechtergerechten Arbeitsteilung.[509] Demnach
sollen die 16 wachen Stunden eines Tages auf vier Tätigkeitsbereiche aufgeteilt
werden: vier Stunden Erwerbsarbeit, vier Stunden Care- und Reproduktionsar-
beit (z. B. Sorge um Kinder und Ältere), vier Stunden Arbeit an der eigenen
Entwicklung (z. B. Musik, Sport) und vier Stunden politische bzw. Gemeinwesenarbeit (z. B. im Stadtteil). Dies sind keine strengen Vorgaben. Wohl aber
dient es als Orientierung dafür, was für umfassende Teilhabegerechtigkeit notwendig ist. Geschlechtergerechtigkeit erfordert das faire Teilen von Pflege- und
Sorgearbeit, v. a. von Elternarbeit.[510] Weniger Erwerbsarbeit erleichtert ressourcenschonende, aber zeitintensivere Konsumformen – z. B. das Abholen von
Kindern von der Schule ohne Auto oder das gemeinsame Kochen.[511] Für eine
friedliche Weltentwicklung braucht es außerdem **Umverteilung zwischen globalem Norden und globalem Süden**, z. B. Transferzahlungen des globalen
Nordens, der historisch unverhältnismäßig viel zur Erderhitzung beigetragen
hat. Mit dem *loss and damage* Fonds wurden bei der 27. UN-Klimakonferenz
(COP27) erstmals institutionelle Voraussetzungen geschaffen, um Entschädi-
gungszahlungen an Länder zu ermöglichen, die von der Klimakrise besonders
betroffen sind, finanziert von jenen Ländern, die für hohe CO_2-Emissionen
verantwortlich sind.[512]

(3) Da die zukünftige Form des Wirtschaftens weder bekannt noch erprobt
ist, sind **Experimente mit nachhaltigen Wirtschaftsmodellen** wichtig. Einige
Beispiele:

(i) Eine flächendeckende **Reparatur- und Kreislaufwirtschaft**, die Ressourcen schont, ermöglicht Wiederverwenden und Recyceln, schafft Arbeitsplätze
und erhöht regionale Wertschöpfung.[513] Wiewohl die internationale Arbeitsteilung Effizienzgewinne bringt, werden vermutlich Teile der weltmarktorientierten Warenproduktion schrumpfen müssen, um die gewünschten Emissions-
und Materialreduktionen zu erreichen.[514] Unabdingbar ist die Abkehr vom
herkömmlichen materialverschwendenden *linearen Produktionsprozess*, d. h.:
Extraktion → Verarbeitung → Konsum → Abfall → Entsorgung. Eine ressourcenschonende *Kreislaufwirtschaft* ist stärker regional organisiert und auf Reparatur ausgerichtet.[515] Die Reparatur bestehender Produkte ist arbeitsintensiv
und schafft Beschäftigung vor Ort. Die Produktion neuer Produkte zu verrin-

gern, reduziert auch den Zugriff der reichen Länder auf globale Ressourcen. Dies trägt zur Umwelt- und Klimagerechtigkeit sowie zu einer stärkeren strategischen Unabhängigkeit von anderen Weltregionen bei. Das auf EU-Ebene diskutierte *Recht auf Reparatur* sowie Pläne für eine neue Ökodesign-Verordnung sind wichtige pragmatische Schritte.[516] Sie geben Vorgaben, um die Langlebigkeit, Wiederverwendbarkeit, Reparierbarkeit, Recyclingfähigkeit und den Ressourcenverbrauch von Waren zu verbessern sowie das Recht auf Garantie zu erweitern.

(ii) Eine **regionalisierte Alltagsökonomie** (vgl. S. 44) ermöglicht eine funktionierende Nahversorgung und lokale Daseinsvorsorge.[517] Ist diese Alltagsökonomie so organisiert, dass sie nachhaltige Praktiken des Wirtschaftens (z. B. als ressourcenschonende Kreislaufwirtschaft), des Arbeitens (z. B. nicht prekär) und des Lebens (z. B. mit mehr Zeitwohlstand) ermöglicht, dann sprechen wir von **sozialökologischen Infrastrukturen**. Diese umfassen einerseits eine ökologisch nachhaltig bereitgestellte Grundversorgungsökonomie als soziales Recht, d. h. *sozialökologisch ausgestaltete materielle und wohlfahrtsstaatliche Infrastrukturen*. Beispiele dafür sind erneuerbare Energiegenossenschaften und energieeffizientes Wohnen mit erweiterten Gemeinschafts- und reduzierten Privatflächen. Andererseits umfassen diese Infrastrukturen im Sinne der Alltagsökonomie auch eine *gestärkte erweiterte Nahversorgung*, die ein klimafreundliches Leben erleichtert, z. B. durch Kultureinrichtungen vor Ort, lokales Handwerk und Reparatur sowie Gastronomie. Bei sozialökologischen Infrastrukturen geht es „um neue Ermöglichungsstrukturen für die alltägliche Lebensführung von Menschen in einer sozial wünschenswerten, eine lebenswerte Umwelt schützenden Weise".[518] Sie sind *für alle zugänglich* (z. B. als öffentliche Räume) und *leistbar* und *erleichtern klimafreundliche Praktiken*.[519] Sind z. B. die Nahversorgung, Schulen und grüne Naherholungsgebiete fußläufig erreichbar, spart dies nicht nur Emissionen, sondern auch Zeit und erleichtert die Sorgearbeit. Auch am Land machen lebendige Ortskerne – mit Wirtshaus, Arztpraxis, Geschäften, Schule, Café und Spielplatz – Gemeinden attraktiv und bringen Menschen ins Gespräch. Sozialökologische Infrastrukturen erleichtern, dass Einzelne ihre Bedürfnisse zukunftsfähig befriedigen und Gewohnheiten ändern.[520] Sie auszubauen erfordert neue Prioritäten in Raumplanung und öffentlicher Mittelvergabe.

(iii) *Community Wealth Building*, ein Ansatz zur Verkürzung von Lieferketten und gleichzeitiger Verbesserung der lokalen Arbeits- und Lebensbedingungen, stützt sich auf große lokale öffentliche Institutionen, sogenannte Ankerinstitutionen, z. B. Universitäten und Spitäler, die ihre Beschaffungsstrategien zugunsten der lokalen Gemeinschaft umlenken. Damit soll die Macht transnationaler Unternehmen eingeschränkt werden, kurzfristige Gewinnmaximierung zu Lasten langfristiger Investitionen vor Ort zu forcieren. Kommunen, die dem *Community Wealth Building* verpflichtet sind, versuchen, regionale Klein- und Mittelunternehmen (KMUs) zu unterstützen und Genossenschaften zu fördern.[521]

(iv) Neue Formen von *Public-Civil Partnerships*, d. h. der Zusammenarbeit zwischen öffentlichen Akteuren und der Zivilgesellschaft, ermöglichen neue Demokratie- und Beteiligungsmodelle. Ein Beispiel ist das französische Unternehmen *Eau de Paris*, das für die Wasserversorgung und Abwassersammlung der Stadt Paris verantwortlich ist. Dessen Vorstand besteht aus gewählten Kommunalbediensteten sowie Vertreter:innen der Beschäftigten und NGOs, die sich für nachhaltige Wassernutzung einsetzen. Alle wichtigen Informationen über die Wasserversorgung, einschließlich der Jahresabschlüsse, sind öffentlich zugänglich. Diese offene Governance-Struktur ermöglicht die öffentliche Kontrolle der Aktivitäten und Entscheidungen des Unternehmens.[522]

(v) Die **Sozialwirtschaft**[523] setzt sich aus wirtschaftlich tätigen Organisationen zusammen, in denen (a) Gewinninteressen *gesellschaftlichen und ökologischen Zielsetzungen* untergeordnet werden, (b) der Großteil an Gewinnen und Überschüssen im Interesse der Mitglieder oder der Gesellschaft allgemein *reinvestiert* wird und (c) demokratische und/oder partizipative Unternehmensstrukturen vorherrschen.[524] Sie umfasst die traditionelle Sozialwirtschaft (z. B. Kinder- und Jugendhilfeeinrichtungen), Organisationen der Solidarischen Ökonomie (z. B. selbstverwaltete Betriebe) und Sozialunternehmen (*social businesses, social entrepreneurs*). Die Sozialwirtschaft beschäftigt schon heute in Europa in rund 2,8 Millionen Organisationen mehr als 13 Millionen Menschen.[525] Sie erbringt auch essenzielle Leistungen der Daseinsvorsorge, z. B. in der Pflege und der Landwirtschaft, im gemeinnützigen Wohnbau oder in der Energieversorgung.

(vi) *Commoning* ist die selbstorganisierte, bedürfnisorientierte und gemeinschaftliche Nutzung von Gemeingütern (vgl. S. 67), z. B. Energiequellen, Wasser, Land und Wissen.[526] Commons sind ein wichtiger Teil der Sozialwirtschaft. Klare Nutzungsregeln, die Kooperation fördern und Fehlverhalten bestrafen, ermöglichen, dass Ökosysteme seit Jahrhunderten gemeinschaftlich bewirtschaftet werden und so für zukünftige Generationen erhalten geblieben sind. Erfolgreiche Beispiele sind die alpine Almwirtschaft und der Umgang mit Fischgründen.

(vii) Bei *Prosuming* sind Menschen gleichzeitig Produzent:innen und Konsument:innen.[527] Häuser und Wohnanlagen werden z. B. zu selbstversorgenden Ökokraftwerken, wenn der Gebäudebestand mit Photovoltaik, Wärmedämmung, Wärmepumpen und Stromspeichern ausgestattet ist.

10.3. Akteure

Die Klimaforschung zeigt, dass es aktuell für Einzelne kaum möglich ist, zukunftsfähig zu leben. Innerhalb gegebener Strukturen können sich Einzelne zwar mehr oder weniger verantwortungsbewusst verhalten – aber nur innerhalb enger Grenzen (vgl. grauer Fußabdruck, S. 51). Klimaschädigende Infrastrukturen und Gesetze sowie finanzielle und zeitliche Beschränkungen behindern verantwortungsvolles Verhalten. Nicht-Nachhaltigkeit erscheint oftmals als Zwang: z. B. wird das Auto benutzt, um nach der Arbeit noch schnell bei der kranken Mutter vorbeizufahren, weil es mit anderen Verkehrsmitteln zu lange dauert. Damit beeinflussen Menschen Strukturen, zumeist unbewusst und ungewollt. Niemand, der sich ein Elektroauto kauft, will den Raubbau an der Natur in Bolivien, Chile und Argentinien fördern, wo etwa 70 % der weltweiten Lithium-Vorkommen lagern, dessen Abbau die Lebensgrundlagen der indigenen Bevölkerung gefährdet.[528] Niemand, der sich ein Produkt über Amazon bestellt, will den Beschäftigten prekäre Arbeitsbedingungen zumuten oder zum lokalem Geschäftesterben beitragen.[529] Und kaum jemand, der sich ein Haus im Grünen kauft, findet Bodenversiegelung wünschenswert.[530] Trotzdem bewirken diese Verhaltensweisen genau dies.

Deshalb braucht es im Interesse des Allgemeinwohls andere Rahmenbedingungen. Dies erfordert *koordinierte und zielorientierte Formen der Zusammenarbeit*. Hannah Arendt nennt dies in Anlehnung an die antiken Griechen Handeln,[531] wir nennen es **Gestalten**. Es ist dem Menschen eigen, gemeinsame Initiativen zu setzen, d. h. einen Anfang zu machen und Neues in die Welt zu bringen. Menschen sind nicht nur Konsument:innen, sondern auch Arbeitnehmer:innen, Nachbar:innen, Bewohner:innen, Eltern sowie politisch handelnde Bürger:innen, die sich oft auch zivilgesellschaftlich engagieren. Sie sind betroffen, wenn Steuereinnahmen durch den Onlinehandel sinken, wenn soziale Arbeitnehmer:innenrechte ausgehöhlt werden, wenn Zulieferverkehr in der Nachbarschaft entsteht und wenn Produkte durch kostenlose Rückgabemöglichkeiten vernichtet werden. Doch auch jede und jeder Einzelne kann gestalten. Und zwar dann, wenn sie gemeinsam, koordiniert und zielgerichtet versuchen, Rahmenbedingungen zu setzen. Dies kann in verschiedenen Organisationen gelingen.

10.3.1. Haushalte

Im Haushalt wird viel, zumeist unentgeltlich, gearbeitet und gemeinsam konsumiert. Das alltägliche Verhalten, z. B. der Weg zur Arbeit und der tägliche Einkauf, findet innerhalb von Rahmenbedingungen statt, die oft jenseits des Einflusses privater Haushalte liegen, z. B. der Standort verfügbarer Arbeitsplätze und leistbaren Wohnraums. Doch darf der Handlungsspielraum von Haushalten nicht unterschätzt werden. Allen voran die *Wahl von Wohnort, Wohnform, Arbeitsplatz und Freizeit- und Urlaubsgestaltung* sind **Haushaltsentscheidungen mit langfristigen Konsequenzen** für die eigene Lebensweise. Auch die geschlechtliche Arbeitsteilung wird wesentlich im Haushalt festgelegt.

Ein Beispiel: Zukunftsfähig ist Wohnen, das gut an öffentliche Verkehrsmittel angebunden ist. Das Kaufen billiger Baugründe fernab von öffentlichen Verkehrsmitteln mag kurzfristig günstig erscheinen, ist aber schon kurzfristig ökologisch bedenklich und langfristig zumeist keine gute ökonomische Investition. Zukunftsfähig ist eine Lebensweise, die Abhängigkeiten reduziert, z. B., indem sie Fixkosten senkt. Privatkredite nur vorsichtig aufzunehmen und unnötig großen Wohnraum sowie schlechte Energieeffizienz wo möglich zu vermeiden, macht unabhängiger – bei der Wahl des Arbeitsplatzes und gesamtgesellschaftlich.

10.3.2. Private Unternehmen

Unternehmen und Management verfügen über **Produzentensouveränität** und legen wirtschaftliche Rahmenbedingungen fest, v. a. durch die Gestaltung von Geschäftsmodellen. Sie entscheiden, was am Markt verfügbar ist und wie Produkte hergestellt werden, z. B. ob und wie es gelingt, sich von materialintensiven linearen Produktionsmodellen zu verabschieden und Kreislaufmodelle einzuführen. Orientieren sich Unternehmen primär am *Shareholder Value*, dann ist dies mit Zukunftsfähigkeit nur vereinbar, wenn angenommen wird, dass sich die langfristige Zukunftsfähigkeit gleichsam wie durch eine unsichtbare Hand ergäbe. Orientieren sie sich hingegen am *Stakeholder Value*, dann müssen Unternehmen zwischen verschiedenen kurz- und langfristigen Zielsetzungen abwägen. In beiden Fällen beeinflusst das gewählte Geschäftsmodell die Kaufkraft und Arbeitszufriedenheit der Beschäftigten, die verfügbaren Konsumoptionen von Haushalten, die Lebensqualität der Anrainer:innen und das Marktumfeld für Zulieferbetriebe.

Doch selbst größere Unternehmen können nur beschränkt zukunftsfähig wirtschaften. Auch sie müssen auf Märkten und im Wettbewerb mit anderen Anbietern bestehen, selbst wenn dies manchmal die Auslagerung von Umwelt- und Sozialkosten auf die Allgemeinheit erfordert. Daher brauchen Unternehmen, die nachhaltig wirtschaften wollen, *öffentliche Vorgaben (Gesetze, Regulierungen) und Förderungen (z. B. für Forschung)*. Werden Märkte zukunftsfähig gestaltet, dann rechnet sich klimafreundliches Verhalten, und neue zukunftsfähige Geschäftsmodelle setzen sich durch. Es ist daher bedeutsam, wie sich Interessenvertretungen der Unternehmen, z. B. die Wirtschaftskammer und die Industriellenvereinigung, verhalten: Ob sie sich dafür einsetzen, dass es möglichst wenige oder möglichst wirksame Rahmensetzungen gibt.

10.3.3. Zivilgesellschaftliche Akteure

Zivilgesellschaftliche Akteure gestalten auf zwei unterschiedliche Weisen: Sie sind, erstens, als intermediäre Institutionen **soziale Dienstleister**, die ein breites Spektrum an Pflege- und Hilfsleistungen bereitstellen. Z. B. betreiben Caritas, Diakonie und Volkshilfe Altenwohn- und Pflegeheime, Obdachloseneinrichtungen, Mutter-Kind-Häuser und Flüchtlingsheime. Und Menschen schließen sich auch zusammen, um gemeinsam in ihrem Lebensumfeld anders zu wirtschaften, z. B. in Tauschkreisen, mit Lokalwährungen oder in *Food Cooperatives.*

Zweitens erfüllen zivilgesellschaftliche Akteure **öffentliche und politische Aufgaben**, z. B. das Thematisieren von Fehlentwicklungen, *Anwaltschaft* für benachteiligte Gruppen und *Lobbying* für wirtschafts- und sozialpolitische Veränderungen. Aktivitäten reichen von Diskussionsveranstaltungen bis zu Demonstrationen und Formen des zivilen Ungehorsams. Teile der Zivilgesellschaft setzen sich für eine politische Kultur ein, die wissenschaftliche und demokratische Autorität respektiert, ohne diese allein durchsetzen zu können (z. B. *Fridays for Future*). Andere zivilgesellschaftliche Organisationen lehnen politische Maßnahmen ab, die individuelle Freiheiten einschränken (z. B. Beschränkungen des Autoverkehrs oder Impfpflicht). Doch gilt für alle Teile der Zivilgesellschaft: Um wirksam zu werden, brauchen sie das koordinierte Handeln mit anderen, v. a. öffentlichen Akteuren.[532] Soziale Innovationen, Bewusstseinsbildung und Protest haben geringe Chancen, etwas zu ändern, wenn die Regierenden taub sind oder autoritäre Politikmodelle zivilgesellschaftlichen Protest mundtot machen.

10.3.4. Öffentliche Akteure

Öffentliche Entscheidungstragende sind zentral für zukunftsfähiges Wirtschaften. Sie legen die *politischen Rahmenbedingungen* für das Verhalten Einzelner und von Unternehmen fest, z. B. durch Gesetze des Parlaments oder Programme der Bundesregierung, die von der Verwaltung umgesetzt werden. Sie regeln und beschränken Märkte und Eigentumsrechte und bestimmen Qualität von und Zugang zu vielen Institutionen und Infrastrukturen. Fehlt es an öffentlichen Verkehrsmitteln, kann sich das Pendelverhalten Privater nicht verändern. Fehlt es an Kostenwahrheit, werden Unternehmen ihr Produktionsmodell nicht substanziell ändern.

In Demokratien verfügen öffentliche Entscheidungstragende über *demokratische Autorität* (vgl. S. 81), Entscheidungen zu treffen und Zielkonflikte zu lösen.[533] Ihre Macht, d. h. die Souveränität der Regierenden, bleibt in liberalen Demokratien – anders als zumeist in autoritären Regimen – durch individuelle Grundrechte beschränkt. Trotzdem ist der Staat mächtig, unabhängig von seiner demokratischen Legitimität und seinem Umgang mit Grundrechten. Da politische Entscheidungen meist für alle gültig sind, sind sie auch umkämpfter als Entscheidungen von Haushalten und Unternehmen. Mit politischen Entscheidungen wird der Möglichkeitsraum zukünftigen Handelns erweitert oder

beschränkt. Der Staat verfügt über Instrumente, mit denen Aufgaben der Wirt-
schafts-, Sozial- und Umweltpolitik wahrgenommen werden, z. B. durch
Steuer-, Geld-, Industrie- und Infrastrukturpolitik.[534]

10.4. Fazit für zukunftsfähiges Wirtschaften

Nachdem Ziele, Maßnahmen und Akteure getrennt dargestellt wurden, werden
sie im Folgenden zusammenfassend betrachtet, um zu zeigen, wie sehr Leitbilder beeinflussen, wer was wie macht.

Das Ziel des **Marktliberalismus** ist es, möglichst wenig in individuelle –
v. a. wirtschaftliche – Freiheiten einzugreifen. Daraus leiten sich Maßnahmen
ab, die mit geringem Systemwiderstand konfrontiert sind, gleichzeitig aber nur
geringes Veränderungspotenzial aufweisen, u. a. Markttransparenz und erhöhte
Produktionseffizienz. Öffentliche Entscheidungstragende beschränken sich
demnach darauf, Markthandeln zu fördern, Kostenwahrheit zu schaffen und
Unternehmen technologieneutral zu unterstützen. Private Unternehmen und
Haushalte werden ermächtigt, innerhalb geeigneter Rahmenbedingungen eigenverantwortlich bessere Wahlentscheidungen zu treffen. Die Zivilgesellschaft
spielt im Marktliberalismus eine untergeordnete Rolle, da die Marktordnung
durch deren Forderungen, z. B. nach Markteingriffen wie Mieterschutz oder
Produktverboten, untergraben werden kann.

Markttransparenz zu schaffen und die Produktionseffizienz zu steigern sind
pragmatische Beiträge zu einer sozialökologischen Transformation. Jedoch ist
der Erfolg von Kommunikationsinstrumenten, die auf verantwortungsbewusste
Konsument:innen setzen, bescheiden.[535] Nachhaltige Produkte finden sich
weiterhin zumeist in Marktnischen, die sich einkommensschwächere Gruppen
oft gar nicht leisten können. Wird einzig auf Bepreisung und Eigenverantwortung gesetzt, besteht die Gefahr, die Verantwortung für kollektive Herausforderungen wie Klimakrise oder Pandemie zu individualisieren und zu moralisie-
ren.[536] Gelingt nämlich die Wende hin zu mehr Nachhaltigkeit nicht, wird die
Ursache in fehlender Moral von Konsument:innen und Investoren verortet.
Doch nicht zuletzt die Covid-19-Pandemie und die Energiekrise zeigen, wie
schwierig wirksames Handeln ohne für alle gültige Regeln ist. Kaum eine Regierung der Welt hoffte bei der Bekämpfung der Pandemie und bei steigenden
Lebenshaltungskosten darauf, dass der Markt allein die Lösung bringe.[537]

Das Ziel des **Wohlfahrtskapitalismus** ist die Gewährleistung und Absicherung materiellen Wohlstands. Zentral sind öffentliche Akteure, v. a. nationalstaatliche, die eine gemischte Wirtschaft gestalten, z. B. durch öffentliche Bereitstellung und Industrie- und Innovationspolitik. Die vorgeschlagenen Maßnahmen sind zumeist mit mittlerem Systemwiderstand konfrontiert und weisen
ein mittleres Veränderungspotenzial auf, u. a. soziotechnische Innovationen

oder eine ökosoziale Steuerreform. Eine wohlfahrtskapitalistische, d. h. missionsorientierte Innovations- und Industriepolitik verabschiedet sich vom Prinzip der Technologienneutralität, mobilisiert verschiedene Akteure und sucht geeignete Maßnahmenbündel. Dies erleichtert koordiniertes und zielorientiertes Handeln privater und öffentlicher Akteure, z. B. im Rahmen des EGD und in Hinblick auf Versorgungssicherheit. Eine gesicherte und ökologisierte Grundversorgungsökonomie unterstützt die Veränderungsbereitschaft in unsicheren Zeiten.

Doch selbst eine umfassende Ökologisierung reicht allein nicht, um ein gutes Leben für alle innerhalb ökologischer Belastungsgrenzen zu ermöglichen.[538] Zwar können Grundbedürfnisse mit einem bemerkenswert niedrigen Endenergieverbrauch von circa 13 bis 18,4 Gigajoule pro Person und Jahr befriedigt werden.[539] Doch bedeutet dies für die gegenwärtig höchsten Pro-Kopf-Energieverbrauchenden notwendige Energieeinsparungen von bis zu 95 %. Für ein gutes Leben für alle innerhalb ökologischer Belastungsgrenzen braucht es nicht nur neue Technologien, sondern v. a. *Suffizienzstrategien,* die Produktion und Konsum reduzieren. Dies bedeutet nicht weniger Lebensqualität. Gegen Vorwürfe, es ginge darum, „zurück zu einem Leben in Höhlen" zu wollen, argumentieren führende Klimaforscher:innen mit einem Augenzwinkern:

> Vielleicht, aber diese Höhlen haben hocheffiziente Einrichtungen zum Kochen, zum Aufbewahren von Lebensmitteln und zum Waschen von Kleidung. Sie haben umfassende energiesparende Beleuchtung, 50 l sauberes Wasser pro Tag und Person, davon 15 l auf angenehme Badetemperatur erwärmt. Sie halten das ganze Jahr über eine Lufttemperatur von etwa 20 °C aufrecht, unabhängig von der geografischen Lage. Sie verfügen über einen Computer mit Zugang zu globalen Informations- und Kommunikationstechnologiennetzwerken, sind an ausgedehnte Mobilitätsnetze angebunden, die jährlich circa 5.000–15.000 km Mobilität pro Person über verschiedene Verkehrsträger bieten und werden auch von wesentlich größeren „Höhlen" versorgt, in denen Bildung für alle zwischen 5 und 19 Jahren sowie eine universelle Gesundheitsversorgung bereitgestellt wird. Und gleichzeitig ist es möglich, dass die Erwerbsarbeitszeit der Menschen erheblich reduziert wird.[540]

Diese Beschreibung veranschaulicht das Ziel des **Postwachstums,** nämlich ein gelungenes Leben unter neuen gesellschaftlichen Naturverhältnissen. Das Leitbild des Postwachstums ist das einzige mit einer grundlegenden *Kritik der kapitalistischen Wirtschaftsweise* und damit der aktuellen Art zu leben und zu arbeiten. Daraus leiten sich teilweise radikale Maßnahmen mit hohem Veränderungspotenzial ab. Diese rufen hohen Systemwiderstand hervor. Beispiele sind die Einführung von Konsumkorridoren sowie eine deutliche Erwerbsarbeitszeitverkürzung. Die Rolle der Zivilgesellschaft wird im Postwachstum aufgewertet. Auch der Staat ist ein wichtiger, wiewohl umstrittener Akteur.[541]

Die Durchsetzung der wirksamen Maßnahmen des Postwachstums sieht sich mit mehreren Herausforderungen konfrontiert.[542] Erstens ging die Sicherung der Grundversorgung in der Vergangenheit zumeist mit der Ausweitung von Produktion und Konsum einher. Der durch Steuereinnahmen finanzierte Sozialstaat wuchs mit dem Anstieg des Volkseinkommens. Wächst die Wirtschaft nicht, erschwert dies den Ausbau der Grundversorgung. So stoßen Maßnahmen, die durch Wachstum Verteilungskonflikte vermeiden oder zumindest verringern, auf geringeren Widerstand als Vorschläge, die Bestehendes radikal umverteilen. Zweitens ist Postwachstum (noch) nicht sehr populär. In demokratischen Entscheidungsprozessen wirken starke Beharrungskräfte. V. a. Maßnahmen, die Konsum beschränken, werden oft abgelehnt, auch wenn sie langfristig ökologisch und sozial sinnvoll sind. Ein Beispiel ist die Nicht-Einführung von Tempolimits im Straßenverkehr, selbst angesichts der Energiekrise 2022. Weil Ökodiktaturen von allen maßgeblichen Vertreter:innen des Postwachstumsleitbilds abgelehnt werden, zielen viele Maßnahmen in diesem Leitbild darauf, in Nischen mit Gleichgesinnten die gewünschten Veränderungen voranzutreiben. Die gesamtwirtschaftliche Wirksamkeit bleibt dann beschränkt.

Die nach Leitbildern strukturierte Untersuchung von Zielen, Maßnahmen und Akteuren zukunftsfähigen Wirtschaftens zeigte einmal mehr: kein Leitbild allein bietet *die* Lösung. Alle haben Stärken und Schwächen. Deshalb erweitert Multiperspektivität den Horizont und erleichtert, Brücken zu bauen. Gleichzeitig müssen Widersprüche und Unvereinbarkeiten erkannt und bearbeitet werden. Markttransparenz zu schaffen, steht im Zentrum des marktliberalen Leitbilds. Produktionseffizienz zu steigern, wird im marktliberalen Leitbild und in jenem des Wohlfahrtskapitalismus angestrebt. Beide Maßnahmen sind auch mit dem Leitbild des Postwachstums vereinbar, sind in diesem Leitbild aber nicht zentral. Das wohlfahrtskapitalistische Leitbild sowie das Leitbild des Postwachstums fördern Maßnahmen zur sozialen Absicherung, was im marktliberalen Leitbild tendenziell als zu staatsinterventionistisch gilt. Schließlich thematisiert nur das Leitbild des Postwachstums die Reduktion von Produktion und Konsum.

Das bereits in den 1990er Jahren entwickelte **VVV-Modell** (im Englischen ASI-Modell) hilft, die oben beschriebenen Maßnahmen weiter zu systematisieren.[543] Die Abkürzungen stehen für *Vermeiden (Avoid), Verlagern (Shift) und Verbessern (Improve)*. *Verbessern* fokussiert die Steigerung von *Punkt-Effizienz*, d. h. der Effizienz einer bestehenden Ware oder Leistung. Ein Beispiel ist der Umstieg von Autos mit Verbrennungsmotoren auf Elektroautos. *Verlagern* bezeichnet den Wechsel von einer weniger zu einer stärker nachhaltigen Konsumform, z. B. den Weg in die Arbeit nicht mit dem eigenen Auto, sondern mit öffentlichen Verkehrsmitteln zurückzulegen. Dabei geht es um das effiziente Zurücklegen der Wegstrecke, z. B. kollektiv und nicht individuell. Schließlich geht es bei *Vermeiden* um die absolute Reduktion von Konsum, z. B. die Vermeidung und Reduktion bestimmter Wegstrecken, d. h. um die *Systemeffizienz des Mobilitätssystems.* So können z. B. durch eine attraktive Nahversorgung und lokale Pflegeangebote die notwendigen Wege reduziert werden (vgl. sozialöko-logische Infrastrukturen, S. 189). Vor diesem Hintergrund betont die Klimafor-schung, dass es nicht um ein Entweder-oder, sondern um ein **Sowohl-als-auch** geht. Alle drei Ansätze sind Bestandteile einer sozialökologischen Transforma-tion. Als besonders wirksam gelten Maßnahmenbündel, die auf Einsichten verschiedener Perspektiven zurückgreifen.[544] Gleichzeitig muss den Ansätzen des *Vermeidens,* denen in politischen Entscheidungsprozessen bisher eine un-tergeordnete Rolle zugeteilt wurde, Priorität eingeräumt werden, wenn ein gutes Leben für alle innerhalb ökologischer Belastungsgrenzen ermöglicht wer-den soll.

Tabelle 10 fasst die Überlegungen aus diesem Kapitel zusammen.

Tabelle 10: Zusammenfassung der Ziele, Maßnahmen und Akteure zukunftsfähigen Wirtschaftens nach Leitbildern

	Marktliberalismus	Wohlfahrtskapitalismus	Postwachstums
Ziele	Möglichst wenig in individuelle Freihei-ten eingreifen	Gewährleistung und Absi-cherung materiellen Wohlstands	Gutes Leben unter neuen, nachhaltigen gesellschaftlichen Naturverhältnissen
Dominante Interventions-punkte	Markttransparenz schaffen; Produk-tionseffizienz stei-gern	Produktionseffizienz stei-gern; (ökologisch nachhal-tige) Grundsicherung ge-währleisten durch (sozial-ökologische) Umverteilung und Wirtschaftswachstum	Ökologisch nachhaltige Grund-sicherung gewährleisten; absolute Reduktion von Produk-tion und Konsum unter verän-derten Lebensweisen
Wirksamkeit und System-widerstand	v. a. pragmatische Maßnahmen mit geringer Wirksamkeit und geringem Wider-stand	verschiedene Maßnahmen mit unterschiedlicher Wirksamkeit und mittlerem Widerstand	v. a. radikale Maßnahmen mit hoher Wirksamkeit, die gegen-wärtig schwer durchführbar sind
Dominante Maßnahmen	Information; Kosten-wahrheit; technolo-gieneutrale Innova-tionspolitik	Ökosoziale Steuerreform; missionsorientierte Innova-tions- und Industriepolitik (z. B. EGD); Grundver-gung für alle sicherstellen	Sozialökologische Infrastruktu-ren; Konsumkorridore; Erwerbs-arbeitszeitverkürzung; Experi-mente mit neuen Formen des Wirtschaftens
Wesentliche Akteure	Private Unternehmen sind dominant; öffentliche Akteure sichern Marktord-nung; Haushalte als Konsumenten, Sorgearbeit ist Privatsache	Haushalte als Konsumen-ten; Sorgearbeit wird teil-weise staatlich bereitge-stellt; private Unternehmen und öffentliche Akteure gestalten eine gemischte Wirtschaft; Zivilgesellschaft spielt untergeordnete Rolle	Öffentliche Akteure setzen Grenzen der Suffizienz; Zivilge-sellschaft ist sozialer Innovator; Sorgearbeit wird aufgewertet, private Unternehmen agieren in allgemeinwohlorientiertem Regelwerk
VVV-Model	Fokus auf *Verbes-sern*	Fokus auf *Verbessern* und *Verlagern*	Fokus auf *Vermeiden*

11. Strategien im Umgang mit aktuellen Herausforderungen

Die sozialökologische Transformation zu gestalten, erfordert internationale Zusammenarbeit. In den vergangenen Jahrzehnten dominierten in den internationalen Beziehungen Strategien eines **liberalen Globalismus**, d. h. es wurde versucht, globale Probleme global zu lösen. Demnach gebe es zur Hyperglobalisierung keine Alternative. Tatsächlich erstarkten mit Rechtspopulismus und autoritärem Staatskapitalismus aber Gegenbewegungen mit alternativen Strategien eines **nationalen Kapitalismus**.

In diesem letzten Kapitel des Buches beziehen wir als Autoren und Autorin Stellung, weil wir v. a. in einer *reaktionären Variante* des nationalen Kapitalismus und einer *marktliberalen Variante* des liberalen Globalismus Gefahren für Wissenschaft, Demokratie und zukunftsfähiges Wirtschaften sehen. Deshalb bewerten wir die unterschiedlichen Strategien in diesem Abschnitt explizit und ergreifen Partei für ein respektvolles und dialogisches Handeln. Die abschließend vorgestellte Strategie der **Mehrebenen-Transformation** erhöht unserer Meinung nach die Chancen für ein Zivilisationsmodell, das Wissenschaft und Demokratie weiterentwickelt, um die gegenwärtigen Transformationen friedlich zu bewältigen.[545]

11.1. Aktuell vorherrschende Strategien: liberaler Globalismus und nationaler Kapitalismus

Historisch wurde das Spannungsfeld von Globalismus und Nationalismus unterschiedlich bearbeitet (vgl. Kap. 7). In der kolonial-liberalen Regulationsweise der ersten Globalisierung gab es nur rudimentäre Formen von Demokratie. Nationale Selbstbestimmung konzentrierte sich auf den kulturellen Bereich, während die goldene Zwangsjacke wirtschaftspolitische Handlungsspielräume v. a. für kleinere Länder beschränkte. Die fordistische Regulationsweise begrenzte hingegen die Globalisierungsdynamik, v. a. durch streng regulierte Finanzmärkte und Binnenorientierung. Die neoliberale Regulationsweise entfesselte die Hyperglobalisierung erneut, Nationalstaaten wurden bewusst geschwächt.[546]

11.1.1. Liberaler Globalismus

Die Strategie des liberalen Globalismus gründet im *Marktliberalismus*, der mit der Niederlage des Staatssozialismus nach 1989 zum dominanten Leitbild wurde. Weltweit gipfelte der liberale Siegeszug in der Gründung der WTO 1995.[547] In der EU entstand schrittweise der *Binnenmarkt mit seinen vier Frei-*

heiten: freier Personen-, Waren-, Dienstleistungs- und Kapitalverkehr. Grenzen wurden abgebaut, negative Freiheiten ausgeweitet. Eingriffe in diese Freiheiten durch national-demokratische Entscheidungstragende blieben nur in Ausnahmefällen erlaubt. Internationale Gerichtshöfe und Streitschlichtungsstellen stehen heute oftmals über nationaler Gesetzgebung, der EuGH steht über nationalen Gerichtshöfen. Die Schwächung des Nationalen gilt dieser Strategie folgend als unvermeidbar, Globalisierung sei ein unumkehrbarer Prozess. Dies wird von liberalen Globalist:innen ausdrücklich begrüßt, da Nationalismus viel Leid gebracht hat und Nationalstaaten Nicht-Mitglieder definitionsgemäß ausgrenzen.

Der liberale Globalismus existiert in zwei Ausprägungen. Der **marktliberale Globalismus** schuf eine *neoliberale Global Governance:* ein strenges globales Regelwerk, ein *neuer Konstitutionalismus,* soll eine Weltwirtschaftsordnung umsetzen, die marktliberale Prinzipien in internationalen Vertragswerken verankert. Diese haben Vorrang gegenüber nationalem Recht. Damit ist die neoliberale Weltwirtschaftsordnung kaum mehr durch nationale Regierungen und demokratische Entscheidungen veränderbar.[548] Sanktionierbare globale Regeln sollen sich ausdrücklich auf wirtschaftliche Themen beschränken. Schlüsselinstitutionen sind die WTO und internationale Schiedsgerichte. Auch der EuGH überprüft genau, ob nationale Regelungen Marktfreiheiten beschränken: Nur „zwingende Gründe des Allgemeininteresses" erlauben in der EU ein Abweichen vom Markt als Koordinationsmechanismus – und auch dann nur in Form der gelindesten Maßnahmen.[549] *There is no alternative* (TINA) zur Durchsetzung einer globalen marktliberalen Wirtschaftsordnung war der dominante, von Hayek inspirierte, Leitspruch, den nicht nur Konservative und Liberale wie Margaret Thatcher und Ronald Reagan, sondern auch Sozialdemokraten wie Bill Clinton und Gerhard Schröder vertraten. Angela Merkel sprach von einer *„marktkonformen Demokratie",* womit sie die Überzeugung zum Ausdruck brachte, dass nationale demokratische Regelsetzung gegenüber der Absicherung einer marktliberalen Wirtschaftsordnung zweitrangig ist.[550]

Die zweite Ausprägung des liberalen Globalismus ist der **kosmopolitische Globalismus**. Er wird v. a. von progressiven Neoliberalen (vgl. S. 137) vertreten und strebt eine *kosmopolitische Welt- und Werteordnung* an. Er unterscheidet sich von der marktliberalen Variante durch das Bestreben, die globale Marktordnung um globale politische Steuerung zu ergänzen. Globale Arbeitsmärkte und globale digitale Plattformen sind ebenso wünschenswert wie die weltweite Durchsetzung von Menschenrechten und liberaler Demokratie. Demnach braucht es nicht nur supranationale Institutionen, die wirtschaftspolitische Entscheidungen für eine tiefe wirtschaftliche Integration treffen, sondern auch solche, die liberale Werte weltweit verbreiten. Im kosmopolitischen Modell der *Global Governance* wird globale Demokratie v. a. durch Formen von *Stakeholder-Demokratie*[551] gestärkt, d. h. durch deliberative Verfahren mit mehr Transparenz und Einbindung zivilgesellschaftlicher Organisationen, z. B. durch Konsultationen und internationale Konferenzen. Diese Beteiligungsformen sind jedoch nicht durch Wahlen legitimiert und global schwierig zu organisieren. Die Bilanz von *Global Governance*, sofern sie über neoliberale Wirtschaftsregulierungen hinausgeht, blieb bescheiden. Globale umwelt- und sozialpolitische Abkommen wie das Pariser Klimaabkommen sind zwar ebenfalls völkerrechtlich bindend, allfällige fehlende Umsetzung ist aber nicht effektiv sanktionierbar.

Während im marktliberalen Globalismus in territoriale Souveränität eingegriffen wird, um eine marktliberale Wirtschaftsordnung durchzusetzen, z. B. durch Strukturanpassungsprogramme (vgl. S. 119), unterstützt die kosmopolitische Variante bei Bedarf auch Sanktionen und völkerrechtswidrige *humanitäre Kriege*, d. h. militärische Interventionen, um eine liberale Werteordnung durchzusetzen, wie z. B. in Afghanistan, Irak und Libyen. Ziel ist oftmals ein *Regime Change*, d. h. die Ersetzung einer Regierung durch eine andere, welche, so zumindest die offizielle Argumentation, liberalen Werten wohlgesinnter gegenübersteht. Beispiele sind der Sturz Saddam Husseins im Irak und Mu'ammar Al-Qadhdhāfis in Libyen.

Der liberale Globalismus ist aktuell in der Krise. Zum einen stocken die Verhandlungen in der WTO, um das globale Regelwerk auszuweiten. Stattdessen wird vermehrt auf *bilaterale Handels- und Investitionsabkommen* gesetzt. Beispiele sind das Umfassende Wirtschafts- und Handelsabkommen EU-Kanada (CETA) oder ein EU-Mercosur-Vertrag. China treibt ihr Projekt der Seidenstraße voran, um bilaterale Wirtschaftskooperationen zu stärken. Zum anderen versuchen kosmopolitische Globalist:innen gegenwärtig, *transnationale Bündnisse westlich-liberaler Staaten* zu stärken. Militärische Interventionen, oftmals im Rahmen der NATO, dienen dazu, Widerstand gegen autoritäre und totalitäre Staaten zu leisten und gefährdete Bevölkerungsgruppen vor deren eigener Regierung zu schützen. Das im Kontext des Angriffskriegs Russlands gegen die Ukraine geschmiedete transatlantische Bündnis für Demokratie und gegen Autokratien versteht sich explizit als Schutz gegen neue Gefahren aus dem Osten: politisch-militärisch das autoritäre Russland, ökonomisch das „unfaire" China und kulturell der fundamentalistische Islam. Dass ein Erfolg dieses Bündnisses gegen autoritäre Regime unsicher ist, liegt auch an der fortgesetzten Doppelmoral des Westens gegenüber dem globalen Süden: sei dies bei den nicht aufgearbeiteten und teilweise fortbestehenden Verbrechen des europäischen (Neo-)Kolonialismus, den nicht eingelösten Unterstützungen beim Klimaschutz oder der fehlenden Impfkooperation in der Covid-19-Pandemie.

Die Strategie des liberalen Globalismus wird v. a. von der neuen Mittelschicht (vgl. S. 145) unterstützt. Besonders attraktiv ist sie für die Milieus der Performer und Kosmopolitischen Individualisten (vgl. S. 71). Die Variante des kosmopolitischen Globalismus spricht außerdem Teile der Postmateriellen und

Progressiven Realisten an, v. a. wenn es um möglichst uneingeschränkte Migrationsmöglichkeiten, die Ahndung von Menschenrechtsverletzungen und die weltweite Durchsetzung von Demokratie geht.

11.1.2. Nationaler Kapitalismus

Die Krise des liberalen Globalismus begann spätestens mit dem Verlust des Vertrauens in globale Finanzmärkte im Zuge der *Finanzkrise 2008*. Es folgten die Machtübernahme ausdrücklich nicht-liberaler Regierungen in Osteuropa, der Brexit 2016, die Wahlniederlage der liberalen Globalistin Hillary Clinton und der Sieg Donald Trumps. Die Legitimität liberaler Demokratien sinkt, wie sich u. a. an geringer Wahlbeteiligung zeigt (vgl. S. 148 f.). Die durch die Hyperglobalisierung verursachten wirtschaftlichen und kulturellen Verunsicherungen stärken Gegenbewegungen, die neue Strategien suchen und dabei auf Bekanntes zurückgreifen.[552] Die Attraktivität der Strategie des nationalen Kapitalismus wurzelt darin, nach Jahrzehnten vermeintlicher politischer Alternativlosigkeit wieder politische, v. a. nationalstaatliche, Handlungsspielräume auszunützen, z. B. in der Migrations- und Handelspolitik.

Es gibt zwei Spielarten des nationalen Kapitalismus. In den vergangenen Jahren ist eine **reaktionäre Variante** zunehmend einflussreich geworden. Sie ist v. a. eine *Reaktion auf den progressiven Neoliberalismus*. Sie bietet symbolischen Schutz vor scheinbar unkontrollierten Veränderungen, die durch die Globalisierung hervorgerufen werden. Vorherrschende Verunsicherungen werden in einem Kulturkampf instrumentalisiert: Migrierte, Veganismus, Homosexuelle, Radfahrende und Schutzmasken gewinnen als Feindbilder symbolische Bedeutung. Diese Variante befürwortet traditionelle Geschlechterrollen, eine neokoloniale Weltordnung mit weißer Überlegenheit (*white supremacy*) sowie antidemokratische und wissenschaftsfeindliche Tendenzen. Es geht ausdrücklich darum, Institutionen eines *Checks and Balances* sowie Oppositionsrechte zu schwächen und regierungskritische Teile der Justiz auszuwechseln.

Diese Strategie wird mittlerweile vermehrt auch von *Neoliberalen* geteilt, obwohl diese in den 1990er Jahren treibende Kräfte des liberalen Globalismus waren.[553] Beispiele sind Elon Musk und Peter Thiel, beides erfolgreiche Unternehmer der Digitalwirtschaft und offene Unterstützer des demokratiekritischen Teils der US-Republikaner. Die reaktionäre Variante des nationalen Kapitalismus ist wirtschaftspolitisch mit dem marktliberalen Leitbild vereinbar,[554] wiewohl umgekehrt viele Marktliberale – im Gegensatz zu Thiel und Musk – die Aushöhlung der liberalen Demokratie kritisch sehen. Dieser reaktionäre Strategiewechsel mancher Neoliberaler liegt daran, dass sie sowohl zu mächtige demokratische Institutionen als auch den zu starken Einfluss nicht-westlicher Nationen fürchten, da beide individuelle und wirtschaftliche Freiheiten beschränken könnten. Es gibt mittlerweile zahlreiche neoliberale Thinktanks, die ebenso intensiv für Marktfreiheiten lobbyieren wie gegen strengere Umweltgesetze, z. B. in den USA das Cato-Institut. Das Bündnis von Teilen der Neoliberalen mit den sich als anti-systemisch verstehenden reaktionären Parteien und Bewegungen stellt sich gegen alles, was die eigene Lebensweise, die individuelle Freiheit, so zu leben wie man möchte, in Frage stellt. „Fremde", Klimapolitik und Pandemiemaßnahmen liefern beliebte Feindbilder. Ihre Strategie fußt auf der Einsicht, dass die eigene Lebensweise in ihrer gegenwärtigen Form nur dann aufrechterhalten werden kann, wenn Teile der Weltbevölkerung nicht zum europäischen Lebensstandard aufschließen. Ethisch verpflichtet, sich um das gute Leben anderer Sorgen zu machen, ist man höchstens gegenüber der eigenen Familie oder der eigenen Nation. Internationale Zusammenarbeit erfolgt nur mit Gleichgesinnten. Migration und ein globaler Arbeitsmarkt werden entweder abgelehnt oder als Gastarbeitsregime organisiert.

Vertreter des reaktionären nationalen Kapitalismus sind Donald Trump, große Teile der US-amerikanischen Republikaner sowie Brasiliens Ex-Präsident Jair Bolsonaro. Sie schmieden Bündnisse aus neoliberalen Lobbys, religiösen Fundamentalisten und Teilen des Militärs. Auch innerhalb Europas gewinnen reaktionäre Bewegungen an Kraft. In Osteuropa wird vermehrt ausdrücklich Abschied genommen vom Ziel, den liberalen Westen nachzuahmen.[555] Victor Orbán und Jaroslaw Kaczyński agieren prokapitalistisch, aber antiliberal und sehen in der westlichen Migrations- und Kulturpolitik einen Verrat nationaler Traditionen und des „wahren" Europas.

Es gibt aber auch eine **wohlfahrtskapitalistische Variante** des nationalen Kapitalismus, die sich am wohlfahrtskapitalistischen Leitbild orientiert. Sie ist sozialdemokratisch geprägt und unterscheidet sich vom nationalkapitalistischen Bündnis mit Teilen der Neoliberalen. Die dogmatische Präferenz für Marktlösungen wird abgelehnt. *Gemischtwirtschaftliche Ordnungen* mit unterschiedlichen Bereitstellungsformen in verschiedenen Wirtschaftsbereichen gelten als widerstandsfähiger (vgl. Kap. 2.2.1. & 2.2.2.). Während die reaktionäre Variante ausdrücklich ein gutes Leben nur für wenige anstrebt, ist diese Variante nach innen um die Sicherung des sozialen Zusammenhalts bemüht. Sie priorisiert soziale Absicherung sowie Maßnahmen für einen *gerechten Übergang* zur Bewältigung der Klimakrise: das Leben soll möglichst für alle leistbar bleiben. Deshalb fordert diese Strategie die Rückkehr zu Regulierungen, die in der Zeit des Wohlfahrtskapitalismus den Zugang zur Grundversorgung als soziales Recht sicherten. Gegenüber sozialen Problemen wie dem Anstieg der Lebenshaltungskosten gelten die damit verbundenen ökologischen Kosten zumeist als zweitrangig. Ökologische Herausforderungen sollen mit technologischen Innovationen und grünem Wachstum gelöst werden.[556] Gemeinsam ist beiden Varianten des nationalen Kapitalismus, dass sie die kapitalistische Wirtschaftsweise als gegeben akzeptieren und Handlungsspielräume *innerhalb* der bestehenden Wirtschaftsweise ausloten, ohne sie überwinden zu wollen.

Die Handelspolitik Donald Trumps, der mit *America First* eine reaktionäre Form des nationalen Kapitalismus salonfähig machte, galt anfangs als irrationale Gefährdung der Weltwirtschaft. Trump demontierte das Herzstück der liberalen Weltwirtschaftsordnung, die WTO, indem er Nachbesetzungen von Richter:innen boykottierte. Er führte protektionistische Maßnahmen ein, um sich vor der merkantilistischen Handelspolitik Chinas und Deutschlands zu schützen und Arbeitsplätze in den USA zu schaffen. Doch auch Joe Bidens wohlfahrtskapitalistische Variante verabschiedet sich mit nationaler Industriepolitik und selektivem Protektionismus von der neoliberalen Regulationsweise. Im Gefolge von Lieferengpässen während der Covid-19-Pandemie und danach mit dem Krieg in der Ukraine begann auch die EU, eine europäische Industrie- und Energiepolitik zu erarbeiten (vgl. S. 183) – wenngleich zaghafter als die USA und China. Die Suche nach Möglichkeiten von *Reshoring* bzw. *Nearshoring*, d. h. der Rückverlagerung von Produktion nach Europa, wurde wichtiger. Globale Abhängigkeiten, z. B. von russischem Gas, sollen verringert werden. Und in der Konkurrenz zwischen China und den USA will die EU nicht zur Verliererin werden.

Die Strategie des nationalen Kapitalismus verspricht, dem Druck des Strukturwandels zu widerstehen, v. a. jenem Druck, der sich aus globalem Wettbewerb und Klimakrise ergibt. Diese Strategie ist imstande, auch den gesellschaftlichen Milieus etwas anzubieten, denen Traditionen wichtig sind und die sich von öffentlichen Einrichtungen Schutz vor problematischen Entwicklungen erwarten. Aktuell ist diese Strategie vorherrschend. Sie ist für die traditionelle Mittelschicht (v. a. Nostalgisch-Bürgerliche) und die untere Mitte bzw. Unterschicht (v. a. Traditionelle) attraktiv, wiewohl v. a. die reaktionäre Variante auch von Teilen der Oberschicht, nämlich den Konservativ-Etablierten, unterstützt wird (vgl. S. 71 & 146).

11.2. Mehrebenen-Transformation

Die Strategie der Mehrebenen-Transformation ist die von uns bevorzugte Strategie. Wir entwerfen sie als *Synthese aus der kosmopolitischen Variante des liberalen Globalismus und der wohlfahrtskapitalistischen Variante des nationalen Kapitalismus*, d. h. sie greift die Vorteile beider Strategien auf, problematisiert ihre Schwächen und schafft damit aus bestehenden Strategien eine neue, die die alten in sich aufnimmt und gleichzeitig überwindet. Auf eben dieser Synthese basiert ihre Bezeichnung: während der globale Liberalismus die *globale* Ebene priorisiert, bevorzugt der nationale Kapitalismus die *nationale* Ebene. In unserer Synthese nehmen wir *alle räumlichen Ebenen gleichermaßen in den Blick*: global und national, aber auch regional und lokal – daher die Bezeichnung *Mehrebenen*.

Transformation verweist auf die Notwendigkeit, *grundlegende Veränderungen* zu ermöglichen. Der liberale Globalismus und der nationale Kapitalismus unterschätzen, wie weitgehend die durch ökologische und erdgeschichtliche Umbrüche verursachten Veränderungen gehen. Deshalb ignorieren beide die Einsichten der Postwachstums-Debatten. Die Strategie der Mehrebenen-Transformation problematisiert die kapitalistische Wirtschaftsweise und stellt sich der Tatsache, dass sich die Wirklichkeit und damit auch das Wirtschaften grundlegend ändern wird. So steht in dieser Strategie die **nachhaltige Bereitstellung von Lebensgrundlagen vor dem Hintergrund begrenzter Ressourcen und ökologischer Belastungsgrenzen** im Zentrum.[557]

Die in diesem Buch vorgenommenen Analysen zeigten, dass alle Leitbilder mehr oder weniger wirksame Sichtweisen und Maßnahmen anzubieten haben. Insbesondere wurde dargelegt, wie wirksam die wirtschafts- und sozialpolitischen Maßnahmen des Wohlfahrtskapitalismus waren, v. a. die garantierte Grundversorgung für alle, und wie wichtig die Sicherung des sozialen Zusammenhalts ist. Die Strategien des *wohlfahrtskapitalistischen nationalen Kapitalismus* und der *Mehrebenen-Transformation* verbindet, politische Gestaltungsspielräume ausweiten und eigenständige Entwicklungswege ermöglichen zu wollen. Beide weisen dem *Staat* eine Schlüsselrolle als Gestalter zu. Doch es ist weder unproblematisch noch einfach, vergangene Erfolge des Wohlfahrtskapitalismus fortzusetzen – v. a. angesichts der Klimakrise.[558] Auch haben sich Gesellschaften in den letzten Jahren polarisiert und radikalisiert. Das ist eine Gefahr für zukunftsfähiges Wirtschaften, das auf Errungenschaften wie dem Rechts- und Sozialstaat, der Wissenschaft und der Gewaltentrennung aufbaut. Zukunftsfähiges Wirtschaften ist daher dezidiert *unvereinbar mit der reaktionären Variante des nationalen Kapitalismus,* da diese Polarisierung befeuert, wissenschaftsfeindlich denkt und agiert sowie die liberale Demokratie und universelle Menschenrechte ablehnt.

Der *kosmopolitische liberale Globalismus* nimmt internationale politische Zusammenarbeit ernst. Er teilt mit der Strategie der *Mehrebenen-Transformation* die Sorge um den Planeten und die Suche nach einer möglichst friedlichen Weltpolitik, die allen jetzt und in Zukunft Lebenschancen eröffnet. Gleichwohl behindert v. a. der marktliberale Globalismus, der auf immer weitergehende verbindliche wirtschaftsliberale Regelungen setzt, die Ausweitung politischer Gestaltungsspielräume und damit das Gestalten eigenständiger Entwicklungswege. Außerdem unterschätzt er, wie sehr die Hyperglobalisierung zu Gegenbewegungen führt (vgl. S. 105 & 111). Daher ist neben der reaktionären Variante des nationalen Kapitalismus auch *die marktliberale Variante des liberalen Globalismus unvereinbar mit zukunftsfähigem Wirtschaften.*

Die Strategie der Mehrebenen-Transformation bietet weder einfache Antworten noch simple Lösungen. Sie nutzt vielmehr vielfältiges Wissen und verschiedene Maßnahmen (vgl. Kap. 10.2.), um die Zukunft krisenfest zu meistern.

Sie basiert auf der *Autorität der Wissenschaft* (vgl. S. 78) und auf *demokratischer Autorität* (vgl. S. 150) sowie den Institutionen einer *liberalen Demokratie*. Sie bindet eine Vielzahl an Akteuren ein und nutzt gleichermaßen historische Erfahrungen und aktuelle Experimente. Damit ist sie **bescheidener und inkludierender** als die aktuell dominanten Strategien.

11.2.1. Nachhaltig leben in einer liberal-republikanischen Demokratie

Es ist eine zentrale Herausforderung westlicher Gesellschaften, ihre *nicht-nachhaltige Lebensweise zu verändern, ohne die Vorzüge liberaler Demokratien aufzugeben.* Wie können Regeln demokratisch festgelegt werden, um mit Nicht-Nachhaltigem aufzuhören? Wie können möglichst viele individuelle Freiräume erhalten bleiben? Dies kann gelingen, wenn *liberale Freiheitsversprechen mit republikanischer Allgemeinwohlorientierung, einem starken Sozialstaat und klaren Regeln für Nachhaltigkeit* verbunden werden. Liberale Demokratien vereinen im Sinne Kelsens Elemente des politischen Liberalismus und des Republikanismus (vgl. S. 86), wiewohl in den vergangenen Jahrzehnten durch den Aufstieg des (hyper-)individualistischen Menschenbildes (vgl. S. 123) liberale Elemente gegenüber den republikanischen an Einfluss gewonnen haben. Da Menschen nichtsdestotrotz weiterhin voneinander abhängige und in Gemeinwesen und Natur eingebettete Wesen sind, braucht es eine *Rückbesinnung auf die republikanischen Prinzipien liberaler Demokratien.*

Aktuelle Strategien übersehen, dass sich Lebens- und Wirtschaftsweisen langfristig selbst dann ändern, wenn wir das nicht wollen – im schlimmsten Fall als *Transformation by disaster,* d. h. abrupt, chaotisch und mit vielen Verlierenden. In der Covid-19-Pandemie erfolgten massive Eingriffe in den Alltag der Menschen und die Funktionsweise der Wirtschaft überhastet und ungeplant. Eine vernünftige Gesellschaft sollte daraus lernen und beginnen, Veränderungen in der Art zu leben und zu arbeiten vorausschauend zu gestalten. Dies wird *Transformation by design* genannt. Dies erfordert eine Transformation des Politischen, d. h. der Art und Weise, wie Menschen ihr Gemeinwesen gestalten. Menschen sind nicht bloß Konsument:innen, sondern auch Bürger:innen. Sie haben Rechte, aber auch Verantwortung gegenüber dem Gemeinwesen. Selbstverständlich müssen sie vom Gemeinwesen auch so behandelt werden – wer lange an einem Ort lebt, soll auch Bürger:innenrechte haben und wählen können.

Doch **Demokratie bleibt eine Form von Herrschaft**, wenn auch die am wenigsten repressive. *Unbegrenzte Selbstbestimmung ist mit Demokratie unvereinbar.* Demokratie kann jedoch mehr gesellschaftliche Freiheiten ermöglichen als andere politische Ordnungen, damit Menschen die Rahmenbedingungen ihres Lebens koordiniert und zielorientiert gestalten können. Jede Gesellschaftsordnung, gerade auch die demokratische, basiert auf Regeln. Dazu zählen *Verbote*: Es ist verboten, fremdes Eigentum unbefugt zu nutzen. Die Möglichkeit, überall in der Stadt zu flanieren, wird durch die aktuelle Straßenverkehrsordnung de facto verboten. Diejenigen, die die Einführung neuer Verbote und Beschränkungen als repressiv ablehnen, neigen dazu auszublenden, wie verbreitet Verbote gegenwärtig sind. Die eigentliche politische Frage ist daher, mit welchen Regeln welche Praktiken eingeschränkt werden, um andere zu ermöglichen. Jede neue Regel geht mit neuen Beschränkungen *und* neuen Freiheiten einher. *Einschränkung und Ermöglichung sind zwei Seiten derselben Medaille*: Änderungen der Straßenverkehrsordnung erweiterten die Möglichkeiten für das zu-Fuß-Gehen und Radfahren. Angesichts knapper Verkehrsflächen erfordert dies oftmals Beschränkungen von Höchstgeschwindigkeiten und Fahr- sowie Parkverbote für PKWs. Das Verbot, Einfamilienhäuser auf der grünen Wiese zu errichten, erleichtert die Revitalisierung von Ortskernen. Erwerbsarbeitszeit zu beschränken, ermöglicht mehr Zeitwohlstand und erleichtert eine gerechtere Verteilung der Sorgearbeit. Menschliche Gemeinwesen funktionieren nur mit bestimmten Einschränkungen individueller Wahlmöglichkeiten.

Was bis vor Kurzem als nicht machbar galt, offenbarte sich während der Covid-19-Pandemie als schnell umsetzbar: **unterschiedliche Wirtschaftsbereiche wurden unterschiedlich behandelt.** Nur Bereiche, die für das Alltagsleben als unentbehrlich galten, wie Teile des Einzelhandels, Spitäler, Verkehrs- und Energieversorgung, blieben offen.[559] Sogar in Produktionssysteme wurde in der Pandemie eingegriffen. So wurde *General Motors* in den USA zeitweise verpflichtet, auf die Produktion von Beatmungsgeräten umzustellen.[560] Es gehört aber nicht nur in Extremsituationen zu den Aufgaben zukunftsfähiger Wirtschaftspolitik, bestimmte Produktionssysteme und Wirtschaftsbereiche zu transformieren und gegenüber anderen zu priorisieren.[561] *Transformation by design* heißt fördern und beschränken, aber auch festzulegen, **womit aufgehört werden muss,** um ein gutes Leben für alle innerhalb ökologischer Belastungsgrenzen zu ermöglichen. Aufgehört werden muss z. B. sicherlich mit der Produktion von Verbrennungsmotoren, mit Gasheizungen, *Fast Fashion* und zunehmender Bodenversiegelung.

Die **Trennung von politischer und wirtschaftlicher Macht** ist ein Grundprinzip liberaler Demokratien, wird aber oft nicht eingehalten. Private Unternehmen, v. a. große, lobbyieren für geänderte politische Rahmenbedingungen. Dies kann national erfolgen, z. B. durch Kammern, Industrie- und Bankenvereinigungen, oder international, wie im *European Round Table of Industrialists*, einem mächtigen marktliberalen Thinktank. Mächtige Unternehmen, v. a. transnationale, bilden mit politischen Entscheidungstragenden Machtkomplexe (vgl. S. 75 ff.). Manchmal bilden diese auch Allianzen mit Teilen der Konsument:innen, z. B. im Widerstand gegen Beschränkungen des Autofahrens oder gegen die Regulierung digitaler Plattformen (vgl. S. 140). Machtkonzentration zu beschränken erleichtert es, allgemeinwohlorientierte Maßnahmen umzusetzen. Demokratie republikanisch weiterzudenken bedeutet daher auch, *wirtschaftliche Macht zu begrenzen*. So verhinderte der finanzwirtschaftliche Machtkomplex lange Maßnahmen gegen die Krisenanfälligkeit des Finanzsektors und behindert bis heute wirksame Maßnahmen der Umverteilung, v. a. von Vermögen. Der fossile Machtkomplex unterminiert seit Jahrzehnten wirksame Maßnahmen gegen die Klimakrise. Transnationale digitale Unternehmen haben die Krise der Demokratie verschärft.

Schließlich ist auch Eigentum kein unbeschränktes Recht, denn **Privateigentum ist sozialpflichtig**. Dies ist im deutschen Grundgesetz ausdrücklich verankert, aber auch in der österreichischen Rechtsordnung ein wichtiges Prinzip. Die Übernahme gesellschaftlicher Verpflichtungen als Gegenleistung für das Privileg beschränkter Haftung, das Prinzip des Gebens und Nehmens, war bis Ende des 19. Jahrhunderts selbstverständlich, ging aber zunehmend verloren, v. a. in der neoliberalen Regulationsweise. Angesichts von Versorgungsengpässen und Zufallsgewinnen während der Pandemie und des Kriegs in der Ukraine werden gegenwärtig vermehrt Gegenleistungen von Kapitalgesellschaften gefordert, um die Sozialpflichtigkeit ihres hoch konzentrierten Eigentums sicherzustellen. Diesbezügliche Maßnahmen wären z. B. *gesellschaftliche Betriebslizenzen* (vgl. S. 185), die auf vielen räumlichen Ebenen, v. a. der regionalen (z. B. Bundesländer als Teil einer Nation), nationalen und makroregionalen (z. B. die EU als Zusammenschluss von Nationen), umsetzbar sind.

11.2.2. Gestalten mit vielen verschiedenen Maßnahmen auf allen Ebenen

Die Debatten zwischen Vertreter:innen des liberalen Globalismus und des nationalen Kapitalismus prägt ein wertender, manchmal moralisierender Duktus. Die Fixierung auf „gute" oder „schlechte" räumliche Ebenen – hier global, dort national – behindert die Analyse der aktuellen Entwicklungen und vertieft gesellschaftliche und politische Gräben, v. a. zwischen der neuen und der traditionellen Mittelschicht (vgl. S. 145 f.). Zukunftsfähiges Wirtschaften basiert hingegen auf einer *Mehrebenen-Analyse*. Es braucht alle Akteure und eine Vielzahl an Maßnahmen, um gewünschte Ziele zu erreichen. Dies funktioniert oft dezentral besser – das kann vom Marktliberalismus gelernt werden. Daher sind Märkte wichtige wirtschaftliche Institutionen.[562] Es braucht aber auch Regeln und Zentralinstanzen, die diese Regeln demokratisch erarbeiten, sowie Einrichtungen, die sie durchsetzen, z. B. Verwaltungen, Polizei und Gerichte. Dabei ist keine Ebene – weder global noch national, regional oder lokal – per se besser. Zukunftsfähiges Wirtschaften braucht sozialökologische Rahmenbedingungen, die auf verschiedenen räumlichen Ebenen gestaltet werden: vor Ort, in Nationalstaaten, in Makroregionen und am Planeten Erde.

Vor Ort ist zukunftsfähiges Wirtschaften wesentlich die Organisation des Alltagslebens. Auch wenn sich nicht alle Menschen ihrer Heimat verbunden fühlen, so sind sie zumeist gezwungen, ihren Alltag in einem räumlich begrenzten Territorium zu organisieren. Vor Ort erledigen Menschen ihren Alltag, dort leben und arbeiten sie. Die *Stärkung der lokalen und regionalen Alltagsökonomie* (vgl. S. 189), z. B. durch eine Reparaturwirtschaft, dezentrale Pflegeangebote und eine attraktive Nahversorgung mit neuen Formen der Direktvermarktung, eröffnet Möglichkeiten, mit innovativen Beteiligungsmodellen und Eigentumsformen zu experimentieren (vgl. S. 188 ff. (i)-(vii)). Die Umsetzung allgemeinwohlorientierter Regulierungen auf lokaler Ebene, z. B. durch Mietrecht und Flächenwidmung, stärkt die Alltagsökonomie. Sie schafft *raumbildende Infrastrukturen* (vgl. S. 112) wie z. B. Begegnungszonen für gemütliche Gastgärten und florierende Geschäfte.[563] In der Stadt bieten dezentrale öffentliche Grünräume Rückzugsmöglichkeiten, v. a. an Hitzetagen und in dicht verbauten Stadtteilen. Sie reduzieren sozial-räumliche Ungleichheiten und sind Formen präventiver Gesundheitspolitik (vgl. S. 186). Doch wiewohl private PKWs 23 Stunden pro Tag „Stehzeuge" sind, d. h. nicht bewegt werden, dominieren sie den öffentlichen Raum.[564] Diese ineffiziente Nutzung knappen Raums erschwert den Ausbau raumbildender Infrastrukturen für eine nachhaltige Alltagsökonomie.[565]

Nationalstaaten, die durch Gegenbewegungen zur Hyperglobalisierung erneut gestärkt wurden, sind im europäischen Mehrebenen-Modell weiterhin die mächtigste Regierungsebene. Sie verfügen im Westen über historisch gewachsene *demokratische und sozialstaatliche Institutionen,* und ihre nationale Souveränität ist im Rahmen der UNO völkerrechtlich geschützt. Nationalstaaten verfügen aufgrund ihrer Verwaltungsstrukturen und Steuereinnahmen über mehr Ressourcen als andere Ebenen. Sie haben auch innerhalb der EU wirtschaftspolitische Handlungsspielräume, v. a. in der Fiskal- und Sozialpolitik, z. B. durch *staatliche Geld- und Sachleistungen* (wie *Universal Basic Services,* vgl. S. 184), eine *ökosoziale Steuerreform* und öffentliche Förderungen (vgl. S. 185). Auch eine *nachhaltige öffentliche Beschaffungspolitik* (vgl. S. 185) sowie Experimente mit *Konsumkorridoren* (vgl. S. 187) und *Erwerbsarbeitszeitverkürzung* (vgl. S. 188) sind Maßnahmen, die auf nationalstaatlicher Ebene umgesetzt werden können.

In der Strategie der Mehrebenen-Transformation werden Maßnahmen nicht nur auf allen Ebenen genutzt, bei Bedarf werden auch neue räumliche Ebenen geschaffen, z. B. die **Makroregion EU.** Angesichts von Tendenzen der Deglobalisierung gewinnen supranationale Zusammenschlüsse an Bedeutung. Auch in anderen Weltregionen gibt es regionale Integrationsprojekte wie *Mercosur* (Gemeinsamer Markt Südamerikas), *NAFTA* (Nordamerikanisches Freihandelsabkommen), *AFTA* (Verband Südostasiatischer Nationen) und zuletzt *AfCFTA* (Afrikanische Freihandelszone). In Freihandelszonen ist das Ziel der Regionalisierung, den Handel innerhalb einer Makroregion zu intensivieren. Darüber hinaus kann Regionalisierung auch versuchen, einen gemeinsamen Wirtschaftsraum zu schaffen. So kann *territoriale Handlungsfähigkeit* zurückgewonnen werden, die national verloren gegangen ist. Es ist nämlich unwahrscheinlich, dass die vielen kleinen europäischen Territorien, die sich Nationalstaaten nennen, aber geografisch eher mit Provinzen in anderen Teilen der Welt vergleichbar sind, die aktuellen Herausforderungen allein lösen können. Ein *europäischer Wirtschaftsraum als eigenständig zu gestaltendes Territorium* hätte viele Vorteile.

Einerseits hat er das Potenzial, *strategische Abhängigkeiten von anderen Weltregionen zu verringern*, v. a. von autoritären Regimen. Andererseits kann er dem *Einfluss globaler Machtkomplexe Grenzen setzen*, z. B. der Macht von transnationalen Unternehmen (z. B. durch eine europäische Steuerpolitik,[566] Lieferkettengesetze[567] und der Stärkung der Sozialwirtschaft, vgl. S. 190), von globalen Finanzmarktakteuren (z. B. durch Kapitalverkehrskontrollen, Finanztransaktionssteuern und der Regulierung ausländischer Direktinvestitionen[568]) oder von digitalen Plattformen (z. B. durch strenge Datenschutzgesetze und der Regulierung großer Plattformen[569]). Mächtige Unternehmen können zwar den österreichischen Markt ignorieren, nicht aber den europäischen. Auch eine *europäische Geld- und Finanzpolitik*, die Geldsysteme für gesamtgesellschaftliche Ziele nutzt, z. B. für eine Energiewende oder eine sozialökologische Jobgarantie (vgl. S. 186), kann wirksame Maßnahmen für zukunftsfähiges Wirtschaften setzen. Neben notwendiger Reformen diverser europäischer Taxonomien, um *Social-* und *Greenwashing* zu vermeiden (vgl. S. 181),[570] sind die Umstrukturierung der Europäischen Investitionsbank (vgl. S. 184) und die gegenwärtig noch zaghafte umweltpolitische Neuausrichtung der EZB erste Schritte, die es weiterzuentwickeln gilt.[571] Eine Schlüsselrolle am Weg zu zukunftsfähigem Wirtschaften kommt dem *EGD* zu (vgl. S. 183), der durch eine effektivere CO_2-Bepreisung, inklusive eines Klimazolls, einer missionsorientierten Industrie- und Innovationspolitik (vgl. S. 183) und einer stärkeren Integration sozialpolitischer Zielsetzungen (vgl. S. 184) zu einer wichtigen Säule der sozialökologischen Transformation werden kann.[572]

Die EU braucht mehr Solidarität zwischen den Mitgliedsländern, um den geopolitischen Herausforderungen des 21. Jahrhunderts gewachsen zu sein.[573] Ein positives Beispiel: Als Reaktion auf die Pandemie ermöglichte die Aufnahme gemeinsamer Schulden im Rahmen des europäischen Wiederaufbaupakets *NextGenerationEU* auch ärmeren Mitgliedsländern eine günstigere Neuverschuldung. Solche solidarischen Maßnahmen wären leichter umsetzbar mit einer *gemischtwirtschaftlichen europäischen Wirtschaftsverfassung*. Die derzeitige ist wesentlich eine Marktordnung, inspiriert vom marktliberalen Leitbild. In einer gemischtwirtschaftlichen Wirtschaftsverfassung stünden die Entscheidungen demokratisch legitimierter Institutionen über der Marktordnung. Damit wäre eine aktive Innovations- und Industriepolitik ebenso möglich wie der Ausbau sozialökologischer Infrastrukturen zur Gewährleistung einer zukunftsfähigen Grundversorgung. Diese Art von Regionalisierung unterscheidet sich von derjenigen im marktliberalen Globalismus, bei der diese einzig ein Sprungbrett für den Weltmarkt ist.

Schließlich basiert die Strategie der Mehrebenen-Transformation auf **globaler Ebene** auf dem Prinzip der **planetarischen Koexistenz**, d. h. dem Ziel des friedlichen Zusammenlebens auf dem Planeten Erde. Aktuelle geoökonomische und geopolitische Konflikte zeigen jedoch, wie schwierig es ist, verbindliche globale Regeln festzulegen. Auf globaler Ebene ist die gemeinsame Werte- und Interessensbasis „dünner" als sich kosmopolitische Globalist:innen erhoffen. Wiewohl im Westen weiterhin der Großteil der Bevölkerung die liberale Demokratie als die beste Form ansieht, um das Gemeinwesen zu gestalten und Freiheiten zu ermöglichen, so gilt dies nicht weltweit. Nur in einer Minderheit von Staaten sind diese Prinzipien in der Verfassung verankert und im Alltag verwirklicht. Demgegenüber bieten sich Verträge, die von (fast) allen Staaten unterzeichnet wurden, als international akzeptiertes Regelwerk eines Minimalkompromisses an. Das sind Vereinbarungen zum Schutz der Menschenrechte sowie die bislang von knapp 140 Staaten ratifizierten Kernarbeitsnormen der Internationalen Arbeitsorganisation (ILO) zum Recht auf Vereinigungsfreiheit und Kollektivverhandlungen, der Beseitigung von Zwangsarbeit, der Abschaffung der Kinderarbeit sowie einem Diskriminierungsverbot in Beschäftigung und Beruf.[574] Die Strategie der Mehrebenen-Transformation akzeptiert diese menschenrechtlichen Grundrechte als globalen Minimalkonsens. Gleichzeitig versucht sie, wo möglich, internationale Regeln auszubauen, v. a. in Bezug auf den Schutz globaler Gemeingüter wie Klima, Biodiversität und Frieden, aber auch in der Steuerpolitik, um Steuervermeidung und -betrug zu erschweren.[575]

Diese Strategie verzichtet jedoch darauf, an der jahrhundertelangen Vorherrschaft des Westens festzuhalten und zu versuchen, das westliche Modell liberaler Demokratie und Marktwirtschaft nach Afrika, Lateinamerika und Asien zu exportieren. Dazu gibt es weder eine völkerrechtliche Basis noch Unterstützung im globalen Süden. Das Völkerrecht garantiert die Grundsätze der souveränen Gleichheit, des Rechts auf Selbstbestimmung der Völker und des Verbots der äußeren Einmischung. Nach Jahrhunderten europäischen Kolonialismus ist dies für viele Länder ein nicht zu unterschätzender historischer Fortschritt.[576] Das zeigt in unserer Nachbarschaft die Reaktion auf die russische Invasion in die Ukraine. Leider reiht sich diese in eine Geschichte völkerrechtswidriger Interventionen der Sowjetunion (z. B. Afghanistan), der USA (z. B. Irak), Israels (im Westjordanland) und der NATO (z. B. Libyen) ein. Demgegenüber stärkt planetarische Koexistenz das Prinzip der *Nicht-Einmischung in andere Länder*, d. h. den Verzicht auf *Regime Change* „von außen". Ausnahmen sind völkerrechtliche Mandate der UNO, da diese von allen Nationen des UN-Sicherheitsrates unterstützt werden wie die UN-Mission zur Stabilisierung der Demokratischen Republik Kongo (MONUSCO).

Unter diesen Bedingungen kann *internationale Zusammenarbeit als Mehrebenen-Governance* ausgebaut werden. Sowohl die SDGs als auch das Pariser Klimaabkommen ermöglichen nationale Handlungsspielräume in der Ausgestaltung und Implementierung der global vereinbarten Zielsetzungen. Dies erklärt vermutlich, warum die SDGs und das Pariser Klimaabkommen trotz zunehmender internationaler Spannungen weiterhin weitgehend unbestritten sind. Gleichwohl zeigt ihre schleppende Umsetzung die Nachteile fehlender Sanktionsmechanismen.

Ein Regelwerk planetarischer Koexistenz funktioniert am besten in einer *multipolaren Weltordnung*, d. h. einer Weltordnung ohne Hegemon und mit flacheren Hierarchien zwischen den Weltregionen. Zentrale Aufgabe internationaler Zusammenarbeit wäre die politische Rahmensetzung für Gemeingüter mit möglichst großen politökonomischen und soziokulturellen Handlungsspielräumen auf regionaler und nationaler Ebene.[577] Der geografisch kleine europäische Subkontinent könnte in einer solchen Weltordnung sein Zivilisationsmodell mit dessen Vorzügen auch dann beibehalten, wenn andere Weltregionen mit anderen Gesellschaftsmodellen wirtschaftlich aufholen. Doch muss umgekehrt akzeptieren werden, dass andere Weltregionen ihre eigenen politökonomischen und soziokulturellen Wege beschreiten – und dass diese bevölkerungsreichen Regionen einen größeren Anteil an Ressourcen und Einfluss für sich beanspruchen. Die UNO, in der das Prinzip „ein Land, eine Stimme" die Macht der Großmächte beschränkt, könnte das Rückgrat dieser multipolaren Weltordnung sein. Doch sie ist gegenwärtig in der Krise. Einerseits durch reduzierte Beiträge ihrer reichen westlichen Mitglieder, andererseits durch gegenseitige Blockaden der im Sicherheitsrat vertretenen Großmächte.

11.2.3. *Gestalten ist möglich, aber anstrengend*

Es steht viel auf dem Spiel, Katastrophen sind nicht auszuschließen. Erst kürzlich stellte ein Bericht des UN-Klimasekretariats fest, dass die Weltgemeinschaft weit davon entfernt ist, das 1,5°C-Ziel zu erreichen.[578] Dies ist zwar weiterhin möglich, jedoch zunehmend unwahrscheinlich. Alles zu spät, Chance vertan? Katastrophen werden tatsächlich mit hoher Wahrscheinlichkeit sowohl in ihrer Häufigkeit als auch in ihrer Intensität zunehmen – auch in Europa. Der Meeresspiegel wird steigen, Gletscher werden abschmelzen und Extremwetterereignisse werden häufiger auftreten. Teile der Erde werden vermutlich unbewohnbar, lokale Ernährungskrisen, Wasserknappheit, Hitzewellen und Fluchtbewegungen werden zunehmen. Und je höher die globale Mitteltemperatur steigt, desto weniger ausgeschlossen ist, dass Kipppunkte erreicht und unvorhersehbare, sich verstärkende Dynamiken ausgelöst werden (vgl. S. 156). Und trotzdem – *oder gerade deshalb* – macht jedes Zehntel Grad einen Unterschied. Die sozialökologische Transformation aufzugeben, ist daher keine Option. Es braucht sowohl Maßnahmen, die THG-Emissionen reduzieren (*climate mitigation/Klimaschutz*), als auch solche, die die Resilienz, d. h. die Widerstands- und Anpassungsfähigkeit angesichts steigender Risiken, stärken (*climate adaption/Klimawandelanpassung*). Ein Beispiel ist der Ausbau sozialökologischer Infrastrukturen (vgl. S. 189): z. B. verringert eine Stadt der kurzen Wege Emissionen (Klimaschutz) und stärkt gleichzeitig durch bessere dezentrale Pflegeangebote und kühlende Grünräume die Widerstandsfähigkeit vor Ort (Klimawandelanpassung).

Wir verfügen heute über zahlreiche, auch wissenschaftlich dokumentierte Beispiele von zukunftsfähigen Maßnahmen, umsetzbar durch koordiniertes Handeln vieler Akteure auf verschiedenen Ebenen. Die Fähigkeit, mit anderen durch koordiniertes und zielorientiertes Handeln zukunftsfähige *Rahmenbedingungen zu gestalten*, ist eine wesentliche soziale und kulturelle Kompetenz, damit Menschen als verletzliche Wesen Krisen gemeinsam bewältigen können. Dabei gibt es zwei Arten des *Gestaltens*, um die überzogene Bedeutung, die aktuell dem individuellen *Verhalten* zugeschrieben wird, zu relativieren.

Erstens ist dies das **Zusammenleben und die Zusammenarbeit in Gemeinschaften**, d. h. mit Menschen, die man meist mag, z. B. in der Familie oder im Freundeskreis. Auch in zivilgesellschaftlichen Organisationsformen treffen sich meist Gleichgesinnte, z. B. in Umweltgruppen, Sportvereinen oder der Feuerwehr. Gegenwärtig verstärkt *Social Media* die *soziokulturelle Blasenbildung*, die meist mit sozioökonomischer Polarisierung einhergeht, z. B. in sozioökonomisch einheitlichen Wohngegenden. Selbst die Wahl von Ehepartner:innen ist heute homogener. *Soziale Homophilie* bezeichnet die Tendenz, primär mit Menschen zu interagieren, die ähnlich sind, z. B. hinsichtlich ethnischer Herkunft, des sozioökonomischen Status oder des Bildungsgrads. Gemäß dem Sinnspruch „Gleich und gleich gesellt sich gern" ist dies verständlich, ist es doch einfacher, mit Gleichgesinnten zusammenzuarbeiten. Dies birgt jedoch die Gefahr, in solchen Gemeinschaften Gleichgesinnter zu verharren und andere Perspektiven und Lebenswelten zu ignorieren.[579]

Zweitens braucht es daher auch das **gesellschaftliche Zusammenleben und Zusammenarbeiten mit anders Denkenden und anders Lebenden**.[580] In Zeiten zunehmender Polarisierung und steigender Ungleichheit ist dies eine zentrale Herausforderung zukunftsfähigen Wirtschaftens. Die *Kunst des Gestaltens* besteht deshalb darin, das Zusammenleben in pluralistischen Gesellschaften, in denen Konflikte normal sind, möglichst friedlich und konstruktiv zu organisieren. Um Regeln für das Gemeinwesen festzulegen, braucht es Kompromisse. *Multiperspektivität* ermöglicht, anderen Denkweisen wohlwollend gegenüberzutreten. Dies macht dialogfähig. Gestalten beruht demnach wesentlich auf der Fähigkeit, Bündnisse zwischen verschiedenen Milieus zu schließen und Kompromisse zwischen unterschiedlichen Interessen zu finden. In liberalen Demokratien müssen Regierende vor diesem Hintergrund Entscheidungen treffen, die manche Verhaltensweisen erleichtern, andere erschweren und einzelne sogar verbieten. Es ist verständlich, dass dies schwierig ist. Zu meinen, „Politik" und „Politiker:innen" seien pauschal unfähig, übersieht, wie herausfordernd diese Aufgabe ist, wenn sie demokratisch gelöst werden soll.

Die sozialökologische Transformation zu gestalten, erfordert ein Bündel an Maßnahmen, die dreierlei verbinden. Zukunftsfähige Maßnahmen müssen (1) *wünschenswert* sein, d. h. sie unterstützen Ziele, die sich ein bestimmtes Gemeinwesen oder die internationale Gemeinschaft setzen. Sie müssen weiters (2) *wirksam* sein, d. h. auch Interventionspunkte mit hohem Transformationspotenzial beinhalten (vgl. S. 180). Schließlich müssen Maßnahmen (3) *durchführbar* sein, d. h. im Hier und Jetzt, in konkreten gesellschaftlichen, politischen und wirtschaftlichen Kontexten sowie angesichts bestehender Systemwiderstände machbar.[581]

Was eine **wünschenswerte** Transformation ist, ergibt sich aus den Zielsetzungen der jeweiligen Gestaltenden. Wir haben in diesem Buch eine wünschenswerte Transformation, die sozialökologische Transformation, als Veränderung definiert, die allen Menschen ermöglicht, innerhalb ökologischer Belastungsgrenzen gut zu leben. Damit werden ökologische und soziale Zielsetzungen systematisch verbunden, z. B. Emissionsreduktionen mit Grundversorgung für alle. Dies setzt zweierlei voraus. Erstens werden *ökologische Belastungsgrenzen anerkannt* (vgl. S. 51) – nicht als unumstößliche Fakten (*hard facts*), sondern als *handlungsleitende Orientierungen*. Sie beruhen auf wissenschaftlichen Erkenntnissen, werden aber in politischen Verhandlungen festgelegt.[582] Zweitens wird im Sinne der SDGs die *universelle Gleichheit aller Menschen als Norm* akzeptiert.

Wir haben in Kapitel 10.2. zahlreiche Beispiele unterschiedlich **wirksamer** Maßnahmen vorgestellt, um ein klimafreundliches Leben zu ermöglichen. Wirksamkeit bedeutet, dass mit diesen Maßnahmen tatsächlich die als wünschenswert angesehenen Ziele erreichen werden können, z. B. soziale Absicherung, der Erhalt von Biodiversität und die Reduktion von Emissionen und Materialverbrauch. Dazu braucht es in der Regel ein *Bündel an Maßnahmen*.[583] Z. B. sind eine verbesserte Markttransparenz und Produktionseffizienz wichtig. Allein können sie aber mit hoher Wahrscheinlichkeit weder soziale Zielsetzungen erreichen noch Emissionen und Materialverbrauch in absoluten Zahlen rasch genug reduzieren.

Wirksame Maßnahmen müssen daher auch solche umfassen, die *Suffizienz* ermöglichen.[584] Es geht um Konsumkorridore für ein Genug-Haben im doppelten Wortsinn, als Minima und Maxima. Suffizienz als Genug-Haben im Sinne von „für niemanden zu wenig" (*Minima*) ist untrennbar verwoben mit Genug-Haben im Sinne von „für niemanden zu viel" (*Maxima*). Beide bedingen sich.

Um solche Suffizienzstrategien umzusetzen, braucht es ein neues Zusammenspiel aus Staat, Wissenschaft und Zivilgesellschaft. Hierzu gibt es vielversprechende, wiewohl ausbaufähige Vorzeigeinitiativen, z. B. den österreichischen Klimarat und die französische *Convention Citoyenne pour le Climat*. Diese Beteiligungsformate umfassten 100 bzw. 150 zufällig und repräsentativ ausgewählte Bürger:innen. Diese trafen sich über mehrere Monate, wurden durch wissenschaftliche Expertise beraten und erarbeiteten Vorschläge, die teilweise deutlich wirksamer wären als viele Maßnahmen gegenwärtiger Klimapolitik. Diese Vorzeigeinitiativen verbinden wissenschaftliche Expertise systematisch mit den Alltagserfahrungen von Bürger:innen.[585] Diese werden aber nur wirksam, wenn sie von öffentlichen Entscheidungstragenden unterstützt werden. So kann *wissenschaftliche Autorität* (vgl. S. 78) mit *demokratischer Autorität* (vgl. S. 150) verbunden werden. Solche Beteiligungsformate helfen, repräsentativ-, deliberativ- und partizipativ-demokratische Institutionen besser zu verknüpfen (vgl. S. 88), um das Gemeinwesen koordiniert und zielorientiert zu gestalten. Derartige Initiativen können auf unterschiedlichsten Ebenen umgesetzt werden: von der Nachbarschaft (z. B. zur Ortskerngestaltung) bis zum Nationalstaat (z. B. Klimaräte) und darüber hinaus (z. B. europäische Bürger:innenforen).[586]

Doch all dies scheitert allzu oft daran, dass Maßnahmen auf Widerstand stoßen. Sie erweisen sich dann als nicht **durchführbar**. Dies zeigte sich z. B. bei der französischen Gelbwestenbewegung, einer Bürger:innenbewegung, die durch landesweite Proteste gegen eine höhere Besteuerung fossiler Kraftstoffe bekannt wurde. Im Alltag geraten Zukunft und Planet rasch aus dem Blick. Auch aktuell sind in Europa für die Mehrheit der Bevölkerung Umweltanliegen zumeist nachrangig gegenüber Sorgen über Lebenshaltungskosten und Arbeitsplatz.[587] Deshalb ist es so wichtig, der Sicherung der Grundversorgung „für alle" hier und jetzt Priorität zu geben. Dies erhöht die Wahrscheinlichkeit, wünschenswerte und wirksame Maßnahmen umzusetzen. Durchführbar ist eine sozialökologische Transformation im Sinne unserer Definition von Zukunftsfähigkeit (vgl. S. 19) nur mit demokratischen Mehrheiten. Dazu braucht es neben wohlwollenden Entscheidungstragenden auch gesellschaftliche Zustimmung. Auch die Hegemonie eines inklusiven und friedlichen Zivilisationsmodells wird auf Konsens *und* Zwang beruhen (vgl. S. 84). Und sie wird auf Kompromissen zwischen unterschiedlichen Milieus fußen.[588]

Noch gibt es wenige, die ausdrücklich eine Strategie der Mehrebenen-Transformation verfolgen. Unterstützende gibt es gegenwärtig am ehesten im *grünen wohlfahrtskapitalistischen Leitbild* und in der *pragmatisch-institutionellen Variante des Postwachstums*. Doch sind wir davon überzeugt, dass die Strategie der Mehrebenen-Transformation langfristig hegemoniefähig ist, d. h. sie wäre in der Lage, Kompromisse zwischen unterschiedlichen Milieus zu erleichtern und so das, was als „normal" und „selbstverständlich" gilt, neu zu definieren. Es geht daher auch darum, den Alltagsverstand zu verändern. Der Vorzug dieser Strategie ist, die Werte und Interessen verschiedener Leitbilder und unterschiedlicher Milieus zu integrieren. Insbesondere die Priorisierung einer nachhaltigen Grundversorgungsökonomie erlaubt, das Gemeinsame zu betonen: jeder und jede – ob Vertreter:in der traditionellen oder der neuen Mittelschicht, ob Globalist:in oder Nationalist:in – profitiert von leistbarem Wohnraum und Internetzugang, von guter Nahversorgung und Grünräumen, von Gesundheits- und Pflegeangeboten, von dezentralen Freizeiteinrichtungen und Kinderspielplätzen. Sind solche Infrastrukturen nicht privatisiert und liberalisiert, kommen sie Mittelschichten und Geringverdienenden gleichermaßen zugute. Für die prekäre Gesellschaftsschicht eröffnet dies die Chance, besser am wirtschaftlichen und gesellschaftlichen Leben teilzuhaben. Dies schafft Sicherheit in unsicheren Zeiten, fördert den sozialen Zusammenhalt und verhindert die Instrumentalisierung von Kulturkämpfen. Ein politisches Programm für eine *dekommodifizierte Grundversorgung als soziales Recht* ermöglicht milieuübergreifende Bündnisse. Genau diese Gemeinsamkeiten und breiten Bündnisse braucht es, um vor Ort Gräben, die sich aus unterschiedlichen Denk- und Lebensweisen ergeben, zu überwinden.

Deshalb erinnern wir abschließend an vier zentrale Erkenntnisse dieses Buches. Erstens gilt es, die *Angst vor Veränderung zu überwinden*. Gerade in Zeiten großer Unsicherheit werden Menschen konservativ, wollen bewahren. Sie versuchen, das Eigene, den eigenen Besitz und die eigenen Rechte, zu verteidigen. Das ist verständlich. Doch die Welt ist im Umbruch – und Veränderung wird passieren, weshalb die Verweigerung von Veränderung nur in eine Sackgasse führen kann.

Daher braucht es, zweitens, *Mut, Anstrengung und Engagement, diese Veränderungen gemeinsam zu gestalten*. Wir Menschen bewohnen diesen Planeten gemeinsam. Wir sind verletzlich und von anderen abhängig. Eine reine Abwehrhaltung, d. h. nur bewahren zu wollen, nützt zumeist denjenigen, die einfache Lösungen versprechen, Wissenschaft leugnen und Demokratie aushöhlen. Da Veränderung unvermeidbar ist, muss versucht werden, diese gemeinsam, demokratisch zu gestalten. Nun gehen aber in liberalen Demokratien *Rechte mit Verantwortung und Pflichten einher*. Deshalb müssen gewohnte Freiheitsräume gegebenenfalls aufgegeben werden, um anderen und sich selbst bessere zu ermöglichen. Vernünftige Gemeinwesen müssen imstande sein, sich gemeinsam Ziele und Grenzen zu setzen. Es braucht daher politische Entscheidungstragende, die sich trotz mühsamer und konfliktträchtiger Prozesse mutig und unbeirrt für eine bessere Zukunft einsetzen. Es braucht engagierte Bürger:innen, die sich nicht bloß als Konsument:innen verstehen. Es braucht Haushalte, die ihren Handlungsspielraum bei großen Lebensentscheidungen nutzen. Es braucht Unternehmen, die zukunftsfähige Geschäftsmodelle entwickeln und ihre Macht für Rahmenbedingungen einsetzen, die Sozial- und Umweltdumping verhindern. Es braucht eine aktive Klimabewegung, die mit neuen Formen des Wirtschaftens experimentiert, ungenügende Maßnahmen kritisiert und Widerstand gegen Fehlentwicklungen leistet. Und es braucht Wissenschaftler:innen, die nicht im eigenen Denkkollektiv gefangen bleiben. Mit solchen Akteuren wäre es möglich, in vielen kleinen Schritten die große Aufgabe zu meistern: mit der Fantasie, der Intelligenz und dem Engagement der Vielen.

Drittens ist es notwendig, *neugierig* zu bleiben, andere Milieus und Denkweisen kennenzulernen; sich der „versteckten" Arbeit der Vielen bewusst zu werden, die das eigene Alltagsleben ermöglichen; und sich ein bisschen mehr für das Wirtschaften und Leben in anderen Teilen der Welt zu interessieren. Es ist hilfreich, die Komfortzone der Gleichgesinnten zu verlassen, auch die des eigenen Denkkollektivs und der eigenen Disziplin. Dies kann Spaß machen und ist unerlässlich, wenn ernsthaft nach wünschenswerten und wirksamen Maßnahmen gesucht wird, die auch durchführbar sind. *Neugier kann der Beginn von Sympathie sein und in neue Formen der Zusammenarbeit mit Andersdenkenden und Anderslebenden münden.* Gelingt dies, können die gegenwärtigen Transformationen leichter gut und friedlich gestaltet werden.

Schließlich, und viertens, sind in pluralistischen Gesellschaften Differenzen und Konflikte unvermeidbar. Es gibt keinen Wunderweg hin zu einer zukunftsfähigen Wirtschaftsweise. Doch zweifellos muss der Einfluss gegenwärtiger Machtkomplexe beschränkt werden – sie blockieren zukunftsfähige Veränderungen und profitieren von Polarisierung, Ungleichheit und Demokratieverdruss. Dazu braucht es den Aufbau kollektiver Handlungsmacht durch *neue, auch unkonventionelle Bündnisse*: zwischen Konservativen und Progressiven, zwischen vermeintlich verfeindeten Milieus und zwischen Zivilgesellschaft, Staat, Wissenschaft, Interessenvertretungen und weitblickenden Unternehmen. Das Gemeinsame über das Trennende zu stellen, es neu zu entdecken und zu kultivieren, fördert Solidarität für den gemeinsamen Weg in eine offene und unbekannte Zukunft.

Stichwortverzeichnis

Referenzen

Teil 1: Multiperspektivität in Wissenschaft, Wirtschaft und Gesellschaft

1. Gegenwärtige Transformationen

1   Brand, K.-W. (2017). *Die sozial-ökologische Transformation der Welt: Ein Handbuch.* Campus.
2   vgl. u. a. Jahn, T. et al. (2020). Sozial-ökologische Gestaltung im Anthropozän. *GAIA – Ecological Perspectives for Science and Society*, 29(2), 93–97.
3   WBGU (2011). *Welt im Wandel: Gesellschaftsvertrag für eine Große Transformation: Hauptgutachten.* WBGU.
4   vgl. z. B. Aulenbacher, B., Bärnthaler, R. & Novy, A. (2019). Karl Polanyi, The Great Transformation, and Contemporary Capitalism. *Österreichische Zeitschrift Für Soziologie*, 44(2), 105–113. Dale, G., Holmes, C. & Markantonatou, M. (2019). *Exploring the Thought of Karl Polanyi*. Agenda Publishing. Thurnher, A. et al. (2019). *Karl Polanyi: Wiederentdeckung eines Jahrhundertdenkers*. Falter Verlag.
5   Polanyi, K. (1973). *The Great Transformation: Politische und ökonomische Ursprünge von Gesellschaften und Wirtschaftssystemen.* Suhrkamp.
6   Jessop, B. (2015). The Symptomatology of Crises, Reading Crises and Learning from Them: Some Critical Realist Reflections. *Journal of Critical Realism* 14 (3), 238–271.
7   Ayres, R., van den Bergh, J. & Gowdy, J. (2001). Strong versus Weak Sustainability. *Environmental Ethics* 23 (2), 155–168. Neumayer, E. (2003). *Weak Versus Strong Sustainability: Exploring the Limits of Two Opposing Paradigms.* Edward Elgar.
8   APCC (2023). *APCC Special Report Strukturen für ein klimafreundliches Leben* (Hrsg. Görg, C. et al.). Springer.
9   Berlin, I. (2006). *Freiheit: Vier Versuche.* Fischer.
10 Die Wahl dieser Elemente basiert auf Einsichten der Praxistheorie, die *soziale Praktiken* als Interaktionen zwischen Materialien (bei uns: Infrastrukturen), Fähigkeiten/Kompetenzen (bei uns erweitert als Institutionen gefasst) und Bedeutungen (bei uns: Diskurse) analysiert, vgl. u. a. Shove, E., Pantzar, M. & Watson, M. (2012). *The Dynamics of Social Practice.* Sage.
11 vgl. auch Hodgson, G. M. (2006). What Are Institutions? *Association for Evolutionary Economics*, 40(1), 1–25.
12 Barlösius, E. (2019). *Infrastrukturen als soziale Ordnungsdienste: Ein Beitrag zur Gesellschaftsdiagnose.* Campus.
13 Foundational Economy Collective (2019). *Die Ökonomie des Alltagslebens. Für eine neue Infrastrukturpolitik.* Suhrkamp.
14 Bärnthaler, R., Novy, A. & Stadelmann, B. (2023). A Polanyi-inspired perspective on social-ecological transformations of cities. *Journal of Urban Affairs*, 117–141.
15 vgl. die ähnliche Systematik in Aigner, E. et al. (2023). Einleitung: Strukturen für ein klimafreundliches Leben. In APCC (Hrsg.): *Special Report Strukturen für ein klimafreundliches Leben*, 8–10. Springer.
16 Fridrich, C. et al. (2014). Bamberger Manifest für ein neues Verbraucherverständnis. *Journal für Verbraucherschutz und Lebensmittelsicherheit* 9 (3), 321–326.
17 Clegg, S. (1989). *Frameworks of Power.* SAGE.

2. Perspektiven als „Brillen"

18 Haraway, D. (1988). Situated Knowledges: The Science Question in Feminism and the Privilege of Partial Perspective. *Feminist Studies* 14 (3), 575–599.

19 Gräf, B. (2008). *Migranten in der öffentlichen Wahrnehmung.* Dissertation, Friedrich-Schiller-Universität Jena.

20 Fleck, L. (2021). *Entstehung und Entwicklung einer wissenschaftlichen Tatsache: Einführung in die Lehre vom Denkstil und Denkkollektiv.* Suhrkamp.

21 Kuhn, T. (2001). *Die Struktur wissenschaftlicher Revolutionen.* Suhrkamp.

22 Schäfer, L. & Schnelle, T. (2021). Ludwik Fleck's Begründung der soziologischen Betrachtungsweise in der Wissenschaftstheorie. In Fleck, L. (2021). *Entstehung und Entwicklung einer wissenschaftlichen Tatsache: Einführung in die Lehre vom Denkstil und Denkkollektiv,* XIIf. Suhrkamp.

23 Chang, H.-J. (2015). *Economics: The User's Guide.* Bloomsbury.

24 Screpanti, E. & Zamagni, S. (2001). *An Outline of the History of Economic Thought.* Clarendon.

25 Knobloch, U. (Hrsg.) (2019). *Ökonomie des Versorgens. Feministisch-kritische Wirtschaftstheorien im deutschsprachigen Raum.* Beltz Juventa.

26 Reinerts, E., Ghosh, J. & Kattel, R. (2018). *Handbook of Alternative Theories of Economic Development.* Edward Elgar.

27 Jäger, J. & Springler, E. (2012). *Ökonomie der internationalen Entwicklung: Eine kritische Einführung in die Volkswirtschaftslehre.* Mandelbaum.

28 Exploring Economics (o. D.). Theorieschulen der Ökonomik. https://www.exploring-economics.org/de/orientieren/ (Zugriff: 06.02.2023).

29 vgl. z. B. Von Schmoller, G. (1884). Das Merkantilsystem in seiner historischen Bedeutung. Städtische, Territoriale und staatliche Wirtschaftspolitik. *Jahrbuch für Gesetzgebung, Verwaltung und Volkswirtschaft* 8(1), 15–61.

30 vgl. z. B. Smith, A. (1974). The Wealth of Nations. Penguin. Ricardo, D. (1821). *On the Principles of Political Economy and Taxation.* John Murray.

31 Smith, A. (1974). *The Wealth of Nations,* 152. Penguin.

32 vgl. z. B. Marx, K. (2008). *Das Kapital: Kritik der politischen Ökonomie.* Dietz. Marx, K. (1974). *Grundrisse.* Dietz.

33 Harvey, D. (2014). *Seventeen Contradictions and the End of Capitalism.* Oxford University Press. Harvey, D. (2018). *The Limits to Capital.* Verso.

34 z. B. Marshall, A. (1890). *Principles of Economics.* Great Minds Series.

35 Hayek, F. A. (1991). *Die Verfassung der Freiheit.* Mohr-Siebeck.

36 vgl. auch Mirowski, P. & Plehwe, D. (2015). *The Road from Mont Pèlerin: The Making of the Neoliberal Thought Collective.* Harvard University Press. Harvey, D. (2007). *A Brief History of Neoliberalism.* Oxford University Press. Slobodian, Q. (2019). *Globalisten. Das Ende der Imperien und die Geburt des Neoliberalismus.* Suhrkamp.

37 Sein Hauptwerk ist Keynes, J. M. (1964). *The General Theory of Employment, Interest and Money.* Harcourt.

38 vgl. Samuelson, P. (2017). *Volkswirtschaftslehre.* FBV.

39 vgl. Robinson, J. V. & Eatwell, J. (1974): *Einführung in die Volkswirtschaftslehre.* Moderne Industrie.

40 Crotty, J. (2019). *Keynes against Capitalism. His economic case for liberal socialism.* Routledge.

41 vgl. z. B. Nelson, J. (1993). The study of choice or the study of provisioning? In Ferber, M. & Nelson, J. (Hrsg.): *Beyond Economic Man: Feminist Theory and Economics*, 23–37. University of Chicago Press. Waring, M. & Steinem, G. (1988). *If women counted: A new feminist economics*. Harper & Row. Elson, D. (1999). Labor Markets as Gendered Institutions: Equality, Efficiency and Empowerment Issues. *World Development*, 27(3), 611–627.

42 Stern, N. (2007). *The Economics of Climate Change: The Stern Review*. Cambridge University Press. Nordhaus, W. D. (2007). A Review of the Stern Review on the Economics of Climate Change. *Journal of Economic Literature*, 45(3), 686–702.

43 Vgl. z. B. Georgescu-Roegen, N. (1971). *The entropy law and the economic process*. Harvard University Press. Daly, H. E. (1973). *Toward a Steady-state Economy*. W. H. Freeman & Co. Spash, C. L. (2020). A tale of three paradigms: Realising the revolutionary potential of ecological economics. *Ecological Economics*, 169, 106518. Common, M. & Stagl, S. (2005). *Ecological Economics: An Introduction*. Cambridge University Press. Jackson, T. (2017). *Wohlstand ohne Wachstum – das Update: Grundlagen für eine zukunftsfähige Wirtschaft*. Oekom. Pirgmaier, E. & Steinberger, J. K. (2019). Roots, Riots, and Radical Change-A Road Less Travelled for Ecological Economics. *Sustainability*, 11(7), 1–18.

44 Eine diesbezügliche Ausnahme ist Rodrik, D. (2015). *Economics Rules*. Norton & Company.

45 Fehlberg, F. (2021). Sozialökonomik – Geschichte und Gegenwart eines Wissenschaftskonzepts. https://www.exploring-economics.org/de/entdecken/sozialoekonomik/ (Zugriff: 06.02.2023).

46 Stigendal, M. & Novy, A. (2018). Founding transdisciplinary knowledge production in critical realism: implications and benefits. *Journal of Critical Realism* 17 (3), 203–220.

47 Spash, C. (2017). Social Ecological Economics. In Spash, C. (Hrsg.): *Routledge Handbook of Ecological Economics: Nature and Society*, 1–14. Routledge.

48 Weber, M. (2000). *Die protestantische Ethik und der ‚Geist‘ des Kapitalismus* (Hrsg. Lichtblau K. & Weiß, J.), 153. Springer.

49 Polanyi, K. (1977). *The Livelihood of Man*. Academic Press.

50 vgl. auch Nelson, J. (1993). The study of choice or the study of provisioning? In Ferber, M. & Nelson, J. (Hrsg.): *Beyond Economic Man: Feminist Theory and Economics*, 23–37. University of Chicago Press.

51 Polanyi, K. (1973). *The Great Transformation: Politische und ökonomische Ursprünge von Gesellschaften und Wirtschaftssystemen*. Suhrkamp. Peck, J. (2013). For Polanyian Economic Geographies. *Environment and Planning A: Economy and Space* 45 (7), 1545–1568.

52 vgl. Kocka, J. (2017). *Geschichte des Kapitalismus*. C.H. Beck.

53 vgl. u. a. Gough, I. (1979). *The Political Economy of the Welfare State*. Palgrave Macmillan.

54 Mies, M. (2015). *Patriarchat und Kapital*. Bge.

55 Foundational Economy Collective (2019). *Die Ökonomie des Alltagslebens. Für eine neue Infrastrukturpolitik*. Suhrkamp.

56 Statistik Austria (o. D.) Zeitverwendungserhebung. https://www.statistik.at/ueber-uns/erhebungen/personen-und-haushaltserhebungen/zeitverwendungserhebung (Zugriff: 06.02.2023).

57 Hochschild, A. (2012). *The Second Shift: Working Families and the Revolution at Home*. Penguin.

58 Krisch, A. et al. (2020). Die Leistungsträgerinnen des Alltagslebens: Covid-19 als Brennglas für die notwendige Neubewertung von Wirtschaft, Arbeit und Leistung. https://foundationaleconomy.com/research-reports/ (Zugriff: 06.02.2023).

59 Knobloch, U. et al. (2022). *Caring Societies – Sorgende Gesellschaften*. Beltz Juventa.

60 Froud, J. et al. (2020). (How) does productivity matter in the foundational economy? *Local Economy* 35 (4), 316–336. Bock-Schappelwein, J., Eppel, R. & Mühlberger, U. (2009). *Sozialpolitik als Produktivkraft*. WIFO.

61 Bärnthaler, R., Novy, A. & Plank, L. (2021). Umkämpfte Alltagsökonomie: Auseinandersetzungen um ihre Bereitstellung am Beispiel Wien. *Widersprüche*, 162, 57–70.

62 Braudel, F. (1990). *Sozialgeschichte des 15.-18. Jahrhunderts: Der Alltag, der Handel, Aufbruch zur Weltwirtschaft*. Kindler.

63 Mazzucato, M. (2019). *Wie kommt der Wert in die Welt? Von Schöpfern und Abschöpfern*. Campus.

64 Basierend auf Bärnthaler, R., Novy, A. & Plank, L. (2021). The Foundational Economy as a Cornerstone for a Social–Ecological Transformation. *Sustainability* 13 (8), 1–19.

65 vgl. auch Ulrich, P. (2005). *Zivilisierte Marktwirtschaft: Eine wirtschaftsethische Orientierung*. Herder.

66 vgl. z. B. Stiglitz, J., Sen, A. & Fitoussi, J.-P. (2010). *Mismeasuring Our Lives: Why GDP Doesn't Add Up*. The New Press. Costanza, R. et al. (2009). *Beyond GDP: The Need for New Measures of Progress*. Boston University Creative Services.

67 Marilyn Warings anschauliches und oft gebrachtes Beispiel dafür lautet: Wenn ich meinen Haushälter heirate, sinkt das BIP. Vgl. Waring, M. (1988). *If Women Counted*. Harper & Row.

68 Gough, I. (2017). *Heat, Greed and Human Need: Climate change, capitalism and sustainable wellbeing*. Edward Elgar.

69 Calafati, L. et al. (2021). Diversity in leading and laggard regions: living standards, residual income and regional policy. *Cambridge Journal of Regions, Economy and Society* 14 (1), 117–139.

70 Rockström, J. et al. (2009). A safe operating space for humanity. Nature 461, 472–475. Steffen, W. et al. (2015). Planetary boundaries: Guiding human development on a changing planet. Science, 347(6223), 1259855.

71 Steffen, W. et al. (2015). The trajectory of the Anthropocene: The Great Acceleration. *The Anthropocene Review*, 2(1), 81–98.

72 vgl. auch das Konzept der „herunterskalierten" planetaren Grenzen (*downscaled planetary boundaries*), z. B. in O'Neill, D. et al. (2018). A good life for all within planetary boundaries. *Nature Sustainability* 1, 88–95.

73 Hauff, V. (1987). *Unsere gemeinsame Zukunft. Der Brundtland-Bericht der Weltkommission für Umwelt und Entwicklung*, 49. Eggenkamp.

74 Für Details vgl. UN (o. D.) The 17 Goals. https://sdgs.un.org/goals (Zugriff: 06.02.2023).

75 Raworth, K. (2018). *Die Donut-Ökonomie*. Hanser.

76 University of Leeds (o. D.) Country Comparisons. https://goodlife.leeds.ac.uk/national-snapshots/countries (Zugriff: 06.02.2023).

77 Adaptiert von Wackernagel, M., Hanscom, L. & Lin, D. (2017). Making the Sustainable Development Goals Consistent with Sustainability. *Front. Energy Res.5*. https://doi.org/10.3389/fenrg.2017.00018

3. Wirtschaftspolitische Leitbilder

78 Schumpeter, J. (2009). *Geschichte der ökonomischen Analyse*. Vandenhoeck & Ruprecht.

79 vgl. z. B. Hayek, F. (1991). *Die Verfassung der Freiheit*. Mohr Siebeck. Friedman, M. (2009). *Capitalism and Freedom*. University of Chicago Press. Friedman, M. & Friedman, R. (1990). *Free to Choose*. Harcourt.

80 Hayek, F. (2017). *Der Weg zur Knechschaft*. Olzog.

81 Friedman, M. (1970). A Friedman doctrine: The Social Responsibility of Business is to Increase its Profits. https://www.nytimes.com/1970/09/13/archives/a-friedman-doctrine-the-social-responsibility-of-business-is-to.html (Zugriff: 06.02.2023).

82 vgl. z. B. Stiglitz, J. (2018). The Welfare State in the Twenty-First Century. In Ocampo, A. J. & Stiglitz, J. (Hrsg.): *The Welfare State Revisited*, 3–38. Columbia University Press.

83 vgl. Rothschild, K. W. (1988). *Theorien der Arbeitslosigkeit: Einführung.* Oldenbourg. Steindl, J. (1952). *Maturity and Stagnation in American Capitalism.* Blackwell. Die WU-Wien hat Websites zu den beiden österreichischen Ökonomen, sowie eine eigene Rothschild-Steindl-Sammlung: https://www.kurt-rothschild.at/ (Zugriff: 08.02.2023), https://www.josef-steindl.at/ (Zugriff 08.02.2023).

84 Steffen, W. et al. (2015). The trajectory of the Anthropocene: The Great Acceleration. *The Anthropocene Review*, 2(1), 81–98.

85 Haberl, H. et al. (2020). A systematic review of the evidence on decoupling of GDP, resource use and GHG emissions, part II: Synthesizing the insights. *Environmental Research Letters*, 15(6), 065003.

86 Schmelzer, M. & Vetter, A. (2021). *Degrowth / Postwachstum zur Einführung.* Junius.

87 vgl. auch das sogenannte „Easterlin paradox": Easterlin, R. A. (1974). Does Economic Growth Improve the Human Lot? Some Empirical Evidence. In David, P. & Reder, M. (Hrsg.): *Nations and Households in Economic Growth*, 89–125. Academic Press.

88 Brand, U. & Wissen, M. (2017). *Imperiale Lebensweise: Zur Ausbeutung von Mensch und Natur in Zeiten des globalen Kapitalismus.* oekom.

89 Koch, M. (2020). The state in the transformation to a sustainable postgrowth economy. *Environmental Politics*, 29(1), 115–133.

90 Spengler, L. (2016). Two types of 'enough': Sufficiency as minimum and maximum. *Environmental Politics*, 25(5), 921–940.

91 vgl. auch Europäische Kommission (2021). Aufbau einer Wirtschaft im Dienste der Menschen: ein Aktionsplan für die Sozialwirtschaft. https://eur-lex.europa.eu/legal-content/DE/TXT/PDF/?uri=CELEX:52021DC0778&from=DE, 3 f. (Zugriff: 17.10.2022): „Sozialunternehmen sind auf dem Markt durch die Herstellung von Waren und die Erbringung von Dienstleistungen unternehmerisch und oft innovativ tätig und verfolgen mit ihrer Geschäftstätigkeit soziale und/oder ökologische Ziele. Ihre Gewinne werden größtenteils reinvestiert, um ihr unternehmerisches Ziel zu erreichen. Ihre Organisationsstrukturen und Eigentumsverhältnisse sind ebenfalls auf Prinzipien der Mitbestimmung oder Mitarbeiterbeteiligung oder auf sozialen Fortschritt ausgerichtet. Sozialunternehmen können je nach nationalem Kontext eine Vielzahl von Rechtsformen haben".

92 vgl. auch Hickel, J. et al. (2022). Degrowth can work-Here's how science can help. *Nature*, 612(7940), 400–403.

4. Gesellschaft und Macht

93 Weber, M. (1980). *Wirtschaft und Gesellschaft. Grundriss der verstehenden Soziologie.* Mohr Siebeck.

94 Bourdieu, P. (1985). *Sozialer Raum und „Klassen": Zwei Vorlesungen.* Suhrkamp.

95 Wright, E. O. (2009). Understanding Class. Towards an Integrated Analytical Approach. *New Left Review* 60, 101–116.

96 Reckwitz, A. (2019). *Das Ende der Illusionen: Politik, Ökonomie und Kultur in der Spätmoderne.* Suhrkamp.

97 Die Kurzbeschreibung wurde von der Website des SINUS-Instituts übernommen: SINUS (2022) Sinus-Milieus Österreich. https://www.sinus-institut.de/sinus-milieus/sinus-milieus-oesterreich (Zugriff: 07.02.2023).

98 SINUS (2022). Vorwärts in die Vergangenheit: Österreichs Gesellschaft im Wandel zwischen Zukunftsorientierung und Nostalgie. https://www.sinus-institut.de/media-center/presse/sinus-milieus-oesterreich-update-2022 (Zugriff: 06.02.2023)

99 SINUS (2022). Vorwärts in die Vergangenheit: Österreichs Gesellschaft im Wandel zwischen Zukunftsorientierung und Nostalgie. https://www.sinus-institut.de/media-center/presse/sinus-milieus-oesterreich-update-2022 (Zugriff: 06.02.2023).

100 Jeffries, S. (2022). *Everything, All the Time, Everywhere How we Became Postmodern*. Verso.

101 Gramsci, A. (2019). *Gefängnishefte*. (Hrsg. Bochmann, K. & Haug, W. F.). Argument.

102 Koch, M. (2022). State-civil society relations in Gramsci, Poulantzas and Bourdieu: Strategic implications for the degrowth movement. *Ecological Economics* 193, 107275.

103 Bhaskar, R. (1998). Societies. In Lawson, T. et al. (Hrsg.): *Critical Realism: Essential Readings*, 206–257. Routledge.

104 vgl. Spash, C. (2021). Apologists for growth: passive revolutionaries in a passive revolution. *Globalizations* 18 (7), 1123–1148.

105 Oreske, N. & Conway, E. (2011). *Merchants of Doubt: How a Handful of Scientists Obscured the Truth on Issues from Tobacco Smoke to Global Warming*. Bloomsbury.

106 Zu Machtausübung in Bezug auf Klimawandel vgl. IPCC (2022). Climate Change 2021: Mitigation of Climate Change. In *Sixth Assessment Report*, 558. Cambridge University Press: „The allocation of political power to incumbent actors and coalitions has contributed to lock-in of particular institutions, stabilising the interests of incumbents through networks that include policymakers, bureaucracies, advocacy groups and knowledge institutions (*high agreement, high evidence*)."

107 vgl. auch Franta, B. (2022). Weaponizing economics: Big Oil, economic consultants, and climate policy delay, *Environmental Politics*, 31 (4), 555–575.

108 Fortune (2022). Global 500. https://www.fortune.com/ranking/global500/ (Zugriff: 06.02.2023).

109 Washington Post (2021). Who has the most delegates at the COP26 summit? The fossil fuel industry. https://www.washingtonpost.com/world/2021/11/08/cop26-glasgow-climate-summit-fossil-fuel/ (Zugriff: 06.02.2023).

110 Green, J. et al. (2022). Transition, hedge, or resist? Understanding political and economic behavior toward decarbonization in the oil and gas industry. *Review of International Political Economy*, 29(6), 2036–2063.

111 Bonneuil, C. & Fressoz, J.-B. (2017). *The Shock of the Anthropocene: The Earth, History and Us*. Verso.

112 Share Action (2022). 'Net zero' banks continue to finance oil & gas expansion, ignoring climate science. https://shareaction.org/news/net-zero-banks-continue-to-finance-oil-gas-expansion-ignoring-climate-science (Zugriff: 06.02.2023).

113 Yahoo Finance (2022). Apple was the most profitable company on the Fortune 500 list this year. https://finance.yahoo.com/news/apple-most-profitable-company-fortune-180540279.html (Zugriff: 07.02.2023).

114 Krisch, A. & Plank, L. (2021). Plattform-Munizipalismus für digitale Infrastrukturen des Alltagslebens. In: Kogler, R. & Hamedinger, A.: *Interdisziplinäre Stadtforschung. Themen und Perspektiven*. transcript.

115 Zuboff, S. (2018). *Das Zeitalter des Überwachungskapitalismus*. Campus.

116 Osgood, I. (2022). Representation and reward: the left-wing anti-globalization alliance, contributions, and the congress. *Review of International Political Economy*. DOI: 10.1080/09692290.2022.2077803.

117 Thacker, P. (2022). Stealing from the tobacco playbook, fossil fuel companies pour money into elite American universities. *BMJ*, 378, o2095.

5. Zwischenfazit

118 vgl. auch das Konzept der „judgmental rationality" (wertende Rationalität), welches in der Wissenschaftsphilosophie des kritischen Realismus eine der drei Grundsäulen darstellt (neben dem ontologischen Realismus und dem epistemologischen Relativismus), z. B. hier: Critical Realism Network (2016). What are the Criteria of Judgmental Rationality? https://criticalrealismnetwork.org/2016/07/13/rationality/ (Zugriff: 06.02.2023). Danermark, B. et al. (2001). *Explaining Society: An Introduction to Critical Realism in the Social Sciences*. Routledge.

119 Supran, G., Rahmstorf, S. & Oreskes, N. (2023). Assessing ExxonMobil's global warming projections. *Science*, *379*(6628), eabk0063.

120 Oreskes, N. & Conway, E. M. (2011). *Merchants of Doubt: How a Handful of Scientists Obscured the Truth on Issues from Tobacco Smoke to Global Warming*. Bloomsbury.

121 Stieß, I. et al. (2022). *Abschlussbericht: Repräsentativumfrage zum Umweltbewusstsein und Umweltverhalten im Jahr 2020*, 129. Dessau.

122 Cook, J. et al. (2016). Consensus on consensus: A synthesis of consensus estimates on human-caused global warming. *Environmental Research Letters*, *11*(4), 048002.

123 IPCC (2022). *Sixth Assessment Report*. Cambridge University Press.

124 vgl. House Natural Resources Committee Staff Hearing Report (2022). The Role of Public Relations Firms in Preventing Action on Climate Change. https://climateinvestigations.org/wp-content/uploads/2022/09/September-2022-House-Natural-Resources-Committee-Report-Public-Relations-Firms-Preventing-Action-on-Climate-Change.pdf (Zugriff: 06.02.2023).

125 Lamb, W. et al. (2020). Discourses of climate delay. *Global Sustainability*, *3*.

126 Sayer, A. (1992). *Method in Social Science*, 69. Routledge.

127 Malkiel, B. G. & Fama, E. F. (1970). Efficient Capital Markets: A Review of Theory and Empirical Work*. *The Journal of Finance*, 25(2), 383–417.

128 vgl. z. B. Minsky, H. P. (2008). *Stabilizing an Unstable Economy*. McGraw-Hill Education. Palley, T. I. (2011). A Theory of Minsky Super-cycles and Financial Crises. *Contributions to Political Economy*, 30(1), 31–46. Aglietta, M. (2018). *Money. 5,000 Years of Debt and Power*, 24–32. Verso.

Teil 2: Sozioökonomische Grundkonzepte

6. Sozioökonomische Grundkonzepte

129 Hirsch, J., Kannankulam, J. & Wissel, J. (2008): *Der Staat der Bürgerlichen Gesellschaft*. Nomos.

130 Gramsci, A. (2019). *Gefängnishefte*. (Hrsg. Bochmann, K. & Haug, W. F.). Argument. Opratko, B. (2022). *Hegemonie: Politische Theorie nach Antonio Gramsci*. Westfälisches Dampfboot.

131 Poulantzas, N. (1978). *State, Power and Socialism*. NLB.

132 Kersten, J., Neu, C. & Vogel, B. (2019). *Politik des Zusammenhalts. Über Demokratie und Bürokratie*. Hamburger Edition.

133 Weber, M. (1992). *Politik als Beruf*. Reclam.

134 Mill, J. S. (1985). *On Liberty*, 73. Penguin.

135 Aristoteles (2011). *Politik* (Hg. Höffe, Otfried). Akademie Verlag.

136 Kelsen, H. (2019). *Allgemeine Staatslehre. Studienausgabe der Originalausgabe 1925*. Mohr Siebeck.

137 Kallhoff, A. (2013). *Politische Philosophie des Bürgers*. Böhlau.

138 vgl. Hodgson, G. M. (2021). *Liberal Solidarity. The Political Economy of Social Democratic Liberalism*. Edward Elgar.

139 Hagedorn, L., Hasewend, K. & Randeria, S. (2019). *Wenn Demokratien demokratisch untergehen*. Passagen.

140 vgl. z. B. Neue Züricher Zeitung (2019) Die Anleitung zum Illiberalismus. https://www.nzz.ch/international/viktor-orban-eine-anleitung-zum-illiberalismus-ld.1467673 (Zugriff: 07.02.2023).

141 vgl. z. B. Wiener Zeitung (2023). Israel: Eine „kaputte" Demokratie am Ende? https://www.wienerzeitung.at/nachrichten/politik/welt/2175252-Eine-kaputte-Demokratie-am-Ende.html (Zugriff: 07.02.2023).

142 vgl. z. B. Tagesspiegel (2020). Türkei erstmals als „Autokratie" eingestuft. https://www.tagesspiegel.de/politik/erdogans-regierung-teilt-erneut-gegen-zivilgesellschaft-aus-5064682.html (Zugriff: 07.02.2023).

143 Chafkin, M. (2021). *The Contrarian: Peter Thiel and Silicon Valley's Pursuit of Power*. Penguin.

144 Hayek, F. (2017). *Der Weg zur Knechschaft*. Olzog. Hayek, F. (1991). *Die Verfassung der Freiheit*. Mohr Siebeck.

145 https://klimarat.org/ (Zugriff: 06.02.2023).

146 vgl. Begg, D, Fischer, S. & Dornbusch, R. (2005). *Economics*. Maidenhead. Stiglitz, J. & Driffill, J. (2000). *Economics*. W. W. Norton. Case, K. et al. (1996). *Economics*. Prentice Hall.

147 Graeber, D. (2022). *Schulden. Die ersten 5000 Jahre*. Klett Cotta.

148 Skidelsky, R. (2019). *Money and Government. A Challenge to Mainstream Economics*, 60–72. Penguin.

149 Davis, A. (2017). *Money as a Social Institution: The Institutional Development of Capitalism*. Routledge.

150 Polanyi, K. (1973). *The Great Transformation: Politische und ökonomische Ursprünge von Gesellschaften und Wirtschaftssystemen*. Suhrkamp.

151 Marx, K. (2008). *Das Kapital: Kritik der politischen Ökonomie*. Dietz.

152 Aglietta, M. (2018). *Money. 5,000 Years of Debt and Power*. Part I. Verso.

153 Graeber, D. (2022). *Schulden. Die ersten 5000 Jahre*. Klett Cotta.

154 McLeay, M., Radia, A., & Thomas, R. (2014). Money creation in the modern economy. Bank of England. https://www.bankofengland.co.uk/quarterly-bulletin/2014/q1/money-creation-in-the-modern-economy (Zugriff: 26.02.2023).

155 Braudel, F. (1990). *Sozialgeschichte des 15.-18. Jahrhunderts: Der Alltag, der Handel, Aufbruch zur Weltwirtschaft*. Kindler.

156 Polanyi, K. (1973). *The Great Transformation: Politische und ökonomische Ursprünge von Gesellschaften und Wirtschaftssystemen*. Suhrkamp.

157 Hodgson, G. M. (2020). How mythical markets mislead analysis: An institutionalist critique of market universalism. *Socio-Economic Review*, *18*(4), 1153–1174.

158 ebd.

159 Fligstein, N. & Dauter, L. (2007). The Sociology of Markets. *Annual Review of Sociology*, *33*(1), 105–128.

160 Die folgenden Ausführungen zu Unternehmen basieren auf Robé, J.-P. (2020). *Property, Power and Politics: Why We Need to Rethink the World Power System*. Policy Press.

161 Srnicek, N. (2017). *Platform Capitalism*. John Wiley & Sons.

162 Zuboff, S. (2018). *Das Zeitalter des Überwachungskapitalismus*. Campus.

163 Moulaert, F. & Maccallum, D. (2019). *Advanced Introduction to Social Innovation*. Edward Elgar.

164 Godin, B. (2015). *Innovation Contested: The Idea of Innovation Over the Centuries*. Taylor & Francis.

165 McCraw, T. K. (2009). *Prophet of Innovation: Joseph Schumpeter and Creative Destruction.* Harvard University Press.

166 Schumpeter, J. (2018). *Kapitalismus, Sozialismus und Demokratie.* UTB.

167 Sismondo, S. (2009). *An Introduction to Science and Technology Studies.* Wiley-Blackwell.

168 Bijker, W. E. et al. (2012). *The Social Construction of Technological Systems: New Directions in the Sociology and History of Technology.* MIT Press.

169 IPCC (2022). Climate Change 2021: Mitigation of Climate Change. In *Sixth Assessment Report*, 985. Cambridge University Press.

170 Wachsmuth, D. & Weisler, A. (2018). Airbnb and the rent gap: Gentrification through the sharing economy. *Environment and Planning A: Economy and Space*, *50*(6), 1147–1170.

171 Jung, J. & Koo, Y. (2018). Analyzing the Effects of Car Sharing Services on the Reduction of Greenhouse Gas (GHG) Emissions. *Sustainability*, *10*(2), 539.

172 vgl. z. B. Agora Verkehrswende (2020). Technologieneutralität im Kontext der Verkehrs-wende. Kritische Beleuchtung eines Postulats. https://www.ufz.de/index.php?de=46374 (Zugriff: 06.02.2023).

173 Mazzucato, M. (2021). *Mission Economy: A Moonshot Guide to Changing Capitalism.* Harper Business. Vgl. auch Tödtling, F. & Trippl, M. (2018). Regional innovation policies for new path development – beyond neo-liberal and traditional systemic views. *European Planning Studies*, *26*(9), 1779–1795.

174 Mazzucato, M. (2018). *The Entrepreneurial State: Debunking Public vs. Private Sector Myths.* Penguin.

175 Schmelzer, M. & Vetter, A. (2021). *Degrowth / Postwachstum zur Einführung.* Junius. Exner, A. & Lauk, C. (2012). Social Innovations for Economic Degrowth. https://donellameadows.org/social-innovations-for-economic-degrowth/ (Zugriff: 06.02.2023).

176 Deflorian, M. (2021). Refigurative politics: Understanding the volatile participation of critical creatives in community gardens, repair cafés and clothing swaps. *Social Movement Studies*, 20(3), 346–363.

177 vgl. Novy, A., Barlow, N. & Fankhauser, J. (2022). Transformative innovation. In Pellizzoni, L., Leonardi, E. & Asara, V. (Hrsg.): *Handbook of Critical Environmental Politics,* 593–610. Edward Elgar.

178 Hausknost, D. (2021). Die Zeit der Entscheidung. Warum weder individuelles Konsum-verhalten noch technologischer Fortschritt die Klimakrise lösen werden. In Stainer-Häm-merle, K. (Hrsg.): *Glaube-Klima-Hoffnung. Religion und Klimawandel als Herausforderung für die politische Bildung*, 15–23. Schriftenreihe der IGPB.

179 Arendt, H. (2020). *Vita Activa oder Vom tätigen Leben.* Piper.

180 Thompson, E. P. (1967). Time, Work-Discipline, and Industrial Capitalism. *Past & Present*, *38*, 56–97.

181 Heßler, M. (2012). *Kulturgeschichte der Technik.* Campus.

182 Mies, M. (2015). *Patriarchat und Kapital.* Bge.

183 Bhambra, G. (2021). Colonial Global Economy: Towards a theoretical reorientation of political economy. *Review of International Political Economy* 28 (2), 307–22.

184 Polanyi, K. (1973). *The Great Transformation: Politische und ökonomische Ursprünge von Gesellschaften und Wirtschaftssystemen.* Suhrkamp.

185 Bhattacharya, T. (2017). *Social Reproduction Theory: Remapping Class, Recentring Oppres-sion.* Pluto.

186 Waring, M. (1988). *If Women Counted.* Harper & Row.

187 Fraser, N. (2016). Contradictions of capital and care. *New Left Review*, 100, 99–117.

188 Haug, F. (2008). *Die Vier-in-einem-Perspektive.* Argument.

189 Knobloch, U. et al. (2022). *Caring Societies – Sorgende Gesellschaften.* Beltz.

190 Bonneuil, C. & Fressoz, J.-B. (2017). *The Shock of the Anthropocene: The Earth, History and Us.* Verso.

191 Bärnthaler, R. (2023). Towards eco-social politics: a case study of transformative strategies to overcome forms-of-life crises. *Environmental Politics*. DOI: 10.1080/09644016.2023. 2180910

192 vgl. z. B. Görg, C. (2003). Dialektische Konstellationen. Zu einer kritischen Theorie gesellschaftlicher Naturverhältnisse. In Demirovic, A. (Hrsg.): *Modelle kritischer Gesellschaftstheorie*, 39–62. J.B. Metzler.

193 vgl. Saito, K. (2017). *Karl Marx's Ecosocialism: Capital, Nature, and the Unfinished Critique of Political Economy*. Monthly Review Press.

194 Adorno, T. & Horkheimer, M. (1947). *Dialektik der Aufklärung*. Suhrkamp.

Teil 3: Die Welt im Umbruch – eine Vielfachkrise

7. Globalisierung im Umbruch

195 vgl. u. a. Scholte, J. A. (2008). Defining Globalisation. *The World Economy* 31 (11), 1471– 1502. Der Soziologe Hartmut Rosa spricht in diesem Zusammenhang auch von einer „Weltreichweitenvergrößerung", in: Rosa, H. (2019). *Resonanz: Eine Soziologie der Weltbeziehung*. Suhrkamp.

196 Van Bergeijk, P. (2019). *Deglobalization 2.0. Trade and Openness during the Great Depression and the Great Recession*. Edward Elgar.

197 Harvey, D. (2001). Globalization and the "spatial fix". *Geographische Revue*, 3(2), 23–30. / Harvey, D. (2019). *Spaces of Global Capitalism: A Theory of Uneven Geographical Development*. Verso.

198 vgl. auch Teusch, U. (2004). *Was ist Globalisierung? Ein Überblick*. Primus. Dauderstädt, M. (2015). *Globalisierung und Soziale Demokratie*. Friedrich-Ebert-Stiftung.

199 Brakman, S. et al. (2019). The New Silk Roads: An introduction to China's Belt and Road Initiative. *Cambridge Journal of Regions, Economy and Society*, 12(1), 3–16.

200 Braudel, F. (1990). *Sozialgeschichte des 15.-18. Jahrhunderts: Der Alltag, der Handel, Aufbruch zur Weltwirtschaft*. Kindler. Arrighi, G. (1994). *The Long Twentieth Century: Money, Power, and the Origins of Our Times*. Verso.

201 Vernengo, M. (2021). The Consolidation of Dollar Hegemony After the Collapse of Bretton Woods: Bringing Power Back in. *Review of Political Economy*, 33(4), 529–551.

202 Said, E. W. (2009). *Orientalismus*. S. Fischer. Vgl. auch Novy (2002). *Entwicklung gestalten*. Brandes & Apsel.

203 Wallerstein, I. (2004). *Das moderne Weltsystem I – IV*. Promedia.

204 Aglietta, M. (2001). *A theory of capitalist regulation: The US experience*. Verso. Vgl. auch Opratko, B. (2022). *Hegemonie*. Westfälisches Dampfboot.

205 Chang, H.-J. (2002). *Kicking Away the Ladder: Development Strategy in Historical Perspective*. Anthem Press.

206 World Bank (o. D.). Exports of goods and services (current US$). https://data. worldbank.org/indicator/NE.EXP.GNFS.CD?end=2021&name_desc=false&start=1960&view=chart (Zugriff: 09.02.2023). Vgl. auch UNCTAD (2021). China: The rise of a titan. https://unctad.org/news/china-rise-trade-titan (Zugriff: 31.01.2023).

207 Krastev, I. & Holmes, S. (2021). *Das Licht, das erlosch: Eine Abrechnung*. Ullstein.

208 Dunford, M. & Liu, W. (2019). Chinese perspectives on the Belt and Road Initiataive. *Cambridge Journal of Regions, Economy and Society*, 12(1), 145–167.

209 Diese Begriffe kommen aus der aus Frankreich stammenden Regulationstheorie. Vgl. dazu Becker, J. (2002). *Akkumulation, Regulation, Territorium: Zur kritischen Rekonstruktion der französischen Regulationstheorie*. Metropolis. Novy, A. (2000). Wird alles anders? Überlegungen zu Krise und Beharrung. *Kurswechsel* 4, 6–20. Jessop, B. (2015). Regulation Theory. In *The Blackwell Encyclopedia of Sociology*. John Wiley & Sons.

210 Polanyi, K. (1973). *The Great Transformation: Politische und ökonomische Ursprünge von Gesellschaften und Wirtschaftssystemen*. Suhrkamp.

211 Knafo, S. (2019). The Gold Standard. In Dale, G, Holmes, C. & Markantonatou, M. (Hrsg.): *Karl Polanyi's Political and Economic Thought*, 89–108. Agenda Publishing.

212 Skidelsky, R. (2019). *Money and Government. A Challenge to Mainstream Economics*, 43. Penguin.

213 Rodrik, D. (2011). *Das Globalisierungs-Paradox: Die Demokratie und die Zukunft der Weltwirtschaft*. C.H. Beck.

214 Bonneuil, C. & Fressoz, J.-B. (2017). *The Shock of the Anthropocene: The Earth, History and Us*. Verso.

215 Malm, A. & Zetkin Collective (2021). *White Skin, Black Fuel: On the Danger of Fossil Fascism*. Verso.

216 Rahman, K. S. & Thelen, K. (2019). The rise of the platform business model and the transformation of twenty-first-century capitalism. *Politics & Society*, 47(2), 177–204.

217 vgl. Theodore, N., Peck, J. & Brenner, N. (2011). Neoliberal urbanism: Cities and the rule of markets. In Bridge, G. & Watson, S. (Hrsg.): *The New Blackwell Companion to the City*, 15–25. Blackwell. Davies, W. (2017). *The Limits of Neoliberalism: Authority, Sovereignty and the Logic of Competition*. SAGE.

218 Rodrik, D. (2011). *Das Globalisierungs-Paradox: Die Demokratie und die Zukunft der Weltwirtschaft*. C.H. Beck.

219 Skidelsky, R. (2019). *Money and Government. A Challenge to Mainstream Economics*, 376. Penguin. Gill, S. (1998). New constitutionalism, democratisation and global political economy. *Global Change, Peace & Security* 10(1), 23–38.

220 vgl. auch Robé, J.-P. (2020). *Property, Power and Politics: Why We Need to Rethink the World Power System*. Policy Press. Pistor, K. (2020). *Der Code des Kapitals: Wie das Recht Reichtum und Ungleichheit schafft*. Suhrkamp.

221 Wegerer, J. & Matzinger, S. (2022). Energiecharta-Vertrag als Bremsklotz. https://awblog.at/energiecharta-vertrag-als-bremsklotz/ (Zugriff: 28.01.2023).

222 Eckes, C., Main-Klingst, L. & Schaugg, L. (2023). Warum ein Ausstieg aus dem Energiecharta-Vertrag unumgänglich ist. https://www.derstandard.de/story/2000142819989/warum-ein-ausstieg-aus-dem-energiecharta-vertrag-unumgaenglich-ist (Zugriff: 28.01.2023).

223 Our World in Data (o. D.) Value of exported goods as share of GDP, 1827 to 2014. https://ourworldindata.org/grapher/merchandise-exports-gdp-cepii (Zugriff: 31.01.2023).

224 Van Bergeijk, P. (2019). *Deglobalization 2.0. Trade and Openness during the Great Depression and the Great Recession*. Edward Elgar.

225 Porter, M. (1996). Competitive advantage, agglomeration economies, and regional policy. *International Regional Science Review*, 19(1–2), 85–90.

226 Polanyi, M. (1985). *Implizites Wissen*. Suhrkamp.

227 Harvey, D. (2001). *Spaces of Capital: Towards a Critical Geography*. Routledge.

228 Kontratjew, N. (2013). *Die langen Wellen der Konjunktur*. Marlon.

229 vgl. dazu Malm, A. (2016). *Fossil Capital: The Rise of Steam-Power and the Roots of Global Warming*. Verso.

230 Harvey, D. (1989). *The Condition of Postmodernity: An Enquiry into the Origins of Cultural Change*. Wiley-Blackwell.

231 Srnicek, N. (2017). *Platform Capitalism*. John Wiley & Sons.

232 Zuboff, S. (2018). *Das Zeitalter des Überwachungskapitalismus*. Campus.

233 Mazzucato, M. (2018). *The Entrepreneurial State: Debunking Public vs. Private Sector Myths*. Penguin.

234 World Shipping Council (o. D.). The Top 50 Container Ports. https://www.worldshipping.org/top-50-ports (Zugriff: 28.01.2023).

235 Shiphub (o. D.). Top 50 cargo airports 2022. https://www.shiphub.co/top-50-cargo-air-ports-2022/ (Zugriff: 28.01.2023).

236 vgl. auch Kaika, M. & Swyngedouw, E. (2014). Radical urban political-ecological imaginaries. *Dérive* 55, 15–20.

237 vgl. auch Rodrik, D. (2011). *Das Globalisierungs-Paradox: Die Demokratie und die Zukunft der Weltwirtschaft.* C.H. Beck. Knafo, S. (2013). *The Making of Modern Finance: Liberal Governance and the Gold Standard.* Routledge.

238 Vernengo, M. (2021). The Consolidation of Dollar Hegemony After the Collapse of Bretton Woods: Bringing Power Back in. *Review of Political Economy, 33*(4), 529–551.

239 Steil, B. (2013). *The Battle of Bretton Woods: John Maynard Keynes, Harry Dexter White, and the Making of a New World Order.* Princeton University Press.

240 Boughton, J. M. & Moggridge, D. E. (2002). Why White, Not Keynes? Inventing the Post-War International Monetary System. In Arnon, A. & Young, W. (Hrsg.): *The Open Economy Macromodel: Past, Present and Future,* 73–102. Springer.

241 Graeber, D. (2022). *Schulden. Die ersten 5000 Jahre.* Klett Cotta.

242 van der Zwan, N. (2014). *Making sense of financialization.* Socio-Economic Review, 12(1), 99–129. Polanyi Levitt, K. (2019). *Die Finanzialisierung der Welt: Karl Polanyi und die neoliberale Transformation der Weltwirtschaft.* (Hrsg. Novy, A., Brie, M. & Thomasberger, C.) Beltz Juventa. Epstein, G. A. (2006). *Financialization and the World Economy.* Edward Elgar.

243 Arrighi, G. (2003). *The social and political economy of global turbulence.* New Left Review, 20(2), 5–71. Brenner, R. (2003). *The Boom and the Bubble: The US in the World Economy.* Verso.

244 Dickens, E. (2005). The eurodollar market and the new era of global financialization. In Epstein, G. A. (Hrsg.): *Financialization and the World Economy,* 210–219. Edward Elgar.

245 vgl. Aalbers, M. (2016). *The Financialization of Housing: A political economy approach.* Taylor & Francis. Burns, D. et al. (2016). *Where does the money go? Financialised chains and the crisis in residential care.* The Centre for Research on Socio-Cultural Change. Clark, E., Larsen, H. G. & Hansen, A. L. (2015). *Financialisation of built environments: A literature review.* Financialisation, Economy, Society & Sustainable Development (FESSUD) Project. Dowling, E. (2021). *The Care Crisis: What Caused It and How Can We End It?* Verso. Plank, L., Volmary, H. & Blaas, W. (2021). Goldene Zeiten für das Geschäft mit kritischer sozialer Infrastruktur? https://awblog.at/goldene-zeiten-fuer-das-geschaeft-mit-kritischer-sozialer-infrastruktur/ (Zugriff: 06.02.2023).

246 Zucman, G. (2019). Taxing Multinational Corporations in the 21st Century. *Econfip Research Brief 10.* Economists for Inclusive Prosperity.

247 Widmer, F. (2011). Institutional investors, corporate elites and the building of a market for corporate control. *Socio-Economic Review,* 9(4), 671–697. Jürgens, U., Naumann, K. & Rupp, J. (2000). Shareholder value in an adverse environment: The German case. *Economy and Society,* 29(1), 54–79.

248 Sennholz-Weinhardt, B., Peters, M. & Zöllner, U. (2021). Gewinne auf Kosten der Allgemeinheit: Wie Konzerne Aktionärsinteressen bedienen, statt Klima und Menschenrechte zu schützen. https://www.finanzwende-recherche.de/unsere-themen/dax30-bericht/ (Zugriff: 06.02.2023).

249 Crouch, C. (2009). Privatised Keynesianism: An Unacknowledged Policy Regime. *The British Journal of Politics and International Relations,* 11(3), 382–399.

250 Crotty, J. (2003). The neoliberal paradox: The impact of destructive product market competition and impatient finance on nonfinancial corporations in the neoliberal era. *Review of Radical Political Economics,* 35(3), 271–279.

251 Minsky, H. (2008). *Stabilizing an Unstable Economy.* McGraw-Hill Education.

252 vgl. Schulmeister, S. (2018). *Der Weg zur Prosperität.* Ecowin.

253 vgl. auch Eich, S. (2019). Old Utopias, New Tax Havens: The Politics of Bitcoin in Historical Perspective. In Hacker, P. et al. (Hrsg.): *Regulating Blockchain: Techno-Social and Legal Challenges,* 85–101. Oxford University Press. Tooze, A. (2021). Newsletter #15: Talking (and reading) about Bitcoin. https://adamtooze.substack.com/p/chartbook-newsletter-15 (Zugriff: 06.02.2023). Koning, J. P. (2019). Moneyness: Bitcoin, 11-years in. http://jpkoning.blogspot.com/2019/11/bitcoin-11-years-in.html (Zugriff: 06.02.2023).

8. Gesellschaft im Umbruch

254 Kelsen, H. (2019). *Allgemeine Staatslehre. Studienausgabe der Originalausgabe 1925.* Mohr Siebeck.

255 Hobbes, T. (2005). *Leviathan.* Meiner.

256 Locke, J. (2012). *The Second Treatise of Government / Über die Regierung.* Reclam.

257 Macpherson, C. B. (1962). *The Political Theory of Possessive Individualism: Hobbes to Locke.* Clarendon Press.

258 vgl. u. a. Arendt, H. (2002). *Vita activa oder Vom tätigen Leben.* Piper. Aristoteles (2012). *Politik.* Meiner.

259 vgl. u. a. Fineman, M. A. & Grear, A. (2013). *Vulnerability: Reflections on a New Ethical Foundation for Law and Politics.* Routledge. Kittay, E. F. (2019). *Love's Labor: Essays on Women, Equality and Dependency.* Routledge. Butler, J. (2012). Precarious Life, Vulnerability, and the Ethics of Cohabitation. *The Journal of Speculative Philosophy*, 26(2), 134–151.

260 Nussbaum, M. C. (2007). *Frontiers of Justice: Disability, Nationality, Species Membership.* Harvard University Press.

261 Fineman, M. A. (2000). Cracking the Foundational Myths: Independence, Autonomy, and Self-Sufficiency. *American University Journal of Gender, Social Policy & the Law,* 8 (1), 13–29. Fineman, M. A. (2008). The Vulnerable Subject: Anchoring Equality in the Human Condition. *Yale Journal of Law and Feminism,* 20 (1), 1–24.

262 Therborn, G. (2013). *The Killing Fields of Inequality.* Polity.

263 Pickett, K. & Wilkinson, R. (2010). *The Spirit Level: Why Equality is Better for Everyone.* Penguin.

264 Chancel, L. et al. (2022). Bericht zur weltweiten Ungleichheit 2022. https://wir2022.wid.world/ (Zugriff: 06.02.2023).

265 Chancel, L. et al. (2022). World Inequality Report 2022. https://wir2022.wid.world/ (Zugriff: 06.02.2023).

266 Chancel, L. et al. (2022). World Inequality Report 2022, 124. https://wir2022.wid.world/ (Zugriff: 06.02.2023).

267 ebd, 31.

268 ebd, 68.

269 Our World in Data (o. D.) Share of population living in extreme poverty, 1981 to 2020. https://ourworldindata.org/poverty (Zugriff: 12.04.2023).

270 Novy, A. (2001). *Die Unordnung der Peripherie. Von der Sklavenhaltergesellschaft zur Diktatur des Geldes.* Promedia.

271 vgl. auch Kohlenberger, J. (2022). *Das Fluchtparadox: Über unseren widersprüchlichen Umgang mit Vertreibung und Vertriebenen.* Kremayr & Scheriau.

272 Piketty, T. (2022). *Eine kurze Geschichte der Gleichheit.* C.H. Beck.

273 Our World in Data (2019). Life Expectancy. https://ourworldindata.org/life-expectancy (Zugriff: 31.01.2023).

274 Marx, K. & Engels, F. (1974). *Manifest der kommunistischen Partei.* Dietz.

275 Piketty, T., Postel-Vinay, G. & Rosenthal, J.-L. (2014). Inherited vs self-made wealth: Theory & evidence from a rentier society (Paris 1872–1927). *Explorations in Economic History,* 51, 21–40.

276 Foundational Economy Collective (2019). *Die Ökonomie des Alltagslebens. Für eine neue Infrastrukturpolitik.* Suhrkamp.

277 Statista (2022). Life expectancy (from birth) in Austria, from 1870 to 2020*. https://www.statista.com/statistics/1041189/life-expectancy-austria-all-time/ (Zugriff: 31.01.2023).

278 Rosanvallon, P. (2013). *Die Gesellschaft der Gleichen.* Hamburger Edition. Reckwitz, A. (2017). *Die Gesellschaft der Singularitäten: Zum Strukturwandel der Moderne.* Suhrkamp. Simmel, G. (2008). *Individualismus der modernen Zeit: Und andere soziologische Abhandlungen.* Suhrkamp.

279 Tax Foundation (2021). Historical U.S. Federal Individual Income Tax Rates & Brackets, 1862–2021. https://taxfoundation.org/historical-income-tax-rates-brackets/ (Zugriff: 31.01.2023).

280 Reckwitz, A. (2019). *Das Ende der Illusionen: Politik, Ökonomie und Kultur in der Spätmoderne.* Suhrkamp. Whyte, W. H. (2002). The Organization Man. University of Pennsylvania Press. Bärnthaler, R., Novy, A. & Stadelmann, B. (2023). A Polanyi-inspired perspective on social-ecological transformations of cities. *Journal of Urban Affairs,* 45(2), 117–141

281 Chancel, L. et al. (2021). *World Inequality Report 2022,* 169.

282 Piketty, T. (2016). *Das Kapital im 21. Jahrhundert.* C.H. Beck.

283 World Inequality Report (2022). Country Sheets. https://wir2022.wid.world/download/ (Zugriff: 10.02.2023).

284 World Inequality Database (o. D.) USA. https://wid.world/country/usa/ (Zugriff: 31.01.2023).

285 Arbeiterkammer Wien (2020). Vermögensverteilung. https://www.arbeiterkammer.at/interessenvertretung/wirtschaft/verteilungsgerechtigkeit/Vermoegensverteilung.pdf (Zugriff: 31.01.2023).

286 World Inequality Report (2022). Country Sheets. https://wir2022.wid.world/download/ (Zugriff: 10.02.2023).

287 Ferschli, B. et al. (2017). Bestände und Konzentration privater Vermögen in Österreich. *ICAE Working Paper Series* 72, 1–39.

288 Europäische Zentralbank (2016). The Household Finance and Consumption Survey: results from the second wave. *Statistics Paper Series* 18, 1–137.

289 Arbeiterkammer Wien (2020). Vermögensverteilung. https://www.arbeiterkammer.at/interessenvertretung/wirtschaft/verteilungsgerechtigkeit/Vermoegensverteilung.pdf (Zugriff: 31.01.2023).

290 Graham, S. & Marvin, S. (2001). *Splintering Urbanism: Networked Infrastructures, Technological Mobilities and the Urban Condition.* Taylor & Francis.

291 Kenny, M. & Luca, D. (2021). The urban-rural polarisation of political disenchantment: An investigation of social and political attitudes in 30 European countries. *Cambridge Journal of Regions, Economy and Society,* 14(3), 565–582.

292 vgl. dazu Klinenberg, E. (2018). *Palaces for the People: How Social Infrastructure Can Help Fight Inequality, Polarization, and the Decline of Civic Life.* Crown.

293 Reckwitz, A. (2017). *Die Gesellschaft der Singularitäten: Zum Strukturwandel der Moderne.* Suhrkamp.

294 vgl. Peters, M. A. (2017). From State responsibility for education and welfare to self-responsibilisation in the market. *Discourse: Studies in the Cultural Politics of Education,* 38(1), 138–145. Lowe, S. & Meers, J. (2015). Social Policy Review 27: Analysis and debate in social policy. In Irving, Z., Fenger, M. & Hudson, J. (Hrsg.): *Responsibilisation of everyday life: Housing and welfare state change,* 55–72. Policy Press. Bärnthaler, R. et al. (2020). Die Alltagsökonomie als Fundament zukunftsfähiger Stadtentwicklung. *Dérive,* 80, 6–11.

295 vgl. u. a. Aigner, A. (2022). What's wrong with investment apartments? On the construction of a 'financialized' rental investment product in Vienna. *Housing Studies*, 37(3), 355–375. Heeg, S. (2017). Finanzialisierung und Responsibilisierung: Zur Vermarktlichung der Stadtentwicklung. In Schönig, B., Kadi, J. & Schipper, S. (Hrsg.): *Wohnraum für alle?! Perspektiven auf Planung, Politik und Architektur*, 47–60. transcript.

296 Putnam, R. D. & Garrett, S. R. (2021). *The Upswing: How We Came Together a Century Ago and How We Can Do It Again*. Faber and Faber.

297 Blühdorn, I. (2020). The dialectic of democracy: Modernization, emancipation and the great regression. *Democratization*, 27(3), 389–407.

298 vgl. Kant, I. (1870). Grundlegung zur Metaphysik der Sitten. Heimann. Kant, I. (1929). *Kritik der praktischen Vernunft*. Meiner.

299 vgl. Reckwitz, A. (2019). *Das Ende der Illusionen: Politik, Ökonomie und Kultur in der Spätmoderne*. Suhrkamp.

300 Sandel, M. J. (2020). *The Tyranny of Merit: What's Become of the Common Good?* Allen Lane.

301 Reckwitz, A. (2017). *Die Gesellschaft der Singularitäten: Zum Strukturwandel der Moderne*. Suhrkamp.

302 Fraser, N. (2019). *The Old is Dying and the New Cannot Be Born: From Progressive Neoliberalism to Trump and Beyond*. Verso.

303 Polanyi Levitt, K. (2019). *Die Finanzialisierung der Welt: Karl Polanyi und die neoliberale Transformation der Weltwirtschaft*. (Hrsg. Novy, A., Brie, M. & Thomasberger, C.). 168 ff. Beltz Juventa.

304 Brown, K. W. (2016). Colonial andean silver, the global economy, and indigenous labour in Peru's Huancavelica Mercury Mines of Death. *The Extractive Industries and Society*, 3(3), 762–771.

305 vgl. auch Adler, V. (2002). Die Lage der Ziegelarbeiter. In Maderthaner, W. (Hrsg): *Victor Adler. Zum 150. Geburtstag*, 7–9. Verein für Geschichte der Arbeiterbewegung.

306 Fraser, N. (2016). Contradictions of capital and care. *New Left Review*, 100, 99–117.

307 Mies, M. (1986). *Patriarchy and Accumulation on a World Scale: Women in the International Division of Labour*. Zed. von Werlhof, C. (1988). The proletarian is dead: Long live the Housewife. In von Werlhof, C., Mies, M. & Bennholdt-Thomsen, V. (Hrsg.): *Women. The last colony*, 168–181. Zed.

308 Statista (2020). Frauen arbeiten länger unbezahlt. https://de.statista.com/infografik/20558/bezahlte-taegliche-arbeitszeit-von-frauen-und-maennern-weltweit/ (Zugriff: 31.01.2023).

309 Arbeiterkammer Wien (2021). Ungerechte Verteilung. https://www.arbeiterkammer.at/interessenvertretung/wirtschaft/verteilungsgerechtigkeit/Broschuere_Ungerechte_Verteilung.pdf (Zugriff: 31.01.2023).

310 Hochschild, A. (2012). *The Second Shift: Working Families and the Revolution at Home*. Penguin.

311 vgl. auch Aulenbacher, B., Haubner, T. & Klinger, C. (2023). *Geld oder Leben – Sorge und Sorgearbeit im Kapitalismus*. Beltz Juventa.

312 Hochschild, A. (2014). Global Care Chains and Emotional Surplus Value. In Engster, D. & Metz, T. (Hrsg.): *Justice, Politics, and the Family*. Routledge.

313 Südejum, J. (2018). Digitalisierung und die Zukunft der Arbeit: Was ist am Arbeitsmarkt passiert und wie soll die Wirtschaftspolitik reagieren? *IZA Standpunkte* 90, 1–31. Krisch, A. et al. (2020). *Die Leistungsträgerinnen des Alltagslebens: Covid-19 als Brennglas für die notwendige Neubewertung von Wirtschaft, Arbeit und Leistung*. Foundational Economy Collective.

314 Case, A. & Deaton, A. (2022). *Tod aus Verzweiflung: Der Untergang der amerikanischen Arbeiterklasse und das Ende des amerikanischen Traums*. Plassen.

315 vgl. auch Haas, B. (2022). *Arbeit im ökologischen Wandel.* utb. Scholz, T. (2017). *Uber-worked and Underpaid: How Workers Are Disrupting the Digital Economy.* John Wiley & Sons.

316 vgl. auch Altenried, M. (2020). The platform as factory: Crowdwork and the hidden labour behind artificial intelligence. *Capital & Class,* 44(2), 145–158.

317 Griesser, M. (2021). Aktuelle Debatte: Arbeit im Plattformkapitalismus. *Kurswechsel* 4/21, 97–99. Herr, B. (2021). Leiten Lieferplattformen das Ende klassischer gewerkschaftlicher Klassenpolitik ein? *Kurswechsel* 4/21, 100–104.

318 Rahman, K. S. & Thelen, K. (2019). The Rise of the Platform Business Model and the Transformation of Twenty-First-Century Capitalism. *Politics & Society,* 47(2), 177–204. Stark, D. & Pais, I. (2020). Algorithmic Management in the Platform Economy. *Sociologica* 4(3), 47–72.

319 vgl. Bieling, H. J. & Möhring Hesse, M. (2022). Öffentliche Infrastrukturen: gesellschaftliche Konflikte und staatliche Gewährleistung. *Bürger & Staat,* 1/2(75), 4–11. Möhring Hesse, M. (2022). Vom gewährleistenden Staat zum »Gewährleistungsstaat« – und (vielleicht) zurück. *Ethik und Gesellschaft,* 2/22, 1–47.

320 Esping-Andersen, G. (1990). *The Three Worlds of Welfare Capitalism.* John Wiley & Sons.

321 Zur Gefahr „post-administrativer Staaten" vgl. Foundational Economy Collective (2020). *When Systems Fail: UK acute hospitals and public health after Covid-19.* Foundational Economy Research Report.

322 Grabher, G. (1994). *Lob der Verschwendung: Redundanz in der Regionalentwicklung; ein sozioökonomisches Plädoyer.* Edition sigma. Bärnthaler, R. et al. (2022). Die Alltagsökonomie als Hebel für ein gutes Leben für alle. In Werneke, F. & Zanker, C. (Hrsg): *Renaissance des Gemeinwohls?,* 73–88. VSA.

323 vgl. Troschitz, R. (2017). *Higher Education and the Student: From welfare state to neoliberalism.* Routledge. Shukry, M. (2017). Commodification of education in United Kingdom. *Journal of Law and Society* 4 (1), 38–47.

324 Dowling, E. (2021). *The Care Crisis: What Caused It and How Can We End It?* Verso.

325 Fraser, N. (2016). Contradictions of Capital and Care. *New Left Review,* 100, 99–117.

326 vgl. auch Chauvel, L. & Schröder, M. (2014). Generational inequalities and welfare regimes. *Social Forces,* 92(4), 1259–1283.

327 Aulenbacher, B., Décieux, F. & Riegraf, B. (2018). Capitalism goes care: Elder and child care between market, state, profession, and family and questions of justice and inequality. *Equality, Diversity and Inclusion: An International Journal,* 37(4), 347–360.

328 Kadi, J. (2015). Recommodifying Housing in Formerly "Red" Vienna? *Housing, Theory and Society,* 32(3), 247–265.

329 Zur Entwicklung des österreichischen Wohlfahrtsstaates, vgl. Österle, A. & Heitzmann, K. (2009). Welfare state development in Austria: Strong traditions meet new challenges. In Schubert, K, Hegelich, S., Bazant, U. (Hrsg.): *The Handbook of European Welfare Systems.* Routledge.

330 Clark, E. (2014). Good urban governance: Making rent gap theory not true. *Geografiska Annaler: Series B, Human Geography,* 96(4), 392–395.

331 Cronert, A. & Palme, J. (2019). *Social Investment at Crossroads: "The Third Way" or "The Enlightened Path" Forward?* In: Cantillon, B., Goedemé, T. & Hills, J. (Hrsg.) *Decent Incomes for All: Improving Policies in Europe.* Oxford Academic.

332 Aalbers, M. (2016). *Financialization of housing.* Taylor & Francis.

333 Grander, M. (2021). The inbetweeners of the housing markets – young adults facing housing inequality in Malmö, Sweden. *Housing Studies,* 0(0), 1–18.

334 Oosterlynck, S., Novy, A. & Kazepov, Y. (2019). *Local Social Innovation to Combat Poverty and Exclusion: A Critical Appraisal.* Policy Press.

335 Weinzierl, C. et al. (2017). Social innovation in the field of Roma inclusion in Hungary and Austria: Lessons to foster social cohesion from Thara and Tanodas. In Martinelli, F., Anttonen, A. & Mätzke, M. (Hrsg.): *Social Services Disrupted*, 302–320. Edward Elgar.

336 Reckwitz, A. (2019). *Das Ende der Illusionen: Politik, Ökonomie und Kultur in der Spätmoderne.* Suhrkamp. Reckwitz, A. (2017). *Die Gesellschaft der Singularitäten: Zum Strukturwandel der Moderne.* Suhrkamp.

337 vgl. auch Bärnthaler, R., Novy, A. & Stadelmann, B. (2023). A Polanyi-inspired perspective on social-ecological transformations of cities. *Journal of Urban Affairs*, 45(2), 117–141.

338 Rodrik, D. (2018). *Straight Talk on Trade.* Princeton University Press. Novy, A. (2022). The political trilemma of contemporary social-ecological transformation – lessons from Karl Polanyi's *The Great Transformation. Globalizations*, 59–80.

339 Mayer-Ahuja, N. & Nachtwey, O. (2021). *Verkannte Leistungsträger:innen: Berichte aus der Klassengesellschaft.* Suhrkamp. Krisch, A. et al. (2020). *Die Leistungsträgerinnen des Alltagslebens: Covid-19 als Brennglas für die notwendige Neubewertung von Wirtschaft, Arbeit und Leistung.* Foundational Economy Collective.

340 Kelsen, H. (2019). *Allgemeine Staatslehre. Studienausgabe der Originalausgabe 1925.* Mohr Siebeck.

341 vgl. u. a. Wasserman, J. (2014). *Black Vienna. The radical Right in the Red City, 1918–1938.* Cornell University Press.

342 vgl. u. a. Hagedorn, L., Hasewend, K. & Randeria, S. (2019). *Wenn Demokratien demokratisch untergehen.* Passagen.

343 vgl. dazu die Unterscheidung zwischen „Antagonismus" und „Agonismus" in Mouffe, C. (2005). *On the Political.* Psychology Press.

344 Piketty, T. (2020). *Kapital und Ideologie.* C.H. Beck.

345 Elsässer, L., Hense, S. & Schäfer, A. (2021). Not just money: Unequal responsiveness in egalitarian democracies. *Journal of European Public Policy*, 28(12), 1890–1908.

346 Ehs, T. & Zandonella, M. (2021). Demokratie der Reichen? Soziale und politische Ungleichheit in Wien. *Wirtschaft und Gesellschaft* 47 (1), 63–101.

347 Valchars, G. & Bauböck, R. (2021). *Migration und Staatsbürgerschaft.* Verlag der österreichischen Akademie der Wissenschaften.

348 vgl. Zingales, L. (2017). Towards a Political Theory of the Firm. *Journal of Economic Perspectives*, 31(3), 113–130. Crouch, C. (2021). *Postdemokratie revisited.* Suhrkamp. Buschek, C. et al. (2023). Recherchen enthüllen Geheimunternehmen, das gegen Geld weltweit Wahlen manipuliert. https://www.derstandard.at/story/2000143539977/recherchen-enthuellen-geheimunternehmen-das-gegen-geld-weltweit-wahlen-manipuliert (Zugriff: 17.02.2023).

349 Zuboff, S. (2018). *Das Zeitalter des Überwachungskapitalismus.* Campus.

350 vgl. u. a. Cinelli, M. et al. (2021). The echo chamber effect on social media. *Proceedings of the National Academy of Sciences*, 118(9), e2023301118. Blühdorn, I. & Deflorian, M. (2021). Politicisation beyond post-politics: New social activism and the reconfiguration of political discourse. *Social Movement Studies*, 20(3), 259–275.

9. Natur im Umbruch

351 Gates, D. M. et al. (o. D.). Biosphere. In *Encyclopedia Britannica*. https://www.britannica.com/science/biosphere (Zugriff: 19.02.2023)

352 vgl. das Konzept des „Metabolismus": Fischer-Kowalski, M. (1998). Society's Metabolism. *Journal of Industrial Ecology*, 2(1), 61–78.

353 Bonneuil, C. & Fressoz, J.-B. (2017). *The Shock of the Anthropocene: The Earth, History and Us*. Verso. Bärnthaler, R. (2023). Towards eco-social politics: a case study of transformative strategies to overcome forms-of-life crises. *Environmental Politics*. DOI: 10.1080/09644016. 2023.2180910

354 vgl. Görg, C. et al. (2017). Challenges for Social-Ecological Transformations: Contributions from Social and Political Ecology. *Sustainability*, 9(7), 1045. Spash, C. (2011). Social Ecological Economics: Understanding the Past to See the Future. *The American Journal of Economics and Sociology*, 70(2), 340–375. Dengler, C. & Strunk, B. (2022). Feminisms and the environment. In Pellizzoni, L., Leonardi, E. & Asara, V. (Hrsg.): *Handbook of Critical Environmental Politics*, 58–70. Edward Elgar. MacGregor, S. (2021). Making matter great again? Ecofeminism, new materialism and the everyday turn in environmental politics. *Environmental Politics*, 30(2), 41–60.

355 Die Grafik stammt aus folgender Publikation: Weischet, W. & Endlicher, W. (2018). Einführung in die Allgemeine Klimatologie, 314. Borntraeger. Dort wird sie wie folgt zitiert: Bubenzer, O. & Radtke, U. (2007). Natürliche Klimaänderungen im Laufe der Erdgeschichte. In Endlicher, W. & Gerstengarbe, F.-W. (Hrsg.): *Der Klimawandel – Einblicke, Rückblicke und Ausblicke*. Humboldt-Universität zu Berlin. Diese Autoren zitieren die Quelle ebenfalls: Rahmstorf, S. & Schellnhuber, H. J. (2006). *Der Klimawandel. Diagnose, Prognose, Therapie*. C. H. Beck.

356 Piketty, T. (2016). *Das Kapital im 21. Jahrhundert*. C.H. Beck.

357 Steffen, W. et al. (2015). The trajectory of the Anthropocene: The Great Acceleration. *The Anthropocene Review*, 2(1), 81–98.

358 Bonneuil, C. & Fressoz, J.-B. (2017). *The Shock of the Anthropocene: The Earth, History and Us*. Verso.

359 Meetoo, D. (2008). Chronic diseases: The silent global epidemic. *British Journal of Nursing*, 17(21), 1320–1325.

360 Leslie, H. A. et al. (2022). Discovery and quantification of plastic particle pollution in human blood. *Environment International*, 163, 107199.

361 Bonneuil, C. & Fressoz, J.-B. (2017). *The Shock of the Anthropocene: The Earth, History and Us*. Verso. Boudia, S. & Jas, N. (2013). *Toxicants, Health and Regulation since 1945*. Pickering & Chatto.

362 Jackson, L. E. (2003). The Relationship of Urban Design to Human Heath and Condition. *Landscape and Urban Planning* 64(4), 191–200. Marshall, W., Piatkowski, D. & Garrick, N. (2014) Community Design, Street Networks, and Public Health. *Journal of Transport and Health* 1(4), 326–340.

363 Bonneuil, C. & Fressoz, J.-B. (2017). *The Shock of the Anthropocene: The Earth, History and Us*. Verso.

364 Nabernegg, S. (2021). Emissionen hin oder her: Wer stößt sie aus und wie viel ist zu viel? In Armutskonferenz, Attac & Beigewum (Hrsg.): *Klimasoziale Politik*, 41–56. Bahoe books.

365 ebd.

366 IPCC (2022). Climate Change 2021: The Physical Science Basis. In *Sixth Assessment Report*. Cambridge University Press.

367 Zentralanstalt für Meteorologie und Geodynamik ZAMG (2022). Massive Zunahme an Hitzetagen. https://www.zamg.ac.at/cms/de/klima/news/massive-zunahme-an-hitzetagen (Zugriff: 04.02.2023)

368 IPCC (2022). Chapter 11: Weather and Climate Extreme Events in a Changing Climate. In *Sixth Assessment Report*. Cambridge University Press.

369 Lenton, T. M. et al. (2019). Climate tipping points-Too risky to bet against. *Nature*, 575(7784), 592–595.

370 IPCC (2022). Chapter 7: The Earth's Energy Budget, Climate Feedbacks, and Climate Sensitivity. In *Sixth Assessment Report*. Cambridge University Press.

371 IPCC (2019). Chapter 5: Changing Ocean, Marine Ecosystems, and Dependent Communities. In *Special Report on the Ocean and Cryosphere in a Changing Climate*. Cambridge University Press.

372 WHO (2021). Climate change and health. https://www.who.int/news-room/fact-sheets/detail/climate-change-and-health (Zugriff: 04.02.2023).

373 ebd.

374 UNHCR (2021). Climate change and disaster displacement. https://www.unhcr.org/climate-change-and-disasters.html (Zugriff: 05.02.2023). IPCC (2022). Climate Change 2022: Impacts, Adaptation and Vulnerability. In *Sixth Assessment Report*. Cambridge University Press.

375 vgl. Soffiantini, G. (2020). Food insecurity and political instability during the Arab Spring. *Global Food Security*, 26, 100400. Abel, G. J. et al. (2019). Climate, conflict and forced migration. *Global Environmental Change*, 54, 239–249.

376 IPCC (2022). Climate Change 2022: Impacts, Adaptation and Vulnerability. In *Sixth Assessment Report*. Cambridge University Press.

377 Clement, V. et al. (2021). *Groundswell Part 2: Acting on Internal Climate Migration*. World Bank.

378 Paris Agreement to the United Nations Framework Convention on Climate Change, Dez. 12, 2015, T.I.A.S. Nr. 16-1104. Vgl. zur Entstehung des 2 °C auch Randalls, S. (2010). History of the 2°C climate target. *WIREs Climate Change*, 1(4), 598–605.

379 IPCC (2022). Climate Change 2021: The Physical Science Basis. In *Sixth Assessment Report*. Cambridge University Press.

380 IPCC (2022). Climate Change 2022: Mitigation of Climate Change. In *Sixth Assessment Report*. Cambridge University Press.

381 ebd.

382 vgl. Minx, J. C. et al. (2018). Negative emissions-Part 1: Research landscape and synthesis. *Environmental Research Letters*, 13(6), 063001. Nemet, G. F. et al. (2018). Negative emissions-Part 3: Innovation and upscaling. *Environmental Research Letters*, 13(6), 063003.

383 vgl. Ward, M. et al. (2019). *Absolute Zero: Delivering the UK's climate Change Commitment with Incremental Changes to Today's Technologies*. University of Cambridge. Anderson, K. & Peters, G. (2016). The trouble with negative emissions. *Science*, 354(6309), 182–183. Larkin, A. et al. (2018). What if negative emission technologies fail at scale? Implications of the Paris Agreement for big emitting nations. *Climate Policy*, 18(6), 690–714.

384 IPCC (2018). *Global Warming of 1.5°C*. Cambridge University Press.

385 UNEP (2020). Chapter 3 The emissions gap. In: *Emissions Gap Report 2020*. United Nations Environment Programme und UNEP DTU Partnership.

386 Hickel, J. (2020). Quantifying national responsibility for climate breakdown: An equality-based attribution approach for carbon dioxide emissions in excess of the planetary boundary. *The Lancet Planetary Health*, 4(9), e399–e404.

387 Jevons, W. S. (1865). *The Coal Question: An Inquiry Concerning the Progress of the Nation, and the Probable Exhaustion of our Coal Mines*. Macmillan.

388 vgl. Gillingham, K., Rapson, D. & Wagner, G. (2016). The Rebound Effect and Energy Efficiency Policy. *Review of Environmental Economics and Policy*, 10(1), 68–88. Sorrell, S., Dimitropoulos, J. & Sommerville, M. (2009). Empirical estimates of the direct rebound effect: A review. *Energy Policy*, 37(4), 1356–1371.

389 Bonneuil, C. & Fressoz, J.-B. (2017). *The Shock of the Anthropocene: The Earth, History and Us*. Verso.

390 Our World in Data (o. D.) Energy mix. https://ourworldindata.org/energy-mix (Zugriff: 05.02.2023).

391 IPBES (2019). *Global assessment report of the Intergovernmental Science-Policy Platform on Biodiversity and Ecosystem Services* (Hrsg. Brondízio, E. S. et al.). IPBES Sekretariat.

392 ebd.

393 ebd.

394 Bar-On, Y.M., Phillips, R. & Milo, R. (2018). The biomass distribution on Earth. *Proceedings of the National Academy of Sciences*. 115(25), 6506–6511.

395 WWF (2022). Living Planet Report 2022 – Building a naturepositive society (Hrsg. Almond, R.E.A. et al.). WWF.

396 Warren, M. S. et al. (2021). The decline of butterflies in Europe: Problems, significance, and possible solutions. *Proceedings of the National Academy of Sciences*, 118(2), 1–10.

397 IPBES (2019). *Global assessment report of the Intergovernmental Science-Policy Platform on Biodiversity and Ecosystem Services* (Hrsg. Brondízio et al.). IPBES Sekretariat.

398 Rivers, M. C. et al. (2019). *European Red List of Trees*. IUCN. BirdLife International (2021). *European Red List of Birds*. Publications Office of the European Union. Temple, H. J. & Terry, A. (2007). *The Status and Distribution of European Mammals*. Office for Official Publications of the European Communities. Freyhof, J. & Brooks, E. (2011). *European Red List of Freshwater Fishes*. Publications Office of the European Union. Van Swaay, C. et al. (2010). *European Red List of Butterfies*. Publications Office of the European Union. Nieto, A. et al. (2014). *European Red List of bees*. Publications Office of the European Union.

399 Umweltbundesamt (2020). *Monitoring von Lebensraumtypen und Arten von gemeinschaftlicher Bedeutung in Österreich 2016–2018 und Grundlagenerstellung für den Bericht gemäß Art. 17 der FFH-Richtlinie im Jahr 2019: Teil 2: Artikel 17-Bericht* (Hrsg. Ellmauer, T. et al.). Umweltbundesamt.

400 IPBES (2019). *Global assessment report of the Intergovernmental Science-Policy Platform on Biodiversity and Ecosystem Services* (Hrsg. Brondízio, E. S. et al.). IPBES Sekretariat.

401 vgl. Sandal, M. (2021). Erdgeschichte: Nach dem Weltuntergang. Spektrum. https://www.spektrum.de/news/erdgeschichte-das-sechste-massenaussterben/1889650 (Zugriff: 05.02.2023).

402 vgl. dazu Our World in Data (o. D.) Land Use. https://ourworldindata.org/land-use (Zugriff: 18.02.2023). FAO (2019). *The State of the World's Biodiversity for Food and Agriculture* (Hrsg. Bélanger, J. & Pilling, D.). FAO Commission on Genetic Resources for Food and Agriculture Assessments. IPBES (2019). *Global assessment report of the Intergovernmental Science-Policy Platform on Biodiversity and Ecosystem Services* (Hrsg. Brondízio, E. S. et al.). IPBES Sekretariat.

403 IPBES (2019). *Global assessment report of the Intergovernmental Science-Policy Platform on Biodiversity and Ecosystem Services* (Hrsg. Brondízio, E. S. et al.). IPBES Sekretariat.

404 WWF (2022). Living Planet Report 2022 – Building a naturepositive society (Hrsg. Almond, R.E.A., Grooten, M. et al.). WWF.

405 Dakos, V. et al. (2019). Ecosystem tipping points in an evolving world. *Nature Ecology & Evolution*, 3(3), 355–362.

406 WWF (2022). *Risking the Amazon: Why we need immediate action to reduce the tipping point risk* (Hrsg. Gagen, M. et al.). WWF.

407 Gatti, L. et al. (2021). Amazonia as a carbon source linked to deforestation and climate change. *Nature*, 595,388–393.

408 WWF (2022). *Risking the Amazon: Why we need immediate action to reduce the tipping point risk* (Hrsg. Gagen, M. et al.). WWF.

409 IPBES (2020). *Workshop Report on Biodiversity and Pandemics of the Intergovernmental Platform on Biodiversity and Ecosystem Services* (Hrsg. Daszak, P. et al.). IPBES Sekretariat. WHO Regional Office for Europe (2022). *A health perspective on the role of the environment in One Health.* WHO Regional Office for Europe. The Lancet Commission. (2018). The Lancet Commission on pollution and health. *The Lancet*, 391(10119), 462–512. Lim, S. et al. (2012). A comparative risk assessment of burden of disease and injury attributable to 67 risk factors and risk factor clusters in 21 regions, 1990–2010: a systematic analysis for the Global Burden of Disease Study 2010. *The Lancet,* 380(9859), 2095–2128. Fuller, R. et al. (2022). Pollution and health: a progress update. *The Lancet*, 6(6), e535-e547. WHO (2022). WHO Air quality Database 2022 https://www.who.int/publications/m/item/who-air-quality-database-2022 (Zugriff: 19.02.2023).

410 IPBES (2019). *Global assessment report of the Intergovernmental Science-Policy Platform on Biodiversity and Ecosystem Services* (Hrsg. Brondízio, E. S. et al.). IPBES Sekretariat.

411 Secretariat of the Convention on Biological Diversity (2020). *Global Biodiversity Outlook 5.* Secretariat of the Convention on Biological Diversity.

412 Kunming-Montreal Global biodiversity framework, Dez. 18, 2022, CBD/COP/15/L.25.

413 Heede, R. (2014). Tracing anthropogenic carbon dioxide and methane emissions to fossil fuel and cement producers, 1854–2010. *Climatic Change*, 122(1), 229–241. Griffin, P. (2017). *The Carbon Majors Database. CDP Carbon Majors Report 2017*. CDP.

414 Hickel, J. (2020). Quantifying national responsibility for climate breakdown: An equality-based attribution approach for carbon dioxide emissions in excess of the planetary boundary. *The Lancet Planetary Health*, 4(9), e399–e404.

415 Chancel, L. (2022). Global carbon inequality over 1990–2019. *Nature Sustainability*, 5(11), 931–938. Für Österreich vgl. Theine, H. et al. (2022). Emissions inequality: Disparities in income, expenditure, and the carbon footprint in Austria. *Ecological Economics*, 197, 107435.

416 APCC (2023). *APCC Special Report Strukturen für ein klimafreundliches Leben* (Hrsg. Görg, C. et al.). Springer.

417 vgl. Victor, D. (2015). Climate change: Embed the social sciences in climate policy. *Nature*, 520(7545), 27–29. Stern, P. C. & Dietz, T. (2015). IPCC: Social scientists are ready. *Nature*, 521(7551), 161–161.

418 IPCC (2022). *Sixth Assessment Report*. Cambridge University Press.

419 Breslau, D. (2003). Economics Invents the Economy: Mathematics, Statistics, and Models in the Work of Irving Fisher and Wesley Mitchell. *Theory and Society* 32(3), 379–411. Bonneuil, C. & Fressoz, J.-B. (2017). *The Shock of the Anthropocene: The Earth, History and Us.* Verso.

420 Mirowski, P. (1991). *More Heat than Light: Economics as Social Physics, Physics as Nature's Economics*. Cambridge University Press. Spash, C. (1999). The Development of Environmental Thinking in Economics. *Environmental Values*, 8(4), 413–435.

421 vgl. u. a. Hickel, J. & Kallis, G. (2020). Is Green Growth Possible? *New Political Economy*, 25(4), 469–486.

422 Mitchell, T. (1998). Fixing the Economy. *Cutural Studies* 12(1), 82–101.

423 Agusdinata, D. B., Eakin, H. & Liu, W. (2022). Critical minerals for electric vehicles: A telecoupling review. *Environmental Research Letters*, 17(1), 013005.

424 The World Counts (o. D.) Terajoules of energy used. https://www.theworldcounts.com/challenges/climate-change/energy/global-energy-consumption (Zugriff: 06.02.2023).

425 Meadows, D. H. et al. (1972). *The Limits to Growth: A Report to the Club of Rome*. Universe Books.

426 Moore, J. W. (2016). *Anthropocene or Capitalocene? Nature, History, and the Crisis of Capitalism.* PM Press. Moore, J. W. (2017). The Capitalocene, Part I: On the nature and origins of our ecological crisis. *The Journal of Peasant Studies*, 44(3), 594–630.

427 vgl. auch Shove, E. (2018). What is wrong with energy efficiency? *Building Research & Information*, 46(7), 779–789.

428 Jaeggi, R. (2014). *Kritik von Lebensformen*. Suhrkamp.

429 Lears, J. (1994). *Fables of Abundance: A Cultural History of Advertising in America*. Basic Books. Cohen, L. (2004). A Consumers' Republic: The Politics of Mass Consumption in Postwar America. *Journal of Consumer Research*, 31(1), 236–239. Røpke, I. (1999). The dynamics of willingness to consume. *Ecological Economics*, 28(3), 399–420.

430 Brand, U. & Wissen, M. (2017). *Imperiale Lebensweise: Zur Ausbeutung von Mensch und Natur in Zeiten des globalen Kapitalismus*. oekom.

431 Novy, A. (2019). Kritik der westlichen Lebensweise. In Luks, F. (Hrsg.): *Chancen und Grenzen der Nachhaltigkeitstransformation*, 43–58. Springer.

432 vgl. dazu auch: Amlinger, C. & Nachtwey, O. (2022). *Gekränkte Freiheit. Aspekte des Libertären Autoritarismus*. Suhrkamp.

433 vgl. Hornborg, A. (2014). Ecological economics, Marxism, and technological progress: Some explorations of the conceptual foundations of theories of ecologically unequal exchange. *Ecological Economics*, 105, 11–18. Foster, J. B. & Holleman, H. (2014). The theory of unequal ecological exchange: A Marx-Odum dialectic. *The Journal of Peasant Studies*, 41(2), 199–233.

434 Malm, A. (2020). *Corona, Climate, Chronic Emergency. War Communism in the Twenty-First Century*. Verso.

435 Bonneuil, C. & Fressoz, J.-B. (2017). *The Shock of the Anthropocene: The Earth, History and Us*. Verso.

436 Pomeranz, K. (2009). *The Great Divergence: China, Europe, and the Making of the Modern World Economy. In The Great Divergence*. Princeton University Press.

437 Bonneuil, C. & Fressoz, J.-B. (2017). *The Shock of the Anthropocene: The Earth, History and Us*. Verso.

438 vgl. Schandl, H. & Krausmann, F. (2007). The great transformation: A socio-metabolic reading of the industrialization of the United Kingdom. In Fischer-Kowalski, M. & Haberl, H. (Hrsg.): *Socioecological transitions and global change: Trajectories of social metabolism and land use*, 83–115. Edward Elgar. Darwin, John (2009). *The Empire Project: The Rise and Fall of the British World-System, 1830–1970*. Cambridge University Press.

439 vgl. u. a. Smith, N. (1996). The production of nature. In Bird, J. et al. (Hrsg.): *Futurenatural*. Routledge.

440 Chase-Dunn, C. et al. (2005): The Trajectory of the United States in the World-System: A Quantitative Reflection. *Sociological Perspectives* 48(2), 233–54.

441 Mitchell, T. (2011). *Carbon Democracy: Political Power in the Age of Oil*. Verso.

442 Die Ausführungen dieses Absatzes sowie die folgenden ohne gesonderte Referenzierung basieren auf: Bonneuil, C. & Fressoz, J.-B. (2017). *The Shock of the Anthropocene: The Earth, History and Us*. Verso.

443 Mallapaty, S. (2022). Pakistan's floods have displaced 32 million people – Here's how researchers are helping. *Nature*, 609(7928), 667–667.

444 Gough, I. (2017). *Heat, Greed and Human Need: Climate change, capitalism and sustainable wellbeing*. Edward Elgar.

445 vgl. u. a. Lawrence, M. & Buller, A. (2022). *Owning the Future: Power and Property in an Age of Crisis*. Verso.

446 vgl. Spash, C. (2010). The Brave New World of Carbon Trading. *New Political Economy*, 15(2), 169–195. Spash, C. (2015). Bulldozing biodiversity: The economics of offsets and trading-in Nature. *Biological Conservation*, 192, 541–551.

447 Townsend, J., Moola, F. & Craig, M.-K. (2020). Indigenous Peoples are critical to the success of nature-based solutions to climate change. *FACETS*, 5(1), 551–556.

448 Lawrence, M. & Buller, A. (2022). *Owning the Future: Power and Property in an Age of Crisis*. Verso.

449 Martínez-Alier, J. (2003). *The Environmentalism of the Poor: A Study of Ecological Conflicts and Valuation*. Edward Elgar.

450 Radkau, J. (2011). *Die Ära der Ökologie: Eine Weltgeschichte*. C.H. Beck.

451 Bonneuil, C. & Fressoz, J.-B. (2017). *The Shock of the Anthropocene: The Earth, History and Us*. Verso.

452 Eckersley, R. (2020). Ecological democracy and the rise and decline of liberal democracy: Looking back, looking forward. *Environmental Politics*, 29(2), 214–234.

453 Blühdorn, I. (2020). *Nachhaltige Nicht-Nachhaltigkeit: Warum die ökologische Transformation der Gesellschaft nicht stattfindet*. transcript.

454 Polanyi, K. (1978). *The Great Transformation. Politische und ökonomische Ursprünge von Gesellschaften und Wirtschaftssystemen*. 340, Suhrkamp.

455 Polanyi, K. (1978). *The Great Transformation. Politische und ökonomische Ursprünge von Gesellschaften und Wirtschaftssystemen*. 329 ff., Suhrkamp.

456 Rosanvallon, P. (2013). *Die Gesellschaft der Gleichen*. Hamburger Edition.

Teil 4: Wege zum zukunftsfähigen Wirtschaften

10. Ziele, Maßnahmen und Akteure zukunftsfähigen Wirtschaftens

457 APCC (2023). *APCC Special Report Strukturen für ein klimafreundliches Leben* (Hrsg. Görg, C. et. al). Springer.

458 vgl. auch IPCC (2022). Climate Change 2022: Mitigation of Climate Change. In *Sixth Assessment Report*, 1765. Cambridge University Press: „Individual action suggests aggregated but uncoordinated actions taken by individuals, whereas collective sustainability actions involve coordination, a process of participation and governance that may ensure more efficient, equitable and effective outcomes."

459 Klump, R. (2006). *Wirtschaftspolitik. Instrumente, Ziele und Institutionen*. Pearson.

460 Buch-Hansen, H. & Nesterova, I. (2023). Less and more: Conceptualising degrowth transformations. *Ecological Economics*, 205, 107731.

461 Brand, U. et al. (2021). From planetary to societal boundaries: An argument for collectively defined self-limitation. *Sustainability: Science, Practice and Policy*, 17(1), 264–291.

462 Meadows, D. H (2019). *Die Grenzen des Denkens: Wie wir sie mit System erkennen und überwinden können*. oekom.

463 Für eine ähnliche Systematisierung vgl. Gough, I. (2017). *Heat, Greed and Human Need: Climate change, capitalism and sustainable wellbeing*. Edward Elgar.

464 vgl. u. a. Cherry, M. A. & Sneirson, J. F. (2010). Beyond profit: Rethinking corporate social responsibility and greenwashing after the BP oil disaster. *Tulane Law Review*, 85, 983.

465 Für eine kritische Analyse von FAIRTRADE vgl. Johannessen, S. & Wilhite, H. (2010). Who Really Benefits from Fairtrade? An Analysis of Value Distribution in Fairtrade Coffee. *Globalizations*, 7(4), 525–544.

466 Bundesministerium für Klimaschutz, Umwelt, Energie, Mobilität, Innovation und Technologie (o. D.). EU-Taxonomie-Verordnung. https://www.bmk.gv.at/green-finance/finanzen/eu-strategie/eu-taxonomie-vo.html (Zugriff: 09.02.2023).

467 vgl. z. B. BBVA (2022). What is the European Union's social taxonomy for sustainable finance? https://www.bbva.com/en/sustainability/what-is-the-european-unions-social-taxonomy-for-sustainable-finance/ (Zugriff: 08.02.2023).

468 vgl. Gabor, D. & Kohl, S. (2022). My Home is an asset class. Study about the financialization of housing in Europe. https://www.greens-efa.eu/en/article/document/my-home-is-an-asset-class (Zugriff: 06.02.2023). Anlar, S. (2022). EU Taxonomy: The Dirty Politics of Greenwashing Energy. https://www.greeneuropeanjournal.eu/the-dirty-politics-of-greenwashing-energy/ (Zugriff: 09.02.2023).

469 Parry, I., Black, M. S. & Vernon, N. (2021). *Still Not Getting Energy Prices Right: A Global and Country Update of Fossil Fuel Subsidies*. International Monetary Fund.

470 vgl. Spash, C. (2010). The Brave New World of Carbon Trading. *New Political Economy*, 15(2), 169–195. Buller, A. (2022). *The Value of a Whale: On the Illusions of Green Capitalism*. Manchester University Press. Caney, S. & Hepburn, C. (2011). Carbon Trading: Unethical, Unjust and Ineffective? *Royal Institute of Philosophy Supplements*, 69, 201–234. Schulmeister, S. (2020). CO$_2$-Emissionen müssen stetig teurer werden – durch einen Preispfad für fossile Energie. *Wirtschaftsdienst* 100 (10), 812–814. Lohmann, L. et al. (2006). *Carbon trading: A critical conversation on climate change, privatisation and power*. Dag Hammarskjöld Centre Uppsala.

471 vgl. auch Weber, M. & Kubeczko, K. (2023): Innovationssystem und -politik. In: APCC (Hrsg. Görg, C. et al.): *Special Report Strukturen für ein klimafreundliches Leben*. Springer.

472 Mazzucato, M. (2021). *Mission Economy: A Moonshot Guide to Changing Capitalism*. Harper Business.

473 vgl. auch Soder, M. (2023). Jetzt bloß keine nationalen Beihilfenmeisterschaften bei der Industriepolitik. https://www.derstandard.at/story/2000143587598/jetzt-bloss-keine-nationalen-beihilfenmeisterschaften-bei-der-industriepolitik (Zugriff: 17.02.2023).

474 Europäische Kommision (2021). Aktualisierung der Industriestrategie von 2020: hin zu einem stärkeren Binnenmarkt für die Erholung Europas. https://ec.europa.eu/commission/presscorner/detail/de/ip_21_1884 (Zugriff: 06.02.2023).

475 Europäische Kommision (o. D.). A European Green Deal. https://commission.europa.eu/strategy-and-policy/priorities-2019-2024/european-green-deal_en (Zugriff: 08.02.2023). Berger, C. & Soder, M. (2021). Gestalten, what else? Das Update zur EU-Industriestrategie. https://awblog.at/update-zur-eu-industriestrategie/ (Zugriff: 06.02.2023).

476 Europäische Kommision (o. D.). Important Projects of Common European Interest (IPCEI). https://competition-policy.ec.europa.eu/state-aid/legislation/modernisation/ipcei_en (Zugriff: 08.02.2023).

477 Europäische Kommision (o. D.). Farm to Fork strategy for a fair, healthy and environmentally-friendly food system. https://food.ec.europa.eu/horizontal-topics/farm-fork-strategy_en (Zugriff: 24.02.2023).

478 vgl. u. a. Europäische Kommision (o. D.). NextGenerationEU Green Bonds. https://commission.europa.eu/strategy-and-policy/eu-budget/eu-borrower-investor-relations/nextgenerationeu-green-bonds_en (Zugriff: 06.02.2023).

479 vgl. u. a. Schlager, C. & Soder, M. (2021). EU-Industriepolitik – Strategisch im Umgang mit Klimakrise, Digitalisierung und De-Globalisierung? https://awblog.at/eu-industriepolitik/ (Zugriff: 06.02.2023).

480 Raza, W. (2020). Der European Green Deal: Einstieg in die sozial-ökologische Transformation? *Kurswechsel* 1/20, 22–29.

481 vgl. dazu Soder, M. & Templ, N. (2022). Österreichs Just Transition Plan: Wegweiser in eine faire klimaneutrale Zukunft? *infobrief eu & international* 3/22, 19–38.

482 vgl. Umweltbundesamt (2022). Private Haushalte und Konsum. https://www.umweltbundesamt.de/daten/private-haushalte-konsum/wohnen (Zugriff: 18.02.2023). Moberg, K. R. et al. (2019). Mobility, food and housing: Responsibility, individual consumption and demand-side policies in European deep decarbonisation pathways. *Energy Efficiency*, 12(2), 497–519. Millward-Hopkins, J. et al. (2020). Providing decent living with minimum energy: A global scenario. *Global Environmental Change*, 65, 102168.

483 vgl. u. a. Bohnenberger, K. & Schultheiss, J. (2021). Sozialpolitik für eine klimagerechte Gesellschaft. In Armutskonferenz, Attac, Beigewum (Hrsg.): *Klimasoziale Politik. Eine gerechte und emissionsfreie Gesellschaft gestalten.* bahoe books.

484 Coote, A., Kasliwal, P. & Percy, A. (2019). *Universal Basic Services: Theory and Practice – A literature review.* UCL Institute for Global Prosperity. Vgl. dazu auch Bohnenberger, K. (2020). Money, Vouchers, Public Infrastructures? A Framework for Sustainable Welfare Benefits. *Sustainability*, 12(2), 596.

485 Coote, A. & Percy, A. (2020). *The Case for Universal Basic Services.* John Wiley & Sons. Gough, I. (2019). Universal Basic Services: A Theoretical and Moral Framework. *The Political Quarterly*, 90(3), 534–542. The Social Guarente. (o. D.). What is The Social Guarantee? https://www.socialguarantee.org/about (Zugriff: 08.02.2023).

486 Vogel, J. et al. (2021). Socio-economic conditions for satisfying human needs at low energy use: An international analysis of social provisioning. *Global Environmental Change*, 69, 102287.

487 Foundational Economy Collective (2019). *Die Ökonomie des Alltagslebens. Für eine neue Infrastrukturpolitik.* Suhrkamp. Froud, J. & Williams, K. (2019). Social Licensing for the Common Good. https://renewal.org.uk/social-licensing-for-the-common-good/ (Zugriff: 08.02.2023).

488 vgl. u. a. Glaser, D. & Marquardt, S. (2020). Es geht auch anders. Mieten müssen nicht immerzu steigen. Wohnen und Daseinsvorsorge in Wien und Berlin. In Brauner, R. & Müller, B. (Hrsg.): *Wege zur Wohlfahrtsstadt.* Urban Forum.

489 vgl. dazu auch Rotter, A. (2022). Geschäftsmodell Pflegeheim. https://www.arbeit-wirtschaft.at/geschaeftsmodell-pflegeheim/ (Zugriff: 08.02.2023).

490 vgl. auch Bohnenberger, K. (2022). Greening work: Labor market policies for the environment. *Empirica*, 49(2), 347–368.

491 Nabernegg, S. (2021). Emissionen hin oder her: Wer stößt sie aus und wie viel ist zu viel? In Armutskonferenz, Attac & Beigewum (Hrsg.): *Klimasoziale Politik*, 41–56. Bahoe books. Essletzbichler, J., Miklin, X. & Volmary, H. (2023). Soziale und räumliche Ungleichheit. In APCC (Hrsg.): *Special Report Strukturen für ein klimafreundliches Leben.* Springer.

492 Vgl. dazu auch u. a. die europäische „Renovation wave", z. B. in Kögel, N. S. (2022). *Socio-economic effects of EU renovation wave expenditure on low-income groups in the EU27.* WU Wien.

493 vgl. Staritz, C. (2022). Die Macht von Kaufkraft und Rechtsstaat nutzen. https://scilog.fwf.ac.at/kultur-gesellschaft/15381/die-macht-von-kaufkraft-und-rechtsstaat-nutzen (Zugriff: 06.02.2023).

494 vgl. dazu auch Bärnthaler, R., Novy, A. & Plank, L. (2021). The Foundational Economy as a Cornerstone for a Social–Ecological Transformation. *Sustainability*, 13(18), 10460. Wahlund, M. & Hansen, T. (2022). Exploring alternative economic pathways: A comparison of foundational economy and Doughnut economics. *Sustainability: Science, Practice and Policy*, 18(1), 171–186.

495 vgl. z. B. Cohen, M. J. (2021). New Conceptions of Sufficient Home Size in High-Income Countries: Are We Approaching a Sustainable Consumption Transition? *Housing, Theory and Society*, 38(2), 173–203. Roelich, K. et al. (2015). Towards resource-efficient and service-oriented integrated infrastructure operation. *Technological Forecasting and Social Change*, 92, 40–52. Novy, A. (2022). The political trilemma of contemporary social-ecological transformation – lessons from Karl Polanyi's The Great Transformation. *Globalizations*, 19(1), 59–80. Bärnthaler, R., Novy, A., & Stadelmann, B. (2023). A Polanyi-inspired perspective on social-ecological transformations of cities. *Journal of Urban Affairs*, 45(2), 117–141.

496 Gough, I. (2013). The Political Economy of Prevention. *British Journal of Political Science*, 45(2), 307–327.

497 Bohnenberger, K. (2022). Greening work: Labor market policies for the environment. *Empirica*, 49(2), 347–368. Soder, M. & Berger, M. (2021). Strukturwandel und Beschäftigung in der Klimakrise: Den Weg in die Zukunft demokratisch, fair und gerecht gestalten! https://awblog.at/strukturwandel-und-beschaeftigung-in-der-klimakrise/ (Zugriff: 09.02.2023). Soder, M. (2021). Just Transition und die Anforderungen an einen arbeitsmarktpolitisch gerechten Strukturwandel. https://awblog.at/just-transition-und-arbeitsmarktpolitisch-gerechter-strukturwandel/ (Zugriff: 09.02.2023). Bundesministerium für Klimaschutz, Umwelt, Energie, Mobilität, Innovation und Technologie (o. D.). Just Transition – Aktionsplan Aus- und Weiterbildung. https://www.bmk.gv.at/themen/klima_umwelt/nachhaltigkeit/green_jobs/just-transition.html (Zugriff: 09.02.2023).

498 Cohen, M. J. (2021). New Conceptions of Sufficient Home Size in High-Income Countries: Are We Approaching a Sustainable Consumption Transition? *Housing, Theory and Society*, 38(2), 173–203.

499 vgl. auch Gough, I. (2017). *Heat, Greed and Human Need: Climate change, capitalism and sustainable wellbeing*. Edward Elgar.

500 Novy, A., Barlow, N. & Fankhauser, J. (2022). Transformative innovation. In Pellizzoni, L., Leonardi, E. & Asara, V. (Hrsg.): *Handbook of Critical Environmental Politics*, 593–610. Edward Elgar. Bärnthaler, R. (2022). In search of articulation: A framework to empower transformative innovations. *European Journal of Spatial Development*, 19(4), 1–24. Bärnthaler, R. & Baumgartner, B. (2022). Transformative Innovationen für eine zukunftsfähige Stadtentwicklung. *Sozialwissenschaftliche Rundschau* 3/22, 266–286.

501 vgl. auch Brand, U. (2020). *Post-Wachstum und Gegen-Hegemonie: Klimastreiks und Alternativen zur imperialen Lebensweise*. VSA.

502 Huber, M. (2022). *Climate Change as Class War: Building Socialism on a Warming Planet*. Verso.

503 Fuchs, D. et al. (2021). *Consumption Corridors: Living a Good Life within Sustainable Limits*. Routledge. Pirgmaier, E. (2020). Consumption corridors, capitalism and social change. *Sustainability: Science, Practice and Policy*, 16(1), 274–285. Gough, I. (2020). Defining floors and ceilings: The contribution of human needs theory. *Sustainability: Science, Practice and Policy*, 16(1), 208–219.

504 Oswald, Y., Owen, A. & Steinberger, J. K. (2020). Large inequality in international and intranational energy footprints between income groups and across consumption categories. *Nature Energy*, 5(3), 231–239.

505 Gössling, S. & Humpe, A. (2023). Millionaire spending incompatible with 1.5 °C ambitions. *Cleaner Production Letters*, 4, 100027.

506 ebd. Vgl. auch Barros, B. & Wilk, R. (2021). The outsized carbon footprints of the super-rich. *Sustainability: Science, Practice and Policy*, 17(1), 316–322.

507 vgl. Schor, J. B. (2005). Sustainable Consumption and Worktime Reduction. *Journal of Industrial Ecology*, 9(1–2), 37–50. Hoffmann, M. & Paulsen, R. (2020). Resolving the 'jobs-environment-dilemma'? The case for critiques of work in sustainability research. *Environmental Sociology*, 6(4), 343–354. Haberl, H. et al. (2011). A socio-metabolic transition towards sustainability? Challenges for another Great Transformation. *Sustainable Development*, 19(1), 1–14. Kreinin, H. & Aigner, E. (2022). From "Decent work and economic growth" to "Sustainable work and economic degrowth": A new framework for SDG 8. *Empirica*, 49(2), 281–311.

508 Keynes, J. M. (1930). Economic Possibilities for our Grandchildren. In *Volume 9 of the Collected Writings of John Maynard Keynes*. Royal Economic Society.

509 Haug, F. (2008). *Die Vier-in-einem-Perspektive: Politik von Frauen für eine neue Linke*. Argument.

510 Dengler, C. & Strunk, B. (2018). The Monetized Economy Versus Care and the Environment: Degrowth Perspectives On Reconciling an Antagonism. *Feminist Economics*, 24(3), 160–183. Sirianni, C., & Negrey, C. (2000). Working Time as Gendered Time. *Feminist Economics*, 6(1), 59–76. Bärnthaler, R. & Dengler, C. (2022). Universal Basic Income, Services, or Time Politics? A Critical Realist Analysis of (Potentially) Transformative Responses to the Care Crisis (*SSRN Scholarly Paper No. 4308613*).

511 vgl. Devetter, F.-X. & Rousseau, S. (2011). Working Hours and Sustainable Development. *Review of Social Economy*, 69(3), 333–355. Kallis, G. et al. (2013). "Friday off": Reducing Working Hours in Europe. Sustainability, 5(4), 1545–1567. Knight, K. W., Rosa, E. A., & Schor, J. B. (2013). Could working less reduce pressures on the environment? A cross-national panel analysis of OECD countries, 1970–2007. *Global Environmental Change*, 23(4), 691–700. Rosnick, D. & Weisbrot, M. (2007). Are Shorter Work Hours Good for the Environment? A Comparison of U.S. and European Energy Consumption. *International Journal of Health Services*, 37(3), 405–417.

512 Wyns, A. (2023). COP27 establishes loss and damage fund to respond to human cost of climate change. *The Lancet Planetary Health*, 7(1), 21–22.

513 Reheis, F. (2022). *Erhalten und Erneuern. Nur Kreisläufe sind nachhaltig.* VSA.

514 Hickel, J. & Kallis, G. (2020). Is Green Growth Possible? *New Political Economy*, 25(4), 469–486. Haberl, H. et al. (2020). A systematic review of the evidence on decoupling of GDP, resource use and GHG emissions, part II: Synthesizing the insights. *Environmental Research Letters*, 15(6), 065003.

515 vgl. Van der Velden, M. (2021). 'Fixing the World One Thing at a Time': Community repair and a sustainable circular economy. *Journal of Cleaner Production*, 304, 127151. Geissdoerfer, M. et al. (2017). The Circular Economy – A new sustainability paradigm? *Journal of Cleaner Production*, 143, 757–768. Kirchherr, J., Reike, D. & Hekkert, M. (2017). Conceptualizing the circular economy: An analysis of 114 definitions. *Resources, Conservation and Recycling*, 127, 221–232.

516 vgl. Europäische Kommission (2022). Vorschlag für eine Verordnung des europäischen Parlaments und des Rates zur zur Schaffung eines Rahmens für die Festlegung von Ökodesign-Anforderungen für nachhaltige Produkte und zur Aufhebung der Richtlinie 2009/125/EG. https://eur-lex.europa.eu/resource.html?uri=cellar:bb8539b7-b1b5-11ec-9d96-01aa75ed71a1.0003.02/DOC_1&format=PDF (Zugriff: 06.02.2023).

517 vgl. dazu auch Hansen, T. (2022). The foundational economy and regional development. *Regional Studies*, 56(6), 1033–1042. Barbera, F., & Jones, I. R. (2020). The Foundational Economy and Citizenship: Comparative Perspectives on Civil Repair. Policy Press. Bärnthaler, R. et al. (2020a). The Foundational Economy for a Good Life. *Green European Journal*, 20, 130–136. Calafati, L. et al. (2019). How an ordinary place works: Understanding *Morriston*. FE Research Report. Engelen, E. et al. (2017). The grounded city: From competitivity to the foundational economy. *Cambridge Journal of Regions, Economy and Society*, 10(3), 407–423. Essletzbichler, J. (2022). Engaging with precarious urban futures: From entrepreneurial to grounded cities. *European Urban and Regional Studies*, 09697764221087646. Foundational Economy Collective. (2019). *Die Ökonomie des Alltagslebens: Für eine neue Infrastrukturpolitik.* Suhrkamp.

518 Großer et al. (2020). Sozial-ökologische Infrastrukturen – Rahmenbedingungen für Zeitwohlstand und neue Formen von Arbeit. *Ökologisches Wirtschaften* 4(35), 14.

519 Bärnthaler, R., Novy, A. & Stadelmann, B. (2023). A Polanyi-inspired perspective on social-ecological transformations of cities. *Journal of Urban Affairs*, 45(2), 118.

520 vgl. auch Jonas, M. et al. (2022). Kapitel 27. Theorien des Wandels und der Gestaltung von Strukturen: Bereitstellungsperspektive. In APCC (Hrsg. Görg, C. et al.): *APCC SR Strukturen für ein Klimafreundliches* Leben. Springer.

521 Eder, J. (2021). Decreasing dependency through self-reliance: Strengthening local economies through Community Wealth Building. *ICAE Working Paper Series*, 124, 1–27. Thompson, M. (2021). What's so new about New Municipalism? *Progress in Human Geography*, 45(2), 317–342. Eder, J. & Novy, A. (2021). Beyond Globalization and Deglobalization – where to start? A Polanyian multi-level development strategy to provide a good life for all within planetary boundaries. International Karl Polanyi Society (IKPS), *Polanyi Paper #001*, 1–19.

522 Blauel, C. (2020). Paris celebrates a decade of public water success. In Kishimoto, S., Steinfort, L. & Petitjean, O. (Hrsg.): *The Future is Public: Towards Democratic Ownership of Public Services*. TNI.

523 vgl. u. a. Pühringer, J. & Hammer, P. (2013). Sozialwirtschaft als Alternativwirtschaft? In Armutskonferenz (Hrsg.): *Was allen gehört: Commons-Neue Perspektiven in der Armutsbekämpfung*. ÖGB Verlag.

524 Europäische Kommission (2021). Aufbau einer Wirtschaft im Dienste der Menschen: ein Aktionsplan für die Sozialwirtschaft. https://eur-lex.europa.eu/legal-content/DE/TXT/PDF/?uri=CELEX:52021DC0778&from=DE (Zugriff: 17.10.2022).

525 Europäische Kommission (2022). Factsheet Social Economy Action Plan. https://ec.europa.eu/social/BlobServlet?docId=24985&langId=en (Zugriff: 17.10.2022).

526 Exner, A. et al. (2021). *Capitalism and the common. Just Common in the era of multiple crises*. Routledge. Bollier, D. & Helfrich, S. (2014). The Wealth of the Commons: A World Beyond Market and State. In D'Alisa, G., Demaria, F. & Kallis, G. (Hrsg.): *Degrowth: A Vocabulary for a New Era*, 75–78. Routledge. Ostrom, E. (2015). *Governing the Commons: The Evolution of Institutions for Collective Action*. Cambridge University Press.

527 vgl. Pieńkowski, D. (2021). Rethinking the concept of prosuming: A critical and integrative perspective. *Energy Research & Social Science*, 74, 101967. Kosnik, E. (2018). Production for consumption: Prosumer, citizen-consumer, and ethical consumption in a postgrowth context. *Economic Anthropology*, 5(1), 123–134.

528 vgl. u. a. Götze, S. (2019). Lithium-Abbau in Südamerika. Kehrseite der Energiewende. https://www.deutschlandfunk.de/lithium-abbau-in-suedamerika-kehrseite-der-energiewende-100.html (Zugriff: 09.02.2023).

529 vgl. z. B. Sainato, M. (2020). 'I'm not a robot': Amazon workers condemn unsafe, grueling conditions at warehouse. https://www.theguardian.com/technology/2020/feb/05/amazonworkers-protest-unsafe-grueling-conditions-warehouse. (Zugriff: 09.02.2023).

530 WWF (2021). WWF-Bodenreport 2021: Die Verbauung Österreichs. https://www.wwf.at/wp-content/cms_documents/wwf_bodenreport.pdf (Zugriff: 09.02.2023).

531 Arendt, H. (2020). *Vita Activa oder Vom tätigen Leben*. Piper.

532 Koch, M. (2022). State-civil society relations in Gramsci, Poulantzas and Bourdieu: Strategic implications for the degrowth movement. *Ecological Economics*, 193, 107275.

533 Bärnthaler, R. (2023). Towards eco-social politics: a case study of transformative strategies to overcome forms-of-life crises. *Environmental Politics*. DOI: 10.1080/09644016.2023.2180910

534 vgl. auch "Klimaschutz als staatliche Vorsorge" in Haas, W. (2023): Synthese: Pfade zur Transformation struktureller Bedingungen für ein klimafreundliches Leben. In: APCC (Hrsg. Görg, C. et al.): *Special Report Strukturen für ein klimafreundliches Leben*. Springer.

535 vgl. Shove, E. (2010). Beyond the ABC: Climate change policy and theories of social change. *Environment and Planning A*, 42(6), 1273–1285. Diekmann, A. & Preisendörfer, P. (1992). Persönliches Umweltverhalten: Diskrepanzen zwischen Anspruch und Wirklichkeit. *Kölner Zeitschrift für Soziologie und Sozialpsychologie* 44 (2), 226–251. Kuckartz, U. & Rheingans-Heintze, A. (2006). *Trends im Umweltbewusstsein. Umweltgerechtigkeit, Lebensqualität und persönliches Engagement*. Springer.

536   vgl. u. a. Neckel, S. (2021). Die Klimakrise und das Individuum. https://www.soziopolis.de/die-klimakrise-und-das-individuum.html (Zugriff: 09.02.2023).

537   vgl. auch van Apeldoorn, B. & de Graaff, N. (2022). The state in global capitalism before and after the Covid-19 crisis. *Contemporary Politics*, 28(3), 306–327.

538   Haberl, H. et al. (2020). A systematic review of the evidence on decoupling of GDP, resource use and GHG emissions, part II: Synthesizing the insights. *Environmental Research Letters*, 15(6), 065003.

539   Millward-Hopkins, J. et al. (2020). Providing decent living with minimum energy: A global scenario. *Global Environmental Change*, 65, 102168.

540   ebd., 8–9 (unsere Übersetzung).

541   Asara, V. (2022). Strategising within diversity: The challenge of structuring. In Barlow, N. et al. (Hrsg.): *Degrowth & Strategy: How to bring about social-ecological transformation*, 93–109. Mayfly. D'Alisa, G. & Kallis, G. (2020). Degrowth and the State. *Ecological Economics*, 169, 106486. Fitzpatrick, N., Parrique, T. & Cosme, I. (2022). Exploring degrowth policy proposals: A systematic mapping with thematic synthesis. *Journal of Cleaner Production*, 365, 132764.

542   vgl. z. B. Corlet Walker, C., Druckman, A. & Jackson, T. (2021). Welfare systems without economic growth: A review of the challenges and next steps for the field. *Ecological Economics*, 186, 107066.

543   vgl. u. a. Creutzig, F. et al. (2022). Demand-side solutions to climate change mitigation consistent with high levels of well-being. *Nature Climate Change*, 12(1), 36–46.

11. Strategien zukunftsfähigen Wirtschaftens

544   Novy, A. et al. (2023). Perspektiven zur Analyse und Gestaltung von Strukturen klimafreundlichen Lebens. [Hrsg. Görg C. et al. *APCC Special Report Strukturen für ein klimafreundliches Leben. Springer.*

545   vgl. dazu Novy, A. (2022). The political trilemma of contemporary social-ecological transformation – lessons from Karl Polanyi's The Great Transformation. *Globalizations*, 19(1), 59–80.

546   Rodrik, D. (2011). Das Globalisierungs-Paradox: Die Demokratie und die Zukunft der Weltwirtschaft. C.H. Beck

547   Slobodian, Q. (2019). *Globalisten. Das Ende der Imperien und die Geburt des Neoliberalismus.* Suhrkamp.

548   Skidelsky, R. (2019). *Money and Government. A Challenge to Mainstream Economics*, 376. Penguin. Gill, S. (1998). New constitutionalism, democratisation and global political economy. *Global Change, Peace & Security* 10(1), 23–38.

549   Schindler, R. (2020). EU-Freiheiten als Instrumente des Marktradikalismus: Muss der EuGH seine Sicht ändern? https://awblog.at/eugh-eu-freiheiten-als-instrumente-des-marktradikalismus/ (Zugriff: 10.02.2023).

550   vgl. Markantonatou, M. (2016). Die Institutionalisierung der Austerität und der Memorandum-Neoliberalismus: Griechenland als eine „marktkonforme Demokratie". In Agridopoulos, A & Papagiannopoulos, I. (Hrsg.): *Griechenland im europäischen Kontext: Krise und Krisendiskurse*, 259–273). Springer.

551   vgl. u. a. Macdonald, T. (2008). *Global Stakeholder Democracy: Power and Representation Beyond Liberal States.* OUP Oxford.

552   Rodrik, D. (2018). Populism and the economics of globalization. *Journal of International Business Policy*, 1(1), 12–33.

553   Slobodian, Q. (2019). *Globalisten. Das Ende der Imperien und die Geburt des Neoliberalismus.* Suhrkamp.

554 vgl. z. B. Butterwegge, C. (2008). Marktradikalismus und Rechtsextremismus. In Butterwegge, C., Lösch, R. (Hrsg.): *Neoliberalismus: Analysen und Alternativen.* VS Verlag für Sozialwissenschaften.

555 Krastev, I. & Holmes, S. (2019). *Das Licht, das erlosch. Eine Abrechnung.* Ullstein.

556 vgl. dazu auch Hausknost, D. (2014). Decision, choice, solution: 'Agentic deadlock' in
environmental politics. *Environmental Politics*, 23(3), 357–375. Hausknost, D., & Haas, W.
(2019). The Politics of Selection: Towards a Transformative Model of Environmental Innovation. *Sustainability*, 11(2), 506.

557 Bärnthaler, R. et al. (2023). Shaping Provisioning Systems for an Eco-Social Transformation. *IKPS Polanyi Papers*, #003. Fanning, A. L., O'Neill, D. W. & Büchs, M. (2020). Pro-
visioning systems for a good life within planetary boundaries. *Global Environmental
Change*, 64, 102135. Nelson, J. A. (1993) The study of choice or the study of provisioning?
In Ferber, M. A. & Nelson, J. A. (Hrsg.), *Beyond Economic Man: Feminist Theory and Economics*, 23–37. University of Chicago Press. Plank, C. et al. (2021). Doing more with less:
Provisioning systems and the transformation of the stock-flow-service nexus. *Ecological
Economics*, 187, 107093. Power, M. (2004). Social Provisioning as a Starting Point for Fe-
minist Economics. *Feminist Economics*, 10(3), 3–19. Todorova, Z. & Jo, T.-H. (2017). Social
provisioning process: A heterodox view of the economy. In Jo, T.-H., Chester, L. &
D'Ippoliti, C. (Hrsg.): *The Routledge Handbook of Heterodox Economics.* Routledge.

558 vgl. auch Hirvilammi et al. (2023). Social Policy in a Climate Emergency Context: Towards
an Ecosocial Research Agenda. *Journal of Social Policy* 52, 1–23.

559 Gough, I. (2020). In times of climate breakdown, how do we value what matters?
https://www.opendemocracy.net/en/oureconomy/times-climate-breakdown-how-do-we-
value-what-matters/ (Zugriff: 10.02.2023). Foundational Economy Collective (2020). Was
kommt nach der Pandemie? Ein 10-Punkte Programm für eine Erneuerung der Funda-
mente. https://foundationaleconomy.com/german-covid-19-report/ (Zugriff: 10.02.2023).
Bärnthaler, R. et al. (2022). Die Alltagsökonomie als Hebel für ein gutes Leben für alle. In
Werneke, F. & Zanker, C. (Hrsg.): *Renaissance des Gemeinwohls?*, 73–88. VSA.

560 Malm, A. (2020). *Corona, Climate, Chronic Emergency. War Communism in the Twenty-
First Century.* Verso.

561 vgl. auch Herrmann, U. (2022). *Das Ende des Kapitalismus.* KiWi.

562 vgl. Hodgson, G. M. (2021). *Liberal Solidarity. The Political Economy of Social Democratic
Liberalism.* Edward Elgar.

563 vgl. dazu auch von Schneidemesser, D. & Betzien, J. (2021). Local Business Perception vs.
Mobility Behavior of Shoppers: A Survey from Berlin. *Findings*, 24497. Arancibia, D. et al.
(2019). Measuring the Local Economic Impacts of Replacing On-Street Parking With Bike
Lanes. *Journal of the American Planning Association*, 85(4), 463–481.

564 vgl. u. a. VCÖ (2023). Mit Kreislaufwirtschaft kann Umweltbilanz des Verkehrs stark
verbessert werden. https://vcoe.at/presse/presseaussendungen/detail/vcoe-mit-kreislauf-
wirtschaft-kann-umweltbilanz-des-verkehrs-stark-verbessert-werden (Zugriff: 10.02.2023).

565 vgl. dazu auch Sennett, R. (2018). *Building and Dwelling: Ethics for the City.* Allen Lane.

566 vgl. u. a. Baraké, M. et al. (2021). *Collecting the tax deficit of multinational companies
simulations for the European Union.* EU Tax Observatory.

567 vgl. u. a. Fischer, K., Reiner, C. & Staritz, C. (2021). Ein Lieferkettengesetz für Österreich:
Lehren von benachbarten Initiativen. https://awblog.at/ein-lieferkettengesetz-fuer-oester-
reich/?jetztlesen. (Zugriff: 10.02.2023). Reiner, C. (2022). *It's the End of Globalization as We
Know It! Zeitgemäße Betrachtungen zur politischen Ökonomik der Globalisierungskrise*
(Working Paper No. 141). ICAE Working Paper Series.

568 vgl. u. a. Mayr, S. & Prausmüller, O. (2022). Investitionskontrolle in der Krise: Löcher im Schutzschirm? https://awblog.at/investitionskontrolle-in-der-krise/ (Zugriff: 10.02.2023). Wixforth, S. (2020). Schutz vor feindlichen Übernahmen: Neudenken der europäischen Kapitalverkehrsfreiheit. https://awblog.at/schutz-vor-feindlichen-uebernahmen/ (Zugriff: 10.02.2023).

569 Vgl. dazu den „digital Markets Act" der EU, z. B. hier: https://wien.arbeiterkammer.at/interessenvertretung/arbeitdigital/EinEuropafuerdasdigitaleZeitalter/Digital_Markets_Act.html (Zugriff: 10.02.2023).

570 Vgl. u. a. Gabor, D. & Kohl, S. (2022). My Home is an asset class. Study about the financialization of housing in Europe. https://www.greens-efa.eu/en/article/document/my-home-is-an-asset-class (Zugriff: 06.02.2023).

571 vgl. dazu: Tokarski, P. (2021). *EZB, Klimawandel und Finanzstabilität*. SWP. Europäische Zentralbank (2022). Aufsichtlicher Stresstest der EZB: Banken müssen Klimarisiken stärker in den Fokus nehmen. https://www.bankingsupervision.europa.eu/press/pr/date/2022/html/ssm.pr220708~565c38d18a.de.html (Zugriff: 10.02.2023). Elderson, F. (2022). Banks need to be climate change proof. https://www.ecb.europa.eu/press/blog/date/2022/html/ecb.blog221102~7599e5851e.en.html (Zugriff: 10.02.2023). Tooze, A. (2021). Climate crisis offers way out of monetary orthodoxy. https://www.socialeurope.eu/climate-crisis-offers-way-out-of-monetary-orthodoxy (Zugriff: 10.02.2023).

572 vgl. auch Anzengruber, C. & Kaufmann, R. (2022). Der European Green-Deal. Sozialökologische Transformation oder Business as usual? In Berger, C., Schlager, C. & Soder, M. (Hrsg.): In Transformation, 30–39. Kurswechsel.

573 vgl. auch Crouch, C. (2020). Social Europe: A Manifesto. Social Europe Publishing.

574 Raza, W. (2022). Von der liberalen zur wertebasierten Handelspolitik – auf welcher Grundlage? https://www.oefse.at/publikationen/aktueller-kommentar/aktueller-kommentar-mai-2022/ (Zugriff: 06.02.2023).

575 vgl. Zucman, G. (2019). *Taxing Multinational Corporations in the 21st Century*. Econfip Research Brief 10.

576 Raza, W. (2022). Von der liberalen zur wertebasierten Handelspolitik – auf welcher Grundlage? https://www.oefse.at/publikationen/aktueller-kommentar/aktueller-kommentar-mai-2022/ (Zugriff: 06.02.2023).

577 Polanyi, K. (2018). Universal Capitalism or Regional Planning? In Cangiani, M. & Thomasberger, C. (Hrsg.): *Economy and Society*, 231–240. Policy Press.

578 UN (2022). Climate change: No 'credible pathway' to 1.5C limit, UNEP warns. https://news.un.org/en/story/2022/10/1129912 (Zugriff: 10.02.2023).

579 Bärnthaler, R. (2023). Degrowth & Strategy: A Critique and Ways Forward. *SSRN Scholarly Paper No. 4352024.*

580 Zur Unterscheidung von Gemeinschaft und Gesellschaft vgl. u. a. Tönnies, F. (2012). Gemeinschaft und Gesellschaft. In *Studien zu Gemeinschaft und Gesellschaft*, 27–58. VS Verlag für Sozialwissenschaften.

581 vgl. Novy, A., Barlow, N. & Fankhauser, J. (2022). Transformative innovation. In Pellizzoni, L., Leonardi, E. & Asara, V. (Hrsg.): Handbook of Critical Environmental Politics, 593–610. Edward Elgar. Diese Unterscheidung ist auch inspiriert von IPCC (2022). Climate Change 2022: Impacts, Adaptation and Vulnerability. In *Sixth Assessment Report*, 158. Cambridge University Press: die Bearbeitung der Klimakrise beruht auf „*effective, feasible,* and *just* means of reducing climate risk, increasing resilience, and pursuing other climate-related societal goals". Eine ähnliche Unterscheidung zwischen *desirability, viability,* und *achievability* findet sich auch in Wright, E. O. (2009). *Envisioning Real Utopias*. Verso.

582 vgl. u. a. Green, F. (2021). Ecological limits: Science, justice, policy, and the good life. *Philosophy Compass*, 16(6), 1–14. Brand, U. et al. (2021). From planetary to societal boundaries: An argument for collectively defined self-limitation. *Sustainability: Science, Practice and Policy*, 17(1), 264–291.

583 Haas, W. et al. (2023): Synthese: Pfade zur Transformation struktureller Bedingungen für ein klimafreundliches Leben. In: APCC (Hrsg. Görg, C. et al.): *Special Report Strukturen für ein klimafreundliches Leben*. Springer.

584 vgl. u. a. Gough, I. (2022). Two Scenarios for Sustainable Welfare: A Framework for an Eco-Social Contract. *Social Policy and Society*, 21(3), 460–472.

585 Gough, I. (2017). Recomposing consumption: Defining necessities for sustainable and equitable well-being. *Philosophical Transactions of the Royal Society* A, 375(2095), 20160379.

586 vgl. Bärnthaler, R. (2023). Towards eco-social politics: a case study of transformative strategies to overcome forms-of-life crises. *Environmental Politics*. DOI: 10.1080/09644016.2023.2180910

587 vgl. u. a. Statista (2022). Welches sind Ihrer Meinung nach die wichtigsten Probleme, denen Österreich derzeit gegenübersteht? https://de.statista.com/statistik/daten/studie/284477/umfrage/umfrage-zu-den-wichtigsten-problemen-fuer-oesterreich/ (Zugriff: 10.02.2023). Stieß, I. et al. (2022). *Abschlussbericht: Repräsentativumfrage zum Umweltbewusstsein und Umweltverhalten im Jahr 2020*, 129. Dessau.

588 Opratko, B. (2022). *Hegemonie: Politische Theorie nach Antonio Gramsci*. Westfälisches Dampfboot.